Wege der Kirche in die Zukunft der Menschen

Kirche in Zeiten der Veränderung

Herausgegeben von Stefan Kopp

Band 9

Wege der Kirche in die Zukunft der Menschen

50 Jahre nach Beginn der Würzburger Synode

Herausgegeben von Herbert Haslinger

FREIBURG · BASEL · WIEN

www.herder.de
Umschlaggestaltung: Verlag Herder
unter Verwendung des Zukunftsbild-Kreuzes des Erzbistums Paderborn
Satz: Barbara Herrmann, Freiburg
Herstellung: CPI books GmbH, Leck
ISBN 978-3-451-38829-3

Inhalt

Einführung

Im Jahr 2021 jährt sich zum 50. Mal der Beginn der „Gemeinsamen Synode der Bistümer in der Bundesrepublik Deutschland“, kurz: Würzburger Synode, die sich mit der Sitzung vom 3. bis 5. Januar 1971 konstituierte und am 23. November 1975 endete. Sie diente bekanntlich der Umsetzung des Zweiten Vatikanischen Konzils (1962–1965) in den deutschen Ortskirchen. Manche sprachen deshalb vom „deutschen Konzil“[1]. Diese Synode stellte zu ihrer Zeit für die katholische Kirche in Deutschland ein herausragendes Ereignis dar; in ihren Diskussionen und Dokumenten sah man bedeutende Weichenstellungen für eine Kirche der Zukunft. Der Würzburger Dom, der als Synodenaula diente, wurde zum Symbol einer Kirche, die im offenen Austausch der Meinungen, in ökumenischer Gesinnung, von den Gläubigen als ihrer Basis ausgehend, in demokratischen Prozessen und mit gesellschaftskritischem Bewusstsein ihren Platz in einer modernen Gesellschaft einzunehmen und eine zukunftsfähige Gestalt zu finden suchte.[2] Umso mehr muss erstaunen, wie wenig die Würzburger Synode im Bewusstsein der heutigen Akteure in Theologie und Kirche noch präsent ist. Sicher ist in den vergangenen 50 Jahren die gesellschaftliche und kirchliche Entwicklung rasant vorangeschritten, so dass mittlerweile viele Problemstellungen der Synode buchstäblich aus der Zeit gefallen sind. Ihr Vergessen-Werden hat aber auch damit zu tun, dass bald nach Abschluss der Synode, markiert nicht zuletzt durch das Pontifikat Papst Johannes Pauls II. (1978–2005), in der katholischen Kirche eine nachdrückliche Wende Raum gegriffen hat: eine Wende zu autoritären Strukturen und Entscheidungen, zu doktrinärer Vorgabe und Disziplinierung kritischer Positionen, zu kulturpessimistischer Gegenwartssicht und fundamentalistischer Weltdistanz, zu Tradi-

[1] Vgl. M. Plate, Das deutsche Konzil. Die Würzburger Synode. Bericht und Deutung, Freiburg i. Br. 1975.

[2] Vgl. K. Rahner, Strukturwandel der Kirche als Aufgabe und Chance, Freiburg i. Br. 1972, 99–141.

tionsfixierung und Reformverhinderung. Nicht wenige Kräfte in Theologie und Kirche sind unverkennbar froh über das Verstummen so mancher Stimmen und Kräfte, denen die Synode noch als Plattform gedient hat. Um nur ein Beispiel zu nennen: Mit „Jugend in der Kirche“ assoziiert man heute nicht mehr wie in den 1970er Jahren die Formationen einer emanzipatorisch ambitionierten und politisch engagierten kirchlichen Jugendarbeit, sondern vornehmlich das Segment der kircheninstitutionell adaptierten und konzeptionell spiritualisierten „neuen geistlichen Gemeinschaften und Bewegungen“. So verwundert es dann doch wieder nicht, dass in der ohnehin nur rudimentären Erwähnung der Würzburger Synode in der Geschichtsschreibung zur deutschen Kirche das Resümee zu ihrer Wirkkraft geradezu depressiv ausfällt:

> „Die zum Teil sehr beachtlichen Texte [sc. der Würzburger Synode; Verf.] wurden allerdings in der deutschen Kirche in der Folge kaum rezipiert bzw. vermochten es nicht, Impulse für Diözesen und Gemeinden zu geben. Voten, wie z. B. für die Zulassung von Frauen zur Diakonenweihe oder die Laienpredigt, fanden nicht die Zustimmung der Römischen Kurie.“[3]

Aktuell dient der Begriff „Synode“ erneut als Bezeichnung für ein Ereignis der katholischen Kirche in Deutschland. Im Dezember 2019 startete der sogenannte „Synodale Weg“. Mit ihm wollen die Deutsche Bischofskonferenz und das Zentralkomitee der deutschen Katholiken auf die – vor allem durch die Fälle sexuellen Missbrauchs ausgelöste – Vertrauenskrise der Kirche reagieren. Allein es stellt sich die Frage, ob dieser Beratungsprozess der Kirche in Deutschland wirklich die nötige Wegweisung in die Zukunft liefern kann. Die Skepsis nährt sich nicht nur daraus, dass die Corona-Pandemie dem Synodalen Weg, noch ehe er richtig in Fahrt kommen konnte, Fesseln angelegt hat; und auch nicht nur aus den unübersehbaren, massiven Vorbehalten, die bei einem Teil des deutschen Episkopats wie auch in der Römischen Kurie gegenüber dieser Maßnahme bestehen. Die Erwartung, dass auf diesem „Weg“ die anstehenden Probleme der Kirche wirklich in der nötigen tiefgreifenden Konsequenz

---

[3] J. Pilvousek, Die katholische Kirche vom Ersten Weltkrieg bis zur Gegenwart, in: H. Wolf (Hg.), Ökumenische Kirchengeschichte. Band 3: Von der Französischen Revolution bis 1989, Darmstadt 2007, 271–349, hier: 341.

bearbeitet werden können, wird auch durch den Umstand gedämpft, dass die Mitglieder und Mitwirkenden dieses Synodalen Weges bei aller Differenzierung von Rollen und Tätigkeitsfeldern doch wieder zum weitaus größten Teil den üblichen kirchlichen Insiderkreisen entstammen. Das heißt: Der emphatische Habitus der Kritik und Reformwilligkeit, in dem viele Akteure des Synodalen Weges auftreten, kann nicht darüber hinwegtäuschen, dass sie selber zu dem kircheninstitutionellen System gehören, das da kritisiert und reformiert werden soll. Die entscheidende Kluft, an deren Überwindung sich der Weg der Kirche in die Zukunft entscheidet, besteht jedoch nicht zwischen den Trägern des Weiheamtes einerseits und den „engagierten Laien" andererseits, sondern zwischen dem kirchlichen Establishment (zu dem eben auch ein Zentralkomitee der deutschen Katholiken und die kirchliche Laienbewegung gehören) und der großen Masse der Leute, die als „gewöhnliche" Christen die Anforderungen und Belastungen ihrer alltäglichen Lebensfelder zu bewältigen suchen, dabei aber spüren, dass sie nicht zu dieser Welt der binnenkirchlichen Betriebsamkeit gehören.

Die Theologische Fakultät Paderborn hat im Wintersemester 2020/21 ihre „Montagsakademie" in jenen inhaltlichen Horizont gestellt, der mit der Würzburger Synode und dem Synodalen Weg abgesteckt ist. Das Gesamtthema der Vorlesungsreihe „Wege der Kirche in die Zukunft der Menschen" nimmt Bezug auf das Motiv, das beiden Ereignissen ihren Namen gibt: „Synode". Angehörige der Kirche begeben sich auf einen gemeinsamen Weg des Nachdenkens über die anstehenden Herausforderungen der Kirche. Dabei war eine Überzeugung leitend: Angesichts der Vorgänge, die bei vielen Menschen das Vertrauen in die Kirche zerstört haben, aber auch angesichts der Herausforderungen, vor die unsere Gesellschaft aktuell gestellt ist, sowie angesichts der Belastungen, mit welchen die Menschen in ihrer alltäglichen Lebensführung konfrontiert sind, kann ein solches Suchen nach Orientierung nicht mehr einfach nach der „Zukunft der Kirche" fragen. Es geht nicht um eine Bestandssicherung der Kirche. Es geht darum, was auf die Menschen zukommt und was die Kirche dazu beitragen kann, dass die Menschen ihre Zukunft bewältigen. Es geht eben um *Wege der Kirche in die Zukunft der Menschen.*

Die Vorlesungen, die (bis auf eine Ausnahme) nun in diesem Band 9 der Reihe „Kirche in Zeiten der Veränderung" in Form überarbeiteter Beiträge dokumentiert sind, wollen weder eine Rückschau auf die Würzburger Synode als ein historisches Ereignis vor 50 Jahren[4] noch eine Animierung zur Beteiligung am Synodalen Weg als einer Form gegenwärtigen Kirchenengagements[5] sein. Auch intendieren sie keine systematische Darstellung bzw. Kommentierung der Synodendokumente.[6] Sie nehmen vielmehr ausgewählte Themen der Würzburger Synode und des Synodalen Weges zum Anlass, um von da aus zu fragen, welche Wege die Kirche heute zu beschreiten hat, um ihrer Bestimmung gerecht zu werden. Mit diesem Vorgehen handelt sich der vorliegende Band unbestreitbar eine gewisse Selbstwidersprüchlichkeit ein. Er bindet sich an die tendenziell binnenkirchliche Blickverengung der beiden Synodenereignisse und erfasst so bestimmte Herausforderungen nicht, die – wie z. B. Ökologie, globale Wirtschaft und deren Verhältnis zueinander – unzweifelhaft zur Zukunft der Menschen gehören. Das möge man an sich als eine Erkenntnis des kritischen Blicks auf die beiden synodalen Ereignisse werten.

Angeordnet sind sie in drei Abteilungen. Die drei ersten Beiträge nehmen grundsätzliche *Einordnungen* vor, indem sie einerseits die politisch-öffentliche Präsenz des Christentums wie auch den Strukturwandel der Kirche als programmatische Ansprüche der Würzburger Synode beschreiben und andererseits die kirchenrechtliche Konstitution des Synodalen Weges problematisieren. Die größere zweite Abteilung versammelt Beiträge, die im beschriebenen Sinn bei einzelnen *Themen* ansetzen, um Anforderungen an die Kirche heute zu benennen. Ein letzter Beitrag versucht schließlich, unter der Fragestellung, welche Kirche die Menschen heute brauchen, einen *Ausblick* zu geben auf die zukünftigen Wege der Kirche. Die Wortmeldungen werden bei der Leserschaft auf unterschiedliches Interesse und auf einen unterschiedlichen Grad an Zustimmung stoßen. Auch die Autorinnen und Autoren (einschließlich der Herausgeber) strebten keine Einmütigkeit in ihren Positionen an. Jede und jeder steht für ihren und seinen Beitrag ein. Gerade durch die Vielfalt an

---

[4] Vgl. dazu S. Voges, Konzil, Dialog und Demokratie. Der Weg zur Würzburger Synode 1965–1971 (VKZG.F 132), Paderborn 2015.

[5] Vgl. M. Labudda, M. Leitschuh (Hg.), Synodaler Weg. Letzte Chance? Standpunkte zur Zukunft der katholischen Kirche, Paderborn 2021.

[6] Vgl. R. Feiter, R. Hartmann, J. Schmiedl (Hg.), Die Würzburger Synode. Die Texte neu gelesen, Freiburg i. Br. 2013.

Meinungen und Denkformen versuchen die Autorinnen und Autoren den ihnen aufgetragenen Dienst zu erfüllen, nämlich den Menschen eine eigenständige Meinungsbildung zu ermöglichen.

Ich danke an erster Stelle den Autorinnen und Autoren für ihre Bereitschaft, zunächst mit ihrem mündlichen Vortrag und dann mit der Verschriftlichung ihrer Ausführungen jeweils einen wertvollen Beitrag zu dem gemeinsamen Unternehmen zu leisten. Verdient gemacht haben sich die Mitarbeitenden an der Theologischen Fakultät Paderborn – die Herren Benedikt Klaucke, Dr. Gerhard Franke, Jonas Miserre und Patrick Vitt sowie Frau Barbara Brunnert, Frau Elisabeth Temborius und Frau Ursula Fleischer – mit ihren diversen Hilfestellungen bei der Durchführung der Vorlesungsreihe wie auch bei der Manuskripterstellung. Besonderen Dank habe ich abzustatten bei Frau Heike Probst, die sich nicht nur um die werbende Präsentation der „Montagsakademie“ in der Öffentlichkeit gekümmert, sondern auch Montag für Montag die Vorlesungen sicher durch die technischen Katarakte der Online-Übertragungen gesteuert hat. Dank gebührt schließlich meinem Kollegen Prof. Stefan Kopp in seiner Doppelrolle als Rektor, der die „Montagsakademie“ nachdrücklich unterstützt, und als Reihenherausgeber, der die Publikation der Beiträge ermöglicht, sowie dem Verlag Herder respektive dem Lektor, Herrn Dr. Stephan Weber, für die entgegenkommende verlegerische Betreuung.

Paderborn, 24. Juni 2021 *Herbert Haslinger*

1. Einordnungen

Kirche in der Welt – Dienst der Kirche an den Menschen

Zur *politisch-öffentlichen* Präsenz des Christentums[1]

Ansgar Kreutzer

1 Zur Einleitung: Politische Nachtgebete 1968

1968 wird die Welt beherrscht vom Kalten Krieg. Die USA werfen verheerende Napalm-Bomben über Vietnam ab. Sowjetische Panzer rollen in die Tschechoslowakei ein und beenden gewaltsam die politischen Aufbrüche des Prager Frühlings. In der Bundesrepublik Deutschland demonstrieren – auf die weltpolitischen Ereignisse Bezug nehmend – Studentinnen und Studenten, aber auch junge Menschen aus anderen gesellschaftlichen Kreisen, die sogenannte 68er-Generation.[2] In den christlichen Kirchen finden die weltpolitischen und nationalen Ereignisse Resonanz. In der Antoniterkirche zu Köln versammeln sich regelmäßig evangelische und katholische Christinnen und Christen, um die Politik „ins Gebet zu nehmen", ziehen „Politische Nachtgebete" zahlreiche Menschen an.[3]

---

[1] Der Text stellt die verschriftlichte Form meines Vortrages bei der „Montagsakademie" am 19.10.2020 in Paderborn dar. Er stützt sich wesentlich auf den bereits publizierten Beitrag: A. Kreutzer, Diskursiv, sozioökonomisch sensibel und performativ. Präsenzformen eines politisch-öffentlichen Christentums, in: Conc(D) 56 (2020) 286–295, der hier jedoch bearbeitet, aktualisiert und deutlich erweitert wurde, insbesondere um den Punkt 4 „Politisch-öffentliches Christentum angesichts der ‚autoritären Welle'" als wichtigem „Anwendungsfall" einer politisch-öffentlichen Theologie und damit einer im Dienst der Humanität stehenden „Kirche in der Welt".

[2] Vgl. zum ereignisreichen Jahr 1968 beispielsweise: S. Holzbrecher u. a. (Hg.), Revolte in der Kirche? Das Jahr 1968 und seine Folgen in der Kirche, Freiburg i. Br. 2018; P. Neuner, Turbulenter Aufbruch. Die 60er Jahre zwischen Konzil und konservativer Wende, Freiburg i. Br. 2019.

[3] Vgl. zur Erstinformation die Website mit weiterführenden Hinweisen: https://www.dorothee-soelle.de/über-dorothee-sölle/politisches-nachtgebet (Zugriff: 22.3.2021); Neuner, Turbulenter Aufbruch (s. Anm. 2), 146–152; D. Sölle, Politisches Nachtgebet, in: LThK[3] 8 (1999) 395.

Das Besondere am Politischen Nachtgebet war die Kombination aus Bibellektüre, Meditation, politischer Information und Debatte in einem grundsätzlich liturgisch definierten Rahmen. Eine der zentralen Figuren des Politischen Nachtgebets, die prominente evangelische Theologin Dorothee Sölle (1929–2003), hat dieses Tun in ihrem Buch „Politische Theologie" reflektiert.[4] Sölles entscheidendes Argument für eine politische Theologie macht sich am Rationalitätsethos der Aufklärung fest. In Auseinandersetzung mit ihrem Lehrer Rudolf Bultmann (1884–1976) fragt Sölle, wie weit der von Bultmann gegenüber den eigenen christlichen Traditionen an den Tag gelegte aufklärerische kritisch-rationale Habitus gehen dürfe. Sie beantwortet die Frage damit, dass das theologische Nachdenken selbst, auch das aufklärerisch-kritische, sich noch einmal kritisch Rechenschaft darüber ablegen müsse, unter welchen gesellschaftlich-politischen Umständen theologische Reflexion geschehe:

> „Sucht man nach dem gemeinsamen Dritten, das historisch-kritische Theologie und politisches Bewußtsein miteinander verbindet, so ist beiden gemeinsam ein positives Verhältnis zur Aufklärung, zum ‚Ausgang des Menschen aus seiner selbstverschuldeten Unmündigkeit' (Kant). Wenn wir davon ausgehen, daß Aufklärung als der Prozeß dieses Ausgehens unteilbar ist, das heißt, dass sich bestimmte kritische Fähigkeiten des Menschen die Gegenstände ihrer Anwendung nicht vorschreiben lassen, dann entstammt das politisch aufgeklärte Bewußtsein demselben kritischen, rationalen Geist, dem auch theologische Aufklärung sich verdankt."[5]

Es spricht für die Protagonistinnen und Protagonisten des Politischen Nachtgebets, dass sie mit diesem kritischen Habitus, der von der Aufklärung über Bultmanns entmythologisierende Theologie bis hin zur kritischen Hinterfragung gesellschaftlicher Verhältnisse, in

---

[4] D. Sölle, Politische Theologie. Erweiterte Neuauflage, Stuttgart 1982 [Erstausgabe 1971] – ein Buch, zu dem Sölle im Vorwort schreibt, dass es „undenkbar" gewesen wäre, „ohne die vielen Gespräche mit den Freunden vom ökumenischen Arbeitskreis Politisches Nachtgebet, Köln" (ebd. 10). In diesem Buch sind zugleich drei Politische Nachtgebete exemplarisch dokumentiert: ebd. 113–183. Vgl. auch die kommentierten Quellennachweise von Sölle: ebd. 221f.

[5] Ebd. 13. Ein ähnliches Argument (ebenso mit Rekurs auf die Aufklärung) findet sich bei J. B. Metz, Zur Theologie der Welt, Mainz – München ^{2}1969, 103.

die Glaube und Theologie immer schon verstrickt sind, reicht, auch bei sich selbst nicht Halt gemacht haben. In einer bemerkenswerten Passage eines Politischen Nachtgebets, das dem Thema Glaube und Politik gewidmet war, heißt es unter der Überschrift „Zweifel“:

> „Und doch frag ich mich: Ist das alles richtig? Ist denn die Kirche wirklich dazu da, politische Strukturen zu bedenken? Ist nicht die Kirche zu ganz was anderem bestimmt? Stille zu geben, einen Raum zu schaffen, in dem man Andacht, Feier, Anbetung erlebt? [...] Holt man die Politik erst in die Kirche, dann kommen Sorgen und Probleme wieder mit. Will man uns denn die letzte Friedensinsel nehmen? Vielleicht kommt dafür Frieden in die Welt!“[6]

Hier werden Größe und Grenze dieser Art liturgisch artikulierter und gelebter politischer Theologie deutlich, deren zentrales Merkmal eben nicht nur in der Verbindung des politisch-öffentlichen mit dem religiösen Diskurs liegt, sondern in der Verschmelzung von emotional aufgeladener Symbolsprache des Glaubens, von ästhetisch gestalteter und expressiver Liturgie mit politischen Herausforderungen, Debatten und Konsequenzen. Auf diesem „Mischungsverhältnis“ von christlicher Religion und politischer Öffentlichkeit, das auf die öffentliche Bedeutung religiöser Symbolpraxen abzielt, soll hier das Augenmerk liegen.

Dazu wird zunächst ein auch in der Theologie prominent rezipiertes Verständnis von politischer Öffentlichkeit, das *diskursiv-deliberative* Modell, das insbesondere mit dem Namen Jürgen Habermas (* 1929) verbunden ist, skizziert, aber auch kritisch ergänzt: um die hier tendenziell vernachlässigten *sozioökonomischen* und *performativen* Dimensionen (2). Gerade an diese Dimensionen von Öffentlichkeit können jedoch, so die leitende Inspiration, eine zeitgenössische politisch-öffentliche Theologie und eine gesellschaftlich präsente Kirche im Dienst an den Menschen anschließen. Dies soll am Modell einer politisch-öffentlichen Kirche, das der derzeitige Papst Franziskus (seit 2013) buchstäblich verkörpert, illustriert werden (3). Von diesen Dimensionen eines politisch-öffentlichen Christentums aus wird dann auf Entwicklungen fokussiert, die unter dem Stichwort „autoritäre Versuchungen“ unsere europäischen Demokratien schon

---

6 Sölle, Politische Theologie (s. Anm. 4), 139.

seit geraumer Zeit herausfordern und angesichts derer auch das Engagement der Kirchen gefragt ist (4). Zum Schluss soll – damit zusammenhängend – ein kurzer (Aus-)Blick auf die heute – offenbar wieder – aktuellen Politischen Nachtgebete geworfen werden, welche auch in unseren Tagen, in unseren Gesellschaften und in unseren Kirchen die bleibende politisch-öffentliche Bedeutung des Christentums als Dienst an den Menschen belegen (5).

Damit ist zugleich der entscheidende Bezug zum übergreifenden Thema dieses Sammelbandes und der ihm zugrunde liegenden Ringvorlesung hergestellt, denen es um eine aktualisierende Erinnerung an die Würzburger Synode (1971–1975), der Aufbruchsbewegung der deutschen Kirche im Gefolge des Zweiten Vatikanischen Konzils (1962–1965), geht. Denn nicht zuletzt im programmatischen Synodenbeschluss „Unsere Hoffnung. Ein Bekenntnis zum Glauben in dieser Zeit“[7], der die Dokumentation der Synodenbeschlüsse eröffnet und maßgeblich vom katholischen Gründervater der Neuen Politischen Theologie, Johann Baptist Metz (1928–2019), verfasst wurde, wird auch die öffentlich-politische Dimension des Christentums sehr deutlich in Blick genommen: „Hier müssen wir von unserer im Glauben gegründeten Hoffnung selbst öffentlich reden.“[8] Insofern verstehen sich die hier dargebotenen Ausführungen zur öffentlich-politischen Präsenz christlichen Glaubens und zu den dafür theologisch wie soziologisch angemessenen Formen auch als Aufnahme und Fortführung dieses programmatischen Aufbruchs.

---

[7] Unsere Hoffnung. Ein Bekenntnis zum Glauben in dieser Zeit, in: Gemeinsame Synode der Bistümer in der Bundesrepublik Deutschland. Beschlüsse der Vollversammlung. Offizielle Gesamtausgabe I, Freiburg i. Br. [3]1976, 71–111; zur Entstehung vgl. die Einführung zum Dokument von T. Schneider (ebd. 71–84); zu einer theologischen Einordnung – besonders unter der Perspektive der Eschatologie – vgl. M. Kehl, Eschatologie, Würzburg [3]1996, 52–62.

[8] Unsere Hoffnung (s. Anm. 7), 86. Das Dokument lässt sich methodologisch als Verbindung von Grundlagen der christlichen Hoffnungsbotschaft mit zeitdiagnostisch-gesellschaftskritischen Beobachtungen (im Grundduktus der Metz'schen politischen Theologie) lesen – vgl. etwa die pointiert formulierte kritische In-Beziehung-Setzung von Reich-Gottes-Botschaft und sozioökonomischen Prozessen: „Das Reich Gottes ist nicht indifferent gegenüber den Welthandelspreisen!“ (ebd. 97).

2 Das diskursiv-deliberative Modell von politischer Öffentlichkeit und seine kritischen Ergänzungen

2.1 Diskursiv-deliberatives Modell (J. Habermas)

Sowohl in der Theorie von Öffentlichkeit als auch in deren theologischer Rezeption wird einem bestimmten Konzept besondere Aufmerksamkeit zuteil: dem vom prominenten Sozialphilosophen Jürgen Habermas vertretenen Modell einer diskursiv-deliberativen Öffentlichkeit.[9] Es ist durch (argumentativen) Austausch („Diskurs") und „Entscheidungen durch Diskussion" („Deliberation") gekennzeichnet.[10] In seinem instruktiven Überblick zur Öffentlichen Theologie streicht Florian Höhne (* 1980) heraus:

> „Besonders ertragreich für die Diskussion im deutschen Kontext erscheint mir das […] [in Anlehnung an Habermas formulierte; Verf.] Öffentlichkeitsverständnis […]: Öffentlichkeiten meinen dann (zivilgesellschaftliche) Netzwerke ‚für die Kommunikation von Inhalten und Stellungnahmen' (Habermas)."[11]

Die (berechtigte) Strahlkraft des diskursiv-deliberativen Modells (bis in die Theologie hinein) ergibt sich daraus, dass es sehr eng an Grundlagen und Funktionsweisen des demokratischen Rechtsstaats gebunden ist. Für Habermas ist Öffentlichkeit, insbesondere als diskursiv-deliberative verstanden, strukturnotwendig für das Funktionieren der parlamentarischen Demokratie. In deren Zentrum steht bekanntlich die Gewaltenteilung aus parlamentarischer Legislative,

---

[9] Vgl. auch den instruktiven Überblick von E. Arens, Going public. Öffentliche Religionen und Öffentliche Theologie, in: ders., M. Baumann, A. Liedhegener (Hg.), Integrationspotenziale von Religion und Zivilgesellschaft. Theoretische und empirische Befunde, Zürich 2016, 19–69. Arens unterscheidet im Hinblick auf öffentliche Religion und öffentliche Theologie vier Konzeptionen von Öffentlichkeit: diskursive, mediale, performative und politisch organisierte Öffentlichkeit. In diesem Artikel möchte ich vom konkreten (historischen wie aktuellen) Beispiel der „Politischen Nachtgebete" ausgehend insbesondere auf das Potential der *performativen* Dimension von Öffentlichkeit für eine politisch-öffentliche Theologie abheben.

[10] Vgl. zum Verständnis einer deliberativen Demokratie bei Habermas im Überblick etwa W. Reese-Schäfer, Jürgen Habermas, Frankfurt a. M. [3]2001, 91–117.

[11] F. Höhne, Öffentliche Theologie. Begriffsgeschichte und Grundfragen, Leipzig 2015, 48.

der Exekutive von Regierung und Verwaltung sowie den Kontrollinstanzen der Judikative:

> „Der Kernbereich des politischen Systems bildet sich aus den bekannten institutionellen Komplexen der Verwaltung (einschließlich der Regierung), des Gerichtswesens und der demokratischen Meinungs- und Willensbildung (mit parlamentarischen Körperschaften, politischen Wahlen, Parteienkonkurrenz usw.)."[12]

In der Peripherie dieses Herzstückes rechtsstaatlicher Demokratie muss es jedoch – unabdingbar zu ihrem Funktionieren – eine Öffentlichkeit geben, die zwar politisch ausgerichtet, aber außerhalb des institutionellen Zentrums der parlamentarischen Demokratie angesiedelt ist:

> „zuliefernde Gruppen, Assoziationen und Verbände [...], die gegenüber Parlamenten und Verwaltungen, aber auch auf dem Weg über die Justiz, gesellschaftliche Probleme zur Sprache bringen, politische Forderungen stellen, Interessen oder Bedürfnisse artikulieren und auf die Formulierung von Gesetzesvorhaben oder Politiken Einfluß nehmen"[13].

Die zentrale Funktion dieser politischen Öffentlichkeit ist die Sensibilisierung für gesellschaftliche Notlagen, die im institutionell-politischen Betrieb durch dessen Betriebsblindheit außer Blick zu geraten drohen. „Öffentlichkeit ist ein Warnsystem mit unspezialisierten, aber gesellschaftsweit empfindlichen Sensoren."[14] Infrastrukturell umgesetzt wird eine solche politische Öffentlichkeit, die der Funktion, der Kritik und der Kontrolle des institutionellen Parlamentarismus dient, durch Akteure der Zivilgesellschaft. Im Wesentlichen bilden diese ein Geflecht von Organisationen, Vereinigungen und Assoziationen, die weder zur Sphäre der Wirtschaft noch zur Sphäre der Staatsorgane gehören. „Ihren institutionellen Kern bilden vielmehr jene nicht-staatlichen und nicht-ökonomischen Zusammenschlüsse und Assoziationen auf freiwilliger Basis, die die Kommunikationsstrukturen der Öffentlichkeit in der Gesellschaftskomponente

---

[12] J. Habermas, Faktizität und Geltung. Beiträge zur Diskurstheorie des Rechts und des demokratischen Rechtsstaats, Frankfurt a. M. [6]2017, 430.

[13] Ebd.

[14] Ebd. 435.

der Lebenswelt verankern."[15] In dieser sich notwendig an das institutionelle Zentrum parlamentarischer Demokratie anlagernden Zone politischer Öffentlichkeit, die sich in Netzwerken zivilgesellschaftlicher Akteure verwirklicht, haben im Habermas'schen Modell auch Kirchen und Religionsgemeinschaften ihren (öffentlichen) Platz: „Das Spektrum [zivilgesellschaftlicher Gruppen; Verf.] reicht von Verbänden, die klar definierte Gruppeninteressen vertreten, über Vereinigungen [...] und kulturelle Einrichtungen [...] bis zu ‚public interest groups' [...] und Kirchen oder karitativen Verbänden."[16]

Die Prominenz des Habermas'schen diskursiv-deliberativen Modells in der Öffentlichen Theologie überrascht so nicht. Denn einerseits ist es nahe an den Mechanismen einer funktionierenden rechtsstaatlichen Demokratie angesiedelt, andererseits weist es den Religionsgemeinschaften einen Platz im Gefüge zivilgesellschaftlicher Akteure zu, in dessen Rahmen sich die religiös Praktizierenden mit Beiträgen zu politischem Diskurs und Deliberation am demokratischen Prozess öffentlich beteiligen können. Dennoch regt sich auch Kritik am Habermas'schen Modell, werden Ergänzungsnotwendigkeiten angemahnt, die für eine politisch-öffentliche Theologie und Kirche von hoher Relevanz sind.

2.2 Sozioökonomische Bedingungen deliberativen Austauschs (N. Fraser)

Die feministische Sozialphilosophin Nancy Fraser (* 1947) stimmt der Habermas'schen *Idee* einer für die Demokratie unverzichtbaren diskursiv-deliberativen Öffentlichkeit durchaus zu. Allerdings äußert sie erhebliche Zweifel, ob Habermas' Idee in der *Wirklichkeit realexistierender Demokratien* so ohne weiteres funktioniert. Nicht zuletzt aus den Erfahrungen der Frauenbewegungen speist sich Frasers zentrales Anliegen, die Beteiligung aller an einer diskursiv-deliberativen Öffentlichkeit nicht einfachhin vorauszusetzen, sondern auf deren notwendige *Bedingungen* hinzuweisen. Historisch und empirisch verweist Fraser auf den oft subtilen Ausschluss, den etwa Frauen, aber auch untere soziale Schichten (in ihrer Diktion: „plebejische Gruppen") aus diskursiven und deliberativen Öffentlichkeiten zu erleiden hatten: „Frauen aller Klassen und Ethnien wurden wegen

---

[15] Ebd. 443.

[16] Ebd. 430f.

des ihnen zugeschriebenen Genderstatus von der offiziellen politischen Partizipation ausgenommen und plebejische Männer waren davon aufgrund ihrer Besitzverhältnisse formal ausgeschlossen."[17] Aus diesen historischen Erfahrungen heraus fordert Fraser allgemein die Schaffung solch sozioökonomischer Bedingungen, welche die politische Beteiligung von Menschen unterschiedlicher sozialer Milieus *de facto* ermöglichen. Dies bedeutet auch die Realisierung eines Mindestmaßes an sozioökonomischer Gleichheit:

> „Es ist vielmehr eine notwendige Bedingung für die partizipatorische Gleichstellung, daß systembedingte soziale Ungleichheiten abgeschafft werden. Das bedeutet nicht, daß alle das gleiche Einkommen haben müssen, doch es erfordert eine annähernde Gleichheit, die mit den systemisch erzeugten Beziehungen von Herrschaft und Unterordnung unvereinbar ist."[18]

2.3 Performative Dimension der Öffentlichkeit (J. C. Alexander)

In ähnlicher Form wie Fraser würdigt auch der US-amerikanische Kultursoziologe Jeffrey C. Alexander (* 1947) das Modell einer diskursiv-deliberativen Öffentlichkeit, fordert jedoch ebenso seine kritische Ergänzung.[19] Auch bei Alexander ist die Zivilgesellschaft mit ihren Fähigkeiten zur politischen Willens- und Meinungsbildung zentral für eine funktionierende Demokratie. Wie aber Fraser das deliberative Element um den Fokus auf die sozioökonomischen Bedingungen der Möglichkeit zur Beteiligung an Diskursen und Ent-

---

[17] N. Fraser, Die halbierte Gerechtigkeit. Schlüsselbegriffe des postindustriellen Sozialstaats, Frankfurt a. M. 2001, 122.

[18] Ebd. 127. Zur bleibenden Gültigkeit von Frasers Kritik an solch liberalen Öffentlichkeitskonzepten wie dem Habermas'schen vgl. auch M. Reder, Öffentlichkeit und Liberalismus. Eine pragmatische Neubestimmung anhand des Verhältnisses von Öffentlichkeit und Religion, in: J. Könemann, S. Wendel (Hg.), Religion, Öffentlichkeit, Moderne. Transdisziplinäre Perspektiven, Bielefeld 2016, 227–256, hier: 232.

[19] Vgl. J. C. Alexander, The Civil Sphere, New York 2006; zur verdienstvollen Kurzdarstellung von Alexanders Modell vgl. Arens, Going public (s. Anm. 9), 24–26. Auf die performative Dimension der auch öffentlichen interreligiösen Dialoge habe ich hingewiesen in: A. Kreutzer, Die Performanz des interreligiösen Dialogs für die plurale Gesellschaft – und ihre theologische Bedeutung, in: ders. u. a. (Hg.), Vielfalt zeigen. Religion, Konfession und Kultur in Vermittlung [FS F.-J. Bäumer], Ostfildern 2019, 119–141.

scheidungen erweitert, so betont Alexander den performativen, expressiven, dramaturgischen und nicht bloß diskursiven Aspekt von Öffentlichkeit. Ausdrücklich gegen Habermas formuliert er: „[...] publicness should be seen more in dramaturgical terms.“[20] Die Funktion von Öffentlichkeit und Zivilgesellschaft für die Demokratie ist bei Habermas und Alexander ähnlich. Öffentlichkeit ist ein „Warnsystem“, legt den Fokus auf soziale Pathologien, auf Diskriminierungen, auf soziale Schieflagen, die das Instanzengeflecht des demokratischen Rechtsstaats aus Legislative, Exekutive, Judikative nicht abfängt, möglicherweise nicht einmal wahrnimmt. Aber der Modus des Warnsystems ist nach Alexander ein anderer. Öffentlichkeit, auch die politische, ist eben nicht nur diskursiv, durch Debatten, Wortbeiträge, kommunikativen Austausch geprägt, sondern (ebenso) durch Performances, durch Rituale, Inszenierungen:

> „Dies [die Bildung öffentlicher Meinung; Verf.] kann geschehen durch das Öffentlichmachen von Diskriminierung und Ausgrenzung, durch den öffentlichen Protest gegen Unrecht, durch das ‚gegenöffentliche‘ Ritualisieren, Inszenieren und Dramatisieren repressiv stillgelegter bzw. verdrängter sozialer Konflikte ‚auf der öffentlichen Bühne‘, durch symbolische Aktionen wie durch Übersetzung der jeweiligen Anliegen in den öffentlichen Diskurs.“[21]

3 Ein inklusiv-performatives Modell politisch-öffentlicher Theologie und Kirche: Papst Franziskus

Offenbar nimmt der derzeitige Papst die Rolle einer politisch-öffentlichen Figur – aus dem christlichen Glauben heraus – an.[22] Gegen jegliche liberalistische Vorstellung, Religion sei bloße Privatsache,

---

[20] Alexander, The Civil Sphere (s. Anm. 19), 250.

[21] So die Umschreibung bei Arens für Alexanders Position: Arens, Going Public (s. Anm. 9), 25f.

[22] Die theologische Literatur zum derzeitigen Papst ist bereits umfangreich; als facettenreiches Themenheft vgl. etwa ThPQ 163 (2015), H. 1: Phänomen Franziskus, das u. a. auch auf die Öffentlichkeitswirkung von Papst Franziskus eingeht. Zum politisch-sozialen Profil von Franziskus vgl. N. Mette, Nicht gleichgültig bleiben! Die soziale Botschaft von Papst Franziskus, Ostfildern 2017.

fordert Franziskus die Partizipation von Religionsgemeinschaften an (politischer) Öffentlichkeit ein:

> „Folglich kann niemand von uns verlangen, dass wir die Religion in das vertrauliche Innenleben der Menschen verbannen, ohne jeglichen Einfluss auf das soziale und nationale Geschehen, ohne uns um das Wohl der Institutionen der menschlichen Gemeinschaft zu kümmern […].“[23]

Durchaus in Anlehnung an das diskursive Modell von Öffentlichkeit bestimmt Franziskus als Ort solch gesellschaftspolitischen Engagements aus dem Glauben die Zivilgesellschaft. So lädt er, „vermittelt über den päpstlichen Rat für Gerechtigkeit und Frieden, soziale Bewegungen aus aller Welt [ein] […], [vor denen er] nicht nur ein Grußwort spricht, sondern eine längere programmatische Ansprache hält und sich ihre Anliegen anhört“[24]. Die Besonderheit der politisch-öffentlichen Theologie Franziskus' kann jedoch gerade in den mit Fraser und Alexander stark gemachten sozioökonomischen und performativen Dimensionen erblickt werden.

3.1 Sozioökonomische Dimension: Option für die Armen

Die von Fraser in Blick genommenen sozioökonomischen Bedingungen, die zur öffentlichen Deliberation, Partizipation und letztlich zur funktionierenden Demokratie gehören, haben einen starken Bezug zu Franziskus' Neukonturierung der (befreiungstheologisch ausformulierten) „Option für die Armen“.[25] So stellt er die zunächst „materiell“ ansetzende „Option für die Armen“ in den dezidierten Kontext sozialer Inklusion und politischer Partizipation. In seiner Programmschrift *Evangelii gaudium* paraphrasiert er die „Option für die Armen“ in inklusivistischer Stoßrichtung als „Option für die

---

[23] Papst Franziskus, Die Freude des Evangeliums. Das Apostolische Schreiben *Evangelii gaudium* über die Verkündigung des Evangeliums in der Welt von heute, Freiburg i. Br. 2013, Nr. 183.

[24] Mette, Nicht gleichgültig bleiben! (s. Anm. 22), 94.

[25] Vgl. A. Kreutzer, Option für die Armen. Theologische Sensibilität für Ausgeschlossene, in: ders., Politische Theologie für heute. Aktualisierungen und Konkretionen eines theologischen Programms, Freiburg i. Br. 2017, 144–162.

Letzten, für die, welche die Gesellschaft aussondert und wegwirft“[26]. Für den Fundamentaltheologen Jürgen Werbick ist Franziskus‘ zentrale soziale Matrix aus „Ausschließung/Exklusion“ und „Einschließung/Einbeziehung“ *der* „hermeneutische Schlüssel“, um sein pastorales und theologisches Programm in seiner Tiefenstruktur zu verstehen: Franziskus „kommt immer wieder auf diesen zentralen Gedanken zurück, der wie ein Leitmotiv über seinem Sprechen von Gott steht: Gott ist und will *Einbeziehung*. Er wirkt sie in und an den Menschen; mit ihnen will er die Einbeziehung der Ausgeschlossenen und Marginalisierten wirken, damit alle an der Fülle des Lebens Anteil haben“[27]. Mit seiner Interpretation der Option für die Armen im Horizont gesellschaftlicher Inklusion stellt Franziskus – ganz im Sinne Frasers – einen Zusammenhang zwischen materiellen Ressourcen und demokratischer Beteiligung her. Gerade in der (oben erwähnten) zivilgesellschaftlichen Initiative, dem regelmäßigen Empfang sozialer Bewegungen, adressiert Franziskus die „Armen“, die materiell Marginalisierten als Subjekte und nicht bloß Objekte von Politik:

> „Ihr seid gekommen, um vor Gott, vor der Kirche, vor den Völkern eine Realität anzusprechen, die oft verschwiegen wird: Die Armen erleiden das Unrecht nicht nur, sondern bekämpfen es auch! [...] Wir wollen, dass eure Stimme gehört werde. [...] [Ohne] eure Mitwirkung, ohne tatsächlich an die Peripherien zu gehen, bewegen sich alle guten Vorschläge und Projekte, von denen wir oft auf internationalen Konferenzen hören, nur im Reich der Ideen, bleibt es nur ein Projekt.“[28]

In der Denkart von Franziskus hängen die sozioökonomische Option für die Armen, die soziale Inklusion und die politische Beteiligung Marginalisierter als *Akteure der Politik* zusammen. „Aus der Eingliederung der Ausgeschlossenen in den Aufbau einer gemeinsamen Zukunft erwachse ein moralischer Energieschub, der zu ent-

---

[26] Papst Franziskus, Evangelii gaudium (s. Anm. 23), Nr. 195.

[27] J. Werbick, Kleine Gotteslehre im Dialog mit Papst Franziskus, Freiburg i. Br. 2018, 18.

[28] Papst Franziskus beim ersten Welttreffen mit sozialen Bewegungen 2014 in Rom, zitiert nach: Mette, Nicht gleichgültig bleiben! (s. Anm. 22), 94f.

sprechenden (d. h. nicht nur formal-)demokratischen Strukturen auf lokaler, nationaler und internationaler Ebene animiere."[29]

3.2 Performative Dimension: Symbolkommunikation

Lässt sich in Franziskus' inklusivistisch und demokratisch-partizipativ interpretierter „Option für die Armen" die Fraser'sche Verbindung von sozioökonomischen Bedingungen und Chancen zur Beteiligung entdecken, so ist die von Alexander stark gemachte performative Ebene politischer Öffentlichkeit ebenfalls von zentraler Bedeutung, um die spezifische Art politisch-öffentlicher Theologie und Kirche, für die Papst Franziskus steht, nachzuvollziehen. Ohne Zweifel gehört die ausgeprägte Symbolkommunikation zu den herausragenden Kennzeichen dieses Pontifikats. Franziskus' Vision umfassender ökonomischer, sozialer und politischer Inklusion wird in viel beachteten Symbolen zum Ausdruck gebracht: durch die Solidarität mit den Armen anzeigende Bescheidenheit, durch seinen Besuch bei den Geflüchteten auf Lampedusa gleich zu Beginn des Pontifikats, durch die liturgisch aufgeladene Fußwaschung an Gefangenen, *den* Sinnbildern von Exklusion, an jedem Gründonnerstag.[30]

Dass Franziskus' performative Art, seine Botschaften zu kommunizieren, tatsächlich öffentliche Resonanz erfährt, zeigt sich in dem positiv aufgenommenen Film „Ein Mann seines Wortes" des Regisseurs Wim Wenders (* 1945) aus dem Jahr 2018.[31] Wenders ging es nicht darum, einen Film über den Menschen Jorge Mario Bergoglio/Papst Franziskus zu drehen. Vielmehr wollte er dessen zentrale Botschaft in Szene setzen.[32] Wenders inszenatorisches Mittel dazu war es, den Papst direkt in die Kamera, also „direkt an die Zuschauer" gewandt, „Auge in Auge mit der ganzen Welt"[33] seine Bot-

---

[29] Mette, Nicht gleichgültig bleiben! (s. Anm. 22), 96.

[30] Vgl. zur Symbolsensibilität Franziskus': Kreutzer, Option für die Armen (s. Anm. 25), 151.158.

[31] Vgl. W. Wenders, Papst Franziskus. Ein Mann seines Wortes. Transkript des Films, Hamburg 2018 (Booklet zur DVD).

[32] Vgl. das Interview, das Wenders zu seinen Intentionen gegeben hat, und das ebenfalls in dem der DVD beigelegten Booklet zu finden ist: ebd. 40–48.

[33] Ebd. 43.42.

schaft sprechen zu lassen. Diese inszenierte Verschränkung von Botschaft und „Medium“, nämlich die Person Bergoglio/Franziskus selbst, unterstreicht Wenders Filmtitel „Ein Mann seines Wortes“: „Genau das ist Papst Franziskus für mich – einer der zu seinem Wort steht, der das lebt, was er predigt.“[34] Kongruent zu Franziskus' Kommunikationsstil, seine Botschaft in persönlichen Gesten zum Ausdruck zu bringen, geht es auch Wenders um eine (des Papstes) inhaltliche Botschaft, die er jedoch *im performativen Medium der Bilder* „transportiert“: Der Film kann „dazu beitragen, die Bilder zu verändern, die wir in uns tragen, und die Art, wie wir die Welt betrachten“. Der Zuschauer bzw. die Zuschauerin „kann beflügelt sein, neue Bilder von einer besseren Welt zu finden“[35].

4 Politisch-öffentliches Christentum angesichts der „autoritären Welle"

4.1 Identitätstheoretische Deutung des autoritären Nationalismus

Der Gießener Politologe Claus Leggewie (* 1950) hat eine „autoritäre Welle“ als zentrale Herausforderung für viele europäische Staaten diagnostiziert.[36] Ihm erscheinen die Bezeichnungen „Populismus“ oder „Rechtspopulismus“ für die zu beobachtenden demokratiegefährdenden Tendenzen quer durch Europa zu harmlos. Vielmehr sieht er eine schleichende Entwicklung von einem europakritischen Populismus zu einem „völkisch autoritären Nationalismus“[37]:

> „Aus einer anfänglichen staats- und EU/Euro-kritischen Haltung hat sich immer deutlicher ein völkisch-autoritärer Nationalismus herausgeschält, der an der ökonomischen Europäisierung und Globalisierung Anstoß nimmt, aber vor allem die angebliche Überfremdung durch nichteuropäische Immigranten aus dem globalen Süden zum Thema macht. Damit wird – jenseits von arm und reich, oben und unten, religiös und säkular – in den konsensorien-

---

[34] Ebd. 44.
[35] Ebd. 47.
[36] Vgl. C. Leggewie, Europa zuerst! Eine Unabhängigkeitserklärung, Berlin 2017.
[37] Ebd. 20.

> tierten politischen Systemen eine neue Spaltungs- und Konfliktlinie zwischen dem ‚Eigenen' und ‚dem Fremden' sichtbar."[38]

Als einen zentralen Grund hierfür macht Leggewie soziale Destabilisierungen, auch sozioökonomische Verwerfungen und die Reaktion darauf in einem dauerhaften Gefühl der (sozialen) Unsicherheit aus.

> „Die spürbare, generell seit den 1970er Jahren zunehmende Ungleichheit von Einkommen und Vermögen und die Zunahme von prekären Arbeitsmarktlagen und unsicheren Zukunftsaussichten in der europäischen Gesellschaft werden auf die Immigration projiziert und ‚Fremde' zu Sündenböcken erklärt."[39]

Diese Spur lässt sich auch in einer wichtigen Publikation finden, die der Löwener Sozialethiker Walter Lesch (* 1958) unter dem Titel „Christentum und Populismus" herausgegeben hat.[40] Lesch selbst vermutet einen Zusammenhang von „prekären Lebensverhältnissen" und dem „Heilsversprechen kollektiver Identität"[41], das in einen autoritären Nationalismus einmünden kann. Gerade in einem Klima sozialer Verunsicherung und Angst erscheinen kollektive, wie etwa nationale Identitäten als eine Art „Hoffnungsanker": „Sobald die Lebensplanung an Sicherheit und Vorhersagbarkeit verliert, werden Ressourcen wichtig, mit denen sich prekäre Situationen wenigstens teilweise auffangen lassen."[42] Menschen nehmen daher vermehrt

---

[38] Ebd. 22f.

[39] Ebd. 23. In ähnlicher Stoßrichtung weist auch der Konfliktforscher Wilhelm Heitmeyer auf den Zusammenhang von Desintegrationserfahrungen und der Entstehung von, wie er es nennt, „gruppenbezogener Menschenfeindlichkeit" hin, z. B. in: W. Heitmeyer, Autoritäre Versuchungen. Signaturen der Bedrohung I, Frankfurt a. M. [2]2018. Vgl. zum Engagement der Kirche für eine integrierte Gesellschaft und gegen einen sozial destruktiven Rechtspopulismus, mit befreiungstheologischem Bezug: A. Kreutzer, Kirche in der (bedrohten) Zivilgesellschaft. Aktuelle ekklesiologische Impulse aus Gustavo Gutiérrez' Theologie der Befreiung, in: M. Becka, F. Gmainer-Pranzl (Hg.), Gustavo Gutiérrez: Theologie der Befreiung (1971/2021). Der bleibende Impuls eines theologischen Klassikers (STSud 64), Innsbruck 2021, 115–141.

[40] W. Lesch (Hg.), Christentum und Populismus. Klare Fronten?, Freiburg i. Br. 2017.

[41] W. Lesch, Prekäre Lebensverhältnisse und das Heilsversprechen kollektiver Identitäten, in: ders. (Hg.), Christentum und Populismus (s. Anm. 40), 100–111.

[42] Ebd. 106.

„Zuflucht in die Zugehörigkeit zu einer Gruppe“[43]. Dabei ist es ein Merkmal solch kollektiver Identität – zumindest ab einem gewissen Maßstab, etwa der Größe einer Nation –, dass sie aufgrund der realen Unübersichtlichkeit der Großgruppe mit der bloßen Fiktion von Zusammengehörigkeit arbeiten muss:

> „Wer sich in der Gemeinschaft eines ‚Volkes‘ aufgehoben fühlt, operiert trotz des Anscheins von Nähe und Nestwärme mit einer fiktiven Größe. Denn keiner kann alle Angehörigen eines Volkes persönlich kennen. Die verbindenden Elemente sind dann lediglich die Gemeinsamkeiten in der Staatsangehörigkeit, in Sprache und Kultur, obwohl diese Merkmale kein homogenes Ganzes definieren.“[44]

Solche „imagined communities“[45] (Benedict Anderson) benötigen, damit ihre Funktion als kollektive Identifikationsfläche erfüllt werden kann, *ad intra* die Unterstellungen von Homogenität: „Die Unterschiede innerhalb des Kollektivs werden durch Idealisierung und durch die Leugnung von Vielfalt zum Verschwinden gebracht.“[46] *Ad extra* zielen sie auf eine ebenso mit Fiktionen arbeitende Abgrenzung zu anderen Gruppen, um sich darüber ex negativo zu definieren:

> „Wir sind das Volk! Wir zuerst! America first! Take back control! La France d’abord! La France aux Français. All diese Parolen folgen ein- und demselben einfachen Muster der kollektiven Selbstbehauptung durch Ausgrenzung [...].“[47]

Leschs – auf dieser identitätstheoretischen Analyse fußendes – Plädoyer für ein öffentlich-politisches Christentum, das sich gegen nationalistisch-autoritäre Umtriebe stellt, kann sich von den im öffentlich-politischen Wirken Franziskus’ betonten Dimensionen politischer Öffentlichkeit, dem sozioökonomisch-inklusiven und dem performativen Aspekt, inspirieren lassen.

---

[43] Ebd. 107.

[44] Ebd. 107.

[45] Vgl. die inzwischen zum politikwissenschaftlichen Klassiker avancierte Schrift: B. Anderson, Die Erfindung der Nation. Zur Karriere eines folgenreichen Konzepts, Frankfurt a. M. 1988 [Originalausgabe: Imagined Communities. Reflections on the Origins and Spread of Nationalism, London 1983].

[46] Lesch, Prekäre Lebensverhältnisse und das Heilsversprechen kollektiver Identitäten (s. Anm. 41), 108.

[47] Ebd. 108f.

4.2 Solidarität und performatives Auftreten von Christ(inn)en und Kirchen

Dem exklusivistisch-nationalen Autoritarismus setzt Lesch das in der christlichen Sozialethik verankerte Leitbild nicht partikularistischer, sondern Gruppengrenzen überschreitender Solidarität entgegen: „Christliche Sozialethik ist durch ein starkes Solidaritätsethos geprägt, das über die Grenzen der eigenen Religionsgemeinschaft hinausgeht.“[48] Um ein solch nicht partikularistisches Solidaritätsethos realiter implementieren zu können, müssen freilich die zentralen Ursachen autoritärer Versuchungen, nämlich die sozioökonomische Destabilisierung und die darauf aufruhende gefühlte Prekarität, wirksam bekämpft werden. Ganz im Sinne von Frasers sozioökonomisch unterfüttertem Partizipationsmodell ist dies nur über Maßnahmen zum auch materiell vermittelten sozialen Ausgleich möglich: „Deshalb ist die überwiegend proeuropäische Ausrichtung christlicher Sozialethik in die Pflicht genommen, für ein soziales Europa nicht nur rhetorisch einzutreten.“[49] Die aus der lateinamerikanischen Befreiungstheologie stammende „Option für die Armen“ lässt sich so – angesichts der sozioökonomisch destabilisierten und ebenfalls durch sozialen Ausschluss gekennzeichneten europäischen Gesellschaften – als entscheidender Beitrag der Kirchen zur Sicherung der Demokratie verstehen.[50]

Auch die performative Seite einer öffentlichen Präsenz von Christentum und Kirche ist entscheidend: Im Sinne der mit Alexander betonten performativen Seiten demokratischer Öffentlichkeit ist zu beobachten, wie sich die Kirchen in ihrem Engagement gegen

---

[48] Ebd. 110.

[49] Ebd. 111. Eine (kenosis-)theologische Kritik an solch identitären Konstrukten in Religion und Gesellschaft und an ihren Exklusivismen versuche ich in: A. Kreutzer, (Meta-)Identität des Christlichen in der pluralen Gesellschaft. Zur Aktualität und Relevanz einer *kenotischen* Theologie, in: ThPQ 168 (2020) 309–322.

[50] Vgl. zur Option für die Armen einführend B. Kern, Theologie der Befreiung, Tübingen 2013, 36–43; zur Bedeutung der Option für die Armen im Hinblick auf gesellschaftliche Integration vgl. auch A. Kreutzer, Anerkennungskonflikte und interreligiöse Dialoge. Soziologische und (fundamental)theologische Perspektiven auf Religion in der Öffentlichkeit, in: F. Gmainer-Pranzl, E. Kraus, M. Ladstätter (Hg.), „... mit Klugheit und Liebe“ (Nostra aetate 2). Dokumentation der Tagungen zur Förderung des interreligiösen Dialogs II. 2016 – 2018, Linz 2020, 37–53, besonders 45f.

Rechtspopulismus nicht nur des Diskurses, sondern auch anderer inszenatorischer Mittel, wie etwa öffentlicher Liturgien bedienen, für die sie ein Jahrtausende altes Expertenwissen besitzen. In jüngerer Zeit war es auffällig zu sehen, dass länder- und konfessionsübergreifend die Osterliturgie mit der Parteinahme für eine humane, offene und demokratische Gesellschaft angereichert wurde. So hat sich Papst Franziskus beim Kreuzweg im Kolosseum 2019 – mit Texten der Menschenrechtsaktivistin Sr. Eugenia Bonetti (* 1939) – für eine humane Aufnahme von Flüchtlingen in Europa stark gemacht.[51] Im Meditationstext der VIII. Station hieß es:

> „Der Arme, der Ausländer, der, der anders ist, darf nicht als Feind angesehen werden, der abgelehnt oder bekämpft werden muss, sondern als Bruder oder Schwester, die aufzunehmen und zu unterstützen sind."[52]

Der Münchner Bischof, Kardinal Reinhard Marx (* 1953), hat beim liturgischen „Kreuzweg der Völker" in der Münchner Innenstadt ebenfalls im Jahr 2019 – vor dem Hintergrund der in den Passionserzählungen zu greifenden Ausbrüche von Hass und Gewalt gegen ein unschuldiges Opfer – die Christen und Christinnen dazu aufgerufen,

> „gerade in Europa dafür [zu] sorgen, dass nicht neu Hass und Misstrauen gegeneinander gesät werden"[53].

In verblüffend ähnlicher Wortwahl hat der Vorsitzende der Evangelischen Kirche in Deutschland (EKD) Heinrich Bedford-Strohm (* 1960) zur gleichen Zeit die in seiner evangelischen Konfession so wichtige Thematik der Erinnerung an Leiden und Sterben Christi am Karfreitag mit aktuellen politischen Herausforderungen verknüpft:

---

[51] Die hier aufgeführten Beispiele beziehen sich auf die bis dato letzten öffentlichen Liturgien zur Osterzeit im Jahr 2019, vor der Corona-Pandemie.

[52] E. Bonetti, Mit Christus und den Frauen auf dem Kreuzweg. Meditationen, in: http://www.vatican.va/news_services/liturgy/2019/documents/ns_lit_doc_20190419_via-crucis-meditazioni_ge.html (Zugriff: 22.3.2021).

[53] R. Marx, Miteinander der Völker zeigt christliche Prägung Europas, in: https://www.domradio.de/themen/karwoche/2019-04-19/marx-miteinander-der-voelker-zeigt-christliche-praegung-europas (Zugriff: 22.3.2021).

> „Gerade heute, wo der Ton der politischen Auseinandersetzung national wie international schärfer wird, gilt es daran zu erinnern: Wo wir einander in dem Bewusstsein gegenübertreten, dass wir zum Bilde Gottes geschaffen sind, da dürfen Hass und Gewalt keinen Platz in unserem Miteinander haben."[54]

Das Muster ist bei allen drei „Karfreitagsperformanzen" gleich: Die zentrale Erinnerung an Leiden und Sterben Jesu sensibilisiert – in einen liturgischen Rahmen eingebettet – für das Leiden heutiger Menschen und motiviert Christinnen und Christen dazu, gegen inhumane nationalistische Exklusionen und für eine offene, integrative Gesellschaft aufzutreten.

5 Zum Schluss: Politische Nachtgebete heute

Die „Politischen Nachtgebete" sind zurück, in unserer Zeit und in unseren Gesellschaften. Menschen beteten etwa unter diesem Titel parallel zum Parteitag der „Alternative für Deutschland" (AfD) in Köln 2017 für die Demokratie.[55] Im Januar 2019 fand in Salzburg ein „Interreligiöses Politische Nachtgebet" statt.[56] In Linz, ebenfalls in Österreich, fand bereits im Dezember 2018 ein Politisches Gebet unter dem Motto „Gemeinsam für Demokratie und Menschlichkeit" statt, bei dem Solidarität mit Geflüchteten zusammengebracht wurde mit Sorgen um den gesellschaftlichen Zusammenhalt und soziale Absicherung.[57] Selbst unter den Bedingungen der Corona-Krise, finden die Politischen Nachtgebete, freilich in veränderten Formen,

---

[54] H. Bedford-Strohm, Karfreitag: „Hass und Gewalt dürfen keinen Platz in unserem Miteinander haben", in: https://www.ekd.de/karfreitag-2019-ratsvorsitzender-45300.htm (Zugriff: 22.3.2021).

[55] Vgl. Christen setzen Politisches Nachtgebet gegen AfD-Parteitag, in: https://www.domradio.de/themen/kirche-und-politik/2017-04-22/christen-setzen-politisches-nachtgebet-gegen-afd-parteitag (Zugriff: 22.3.2021).

[56] Vgl. Politisches Nachtgebet Salzburg, in: https://www.facebook.com/Politisches-NachtgebetSalzburg/videos/vb.348427009321790/2048507121870231/?type=2&theater (Zugriff: 22.3.2021).

[57] Vgl. Politisches Gebet – Gemeinsam für Demokratie und Menschlichkeit, in: https://www.dioezese-linz.at/politisches-gebet-gemeinsam-fuer-demokratie-und-menschlichkeit (Zugriff: 22.3.2021).

eine Fortsetzung.[58] Die Politischen Nachtgebete verbinden die Perspektiven der kulturellen und der materiellen Solidarität, die beide Grundlagen für eine offene, demokratische Gesellschaft darstellen. Im Rahmen solch liturgischer Formen wird diese Solidarität nicht nur diskursiv gefordert, sie wird gewissermaßen auch „performt", dargestellt und umgesetzt in der ökumenischen und interreligiösen Ausrichtung der Veranstaltungen. Die Politischen Nachtgebete zeigen an und realisieren, wofür sie stehen: Einigkeit trotz Unterschiedlichkeit! Und sie bringen diesen Inhalt und diese Inszenierung mit den Grundlagen christlichen Glaubens zusammen.

Die Politischen Nachtgebete sind also zurück. Mit Blick auf die Bedeutung eines sozioökonomisch-partizipativen Öffentlichkeitsverständnisses (im Sinne Frasers) und eines performativen Öffentlichkeitsverständnisses (im Sinne Alexanders) ist das deskriptiv erklärbar; in der Spur von Franziskus' Option für die Armen, die er mit (Glaubens-)Symbolen zu verbinden und zu kommunizieren weiß, ist dies auch theologisch begrüßenswert.

---

[58] Vgl. Politisches Gebet – einmal anders ..., in: https://www.dioezese-linz.at/site/menscharbeit/home/news/article/165134.html (Zugriff: 22.2.2021).

„Strukturwandel der Kirche als Aufgabe und Chance"

Das Reformprogramm Karl Rahners zur Würzburger Synode

Stefan Kopp

2019, rechtzeitig zum Beginn des sogenannten Synodalen Weges, der von der Deutschen Bischofskonferenz (DBK) und dem Zentralkomitee der deutschen Katholiken (ZdK) beschlossen wurde, gab der Münsteraner Dogmatiker Michael Seewald (* 1987) die Schrift „Strukturwandel der Kirche als Aufgabe und Chance" von Karl Rahner (1904–1984) aus dem Jahr 1972 neu eingeleitet heraus.[1] Seewald versteht seine Publikation als „Wechselspiel aus historischer Einordnung, gedanklicher Nachzeichnung und kritischer Kommentierung" (8). Nun ist er selbst Vertreter der nachgeborenen Generation von Theolog(inn)en und liest Rahners Schrift in gewisser Weise erstmals mit einer deutlichen zeitlichen Distanz. Warum tut er das, und warum ist es sinnvoll, ein seinerzeit im Blick auf ein aktuelles Ereignis geschriebenes Werk heute wieder hervorzuholen und sich damit zu beschäftigen?

Die Schrift sollte damals Rahners Gedanken zu notwendigen Reformen bzw. (Struktur-)Wandlungsprozessen (in) der Kirche allgemein und den Ortskirchen der (damaligen) Bundesrepublik Deutschland im Rahmen der „Gemeinsamen Synode der Bistümer in der Bundesrepublik Deutschland" (1971–1975), der sogenannten Würzburger Synode, speziell bündeln und zur Diskussion stellen. Mit seiner Rede vom Strukturwandel der Kirche meint Rahner allerdings nicht die Infragestellung verbindlicher und aus seiner Sicht unveränderlicher kirchlicher Verfassungsprinzipien wie den päpstlichen Primat oder die bischöfliche Verfassung der Kirche,

[1] Vgl. K. Rahner, Strukturwandel der Kirche als Aufgabe und Chance. Mit einer Einleitung von Michael Seewald, Freiburg i. Br. 2019. – Alle Abschnittsverweise und Zitate von Rahner und Seewald beziehen sich im Folgenden auf diese Fassung und werden direkt im Fließtext mit den entsprechenden Seitenzahlen angegeben.

> „sondern schlicht Wirklichkeiten der Kirche im Glaubensverständnis, im Leben der Kirche, in ihrem Verhältnis zur Welt, Wirklichkeiten also, deren Wandlungsfähigkeit und -bedürftigkeit mindestens grundsätzlich nicht bestritten werden können" (12).

Nach einigen einleitenden Bemerkungen zu seinem Selbstverständnis (vgl. 27) und zur „Problematik der Synode" (vgl. 28–35), auf die er sich später noch häufiger bezieht, teilt er seine Überlegungen in drei Abschnitte mit Überschriften in Form von folgenden Fragen ein: „Wo stehen wir?" (vgl. 36–62), „Was sollen wir tun?" (vgl. 63–111) und „Wie kann eine Kirche der Zukunft gedacht werden?" (vgl. 112–157). Die Beobachtungen zu Rahners Gedanken in diesem Beitrag orientieren sich daran und schlagen abschließend eine Brücke zu den gegenwärtigen Diskursen auf dem Synodalen Weg bzw. besonders zur Rolle der Theologie dabei, um zu klären, ob und inwiefern die erneute Lektüre Karl Rahners zur Weiterentwicklung und -vertiefung aktueller Fragen und Herausforderungen bis heute erhellend sein kann.

1 „Wo stehen wir?"

Im ersten Teil seiner Überlegungen mit der Überschrift „Wo stehen wir?" (36) bietet Karl Rahner zunächst eine Situationsanalyse. Er spricht darin aus der Perspektive des Jahres 1972 von einer teilweise eigenartigen Sicht der Kirche auf die Welt bzw. auf sich selbst, die zwischen „einem bockigen Konservativismus (man weiß ja, was man zu tun hat, und tut es auch sehr gut) und einer uneingestandenen Verzweiflung" (37) schwanke. In einer langen und komplex formulierten Klammerbemerkung zur nicht eingestandenen oder sogar verdrängten verzweifelten Situation findet sich etwa die Beobachtung Rahners, dass manche meinten,

> „nur noch verbissen weitermachen [zu] könne[n], weil man doch nicht ‚aussteigen' könne und das Ende glücklicherweise doch noch nicht zu den eigenen Lebenszeiten erwartet werden müsse" (37).

Er deutet damit nicht nur eine beinahe 50 Jahre danach noch aktuell klingende institutionelle Problematik an, die zum Teil bis heute – etwa bei organisatorisch-technischen (Struktur-)Reformen in der

Kirche mit manchen theologisch-inhaltlichen Defiziten[2] – besteht, sondern auch lebensgeschichtliche Tragiken. Verbissenheit, Frustration, innere Emigration und/oder Resignation können Folgen solcher verzweifelten biografischen Entwicklungen im kirchlichen Kontext – aber wohl nicht nur dort – sein.

Dem stellt Rahner mit Blick auf die Würzburger Synode das eindringliche Plädoyer für eine fundierte (pastoral-)theologische und religionssoziologische Reflexion entgegen und benennt einige Parameter für die von ihm diagnostizierte Übergangssituation der christlichen Religion. Sein Grundansatz ist dabei, dass nicht mehr von einer (praktisch deckungsgleichen) gesellschaftlichen und kirchlichen Homogenität früherer Zeiten ausgegangen werden könne. Eine Massen- und Mediengesellschaft mit einer veränderten Bedeutung von Autoritäten und vielen anderen Transformationsprozessen in Wissenschaft und Kultur bringe auch eine völlig andere Situation für die Kirche mit sich, welcher der Abschied von einer homogenen Volkskirche bevorstehe. Entschieden wendet sich Rahner dabei allerdings gegen ideologische oder allzu bequeme Vorstellungen von einer „kleinen Herde“ (vgl. 47), welche nur die Restbestände eines älteren Systems sichern wolle. Bestehendes sollte nicht mutwillig zerstört, sondern so gut wie möglich erhalten werden, aber nicht um den Preis einer stumpfen und sturen Innovationsverweigerung. Altes *und* Neues müssten die Gestalt der gegenwärtigen und zukünftigen Kirche prägen.

Aus diesen Überlegungen resultierend spricht Karl Rahner – analog zur gesellschaftlichen Situation – von einer „Kirche der Ungleichzeitigkeit“ (53), die sich aus verschiedenen Gruppen mit verschiedenen Formen und Stilen zusammensetze, um den christlichen Glauben zu leben. Notwendigerweise müssten dabei seiner Ansicht nach Kompromisse eingegangen werden, doch schärft er gleichzeitig ein:

---

[2] Vgl. dazu etwa S. Kopp, Kirche in Zeiten der Veränderung. Zur Buchreihe und ihrem ersten Band, in: ders. (Hg.), Von Zukunftsbildern und Reformplänen. Kirchliches Change Management zwischen Anspruch und Wirklichkeit (Kirche in Zeiten der Veränderung 1), Freiburg i. Br. 2020, 9–14, hier besonders: 11f.; speziell zu liturgietheologischen Defiziten vgl. ders., Kirche ohne Liturgie? Zur Bedeutung des Gottesdienstes in den diözesanen Pastoralkonzepten, in: ebd. 97–128.

> „Diese letzte Bereitschaft, Kompromisse hinzunehmen, darf keinen Kirchhoffrieden in der Kirche bewirken, darf nicht dazu führen, daß gar keine Entscheidungen, die für alle gelten, mehr getroffen werden und jeder macht, was er will." (56)

Nicht minder aktuell ist seine Warnung vor der „Gefahr einer unmenschlichen und unchristlichen Polarisierung" (57), die er als primitiv, einfältig und dumm abqualifiziert (vgl. 59). Schlimm sind für ihn nicht Meinungsverschiedenheiten und unterschiedliche Denkansätze. Im Blick auf heutige, inzwischen geradezu aggressiv öffentlich ausgetragene Auseinandersetzungen zwischen verschiedenen kirchlichen Gruppen und Vertretern – auch und gerade Bischöfen – wirkt seine Mahnung fast wie ein aktueller Medienspiegel. Eindringlich appelliert Rahner angesichts des jeweils entstehenden Schadens, auf persönliche Diffamierungen zu verzichten, und formuliert:

> „Wenn man sich aber gegenseitig lieblos verdächtigt, wenn man sich gegenseitig ‚abstempelt' als ‚reaktionär' oder als ‚progressistisch', wenn man gegenseitig nicht mit sachlichen Argumenten, sondern mit Emotionen aufeinander losgeht, wenn jede Gruppe, jede Zeitschrift, jede Zeitung usw. nur noch pauschal qualifiziert und abqualifiziert werden, wenn einer dem anderen, weil Meinungsverschiedenheiten bestehen, schon gleich als dumm und böswillig, als reaktionär oder das Christentum modernistisch auflösend erscheint, wenn man sich nur mehr in den Kreisen bewegt, die einem selbst von einem letztlich doch sehr unreflektierten und sehr wenig kritisch durchleuchteten Instinkt heraus sympathisch sind, wenn dem einen das Neue immer schon als der Weisheit letzter Schluß oder nur als die tödliche Gefahr für alles echte Christentum erscheint, dann ist die Gefahr einer dummen und letztlich unfruchtbaren Polarisierung gegeben." (58)

Besonders diese Analyse Rahners könnte zum Teil ohne Überarbeitung aus der heutigen Zeit stammen und würde damit einen Nerv der gegenwärtigen (kirchlichen) Situation und Diskussionskultur treffen. Sie kann als wichtiger Impuls gewürdigt werden, ohne Rahner in allem zustimmen zu müssen. Auch wenn manches nicht als nüchterne Sachanalyse bzw. als ausgewogene und nach allen Seiten hin abgesicherte Aussage, sondern auch als provokative und auf diese Weise anregende Zuspitzung gemeint sein konnte, wird man bestimmte Passagen mit Michael Seewald als „zu holzschnittartig“ (24) bezeichnen dürfen, wie den Satz:

> „Ein neu aus dem sogenannten Neuheidentum gewonnener Christ bedeutet mehr, als wenn wir zehn ‚Altchristen‘ noch halten.“ (52)

Bedenkenswert dürfte allerdings der praktische Vorschlag Rahners sein, Foren des Austausches zu schaffen, in denen jeweils andere Positionen vorgestellt werden und dabei als eine Art „kritische Instanz“ (62) für die eigenen Positionen nicht auf eine Hermeneutik des Verdachts, sondern auf eine Hermeneutik des Verstehen-Wollens treffen.

2 „Was sollen wir tun?"

Auf Basis seiner fundierten Einschätzung zum Stand der Dinge nimmt Karl Rahner in einem zweiten Abschnitt unter der Leitfrage „Was sollen wir tun?“ (63) einige konkrete Handlungsoptionen in den Blick. Dabei ist es ihm wichtig, seinen Ausführungen klärende methodologische Vorüberlegungen voranzustellen, in denen er u. a. der Vorstellung einer genauen Plan- und Machbarkeit der Zukunft der Kirche entgegentritt. Er plädiert für eine gute Balance zwischen prinzipientreuer Gesetzlichkeit und kreativer Freiheit in den synodalen Prozessen zum Finden von Antworten auf Fragen der Zeit. In solchen Prozessen bleibe es nicht aus, inhaltliche Schwerpunkte herauszubilden und zu entscheiden, „an welchen bevorzugten Punkten man die endlichen Kräfte an Menschen, geistlichem Elan und materiellen Hilfen einsetzen“ (66) wolle. Das erfordere in jeder Hinsicht Mut. Vor allem sei Mut erforderlich, auf Dauer unhaltbare Positionen aufzugeben, selbst wenn das ein Voranschreiten bedeute, bei dem manche in der Folge kaum mitzuhalten vermögen – auch auf die Gefahr hin, dass sich Menschen deshalb von der Kirche abwenden. Dem Schutz rein konservativer Positionen durch die Amtskirche sei eine neue Ausgewogenheit entgegenzusetzen. Die Kirche selbst sollte seiner Ansicht nach Motor der Veränderung sein, nicht erforderlichen Veränderungen hinterherhinken. Die Notwendigkeit, angesichts absehbarer Entwicklungen jeweils rechtzeitig mit Reformen zu beginnen, gehöre für ihn zu den Binsenweisheiten. Bei allen Überlegungen müsse Raum für das Wehen des Geistes Gottes gelassen werden, was weder Beliebigkeit bedeute, noch ein vorschnelles

Urteil über Reformen als angeblich rein menschliche Interessen rechtfertige, aber Kriterien brauche.

Wie ist nach den Vorstellungen Karl Rahners eine Kirche beschaffen, die ihrem Auftrag gerecht werden will? Er nennt dafür sieben Parameter bzw. Optionen: Die Kirche sei auch als deutsche Ortskirche selbstverständlich weiterhin „die *römisch*-katholische Kirche“ (vgl. 71–75). Sie sollte seines Erachtens aber immer mehr eine „entklerikalisierte Kirche“ (vgl. 75–80) werden, eine „dienend besorgte Kirche“ (vgl. 80–83), eine Kirche, die „Moral ohne Moralisieren“ (vgl. 83–91) vertritt, eine „Kirche der offenen Türen“ (vgl. 91–97), eine „Kirche der konkreten Weisungen“ (vgl. 97–103) sowie eine „Kirche wirklicher Spiritualität“ (vgl. 103–111).

Was meint Rahner im Einzelnen damit? Auch wenn es berechtigte Kritik am Papsttum mit seinen (auch ästhetischen) Erscheinungsformen und (auch rezeptionsästhetischen) Wirkungen gebe, seien verbitterte „allergische“ Reaktionen auf das Petrusamt nicht nur kontraproduktiv, sondern „zutiefst unkatholisch“ (73). Diese Haltung verhindere eine von konstruktiver Kritik begleitete positive Weiterentwicklung eines wichtigen Dienstes, der gerade für die Kirche als Weltkirche an Bedeutung gewinne, damit sie nicht zu einem „Debattierklub“ (74) verkomme, sondern entscheidungs- und handlungsfähig bleibe. Von daher ist für Rahner

> „eine (in einem gewissen, genau zu begrenzenden Sinn!) ‚monarchische‘ Spitze auch in der Kirche sinnvoll und im Grunde unvermeidlich und braucht gar nicht mit paternalistischen Ideologien verteidigt zu werden. Diese Unausweichlichkeit ist besser vor Gefahren geschützt, wenn sie nicht verschleiert wird, wenn sie nicht abgeschafft wird, sondern wenn in ihre bleibende Funktion Sicherungen ihres sachgemäßen Funktionierens und ihrer Transparenz eingebaut sind“ (74).

Die Rede von einer „entklerikalisierte[n] Kirche“ (75) sieht Rahner selbst als erklärungsbedürftig. Für ihn steht außer Frage, dass es amtliche Aufgaben und Vollmachten brauche. Doch unterscheidet er „zwischen Geistträgern und Amtsträgern“ (76) und möchte damit neben dem Amt in der Kirche auch „die Liebenden, die Selbstlosen, die Prophetischen“ (76) neu wahrnehmen und wertschätzen, wobei verschiedene Charismen idealiter, aber eben nicht selbstverständlich zusammenfallen würden – ein vollkommenes Schisma zwischen den

Gruppen würde der Geist Gottes verhindern. Zur Veranschaulichung seiner Überlegungen wählt er die Analogie eines Schachvereins. Er meint:

> „Die wirklich den Verein Tragenden und ihm Sinn Gebenden sind die Mitglieder in dem Maße, in dem sie gut Schach spielen. Die Hierarchie der Vereinsleitung ist notwendig und sinnvoll, wenn und soweit sie der Gemeinschaft der Schachspielenden und *ihrer* ‚Hierarchie' dient und nicht meint, mit dieser identisch zu sein und auch schon vi muneris am besten Schach spielen zu können." (76) [Hervorhebung im Original]

In dieser Analogie kommt der sachlich begründete heutige Anspruch an Amtsträger als treue Diensttträger und nicht als klerikalistische Monarchen gut zum Ausdruck. Sind aber tragend und sinngebend für die Gemeinschaft der Kirche wirklich nur jene, die etwas besonders gut können? Ist die Hierarchie systemisch nur konditional denknotwendig, wenn sie einem bestimmten Anspruch gerecht wird, und sollte sie wirklich denen besonders dienen, die zur Hierarchie (der besten Spieler) gehören? Auch wenn Bilder und Vergleiche hinken bzw. Fragen offenlassen, ist eine Konsequenz Rahners bemerkens- und bedenkenswert. Er sagt bereits 1972:

> „In diesem Sinne wird die Autorität des Amtes eine Autorität der Freiheit sein. Faktisch werden in Zukunft die Amtsträger so viel effiziente und nicht nur theoretisch in Anspruch genommene Autorität haben, als sie ihnen von der Freiheit der Glaubenden durch ihren Glauben zugestanden wird." (77)[3]

Daraus ergeben sich für ihn Fragen nach möglichen Konsequenzen für den Lebensstil von Klerikern, der nicht in einer völligen Konformität mit profanen gesellschaftlichen Standards bestehen könne. Glaubwürdige geistliche Autorität ohne Klerikalismus zeichne sich aber vor allem durch eine diskursfähige und Argumenten zugängliche Kritikfähigkeit aus. Weder dem Amt noch den Amtsträgern schade es,

---

[3] Zum heutigen Reflexionsstand in der Autoritätsfrage vgl. zuletzt A. Koritensky, Autorität in der Krise. Eine philosophische Analyse, in: S. Kopp (Hg.), Macht und Ohnmacht in der Kirche. Wege aus der Krise (Kirche in Zeiten der Veränderung 2), Freiburg i. Br. 2020, 43–57.

> „wenn man Unsicherheiten, Zweifel, Notwendigkeit von Experimenten und weiteren Überlegungen, deren Ausgang wirklich noch ungewiß ist, ehrlich zugibt und nicht so tut, als habe man einen unmittelbaren heißen Draht zum Himmel für alle und jede Frage, die in der Kirche eine Antwort verlangt." (79f.)

Bei diesem Typ von Amtsträger mit Leitungsverantwortung würde man im Coaching heute vom „Selbst-Entwickler"[4] sprechen, zu dessen Qualitäten auch Team- und Kritikfähigkeit bzw. sogar die proaktive Bitte um konstruktive Kritik gehören. Ansonsten können ihn mangelnde Akzeptanz, drohende Überforderung und letztlich daraus folgende Verbitterung auf Dauer eher zu einem „Selbst-Zerstörer" werden lassen.

Auf dieser Linie liegt die Option für eine „[d]ienend besorgte Kirche" (80), der es nicht nur um sich selbst, sondern vor allem um die Menschen geht. Mit Blick auf problematische Schieflagen, die Rahner in diesem Zusammenhang wahrnimmt, spricht er fast euphemistisch von einer „ekklesiologischen Introvertiertheit" (81) und möchte die Kirche u. a. neu bestimmen durch die besondere Zuwendung zu „den Armen, den Alten, den Kranken, den gesellschaftlich Deklassierten, den Menschen am Rande der Gesellschaft, allen denen, die keine Macht haben und der Kirche keinen eigenen Machtzuwachs bringen können" (81f.) – ggf. auch gegen die herrschenden Mächte. Mit Papst Franziskus (seit 2013) kann damit eine Kirche „im Aufbruch" verstanden werden, die nicht einfach selbstreferenziell bleibt, sondern bereit ist, „hinauszugehen aus der eigenen Bequemlichkeit und den Mut zu haben, alle Randgebiete zu erreichen, die das Licht des Evangeliums brauchen"[5].

Zu einer glaubwürdigen Verkündigung des Evangeliums gehören für Karl Rahner auch moralische Prinzipien in Predigt und Leben. Er hat eine Kirche als „moralische Anstalt" (86) vor Augen, zu der allerdings auch die Ehrlichkeit gehöre, notwendige Entwicklungen von Moralvorstellungen einzugestehen und mit zu vollziehen, und die nicht moralisieren dürfe. Ohne moralische Probleme zu negieren

---

[4] J. Corssen, Der Selbst-Entwickler. Das Corssen Seminar, Wiesbaden 2004.

[5] Papst Franziskus, Apostolisches Schreiben *Evangelii gaudium* über die Verkündigung des Evangeliums in der Welt von heute vom 24. November 2013 (VApS 194), Bonn 2013, Nr. 20.

oder als gegenstandslos zu erklären, versteht er unter dem Begriff „moralisieren" u. a., dass „sittliche Verhaltensnormen mürrisch und schulmeisterlich und mit moralischer Entrüstung über eine unmoralische Welt" (86) vorgetragen oder nicht auf den Kern der christlichen Botschaft – besonders das zentrale Liebesgebot – zurückgeführt werden.

Der Forderung Rahners nach einer „Kirche der offenen Türen" (91) liegt die Einsicht zugrunde, religiöse Pluralisierung nicht nur als gesellschaftliches und kirchliches Krisenphänomen zu deuten, sondern darin auch neue theologische Perspektiven zu sehen – mit neuen Reflexionsmöglichkeiten über die zum Teil fließenden Grenzen der Kirchenzugehörigkeit bzw. die Diskrepanz zwischen dem amtlichen und dem persönlichen Glauben der Menschen. Schon eine „schlichte ‚Unterscheidung der Geister'" (96) helfe hier, ein teilweise bisher kontradiktorisches Alles oder Nichts in der Bewertung solcher Phänomene zu überwinden.

Kritisches Unterscheidungsvermögen der Christ(inn)en ist auch in einer „Kirche der konkreten Weisungen" (97) gefragt. Darunter versteht Rahner den Mut „zu konkreten Imperativen" (97), die aus dem christlichen Gewissen erwachsen und die die gesellschaftskritische Funktion der Kirche im Blick haben, wobei „alles Kleinkarierte und Gouvernantenhafte vermieden werden" (102) solle.

Schließlich plädiert Rahner für eine „Kirche wirklicher Spiritualität" (103), mit der er nicht eine „‚privatistische Engführung' des christlichen Denkens und Lebens in der Kirche" (103) als „introvertierte Pflege der eigenen schönen Seele" (103) meint, sondern eine ekklesial verlebendigte Form des geistlichen Lebens. Als kontraproduktiv und problematisch empfindet er „Ritualismus, Legalismus, Administration und ein sich allmählich selber langweilig werdendes und resignierendes Weiterfahren auf den üblichen Geleisen einer spirituellen Mittelmäßigkeit" (104) und bezeichnet diesbezüglich auch sich selbst kritisch als „Kirchenbeamten" (104). Die damit verbundene privilegierte Stellung, die in sich nicht schädlich sei, aber immer wieder der selbstkritischen Reflexion bedürfe, solle auch in Deutschland nicht einer „Kirche des Mysteriums und der evangelischen Freude erlöster Freiheit" (108) im Weg stehen. Dauerauftrag der (reformwilligen) Kirche ist nach Rahner, die Botschaft des Evangeliums immer neu mit Leben zu füllen.

3 „Wie kann eine Kirche der Zukunft gedacht werden?"

Auf Basis solcher Überlegungen denkt Karl Rahner im dritten Abschnitt seines Buches „Strukturwandel der Kirche als Aufgabe und Chance" explizit über die Zukunft der Kirche bzw. die Kirche der Zukunft nach und wagt den Versuch eines Ausblicks über die gegenwärtige Situation mit ihren Herausforderungen zur Zeit der Würzburger Synode hinaus. Dabei werden zentrale Stichworte wiederaufgegriffen und mit weiteren begrifflichen und inhaltlichen Vertiefungen bzw. Perspektiven versehen. Rahner charakterisiert die Kirche der Zukunft als offen (vgl. 112–122), ökumenisch (vgl. 122–129), „von der Basis her" (vgl. 129–141), demokratisiert (vgl. 142–145) und gesellschaftskritisch (vgl. 146–157).

Die Kirche der Zukunft solle nach Rahner von Offenheit und nicht von einer sektenhaften Gettomentalität geprägt sein, mit der sie in Zeiten des Umbruchs zwar vermeintlich „Klarheit, Ordnung, Frömmigkeit und Orthodoxie" (113) erhalte oder schaffe, aber faktisch keine Relevanz für das gesellschaftliche Leben mehr habe. Das erfordere eine neue Sicht auf die Frage von Rechtgläubigkeit, wie sie zu jeder Zeit mit unterschiedlichen Vorzeichen und Rahmenbedingungen neu bedacht werden musste, und vor allem eine differenzierte Sicht auf Dogmenentwicklungen im Gesamthorizont der Geschichte.[6]

Für nicht weiter begründungspflichtig hält Rahner nach dem Zweiten Vatikanischen Konzil (1962–1965) eine ökumenische Kirche der Zukunft. Das Innovative an seinen von ihm selbst als „utopisch" (125) qualifizierten Gedankengängen ist u. a., – in Umkehrung bisheriger Ansätze – „die volle glaubensmäßige und theologische Einheit als eine Folge einer institutionellen Einigung" (126) zu betrachten und damit im ökumenischen Dialog den Blick über die Suche nach einer „doktrinale[n] Zauberformel [...], die alle dogmatischen Bekenntnistraditionen harmonisiert" (17), hinaus auf die unterschiedlichen konfessionellen Identitäten hin zu weiten, wie Michael Seewald plausibel herausarbeitet.[7] Auch wenn Rahners Plan letztlich u. a. we-

---

[6] Zum aktuellen Stand der Reflexion in dieser Frage vgl. M. Seewald, Dogma im Wandel. Wie Glaubenslehren sich entwickeln, Freiburg i. Br. 2018.

[7] Vgl. M. Seewald, Bekenntnistradition und konfessionelle Identität. Perspektiven zur Methodik des lutherisch-katholischen Dialogs, in: ThPh 91 (2016)

gen der mangelnden Praktikabilität nicht aufgeht, kann er mit Seewald als anregendes Korrektiv für Wege in der ökumenischen Verständigung gewürdigt werden, die im Laufe der vergangenen 50 Jahre in Sackgassen geführt haben (vgl. 16–19).

Die Option Karl Rahners für eine von Basisgemeinden her gedachte, demokratisierte Gestalt der Kirche ist vielleicht der gewagteste konkrete Versuch des Theologen, für die Kirche der Zukunft nicht nur neue inhaltliche Perspektiven zu entwickeln, sondern im Grunde auch eine neue Verfassung mit weitreichenden Folgen für Fragen der sakramentalen Grundstruktur der Kirche sowie ihrer Ämter und Dienste anzuregen. Seine Grundannahme lautet:

> „Es ist aus theologischen Gründen und auch nach dem Zeugnis der Geschichte einfach nicht so, daß von einem bestimmten Territorium her verfaßte Pfarreien allein die Grundelemente der Kirche sein könnten." (130)

Zwar würde er die klassische territoriale Verfassung der Kirche nicht abschaffen wollen, die er in polemischer Zuspitzung mit „Polizeirevieren" (130) vergleicht, aber er lässt seine Präferenz für „Basisgemeinden freier Initiative und Assoziation" (129) klar erkennen und nimmt dafür gleich mehrere radikale amtstheologische, ekklesiologische und ekklesiopraktische Konsequenzen in Kauf. Im Letzten läuft seine Option für Basisgemeinden als neue institutionalisierte Form der Gemeindebildung neben dem territorialen Prinzip und weiterhin in einem (neu zu definierenden) Verhältnis zur bischöflich verfassten „Großkirche" (131) auch auf eine neue Form der Gemeindeleitung durch Männer und Frauen hinaus, die aus dem Kreis der Gemeinde kommen und „eine relative Ordination und Anerkennung" (131) erhalten sollen. Vor allem darin sieht er einen wesentlichen Schritt zur „Demokratisierung" (145) der Kirche. Unklar bzw. sicherlich weiterer amtstheologischer Reflexionen bedürftig bleibt, wie eine relative Ordination in Ergänzung zur sakramentalen Weihe gedacht werden kann, die nach katholischem Verständnis absolut ist,

---

571–591. – Vgl. dazu auch die von Karl Rahner gemeinsam mit Heinrich Fries (1911–1998) entwickelte ökumenische Zielvorstellung einer Kirche „als Einheit in Vielfalt, als konziliare Gemeinschaft, als Kirche der versöhnten Verschiedenheit" (H. Fries, K. Rahner, Einigung der Kirchen – reale Möglichkeit [QD 100], Freiburg i. Br. 1983, 123).

d. h. lebenslang gültig und nicht ortsgebunden. Mit Michael Seewald kann in der Konsequenz einer solchen von Rahner vorgeschlagenen Weichenstellung etwa konkret gefragt werden:

> „Wie ist damit umzugehen, wenn die Leitung einer Basisgemeinde wechselt? Erlischt dann der in der Ordination sakramental mitgeteilte Auftrag oder darf der Amtsträger ihn nach Abgabe des Gemeindevorsitzes einfach nicht mehr ausüben?" (22)

„[K]einer weiteren theologischen Diskussion" (132) bedürfe laut Rahner die Frage der Zulassungsbedingungen zum Weiheamt vor allem im Hinblick auf die Frage der Zölibatsverpflichtung, insofern die Zahl der Priesterberufungen dies „in einer konkreten Situation" (132) nahelege, wobei er explizit offenlässt, ob dieses Kriterium im Deutschland der 1970er-Jahre seiner Ansicht nach erfüllt sei. Nicht erwähnt (um nicht zu sagen: unterschlagen) wird bei Rahner das Vollstudium der Theologie als eine wichtige derzeitige Zulassungsbedingung zum Weiheamt; soll darauf im Hinblick auf Rahners Idee von Basisgemeinden mit Menschen unterschiedlicher Herkunft, Prägung und nicht zuletzt Bildung verzichtet werden? Dass der Priester Akademiker ist, prägt das Berufsbild genauso wie die zölibatäre Lebensform und sollte auch in aktuellen Diskussionen nicht verschwiegen, sondern seriös mitbedacht werden. Zu Recht gibt Michael Seewald in diesem Zusammenhang – gerade mit Blick auf Anforderungen und Ansprüche im deutschen Kontext unserer Zeit – zu bedenken:

> „Der Priester ist nicht nur der Vorbeter oder Cheforganisator einer Gemeinde, sondern er sollte auch ein Intellektueller sein, der kritisch und auf hohem Niveau Auskunft über religiöse Gegenwartsfragen und den Glauben der Kirche geben kann." (22)

Den Abschluss von Rahners Überlegungen zur Kirche der Zukunft bildet ein Plädoyer für eine „[g]esellschaftskritische Kirche" (146), die sich nicht zurückziehen dürfe, sondern über die eigenen Grenzen hinausgehen und sich engagiert in die Gesellschaft einbringen müsse, um nicht nur im Kleinen, sondern auch auf Ebene von wichtigen gesellschaftspolitischen Fragen wirken zu können.

4 Eine Brücke in die Gegenwart

Der besondere Wert des Buches „Strukturwandel der Kirche als Aufgabe und Chance" von Karl Rahner liegt aus heutiger Sicht vor allem in seinen scharfsinnigen analytischen Beobachtungen und seinen fundierten inhaltlichen Differenzierungen. Viele Einsichten und Prinzipien könn(t)en unverändert auch für die gegenwärtigen Diskurse auf dem Synodalen Weg als theologische Grundlage herangezogen werden, um darauf aufbauend weiterführende Reflexionen vorzunehmen. Rahner deutet einige weiter zu vertiefende Einzelfragen in allen drei Abschnitten jeweils zwischendurch sowie in seinen Schlussbemerkungen nur stichwort- oder exkursartig an und ist in diesen (natürlich wesentlich zeitbedingteren) Teilen nicht so anregend für heutige Diskurse wie in den programmatischen Passagen seiner Schrift, die quantitativ deutlich überwiegen. Er selbst benennt aber eine wichtige Funktion seiner Schrift, deren „Erfolg" dementsprechend auch nicht so einfach messbar ist:

> „Gerade die fast unübersehbare Fülle von Einzelfragen, die in Theorie und Praxis auf die heutige Kirche zukommen, bringt die Gefahr mit sich, daß man vor lauter Bäumen keinen Wald mehr sieht, daß die Interessenten und Experten einer einzelnen Frage blind sind für das eine Ganze der Aufgabe der Kirche, in dem allein auch die einzelne Aufgabe sachgerecht bewältigt werden kann." (158f.)

Es ist – auch heute – primär Aufgabe der Theologie, bei dieser Orientierung zu helfen, Grundlagen zu erschließen, Handlungsoptionen zu reflektieren, Kriterien zu formulieren und selbstverständlich auch weiterführend Perspektivisches zu denken, was allerdings nicht heißt, dass von der Theologie (praktische) Rezepte für alle Einzelprobleme angeboten werden müssten. Auch kommt es weniger auf eigene Profilierung einzelner Persönlichkeiten an, aus der manche (schädliche) Polarisierung erwächst. Wichtiger sind das gemeinsame sachliche Anliegen und eine saubere Trennung bzw. transparente Deklarierung von Theologie und Kirchenpolitik, auch wenn man beides im Blick haben und Theologie mehrdimensional denken kann oder sogar muss. Das Beispiel aus der Geschichte zeigt: Dort, wo der scharfsinnige systematische Theologe Karl Rahner Agent der eigenen (praktischen) Ideen ist, verlässt er die stringente theologische Argumentation. Umgekehrt gilt natürlich auch: Eine praktische Idee, die nicht schon ein mit allen Konsequenzen zu Ende gedachtes Modell ist, kann dennoch einen anregenden, ggf. auch provokativen Denkimpuls für weitere Überlegungen liefern.

Die erneute Lektüre Karl Rahners heute, genau 50 Jahre nach Beginn der Würzburger Synode und mitten im Ringen um die Fortsetzung des Synodalen Weges, kann auf ganz unterschiedlichen Ebenen als ein solcher Impuls gesehen werden. Inhaltlich lässt sich in seiner Schrift neben überraschend vielen Aspekten von hoher Aktualität für heute auch Zeitbedingtes und Utopisches, wie er zum Teil selbst sagt, entdecken, das sich so nicht bestätigen sollte oder sich in dieser Form aus heutiger Sicht erübrigt hat. Formal bzw. prozesstheoretisch birgt dieser Umstand aber vielleicht auch eine Einsicht zu einer notwendigen Entspannung in scheinbar verfahrenen Situationen der Gegenwart: Nicht jeder Diskussionsbeitrag ist schon eine fertige Patentlösung oder kann das überhaupt sein. Dieser überzogene Anspruch ist auch Rahner fremd. Allerdings sollte nicht nur bei synodalen Ereignissen, sondern auch bei allen anderen kirchlichen Reformschritten immer der Reichtum an Expertisen und Ideen ehrlich wahrgenommen und intellektuell redlich geprüft werden. Ein vorschnelles, möglicherweise noch polemisch zugespitztes und medial verstärktes Urteil darüber, was diskutiert werden darf, soll oder kann, ist wenig hilfreich. Wie die Erfahrung zeigt, trägt dies eher zu kontraproduktiven Lagerbildungen bei und führt die Kirche in Sackgassen, die von Ideologien und/ oder Nostalgien gesäumt sind, oder – mit den Worten Rahners – in „eine kleinhäuslerische Sektenmentalität" (49).

Manches Urteil kann getrost auch weiteren Entwicklungen oder späteren historischen Sichten darauf überlassen werden. Nur eine möglichst breite, aber inhaltlich gut vorbereitete und vertiefte Diskussionsbasis ohne Denkverbote kann auch in der Gegenwart zu einer tragfähigen Brücke in die Zukunft werden. Rahners Schüler Herbert Vorgrimler (1929–2014) zog über das Buch und die Synodenbeiträge seines Lehrers ein ernüchterndes Fazit. Die meisten Mühen des profilierten Theologen seien in diesem Zusammenhang vergeblich geblieben.[8] Dagegen gibt Michael Seewald zu Recht zu bedenken:

---

[8] Vgl. H. Vorgrimler, Karl Rahner. Gotteserfahrung in Leben und Denken, Darmstadt 2004, 113.

> „Die Frage nach der Vergeblichkeit einer Idee ist allerdings eine durch die Geschichte perspektivisch bestimmte, in der das letzte Wort noch nicht gesprochen ist.“ (23)

Denn anspruchsvolle Ideen zeichnen sich – einmal verschriftlicht – dadurch aus, dass auch ihre Lektüre zu späterer Zeit in neuen Kontexten bisher noch nicht gesehene Zugänge und Perspektiven eröffnen oder eben eine neu entdeckte Grundlage für weitere Reflexionen bieten kann.

„Wo Synode draufsteht, sollte auch Synode drin sein."

Kirchenrechtliche Anfragen zum sogenannten „Synodalen Weg"

Thomas Schüller

1 Einleitung

Kardinal Reinhard Marx (* 1953) kündigte zum Abschluss der Frühjahrsvollversammlung der Deutschen Bischofskonferenz (DBK) 2019 in Lingen den Prozess „Synodaler Weg" an, um gemeinsam mit dem Zentralkomitee der deutschen Katholiken (ZdK) über die in der MHG-Studie[1] prioritär genannten Ursachen für jahrzehntelangen sexuellen Missbrauch durch Kleriker und andere Bedienstete der Kirche und dessen bewusste Vertuschung durch Bischöfe und ihre Personalverantwortlichen zu beraten. Die vier Foren[2], die hierzu gebildet wurden, handeln über 1. „Macht und Gewaltenteilung in der Kirche – Gemeinsame Teilnahme und Teilhabe am Sendungsauftrag", 2. „Leben in gelingenden Beziehungen – Liebe leben in Sexualität und Partnerschaft", 3. „Priesterliche Existenz heute" und 4. „Frauen in Diensten und Ämtern in der Kirche". Der auf zwei Jahre angelegte Prozess, der wohl pandemiebedingt nun doch bis 2023 gehen wird, soll am Ende Beschlüsse und Voten zu diesen vier Themenfeldern generieren. Inhaltlich werden einzelne Bischöfe wie der Kölner Kardinal Rainer Maria Woelki[3] (* 1956) und der Regensburger Bischof Rudolf Voderholzer[4] (* 1959) sowie interessierte konservative Kreise in Deutsch-

---

1 Vgl. H. Dreßing u. a., Sexueller Missbrauch an Minderjährigen durch katholische Priester, Diakone und männliche Ordensangehörige im Bereich der Deutschen Bischofskonferenz, Mannheim – Heidelberg – Gießen 2018 [nach den Orten der beteiligten Universitäten Mannheim, Heidelberg und Gießen gemeinhin „MHG-Studie" genannt].

2 Vgl. https://www.synodalerweg.de/struktur-und-organisation/synodalforen (Zugriff: 2.3.2021).

3 Vgl. Kardinal Woelki befürchtet „dramatische Folgen" durch Synodalen Weg (26. September 2020), in: https://www.katholisch.de/artikel/27014-kardinal-woelki-befuerchtet-drama tische-folgen-durch-synodalen-weg (Zugriff: 3.3.2021).

4 Vgl. Synodaler Weg: Voderholzer teilt Sorge vor Kirchenspaltung (29. September

land[5], aber auch in der Römischen Kurie[6] nicht müde, diese Themen als uneigentlich für die Reform der Kirche zu diskreditieren und dafür eine neue Evangelisierung zu fordern, da der Glaube in Deutschland und Westeuropa weitgehend verdunstet sei. Kardinal Gerhard Ludwig Müller (* 1947) hat hierzu vor einigen Wochen ausgeführt: Der Synodale Weg „des kirchlichen Establishments" ziele „auf eine weitere Verweltlichung der Kirche"[7]. Mehr Evangelisierung und weniger Verweltlichung – so also lautet die Kritik in ihrer Essenz.[8] Die Rückfrage, die man natürlich stellen könnte, wäre die, ob nicht gerade die vier Themenfelder des Synodalen Weges genau die sind, die Gläubigen in der Vergangenheit und in der Gegenwart es erschweren, wenn nicht sogar verunmöglichen, ihren Glauben an Christus zu leben und zu bekennen. Wer wie ich mit vielen Opfern sexueller Gewalt in der Kirche sprechen konnte, der lernt schmerzhaft und zugleich eindrücklich verstehen, wie Priester im Namen Gottes jedes Vertrauen an Christus zerstört haben. Aber: darum geht es mir heute in meinem Vortrag nicht, so reizvoll diese grundsätzliche Auseinandersetzung mit den Kritiker(inne)n des Synodalen Weges auch wäre.[9]

Mein Fokus liegt auf der formal-strukturellen, d. h. kirchenrechtlichen Analyse der rechtlichen Grundlagen des Synodalen Weges.

2020), in: https://www.katholisch.de/artikel/27035-synodaler-weg-voderholzer-teilt-sorge-vor-kirchenspaltung (Zugriff: 3.3.2021).

[5] Vgl. Forum Deutscher Katholiken: Synodaler Weg braucht nach Papsttext Wende (10. März 2020), in: https://www.katholisch.de/artikel/24794-forum-deutscher-katholiken-synodaler-weg-braucht-nach-papsttext-wende (Zugriff: 3.3.2021).

[6] Vgl. M. Graulich, Unterwegs – wohin? Kirchenrechtliche Anmerkungen zum Synodalen Weg, in: LS 71 (2020) 80–84.

[7] Vgl. „Vom Ansatz her schräg". Kardinal Müller kritisiert Reformbestrebungen in der Kirche (17. September 2020), in: https://www.domradio.de/themen/reformen/2020-09-17/vom-ansatz-her-schraeg-kardinal-mueller-kritisiert-reformbestrebungen-der-kirche (Zugriff: 21.9.2020).

[8] In die gleiche Richtung zielt auch das ungewöhnliche Schreiben von Papst Franziskus an die deutschen Katholiken vom 29.06.2020; vgl. https://www.dbk-shop.de/media/files_public/pfmulxidlr/DBK_2220.pdf (Zugriff: 3.3.2021). Dort stellt der Papst fest: „Pastorale Bekehrung ruft uns in Erinnerung, dass die Evangelisierung unser Leitkriterium schlechthin sein muss, unter dem wir alle Schritte erkennen können, die wir als kirchliche Gemeinschaft in Gang zu setzen gerufen sind; Evangelisieren bildet die eigentliche und wesentliche Sendung der Kirche." (ebd. 15).

[9] Vgl. T. Schüller, Grenzen und Chancen des Synodalen Weges – eine kirchenrechtlich-theologische Analyse, in: LS 71 (2020) 74–79.

Kardinal Marx, der damalige Vorsitzende der DBK, gab bei der Abschlusspressekonferenz nach der Frühjahrsvollversammlung 2019 zu Protokoll:

> „Die Kirche braucht ein synodales Voranschreiten. Papst Franziskus macht dazu Mut. Und wir fangen nicht am Nullpunkt an. Die Würzburger Synode (1972–1975) und auch der Gesprächsprozess der vergangenen Jahre haben den Boden bereitet, auch für viele Herausforderungen von heute. Einstimmig haben wir beschlossen, einen verbindlichen synodalen Weg als Kirche in Deutschland zu gehen, der eine strukturierte Debatte ermöglicht und in einem verabredeten Zeitraum stattfindet und zwar gemeinsam mit dem Zentralkomitee der deutschen Katholiken. Wir werden Formate für offene Debatten schaffen und uns an Verfahren binden, die eine verantwortliche Teilhabe von Frauen und Männern aus unseren Bistümern ermöglichen. Wir wollen eine hörende Kirche sein. Wir brauchen den Rat von Menschen außerhalb der Kirche.“[10]

Halten wir fest: Es geht um Verbindlichkeit der Beratungsergebnisse, es wird Bezug auf die Würzburger Synode genommen und die verantwortliche Teilhabe aller Mitglieder des Synodalen Weges zugesagt. Zudem wollen die bischöflichen Vertreter des Lehramtes hören, denn vom Hören auf Gottes Wort und Volkes Stimme werden sie ja ermächtigt, überhaupt lehren zu können (vgl. LG 12), einschließlich der Fremdprophetie. Wer nicht hinhört auf diese beiden Quellen des Glaubens, der ist unfähig, zu lehren. Damit war die Messlatte hochgelegt und die Zeit bis zum September 2019 diente der rechtlichen Abklärung, wie dieser synodale Prozess zu gestalten sei. Konnten diese Erwartungen erfüllt werden? Sind die Beratung und deren Ergebnisse verbindlich? Kann offen um die Antwort auf die Fragen der Zeichen der Zeit aus dem Evangelium gerungen werden?

Begeben wir uns auf die Reise einer kirchenrechtlichen Zwischenbilanz.

---

[10] https://dbk.de/presse/aktuelles/meldung/abschlusspressekonferenz-der-fruehjahrs-vollversammlung-2019-der-deutschen-bischofskonferenz-in-linge/detail/ (Zugriff: 21.9.2020).

2 Kirchenrechtliche Modelle, die zur Verfügung standen

In der Phase von Lingen im Frühjahr 2019 bis zum September des gleichen Jahres, als sich DBK und ZdK auf die jetzt geltenden Statuten für den Synodalen Weg einvernehmlich verständigten, hatte man bei der kirchenrechtlichen Fixierung des Synodalen Weges zwei realistische Möglichkeiten: erstens ein Plenarkonzil (auch Nationalsynode genannt) gemäß den kodikarischen Bestimmungen als bischöfliche Versammlung und zweitens eine Nationalsynode nach dem Vorbild der Würzburger Synode mit stimmberechtigten Laien und Bischöfen. In einem eigenen Abschnitt werde ich dann die Lösung ganz eigener Art, wie sie jetzt mit dem Statut zum Synodalen Weg und der Geschäftsordnung für die Synodalversammlung gefunden wurde, darstellen und analysieren.

Die beiden ersten Modelle sind nun vorzustellen. Beginnen wir mit dem Plenarkonzil, wie es in den cc. 439 bis 446 des *Codex Iuris Canonici* (CIC)[11] normiert wird. Neben dem Plenarkonzil, auch Nationalsynode genannt, gibt es auch die Möglichkeit eines Provinzialkonzils, also das Treffen der Bischöfe einer Kirchenprovinz mit seinem Metropolitan an der Spitze (c. 442 CIC).[12] Diese Form der Synode ist für unser Thema nicht einschlägig und zudem im Rechtsalltag der Weltkirche nur selten anzutreffen.

Das Plenarkonzil hingegen ist das Treffen aller Bischöfe der Teilkirchen (Bistümer) einer Bischofskonferenz und durchaus gelegentlich als Ereignis zu beobachten wie gerade in Australien[13] und wohl auch bald in Irland. So wird in c. 439 § 1 CIC festgelegt:

> „Ein Plenarkonzil, d. h. ein Konzil/eine Synode für alle Teilkirchen derselben Bischofskonferenz, soll mit Genehmigung des

---

[11] Vgl. T. Schüller, Grenzen und Möglichkeiten einer „Gemeinsamen Synode" nach dem CIC, in: Hirschberg 68 (2015) 109–115; O. Stoffel, in: MKCIC 441–446 (21. Erg.-Lfg. Juli 1993); H. Hallermann, Eine neue „Gemeinsame Synode"? Rechtliche Möglichkeiten und Grenzen, in: KuR 20 (2014) 127–144.

[12] Vgl. H. Paarhammer, Kirchenprovinz – Metropolit – Provinzialkonzil, in: ders., F.-M. Schmölz (Hg.), Uni trinoque Domino. Karl Berg. Bischof im Dienste der Einheit. Eine Festgabe. Erzbischof Karl Berg zum 80. Geburtstag, Thaur 1989, 469–496.

[13] Vgl. Papst billigt „Plenarkonzil" von Australiens Kirche (19. März 2018), in: https://www.katholisch.de/artikel/16903-papst-billigt-plenarkonzil-von-australiens-kirche (Zugriff: 3.3.2021).

> Apostolischen Stuhls so oft abgehalten werden, wie es der Bischofskonferenz notwendig und nützlich erscheint."

Die Initiative zur Abhaltung eines Plenarkonzils bzw. einer Nationalsynode liegt bei der Bischofskonferenz, der auch die Kompetenz-Kompetenz zukommt, darüber zu entscheiden, ob eine solche Synode nützlich ist für die Teilkirchen. Den Beschluss über die Synode fasst nach ihren jeweiligen Statuten die Bischofskonferenz selbst. Allerdings bedarf diese Entscheidung der Approbation[14], der Genehmigung Roms. Nach Nr. 82 der Apostolischen Konstitution *Pastor bonus*[15], der trotz vieler Ankündigungen immer noch geltenden gesetzlichen Grundlage für die Arbeit der Römischen Kurie[16], ist hierfür die Bischofskongregation zuständig.[17] Dort heißt es zusätzlich zum grundsätzlichen Genehmigungsvorbehalt der Bischofskongregation bei der Einberufung eines Plenarkonzils, dass auch sämtliche Akten dieser Form der Synode durch sie entgegengenommen werden und überprüft werden in Zusammenarbeit mit den fachlich zuständigen Dikasterien. Damit sind kirchenrechtlich drei Hürden für ein Plenarkonzil zu beachten:

1) Die Einberufung eines Plenarkonzils bedarf der römischen Genehmigung. Der lateinische Fachterminus „approbatio" ist mehr als ein nur Zur-Kenntnis-Nehmen einer angezeigten Veranstal-

---

14 Vgl. U. Rhode, Approbatio, in: H. Hallermann u. a. (Hg.), Lexikon für Kirchen- und Religionsrecht. Band 1, Paderborn 2019, 214–217.

15 Vgl. Papst Johannes Paul II., Apostolische Konstitution *Pastor bonus* über die Römische Kurie, in: AAS 80 (1988) 841–930.

16 Immer noch verzögert sich die Publikation des Nachfolgedokumentes zu *Pastor bonus* mit dem Titel *Praedicate evangelium*, das seit Jahren im sogenannten Kardinalsrat unter Federführung von Papst Franziskus beraten wird. Nach jüngsten Äußerungen von Kardinalstaatssekretär Pietro Parolin ist nun vorgesehen, das neue Gesetz zur Arbeit der Römischen Kurie im Laufe des Jahres 2021 zu promulgieren; vgl. „Trübe Punkte" in der Kurie. Vatikandiplomat Parolin zu Kurienreform und Staat-Kirche-Verhältnis, in: https://www.domradio.de/themen/vatikan/2021-01-29/truebe-punkte-der-kurie-vatikandiplomat-parolin-zu-kurienreform-und-staat-kirche-verhaeltnis (Zugriff: 3.3.2021).

17 Vgl. Papst Johannes Paul II., Pastor bonus (s. Anm. 15), Nr. 82: „Die Kongregation erledigt alles, was die Feier von Partikularkonzilien […] betrifft; […] sie nimmt die Akten dieser Versammlungen entgegen und überprüft deren Dekrete, soweit sie der Überprüfung bedürfen, nach Beratung mit den betreffenden Dikasterien."

tung (wofür im lateinischen Text „recognitio“[18] stehen würde), sondern eine fachliche Prüfung der Voraussetzungen, d. h. der Statuten der geplanten Synode und auch der vorgesehenen Beratungsgegenstände. Schon hier ist es kirchenrechtlich möglich, dass die Bischofskongregation als genehmigendes römisches Dikasterium die rechtlichen Grundlagen, d. h. das Statut, verändert im Sinne einer Auflage für die Genehmigung, aber auch in das Thementableau der angedachten Beratungsgegenstände eingreift und z. B. bestimmte Beratungsthemen verbietet als weitere Bedingung für eine Genehmigung.

2) Im Nachgang zu einer Synode sind dann sämtliche Unterlagen diesem Dikasterium zu überstellen, und Dekrete, also rechtsverbindliche Beschlüsse, bedürfen der Überprüfung[19], wobei die Bischofskongregation den fachlichen Rat zum Beispiel der Glaubenskongregation hierfür einholt.
3) Diese Überprüfung kann kirchenrechtlich auch mit dem Ergebnis enden, dass eine Bischofskonferenz aufgefordert wird, bestimmte Dekrete, die auf der Nationalsynode verabschiedet wurden, zu modifizieren bzw. gar nicht in Rechtskraft in den einzelnen Diözesen zu überführen.

Allein schon aus diesen Gründen, so konnte man den Ausführungen von Kardinal Marx und Thomas Sternberg (* 1952) als Präsidenten des ZdK entnehmen, habe man sich nicht für diese strenge Form eines Plenarkonzils entscheiden mögen. In der Tat sind die beschriebenen kirchenrechtlichen Interventionsmöglichkeiten der Bischofskongregation derart, dass sie einer allzu reformfreudigen Bischofskonferenz die Handschellen anlegen, d. h. schon im Vorfeld einer

---

[18] Vgl. U. Rhode, Die recognitio von Statuten, Dekreten und liturgischen Büchern, in: AKathKR 169 (2000) 433–468.

[19] Sowohl in c. 446 CIC als auch in *Pastor bonus* Nr. 82 wird der Begriff „recognitio“ verwendet. Neben dieser Stelle in c. 446 CIC wird noch an weiteren fünf Stellen „recognitio“ im Sinne von Überprüfung verwendet: cc. 299 § 3; 451; 455 § 2; 838 §§ 2 und 3; 1120 CIC – vgl. hierzu grundlegend Rhode, Die recognitio von Statuten, Dekreten und liturgischen Büchern (s. Anm. 18). Rhode weist zutreffend darauf hin, dass c. 446 CIC nahtlos an seinen Vorgänger im kirchlichen Gesetzbuch (*Codex Iuris Canonici*) von 1917 (c. 291 § 1 CIC/1917) anknüpft. Überprüfung meint den Abgleich von Dekreten auf ihre Rechtsmäßigkeit mit dem übergeordneten Recht, kann aber auch die Zweckmäßigkeit und den Nutzen einer solchen Rechtsnorm kritisch beleuchten.

geplanten Synode Themen von der Tagesordnung nehmen kann bzw. dass im Nachgang zarte Schritte für Reformen in Form von Dekreten nicht die Überprüfung überleben.

Was die Zusammensetzung eines Plenarkonzils angeht, so besitzen nach c. 443 § 1 Nr. 1 und 2 CIC die Diözesanbischöfe, die Bischofskoadjutoren und Auxiliarbischöfe sowie andere Titularbischöfe, die auf dem Gebiet der betroffenen Bischofskonferenz im Auftrag des Apostolischen Stuhls oder der Bischofskonferenz ein Amt ausüben, entscheidendes Stimmrecht (*votum deliberativum*) und sind einzuladen. Fakultativ ist hingegen gemäß c. 443 § 2 CIC die Einladung von emeritierten Titularbischöfen, die auf dem Gebiet der Bischofskonferenz wohnen. Erfolgt deren Einladung, besitzen sie auch entscheidendes Stimmrecht. Damit bestimmen nur Bischöfe den Ausgang des Plenarkonzils, so dass hierdurch dessen exklusiv bischöflicher Charakter unterstrichen wird.[20] Mit beratendem Stimmrecht (*votum consultivum*), d. h. mit dem Recht zu Diskussionsbeiträgen in den Beratungen, aber ohne Stimmrecht bei den Abstimmungen, nehmen unter anderem die General- und Bischofsvikare (c. 443 § 3 Nr. 1 CIC), die höheren Ober(inn)en der Ordensinstitute und Gesellschaften des Apostolischen Lebens, die ihren Sitz auf dem Gebiet der Bischofskonferenz haben (c. 443 § 3 Nr. 2 CIC), die Rektor(inn)en der kirchlichen und katholischen Universitäten sowie die Dekane(innen) der theologischen und kanonistischen Fakultäten (c. 443 § 3 Nr. 3 CIC), einige der Regenten (c. 443 § 3 Nr. 4 CIC) und ausgewählte Domkapitulare sowie Mitglieder der diözesanen Priester- und Pastoralräte – letztere nur, wenn sie in den Diözesen errichtet wurden (c. 443 § 5 CIC) – am Plenarkonzil teil. Des Weiteren räumt c. 443 § 4 CIC die Möglichkeit ein, weitere Gläubige – seien sie Priester oder Laien – mit beratender Stimme einzuladen, wobei deren Zahl nicht mehr als die Hälfte derer sein darf, die mit entscheidendem oder beratendem Stimmrecht (c. 443 §§ 1–3 CIC) teilnehmen. Zudem besteht die Möglichkeit, Gäste einzuladen (c. 443 § 5 CIC). Sie haben Beobachterstatus, aber kein Stimmrecht und können daher nicht an den Diskussionen teilnehmen. Hier könnte an Vertreter(innen) anderer christlicher Kirchen und kirchlicher Gemeinschaften gedacht werden. Ist jemand

[20] Vgl. Stoffel, MKCIC 443, 3 (s. Anm. 11).

eingeladen, so muss sie oder er an dem Plenarkonzil teilnehmen (c. 444 § 1 CIC), es sei denn, sie oder er ist aus gerechtem Grund an der Teilnahme gehindert. Es besteht auch bei Mitgliedern mit entscheidender Stimme die Möglichkeit zur Vertretung, allerdings nur mit beratendem Stimmrecht (c. 444 § 2 CIC). Diese präzise Auflistung der kodikarischen Regelungen zur Teilnahme an einem Plenarkonzil dient hier dazu, (a) den bischöflichen Charakter des Plenarkonzils aufzuzeigen und (b) später zu verdeutlichen, wie sehr die statuarischen Regelungen zum Synodalen Weg diesen Normen angepasst sind.

Kirchenrechtlich zentral ist nun c. 445 CIC. Er lautet:

> „Das Partikularkonzil bemüht sich für sein Gebiet darum, dass für die pastoralen Erfordernisse des Gottesvolkes Vorsorge getroffen wird; es besitzt Leitungsgewalt (potestas regiminis), vor allem Gesetzgebungsgewalt, so dass es, stets unter Vorbehalt des allgemeinen Rechts der Kirche, bestimmen kann, was zum Wachstum des Glaubens, zur Leitung des gemeinsamen pastoralen Wirkens, zur Ordnung der Sitten und zu Bewahrung, Einführung und Schutz der allgemeinen kirchlichen Disziplin angebracht erscheint."

Plenarkonzilien besitzen Leitungsgewalt, insbesondere im Bereich der Gesetzgebung, das heißt ihre Dekrete sind Partikularrecht in allen Diözesen der Bischofskonferenz. Dabei ist aber das allgemeine, universalkirchliche Recht[21], wie zum Beispiel in den beiden Codizes, zu beachten und darf nicht verletzt werden. Trotz dieser Einschränkung entfalten die gesetzgeberischen Akte eines Plenarkonzils nach der in c. 446 CIC geforderten römischen „recognitio" Rechtskraft, das heißt sie sind für alle Diözesen verbindlich.

Negativ gewendet können Nationalsynoden nach dem Wortlaut des c. 445 CIC jedoch keine Lehren des Glaubens und der Sitten definieren. Dies bleibt dem bischöflichen Lehramt – d. h. dem Bischofskollegium mit und unter seinem Haupt und dem Papst – allein vorbehalten.[22] Auch dieser Punkt ist in Erinnerung zu rufen,

---

[21] Vgl. c. 135 § 2 CIC, der festschreibt, dass das von einem untergeordneten Gesetzgeber erlassene Gesetz, das einem höheren Recht widerspricht, nicht gültig erlassen werden kann.

[22] Vgl. Stoffel, MKCIC 445, 2 (s. Anm. 11). – Vgl. zur Frage der Lehrkompetenz von Bischofskonferenzen M. Seewald, T. Schüller (Hg.), Die Lehrkompetenz der

wenn man die Beratungsgegenstände des Synodalen Weges in den Blick nimmt, die durchaus diese beiden Sektoren betreffen – zu denken ist an das Thema Weihe von Frauen oder Änderung der derzeit geltenden Sexualmoral. Ansonsten geht es bei der Beschlussfassung außerhalb gesetzlicher Initiativen um Förderung des Glaubenswachstums, zu dem sicher der Begriff Evangelisierung passt, Organisation der gemeinsamen pastoralen Tätigkeit, Ordnung der Sitten sowie Bewahrung, Einführung und Schutz der kirchlichen Disziplin.

Zusammenfassend kann kirchenrechtlich festgestellt werden, dass das Plenarkonzil eine bischöfliche Versammlung ist, die Leitungsgewalt ausübt und verbindliche rechtliche Normen in Form von Dekreten erlassen und ansonsten eher auf der pastoralen Ebene koordinative Akte setzen kann, die der Weitergabe des Glaubens dienen sollen. Flankiert werden die Rahmenbedingungen durch eine römische Observanz zu Beginn und zum Abschluss der Nationalsynode. „Einfache" Gläubige können beratend teilnehmen, aber nicht die Beratungen eines Plenarkonzils zahlenmäßig dominieren.

Wir kommen zur Frage, ob es ein solches Plenarkonzil, eine solche Nationalsynode unter den kirchenrechtlichen Rahmenbedingungen des Codex von 1983 auch nach Würzburger Vorbild hätte geben können? Bekanntlich galt zum Zeitpunkt der Würzburger Synode der Codex von 1917. Auch hier war das Plenarkonzil als ausschließlich bischöfliche Versammlung konzipiert. Ein Stimmrecht für Laien war nicht vorgesehen. Dennoch gelang es der Deutschen Bischofskonferenz, für das „Statut der Gemeinsamen Synode der Bistümer in der Bundesrepublik Deutschland"[23] in Rom eine Genehmigung zu erreichen[24], obwohl dieses unter jetzt darzulegenden Normen die gemeinsame Beratung und Beschlussfassung von Bischöfen, Priestern und Ordenschrist(inn)en sowie Laien vorsah[25]. Zwar wur-

---

Bischofskonferenz. Dogmatische und kirchenrechtliche Perspektiven, Regensburg 2020.

[23] Vgl. Gemeinsame Synode der Bistümer in der Bundesrepublik Deutschland. Beschlüsse der Vollversammlung. Offizielle Gesamtausgabe I, Freiburg i. Br. 1976, 856–861.

[24] Vgl. ebd. 861f.

[25] Vgl. H. Hallermann, Das Statut der gemeinsamen Synode der Bistümer in der Bundesrepublik Deutschland, in: W. Rees, J. Schmiedl (Hg.), Unverbindliche Beratung oder kollegiale Steuerung? Kirchenrechtliche Überlegungen zu synodalen Vorgängen, Freiburg i. Br. 2014, 87–104; R. Althaus, Die Gemeinsame Synode

de im Konzilsdekret *Christus Dominus* Nr. 36 die Wiederbelebung teilkirchlicher Synoden gefordert[26]; doch kam es im Motu proprio *Ecclesiae sanctae*[27] von 1966 zu keinen kirchenrechtlichen Präzisierungen bzw. zu keiner normativen Umsetzung dieser Forderung. Daher galten die Normen in den cc. 281 bis 292 CIC/1917 zum Plenarkonzil uneingeschränkt fort, die keine Mitwirkung von Priestern und Laien bei den Beratungen, auch nicht im Modus des *votum consultivum*, vorsahen. Umso überraschender war es, dass die Bischofskongregation mit ausdrücklicher Billigung von Papst Paul VI. (1963–1978) weitreichende Abweichungen vom CIC/1917 und seinen Regelungen zu einer Nationalsynode gestattete, die „eine Synode neuen Typs"[28] für einen befristeten Zeitraum vom 3.1.1971 bis 23.11.1975 hervorbrachte. Die Bischofskongregation knüpfte ihre großherzige Ausnahmegenehmigung an zwei Bedingungen: zum einen müsse die Gesetzgebungskompetenz der Bischofskonferenz und der Diözesanbischöfe gewahrt bleiben und zum anderen dürfe die Zahl der nichtpriesterlichen Laien und nichtklerikalen Ordenschrist(inn)en nicht die Zahl der teilnehmenden Priester überschreiten.[29] Deshalb war allein die Bischofskonferenz der Gesetzgeber für

---

der Bistümer in der Bundesrepublik Deutschland und der Codex Iuris Canonici von 1983. Zwei Rechtsquellen für die Kirche in Deutschland, in: D. M. Meier, P. Platen, F. Sanders (Hg.), Rezeption des Zweiten Vatikanischen Konzils in Theologie und Kirchenrecht heute [FS Klaus Lüdicke] (MKCIC.B 55), Essen 2008, 13–39, hier: 19–22.

[26] „Seit den ersten Jahrhunderten der Kirche wurden die Bischöfe, obwohl sie Teilkirchen vorstanden, von der Gemeinschaft der brüderlichen Liebe und vom Eifer für die den Aposteln aufgetragene allgemeine Sendung gedrängt, ihre Kräfte und ihren Willen zu vereinen, um sowohl das gemeinsame Wohl wie auch das Wohl der einzelnen Kirchen zu fördern. Aus diesem Grund wurden Synoden, Provinzialkonzilien und schließlich Plenarkonzilien abgehalten, in denen die Bischöfe sowohl in bezug auf die Verkündigung der Glaubenswahrheiten als auch auf die kirchliche Disziplin eine einheitliche Regelung für verschiedene Kirchen festlegten. […] Diese Heilige Ökumenische Synode wünscht, dass die ehrwürdigen Einrichtungen der Synoden und Konzilien mit neuer Kraft aufblühen; dadurch soll besser und wirksamer für das Wachstum des Glaubens und die Erhaltung der Disziplin in den verschiedenen Kirchen, entsprechend den Gegebenheiten der Zeit, gesorgt werden." (CD 36)

[27] Vgl. Papst Paul VI., Motu proprio *Ecclesiae sanctae*, in: AAS 58 (1966) 757–787.

[28] Hallermann, Das Statut der gemeinsamen Synode (s. Anm. 25), 99.

[29] Vgl. ebd. 95.

das Statut und die möglichen Änderungen dieses Regelungswerkes. Eine Mitwirkung des ZdK war ausgeschlossen, wohl aber war seine vorgängige Anhörung möglich.

Organe dieser Synode eigener Art waren laut Statut die Vollversammlung (Art. 5), die Kommissionen, die unter Einbeziehung von beratenden Sachverständigen die Beschlussvorlagen vorbereiteten (Art. 9), das Präsidium mit dem Vorsitzenden der Bischofskonferenz als Präsidenten und vier Vizepräsident(inn)en, von denen einer Bischof, einer Priester und zwei Laien sein mussten, darunter eine Frau (Art. 6). Zu jeder Beschlussvorlage gab es zwei Lesungen und eine abschließende Abstimmung, bei der alle Mitglieder der Synode Stimmrecht hatten (Art. 12). Bei den Abstimmungen kam es zu statuarischen Absicherungen der Amts- und Lehrautorität der Bischöfe. Beschlussvorlagen brauchten zunächst eine Zweidrittelmehrheit aller Abstimmungsberechtigten. Bei Beschlüssen mit verpflichtender Rechtskraft brauchte es zudem nach dem damaligen Statut der Deutschen Bischofskonferenz eine Zweidrittelmehrheit der Bischöfe. Dann heißt es in Art. 13 Abs. 3:

> „Erklärt die Deutsche Bischofskonferenz, dass sie einer Vorlage aus Gründen der verbindlichen Glaubens- und Sittenlehre der Kirche nicht zustimmen kann, so ist zu dieser Vorlage eine Beschlussfassung der Vollversammlung der Synode nicht möglich."

Im folgenden Absatz 4 wird dies auch auf normative Anordnungen übertragen. Weiterhin musste der Bischofskonferenz nach Art. 12 Abs. 5 vor jeder Lesung das Recht zur Stellungnahme zu den Vorlagen gegeben werden. Lehrrechtliche Bedenken mussten in der Sache spätestens während der zweiten Lesung einer Vorlage öffentlich gemacht werden. Die Synode verabschiedete drei Formen von Beschlüssen: Beschlüsse, die keine rechtlichen Anordnungen enthielten und somit Empfehlungen an die einzelnen Bischöfe waren; Beschlüsse mit rechtlichen Anordnungen, die nach der römischen *recognitio* zu verpflichtenden Gesetzen in den Bistümern wurden; und sogenannte Voten nach Rom, bei denen Reformwünsche an den Apostolischen Stuhl adressiert wurden, von denen in der Sache klar war, dass sie einer weltkirchlichen Lösung zugeführt werden mussten. Viele dieser Voten, wie das für den Diakonat der Frau, verschwanden lautlos in den Schreibtischschubladen der römischen Dikasterien und tauchten nie mehr auf.

Ein letzter Punkt ist interessant und dient zum späteren Abgleich mit den aktuellen Statuten des Synodalen Weges. Es geht um die Zusammensetzung der Würzburger Synode. Die Liste ist lang: alle Mitglieder der Deutschen Bischofskonferenz; pro Diözese sieben gewählte Frauen und Männer aus den diözesanen Räten, davon drei Priester; bis zu 40 Mitglieder, die vom ZdK gewählt werden; 22 Ordensleute (10 Ordenspriester, 10 Ordensfrauen, 2 Ordensbrüder); und bis zu 40 von der Deutschen Bischofskonferenz berufene Frauen und Männer. Es dominiert der Modus der Wahl zur Bestellung der Mitglieder der Würzburger Synode. Dies entspricht auch dem demokratischen Geist der damaligen Zeit.

Im Ergebnis haben wir also mit der Würzburger Synode ein Plenarkonzil, eine Nationalsynode eigener Art, bei der Bischöfe, Priester und zumeist gewählte Frauen und Männer aus dem Volke Gottes gemeinsam beraten und entscheiden. Dabei gelten selbstverständlich die römischen Aufsichtsregeln und Genehmigungsvorbehalte hinsichtlich der normativ aufgeladenen Beschlusslagen. In der Wirkungsgeschichte der Würzburger Synode konnten die rechtlichen Anordnungen nachhaltig zum Beispiel die Rätestruktur auf Pfarrei- und Diözesanebene prägen.[30] Nur die Voten prallten an den hohen Wänden der römischen Behörden ab und gerieten bald in Vergessenheit.

Diese Form des Plenarkonzils mit stimmberechtigten Laien findet aktuell augenscheinlich ihre Fortsetzung in der geplanten und römisch gebilligten australischen Nationalsynode, die pandemiebedingt ab 2021 starten soll.[31] Es ist also offensichtlich so, dass auch aktuell die Bischofskongregation in Rom bereit ist, abweichend vom beschriebenen Normbestand zum Plenarkonzil im Codex von 1983 eine Nationalsynode eigener Art zu genehmigen, bei der Frauen und Männer, die nicht Kleriker sind, teilnehmen und mit abstim-

---

[30] Vgl. T. Schüller, Die Rezeption der Würzburger Synode auf diözesaner Ebene – Diözesansynoden in deutschen Diözesen von 1975 bis heute, in: W. Rees, J. Schmiedl (Hg.), Unverbindliche Beratung oder kollegiale Steuerung? Kirchenrechtliche Überlegungen zu synodalen Vorgängen (Europas Synoden nach dem Zweiten Vatikanischen Konzil 2), Freiburg i. Br. 2014, 282–295.

[31] Vgl. https://www.vaticannews.va/de/welt/news/2020-03/australien-reform-katholisch-plenarkonzil-jung-weiblich.html (Zugriff: 8.10.2020). – Ob Laien auch bei der geplanten irischen Nationalsynode (https://www.irishcatholic.com/bishops-outlines-synod-plan-to-hear-from-catholics-who-have-walked-away (Zugriff: 11.3.2021) mit Stimmrecht dabei sein werden, ist derzeit noch offen.

men dürfen.[32] Diese Information ist von Gewicht, da nun das darzustellende Statut des Synodalen Weges einen anderen Weg einschlägt und diese Chance nicht nutzt.[33]

3 Rien ne va plus: und es wurde ganz anders[34]

Die Satzung des Synodalen Weges[35] und seine Geschäftsordnung[36] sind ein bunter Mix der soeben beschriebenen zwei kirchenrechtlichen Formate, die bei einem Plenarkonzil gegangen werden können bzw. gegangen wurden. Offene Fragen entstehen schon zu Beginn, denn während es bei der Würzburger Synode klar war, dass die Deutsche Bischofskonferenz das Statut erließ, liegt dies beim Synodalen Weg augenscheinlich nicht so eindeutig vor. Es ist von wechselseitiger Zustimmung zum Entwurf eines Statutes die Rede, bei der die DBK und das ZdK mit ihren Organen nach gemeinsamen Beratungen zu einer konsensualen Verständigung gelangten. So stimmten die Bischöfe bei der Herbstvollversammlung im November 2019 dem Statut zu und wenige Tage später die Vollversammlung des ZdK[37], kurz bevor im Dezember 2019 offiziell der Synodale Weg mit seiner Arbeit begann. Die rechtliche Natur des Statuts und

---

[32] Vgl. T. Schüller, Und sie bewegt sich doch! Replik von Thomas Schüller auf Markus Graulich SDB, in: LS 71 (2020) 85–86, hier: 86.

[33] Vgl. ebd.

[34] Vgl. H. Hallermann, Der Synodale Weg im Spiegel seiner Satzung, in: KuR 26 (2020) 238–254 – mit im Ergebnis den gleichen Schlussfolgerungen, die ich in diesem Beitrag aufzeigen werde. Unverständlich bleibt die Polemik von Hallermann zu Beginn des Beitrages (239f.), die schlicht überflüssig ist und seine schlüssigen kirchenrechtlichen Analysen konterkariert.

[35] Vgl. Satzung des Synodalen Weges, in: https://www.synodalerweg.de/fileadmin/Synodalerweg/Dokumente_Reden_Beitraege/Satzung-des-Synodalen-Weges.pdf (Zugriff: 3.5.2021).

[36] Vgl. Geschäftsordnung des Synodalen Weges, in: https://www.synodalerweg.de/fileadmin/Synodalerweg/Dokumente_Reden_Beitraege/Geschaeftsordnung-des-Synodalen-Weges.pdf (Zugriff: 3.5.2021).

[37] Vgl. Der Blick richtet sich nach vorn. Der Reformdialog der Kirche in Deutschland kann beginnen (24. November 2019), in: https://www.domradio.de/themen/laien/2019-11-24/der-blick-richtet-sich-nach-vorn-der-reformdialog-der-kirche-deutschland-kann-beginnen (Zugriff: 8.10.2020).

dessen Verbindlichkeit sind somit schon dadurch unklar. Möglicherweise ist dies auch ausdrücklich so gewollt.

Die in Art. 2 der Satzung aufgelisteten Organe – Synodalversammlung, Präsidium, erweitertes Präsidium und Synodalforen zu den eingangs beschriebenen vier Themenblöcken – entsprechen in terminologisch anderer Diktion exakt den Organen der Würzburger Synode. Dies gilt auch für die Beratung in zwei Lesungsschritten und die Vorbereitung der Beschlusspapiere in den einzelnen Foren (Art. 10 Abs. 2). Ebenso wird wieder die Zweidrittelmehrheit bei Beschlüssen gefordert, bei der auch zwei Drittel der Bischöfe und nach einer Änderung der Geschäftsordnung auf der ersten Synodenversammlung im Januar 2020 auch zwei Drittel der weiblichen Stimmberechtigten zustimmen müssen (Art. 11 Abs. 2). Eher kryptisch formuliert wird in Art. 12 Abs. 2 festgesetzt: „Beschlüsse, deren Themen einer gesamtkirchlichen Regelung vorbehalten sind, werden dem Apostolischen Stuhl als Votum des Synodalen Weges übermittelt." Auch hier dürfte die dritte Form der Beschlussarten auf der Würzburger Synode Pate gestanden haben. Entfallen sind die Sicherungsbestimmungen auf der Würzburger Synode. Dort konnten die Bischöfe zum einen schon im Vorfeld einer Entscheidung ihre Bedenken vortragen und zum anderen die Absetzung einer Beschlussvorlage verbindlich verlangen, wenn aus ihrer Sicht die Glaubens- und Sittenlehre der Kirche tangiert war.

Bei der Festlegung der Teilnehmer(innen) der Synodalversammlung (Art. 3) orientiert man sich einerseits ebenfalls an den statuarischen Regelungen von Würzburg. Andererseits kommt es beim Synodalen Weg im Vergleich zu Würzburg zu weiteren Ausdifferenzierungen in der personellen Zusammensetzung, weil nun auch die inzwischen neuen und etablierten seelsorglichen Berufsgruppen Teilnehmer(innen) entsenden können. Dies gilt auch für die jungen Katholik(inn)en, die über die Schiene des ZdK hinzukommen, wobei das vom Bund der Deutschen Katholischen Jugend (BDKJ) vorgenommene Verfahren intransparent und nicht nachvollziehbar ist, mit dem diese jungen Katholik(inn)en ermittelt wurden. Auch dem ZdK wurden mehr Möglichkeiten zur Berufung, weniger zur tatsächlichen Wahl von Teilnehmer(innen) eingeräumt und durch die Teilnahme je eines Mitglieds aus den diözesanen Priesterräten kommt es im Ergebnis zu einem höheren Klerikeranteil im Vergleich zu Würzburg. Wieso das Präsidium des ZdK letztlich zehn weitere

Teilnehmer(innen) bestimmen konnte, ist selbst Mitgliedern des ZdK nicht ersichtlich, so dass sich auch hier die Frage nach der Transparenz und der Nachvollziehbarkeit der Zusammensetzung der Synodalversammlung berechtigt stellt.

Für Kirchenrechtler(innen) ist nun Art. 11 Abs. 5 für die abschließende kanonistische Bewertung entscheidend. Er lautet:

> „Beschlüsse der Synodalversammlung entfalten von sich aus keine Rechtswirkung. Die Vollmacht der Bischofskonferenz und der einzelnen Diözesanbischöfe, im Rahmen ihrer jeweiligen Zuständigkeit Rechtsnormen zu erlassen und ihr Lehramt auszuüben, bleibt durch die Beschlüsse unberührt.“

Pointiert habe ich aufgrund dieser normierten Unverbindlichkeit der mit entsprechenden Mehrheiten gefassten Beschlüsse von einem rechtlichen Nullum[38] gesprochen, was mir viel Kritik eingebracht hat. Die Bischöfe können nach Abschluss des Synodalen Weges mit den Beschlüssen machen, was sie wollen. Schon jetzt dürfte nach den eingangs beschriebenen Invektiven der Diözesanbischöfe Rainer Maria Kardinal Woelki und Rudolf Voderholzer – man könnte aber noch die Bischöfe Wolfgang Ipolt (* 1954) und Stefan Oster (* 1965) anfügen – klar sein, dass erneut ein pastoraler Flickenteppich, wie bei der Orientierungshilfe für die Teilnahme an der Eucharistie für konfessionsverschiedene Paare[39], entstehen wird, bei dem die reformorientierte Mehrheit der Deutschen Bischofskonferenz sich Beschlüssen der Synodalversammlung verpflichtet weiß, während andere Bischöfe sie nicht umsetzen und wahrscheinlich wieder um römische Überprüfung bitten werden. Darauf kann nicht nur kein Segen liegen, sondern es entlarvt den ganzen Synodalen Weg rechtlich betrachtet als letztlich unverbindliche Gesprächsrunde von engagierten Gläubigen. Daher überrascht dann doch die offenkundige römische Sorge vor den Themen der Synodalversammlung und eventuellen Beschlüssen. Diese Sorge wird schon im erwähnten

---

[38] Vgl. Theologe Schüller: „Synodaler Weg“ ist kirchenrechtlich ein „Nullum“ (25. November 2019), in: https://www.katholisch.de/artikel/23701-theologe-schueller-synodaler-weg-ist-kirchenrechtlich-ein-nullum (Zugriff: 8.10.2020).

[39] Vgl. Schüller warnt vor „Flickenteppich“ im Kommunionstreit (23. Juni 2018), in: https://www.kirche-und-leben.de/artikel/schueller-warnt-vor-flickenteppich-im-kommunionstreit (Zugriff: 3.3.2021).

Papstschreiben vom Juni 2019 deutlich, aber auch in einer – wie will man es vorsichtig deuten? – kirchenpolitisch erhitzten und kirchenrechtlich eher dürftigen gutachterlichen Stellungnahme des Päpstlichen Rates für die Gesetzestexte (PCLT), das für die Bischofskongregation einen der ersten Entwürfe für das Statut des Synodalen Weges analysiert hat.[40] Zunächst erklärt dieses Dikasterium, dass die vier großen Themen des Synodalen Weges samt und sonders weltkirchlich zu traktierende Materien betreffen und somit der Beratung und Beschlussfassung auf Ebene der Teilkirchen entzogen seien. Hier erkennt man unschwer die römischen Allmachtsphantasien, dass jedes Thema, das möglicherweise kontroverse Diskussionen auslösen kann, nur in Rom entschieden werden könne. Dieser Art des untauglichen römischen Zentralismus ist entschieden das Wort von der heilsamen Dezentralisierung[41] entgegenzusetzen, das Franziskus in seiner „Honeymoonphase" zu Beginn seines Pontifikates geprägt hat – leider bis heute nicht mit praktischen Konsequenzen. Die katholische Wahrheit ist polyphon und zu inkulturieren und es darf in dieser weltumspannenden Kirche unterschiedliche Tempi und Antworten auf scheinbar gleiche Fragen geben. Zutreffend ist hingegen die Beobachtung der Kirchenrechtler im PCLT, dass das Statut Bezug nimmt auf die analysierten Normen zum Plenarkonzil, ohne es so zu nennen. Im Klartext: Hier wird kirchenrechtlicher Etikettenschwindel betrieben.

Im Ergebnis ist festzuhalten, dass es sich beim Synodalen Weg nicht um ein Plenarkonzil handelt, auch wenn einige Bausteine im Statut dies nahelegen. Er kommt auch nicht an die kirchenrechtliche Qualität der Würzburger Regelungen heran, weil die Ergebnisse der Synodalversammlung unverbindlich bleiben, also keine bindenden Rechtswirkungen erzielen und zudem die Lehrkompetenz der Bischöfe rechtlich nicht ausreichend beachtet wird.

---

[40] Vgl. https://www.synodalerweg.de/fileadmin/redaktion/diverse_downloads/dossiers_2019/2019-09-04-Schreiben-Rom-mit-Anlage-dt-Uebersetzung.pdf (Zugriff: 3.3.2021).

[41] Vgl. Papst Franziskus, Apostolisches Schreiben *Evangelii gaudium* über die Verkündigung des Evangeliums in der Welt von heute vom 24. November 2013 (VApS 194), Bonn 2013, Nr. 16: „Es ist nicht angebracht, dass der Papst die örtlichen Bischöfe in der Bewertung aller Problemkreise ersetzt, die in ihren Gebieten auftauchen. In diesem Sinn spüre ich die Notwendigkeit, in einer heilsamen ‚Dezentralisierung' voranzuschreiten."

Der Pleonasmus „Synodaler Weg“ entpuppt sich also kirchenrechtlich als eine Chimäre, die Verbindlichkeit suggeriert, aber nicht einlösen kann.

4 Ausblick

Manch eine und einer wird nun denken, dass dieses ernüchternde kirchenrechtliche Fazit zu hart sei angesichts der bedrängenden Themen, die die Synodalversammlung mit Freimut und theologischer Expertise behandelt. Und in der Tat: Die Themen bedürfen dringend einer kompetenten Befassung. Ich bin beispielsweise beim Thema Macht und Machtkontrolle zuversichtlich, dass es der Deutschen Bischofskonferenz mit der entsprechenden Genehmigung der Apostolischen Signatur bald möglich sein wird, eine Verwaltungsgerichtsbarkeit in den deutschen Diözesen zu etablieren.[42] Dieser Prozess ist weitgehend, vor allem mit der äußerst sachkundigen Unterstützung durch den Paderborner Weihbischof und kirchenrechtlichen Kollegen Dominicus Meier OSB (* 1959), so gut wie abgeschlossen, wird also kein Ergebnis der Synodalversammlung sein. Und sicher gilt auch: Sollte man sich trotz der Unverbindlichkeit der Beschlüsse beim Synodalen Weg in den meisten Diözesen auf Reformschritte verständigen, dann gibt ein mit großer Mehrheit verabschiedeter Beschluss den handlungswilligen Bischöfen den notwendigen Rückenwind, das zu sein, was doch so oft fehlt: mutig und entschlossen die Schritte zu tun, die Nöte wendend sind. Hier würde ich zum Beispiel die Rückkehr zur Praxis bis 1988 erhoffen, dass entsprechend ausgebildete Theolog(inn)en, die nicht Kleriker sind, die Homilie in einer Hl. Messe nach dem Evangelium halten dürfen[43]; oder, um ein weiteres Beispiel zu nennen, die Ermöglichung der Segnung von gleichgeschlechtlich dauerhaften Beziehungen und anderen dauer-

---

[42] Vgl. hierzu grundlegend D. Meier, Verwaltungsgerichte für die Kirche von Deutschland? (MKCIC.B 28), Essen 2001; T. Schüller, Vergessenes Recht – die „Würzburger Kirchliche Verwaltungsgerichtsordnung“, in: R. Feiter, R. Hartmann, J. Schmiedl (Hg.), Die Würzburger Synode. Die Texte neu gelesen (Europas Synoden nach dem Zweiten Vatikanischen Konzil 1), Freiburg i. Br. 2013, 290–307.

[43] Vgl. C. Bauer, W. Rees (Hg.), Laienpredigt – Neue pastorale Chancen, Freiburg i. Br. 2021.

haften Beziehungen, die kirchenrechtlich nicht zu ordnen sind[44]. Bei Themen wie dem der Weihe von Frauen zu Diakoninnen und Priesterinnen hingegen ist wohl dem Essener Bischof Franz-Josef Overbeck (* 1964) recht zu geben, der vor einigen Monaten sinngemäß ausgeführt hat, dass hier in naher und auch in weiterer Zukunft keine Lösung zu erwarten sei. Hier braucht es augenscheinlich noch einen längeren weltkirchlichen Verständigungsprozess.

Warten wir also ab, welche Beschlüsse am Ende des Synodalen Weges gefasst werden. Die Erwartungen sind hoch, das Potential für Enttäuschungen nicht minder.

---

[44] Vgl. T. Schüller, Gleichgeschlechtliche Partnerschaft und Kirchenrecht, in: G. Trettin, S. Loos, M. Reitemeyer (Hg.), Gleichgeschlechtliche Paare im Fokus der Pastoral, Freiburg i. Br. 2019, 158–169; T. Schüller, Kirchenrechtliche Anmerkungen zur Segnung gleichgeschlechtlicher Paare – eine vorläufige Bestandsaufnahme, in: J. Knop, B. Kranemann (Hg.), Segensfeiern in der offenen Kirche. Neue Gottesdienstformen in theologischer Reflexion, Freiburg i. Br. 2020, 340–357; E. Volgger, F. Wegscheider (Hg.), Benediktion von gleichgeschlechtlichen Partnerschaften, Regensburg 2020. – Allerdings hat die Glaubenskongregation mit Datum 15.03.2021 diesen Bestrebungen in einer lehrmäßigen Note eine klare Absage erteilt. (Vgl. Glaubenskongregation: Nein zur Segnung homosexueller Paare (15. März 2021), in: https://www.katholisch.de/artikel/29093-glaubenskongregation-nein-zur-segnung-homosexueller-paare [Zugriff: 15.3.2021]).

2. Themen

Ziemlich schutzlos und offenkundig gefährdet

Lage und Perspektiven des Weihepriestertums in der aktuellen Transformationskrise der katholischen Kirche [1]

Rainer Bucher

1 Der Kontext: ein kurzer Blick auf die religiöse Lage

Die „Kirche – als Bewegung wie als Organisation" habe „gegenwärtig keinen Brückenkopf, der so schutzlos in die religiösen Umbrüche der Gegenwart hineingehalten wird, wie den Weltpriester."[2] So hat es Matthias Sellmann (* 1966) formuliert – und er hat Recht. Was macht diese religiösen Umbrüche der Gegenwart aus?

Der zentrale Befund im Felde des Religiösen dürfte sein, dass sich Religion zunehmend nach jenem Muster vergesellschaftet, nach dem in dieser Gesellschaft nun einmal immer mehr organisiert wird: Sie organisiert sich nach den Regeln des Marktes. Religion individualisiert sich dabei auf der Nachfrageseite – jeder und jede kann sich seine/ihre persönliche Religion selbst zusammenstellen und tut dies auch –, aber auch auf der Anbieterseite: Einige ihrer Merkmale wandern aus in andere kulturelle Handlungsfelder, so zum Beispiel in die Medien, in die kapitalistische(n) Wirtschaftsform(en) oder auch in eine neue ästhetisierende Kunstreligion um Museen und Pop-Events. Diese marktorientierte „Dispersion des Religiösen"[3] scheint der zentrale religionssoziologische Befund der Gegenwart zu sein, zumindest in unseren Breiten. Im Zuge der globalen Durch-

---

[1] Überarbeiteter Wiederabdruck von: Ziemlich schutzlos und offenkundig gefährdet. Lage und Perspektiven des Weihepriestertums in der aktuellen Transformationskrise der katholischen Kirche, in: E. Garhammer, M. Lohausen (Hg.), Mehr als Theologie. Der Würzburger Hochschulkreis, Würzburg 2017, 137–163; vgl. ausführlicher zum Thema: R. Bucher, Priester des Volkes Gottes. Gefährdungen – Grundlagen – Perspektiven, Würzburg 2010.

[2] M. Sellmann, Weltpriester: die gegenwärtig riskierteste Großberufung der Kirche, in: LS 61 (2010) 99–105, hier: 100.

[3] Vgl. H.-J. Höhn, Postsäkular. Gesellschaft im Umbruch – Religion im Wandel, Paderborn 2007, 87–162.

setzung eines liberalen, kapitalistischen Gesellschaftssystems[4] werden religiöse Praktiken in die Freiheit des Einzelnen gegeben und folgen damit vielen anderen, ehemals der Entscheidungsfreiheit des Individuums entzogenen Praktiken, etwa der Orts-, Kleidungs-, Berufs- oder Partnerwahl.

Wir erleben den de-facto-Umbau der Kirche von ihrer Nutzungsseite her, oder, um es in ökonomischen Termini zu fassen: Die Kirche wird gerade von ihrer Konsumentenseite her umgebaut, insofern die klassischen kirchlichen Produktionsbedingungen von Religion und Pastoral und die Konsumbedingungen von Religion und Pastoral nicht mehr selbstverständlich zueinander passen, schon allein, weil sich die Institutionen der Religion nicht unter den Kategorien von Produktion und Konsum verstehen, aber genau so heute verstanden und genutzt werden und zwar ganz unabhängig davon, wie sie sich dazu stellen, ihr Protest dagegen also ins Leere läuft.

Dass Religion unter ein individuelles Nutzenkalkül gestellt ist, das gilt seit ein paar Jahrzehnten auch für Katholiken und Katholikinnen. Das trifft die katholische Kirche an einem wunden Punkt ihrer neuzeitlichen Geschichte: ihrer institutionellen Lebensform. Diese institutionelle Lebensform ist bekanntlich gerade im katholischen Bereich mächtig und eindrucksvoll. Gegenwärtig aber muss die Kirche damit umgehen, dass mit ihr umgegangen wird und dass auch ihre stolze Institutionalität dies nicht verhindert.

Nach dem Auseinanderbrechen der mittelalterlichen „christianitas“ in der Reformation hatte das Konzil von Trient den Weg einer reaktiven Verdichtung der sozialen Organisationsform kirchlicher Pastoralmacht gewiesen. Der einsetzende kirchliche Reichweitenverlust wurde seit Trient durch Verdichtung der verbliebenen Sozialräume kompensiert, also Exklusion und Integration miteinander verschränkt. Mit dieser tridentinischen Sozialtechnologie, deren zentraler personeller Träger der Priester war, ist es aber unter den skizzierten Rahmenbedingungen vorbei, wenn an die Stelle normativer Integration auch im Feld des Religiösen situative, temporäre,

---

[4] Zu den Auswirkungen des Kapitalismus als kulturell hegemonial gewordener Formation auf Christentum und Pastoral vgl. R. Bucher, Christentum im Kapitalismus. Wider die gewinnorientierte Verwaltung der Welt, Würzburg 2019; ders. (Hg.), Pastoral im Kapitalismus, Würzburg 2020.

erlebnis- und intensitätsorientierte Partizipation tritt. Wenn alle kirchlichen Handlungsorte unter den stets revidierbaren Zustimmungsvorbehalt ihrer eigenen Mitglieder kommen, wandeln sich ihre internen Kommunikationsverhältnisse von Herrschaftsbeziehungen zwischen Anweisenden und Ausführenden in Tauschbeziehungen zwischen Anbietern und Nachfragenden.

2 Der unausweichliche Abschied von Souveränitätskonzeptionen

Die katholische Kirche unserer Breiten muss sich daher gegenwärtig von ihren frühneuzeitlichen, in die Moderne verlängerten Souveränitätskonzepten verabschieden und die Erfahrung eines umfassenden Souveränitätsverlustes verarbeiten. Es findet gegenwärtig in unseren Breiten nichts weniger als die Verflüssigung der Kirchen als religiöse Herrschaftssysteme und Heilsbürokratien statt. Für die katholische Kirche steht damit eine grundlegende Umstellung ihres Steuerungsdenkens und -handelns an. Der eigenen flüssigen Realität unter liquiden Marktbedingungen ist es angemessener, nicht in Herrschaftskategorien, sondern situativ und aufgabenorientiert zu denken und auf dieser Basis dann flexible Sozialformen zu entwickeln.

Auf konzeptioneller Ebene hat die katholische Kirche die Prinzipien eines solchen Umbaus ihres Selbststeuerungsinstrumentariums durchaus zur Verfügung, zuvorderst in der pastoral formatierten Ekklesiologie des Zweiten Vatikanischen Konzils (1962–1965) und da vor allem im aufgabenorientierten „Zeichen der Zeit"-Begriff, im kirchenkonstitutiven, entklerikalisierten Pastoralbegriff und in der tendenziell inklusivistischen und institutionsrelativierenden Volk-Gottes-Theologie.

Hinsichtlich der Stellung der Kirche in der Welt gilt: Die katholische Kirche definiert sich auf dem II. Vatikanum nicht mehr im Horizont der feindlichen Welt, sondern die Welt im Horizont des universalen kirchlichen Heilsauftrags. Hinsichtlich der Stellung des Priesters in der Kirche gilt: Die katholische Kirche definiert sich auf dem II. Vatikanum nicht mehr im Horizont des Weihepriestertums, sondern das Weihepriestertum im Horizont des priesterlichen Volkes Gottes. Mit Elmar Klinger (* 1938) gesprochen: „Auf dem II. Vatikanum ist der Platz des Priesters in der Kirche nicht die Hierarchie, sondern das Volk Gottes."[5] Hinsichtlich der Stellung der Kirche zu ihrem Handeln aber gilt: Die katholische Kirche definiert ihre Pastoral nicht mehr im Horizont ihrer kirchlichen Institutionalität, sondern ihre Institutionalität im Horizont ihres pastoralen Grundauftrages. Das Konzil stellt der Kirche die Aufgabe, „Zeichen und Werkzeug für die innigste Vereinigung mit Gott wie für die Einheit der ganzen Menschheit" (LG 1) und so das „allumfassende Sakrament des Heiles" zu sein, „welches das Geheimnis der Liebe Gottes zu den Menschen zugleich offenbart und verwirklicht" (GS 45).

Die polare Einheit von „offenbaren" und „verwirklichen" formuliert nichts weniger, denn eine „pastorale" oder, philosophisch gesprochen, eine „pragmatische Wende"[6] in der katholischen Ekklesiologie, also eine handlungsbezogene Reformulierung der kirchlichen Lehre von sich. Operativer Zentralbegriff für diese pastorale Wende aber ist die Kategorie der „Zeichen der Zeit" (GS 4)[7], welche nicht irgendwelche mehr oder weniger zufälligen Kontextbedingungen kirchlichen Handelns meint, sondern die säkularen Herausforderungen, an denen sich das Evangelium zu bewähren hat, weil in ihnen Sinn, Bedeutung und Handlungskonsequenzen des Evangeliums situativ neu entdeckt werden müssen – und können. Handlungsbezogen aber scheut unsere Kirche offenkundig vor den Konsequenzen ihrer eigenen Grundlagenreflexion zurück, mittlerweile auch durch Rückeintrag ihrer Angst in die konziliaren Texte selbst, und changiert daher, so will mir scheinen, ein wenig unentschieden zwischen der Sehnsucht nach herrschaftsverdichteten Resträumen und pastoraler Zeitsolidarität.

---

[5] E. Klinger, Der Priester und die Kirche. War das Zweite Vatikanum ein Konzil der Buchhalter?, in: R. Bucher, J. Pock (Hg.), Klerus und Pastoral (werkstatt.theologie 14), Wien – Berlin 2010, 109–113, hier: 111.

[6] Verstanden nicht im Sinne eines technokratischen Alltagspragmatismus, sondern eines handlungsbezogenen Wahrheitsbegriffs. Vgl. dazu E. Klinger, Ein Grundlagenproblem der praktischen Theologie – der Pragmatismus, in: D. Nauer, R. Bucher, F. Weber (Hg.), Praktische Theologie. Bestandsaufnahme und Zukunftsperspektiven [FS Ottmar Fuchs], Stuttgart 2005, 398–401.

[7] Vgl. dazu P. Hünermann (Hg.), Das Zweite Vatikanische Konzil und die Zeichen der Zeit heute, Freiburg i. Br. 2006.

3 Die Priester in der aktuellen Lage der Kirche

3.1 Ein epochaler Machtwechsel

Und in all dem der Priester? Zuallererst ist festzuhalten: In einer offenen Gesellschaft kommt es nicht so sehr darauf an, wie man sich selber versteht, als vielmehr darauf, wie man von anderen wahrgenommen wird. Das gilt auch für Priester. Entscheidend ist also, wie das eigene Selbstverständnis, das eigene Handeln und die Fremdwahrnehmung zusammenspielen und welche Wirkungen dieses Zusammenspiel entfaltet.[8]

Das markiert einen epochalen Machtwechsel gegenüber jenen Zeiten, als die katholische Kirche ihre Fremdwahrnehmung steuern und sich so vor kritischen Rückmeldungen weitgehend abschirmen konnte. Niemanden trifft also der aktuelle Machtwechsel härter als die Priester. Sind Frauen in der katholischen Kirche die vom Weiheamt ausgeschlossenen tendenziellen Gewinner der Entwicklung,[9] so Priester die mit dem Weiheamt ausgezeichneten tendenziellen Verlierer.

3.2 Strukturelles Anerkennungsdefizit

Nun sind Priester in der katholischen Kirche bekanntlich theologisch wie rechtlich hoch privilegiert. Doch ihre konkrete Praxisrolle rutscht im Kontext der religionssoziologisch beschriebenen Situation der Gegenwart freilich in ein strukturelles Anerkennungsdefizit. Der Priester, streng zur Einhaltung einer spezifischen Standesethik angehalten, die

---

[8] Voraussetzung hierfür aber ist die realistische innerkirchliche Wahrnehmung der realen Probleme priesterlicher Existenz heute. An der mangelt es. Das ist eines der vielen instruktiven Ergebnisse der Studie von W. Beck, Die unerkannte Avantgarde im Pfarrhaus. Zur Wahrnehmung eines abduktiven Lernortes kirchlicher Pastoralgemeinschaft, Münster 2008. Vgl. auch R. Bucher, J. Pock (Hg.), Klerus und Pastoral (werkstatt.theologie 14), Wien – Berlin 2010.

[9] Vgl. dazu A. Qualbrink, Frauen in kirchlichen Leitungspositionen. Möglichkeiten, Bedingungen und Folgen der Gestaltungsmacht von Frauen in der katholischen Kirche, Stuttgart 2019; M. E. Aigner u. a. (Hg.), Gendersensible Pastoraltheologie. Diverse Geschlechterrealitäten auf dem Prüfstand (TKD 40), Innsbruck – Wien 2021; M. E. Aigner, J. Pock (Hg.), Geschlecht quer gedacht. Widerstandspotentiale in kirchlicher Praxis (werkstatt.theologie 13), Wien – Berlin 2009.

den Verzicht auf sexuelle Selbstbestimmung, aber auch Eigenschaften wie persönliche Frömmigkeit, Demut, Gehorsam und diskrete Führungsqualität fordert, bekam dafür früher auch einiges: Status und Macht, Ansehen und Heimat und auch eine Erwählungsprädikation. Mit einem Wort: Er bekam Anerkennung.

Heute schlagen dem Priester aus dem Volk Gottes aber ganz unterschiedliche Erwartungen entgegen: zum einen die noch vor- oder schon wieder postmoderne Erwartung, sakral legitimierter Heilsvermittler zu sein, dann die Forderungen ihrer mittlerweile new public management-geübten Vorgesetzten, als erfolgreiche Vor-Ort-Manager der Religionsgemeinschaft Kirche zu agieren, und schließlich die Hoffnungen von Gläubigen und selbst von Nichtgläubigen auf religiös-therapeutische Lebensbegleitung. Die kirchenrechtliche Letztzuständigkeitsklausel bürdet dem Priester dabei die Verantwortung für all dies auf. Im Unterschied zur Pianischen Epoche besitzt er aber keine entsprechenden Einflussmöglichkeiten und Machtmittel mehr, dieser Verantwortung zu genügen. Auf dem Markt gerät man aber immer unter den Zustimmungsvorbehalt der notorisch unberechenbaren Marktteilnehmer, und als solche verhalten sich seit einiger Zeit auch die Kirchenmitglieder, auch die praktizierenden.[10]

3.3 Problematische Identitätsstrategien

Darauf mit Neoklerikalismus zu reagieren, wie es einige, vor allem jüngere, Kleriker tun, markiert zuallererst ein innerklerikales Verarbeitungsproblem der Volk-Gottes-Realität der Kirche. Man kann hier den Volk-Gottes-Charakter der Kirche nicht in eine identitätsstabilisierende Praxisform übersetzen. Überhaupt ist ja der Klerikalismus, der als priesterliche Herrschaft über die Gesellschaft startete, um dann zur priesterlichen Herrschaft über die Kirche zu werden, mittlerweile nur noch eine erkennbar unglückliche und für die Kirche fatale Identitätsstrategie von Priestern geworden.[11]

---

[10] Vgl. J. Först, J. Kügler (Hg.), Die unbekannte Mehrheit. Mit Taufe, Trauung und Bestattung durchs Leben? (werkstatt.theologie 6), Münster ^{2}2010. Vgl. dazu pastoraltheologisch J. Loffeld, Das andere Volk Gottes. Eine Pluralitätsherausforderung für die Pastoral, Würzburg 2011.

[11] Vgl. dazu R. Bucher, Auf dem langen Weg in eine nach-klerikale Kirche, in: LS 70 (2019) 194–197; ders., Klerikalismus als pastorale Handlungsform. Einige

Auch einige Initiativen der römischen Kirchenleitung laufen – leider immer noch – darauf hinaus, priesterliche Identität wieder durch die Einschärfung alter Distanz- und Privilegierungsregelungen gegenüber Laien zu stärken.[12] Diese Initiativen dürften kontraproduktiv gegenüber ihren eigenen Intentionen sein und damit schädlich zuletzt für die Priester selber. Ekklesiologisch sind solche Versuche problematisch, denn sie definieren die Ämter und Dienste der Kirche gegeneinander, was die Einheit der Kirche gefährdet. Priester gibt es aber nicht trotz oder gar gegen, sondern wegen des gemeinsamen Priestertums des Volkes Gottes. Laien abwertende Initiativen zur priesterlichen Identitätssicherung sind aber auch organisations- und individualpsychologisch fatal. Denn sie senden eine höchst ambivalente Doppelbotschaft: Wer so gestärkt werden muss, ist offenkundig höchst gefährdet, wer diese rechtliche, ständisch denkende Unterstützung braucht, wird als schwach identifizierbar.

Analysen an der Schnittstelle von Kirchengeschichte und Pastoraltheologie, in: M. Sohn-Kronthaler, R. Höfer (Hg.), Laien gestalten Kirche, Innsbruck 2009, 155–175. Auch das zweifellos sympathischere Rollenangebot als gütiger Vater und Organisator der Pfarrfamilie wird nicht viel weiterhelfen. Denn man bleibt in einem, wenn auch reformierten, Herrschaftsmodus. Zur Problematik (und zu eventuellen Chancen) der Kategorie der „Geistlichen Vaterschaft" vgl. R. Bucher, „Geistliche Vaterschaft". Risiken und Chancen eines ehrwürdigen Konzepts, in: ders., J. Pock (Hg.), Klerus und Pastoral (werkstatt.theologie 14), Wien – Berlin 2010, 155–171.

[12] Vgl. etwa die neueste Instruktion „Die pastorale Umkehr der Pfarrgemeinde im Dienst an der missionarischen Sendung der Kirche" vom 20.7.2020, in: https://www.dbk.de/presse/aktuelles/meldung/vatikanische-instruktion-die-pastorale-umkehr-der-pfarrgemeinde/ (Zugriff: 10.3.2021). Sie liegt in der Linie der römischen Instruktion aus dem Jahre 1997 „Zu einigen Fragen über die Mitarbeit der Laien am Dienst der Priester". Vgl. dazu P. Hünermann (Hg.), Und dennoch … Die römische Instruktion über die Mitarbeit der Laien am Dienst der Priester. Klarstellungen – Kritik – Ermutigungen, Freiburg i. Br. 1998. Zu dieser Instruktion sagt Elmar Klinger zutreffend: „Sie ist ein juristisches Dokument und argumentiert standesbezogen. Sie betont die hierarchische Ordnung und ist daher nicht weiterführend. Sie verhilft weder dem Priester noch dem Laien zu religiöser Identität. Denn beide sitzen ja im gleichen Boot. Beide können sich nur durch die Ausrichtung an der Sache, für die sie beide jeweils da sind, respektieren und gegenseitig fördern. Die Sache selber wird zeichenhaft greifbar […] in der Sakramentalität. Der Priester steht daher nicht in Konkurrenz zum Laien" (E. Klinger, R. Bucher, Mich hat an der Theologie immer das Extreme interessiert, Würzburg 2009, 52f.).

Wenn Identität bedeutet, eine Antwort auf die Frage zu haben, „Wer bin ich?“, dann gilt, dass die Bedingungen der Identitätsbildung sich fundamental geändert haben. Identitätsbildung ist von einer stabilen Ansammlung fester und dauerhafter innerer Besitzstände zu einem Dialogprozess ohne festgelegtes Drehbuch[13] geworden. Wer Identitätsprobleme als zu lösende Anormalität behandelt, macht sie unlösbar. Es kommt nicht darauf an, Identitätsprobleme zu vermeiden, sondern die Fähigkeiten zu erwerben, in ihnen zu bestehen. Man verschärft das Problem, wenn man positive Identitätsbildung durch Diskriminierung anderer, etwa der Laien, generieren will.

3.4 Der (Pfarr-)Priester im Umbau der kirchlichen Basisstruktur

Nun führt der sich dramatisch zuspitzende Priestermangel gegenwärtig in den deutschsprachigen Diözesen zu pastoralplanerischen Reaktionen, die bei allen Unterschieden eines gemeinsam haben: Sie lösen das Normalbild einer um den Pfarrpriester gescharten, überschaubaren, einander verbundenen und kommunikativ verdichteten Glaubensgemeinschaft auf.[14] Man muss davon ausgehen, dass dies – unabhängig von der Priesterzahl – ein unvermeidliches Abschiedsphänomen darstellt.

Der Pfarrpriester wird zunehmend wieder zu dem, was er schon in der Spätantike war und in vielen Weltgegenden übrigens stets gewesen ist: zum sakralen Leiter einer ganzen Anzahl von Gemeinden mit primärer Sakramentenspendefunktion und oberster, in vielen Bereichen eher formaler Leitungsgewalt. Unter den gegenwärtigen kirchenrechtlichen Bedingungen können die Pastoralämter auch gar nicht viel anders. Wenn in einer hierarchischen Organisation immer weniger zu Leitungsämtern zugelassenes Personal zur Verfügung steht, dann muss es auf einer höheren Organisationsebene des kirchlichen Stellenkegels angesiedelt werden. Viele Pastoralämter

[13] Vgl. H. Keupp u. a., Identitätskonstruktionen. Das Patchwork der Identitäten in der Spätmoderne, Reinbek bei Hamburg 1999.

[14] Vgl. Deutsche Bischofskonferenz (Hg.), Mehr als Strukturen ... Entwicklungen und Perspektiven der pastoralen Neuordnung in den Diözesen. Dokumentation des Studientages der Frühjahrs-Vollversammlung 2007 der Deutschen Bischofskonferenz (ADBK 213), Bonn 2007; dies. (Hg.), Mehr als Strukturen ... Neuorientierung der Pastoral in den (Erz-)Diözesen. Ein Überblick (ADBK 216), Bonn 2007.

spüren in dieser Lage schmerzlich den Mangel an tatsächlich leitungskompetenten Priestern, und viele Priester erleben diesen Prozess noch schmerzlicher als radikalen Wandel ihrer Berufsrolle weg von der unmittelbaren face-to-face-Seelsorge in überschaubaren Räumen hin zu Verwaltung, Leitung und sakramentaler „Versorgung" im Großraum. Die damit verbundenen Transformationsprobleme wurden vielfach beschrieben.[15]

Doch der Abschied vom Konzept „Überschaubarkeit" ist unvermeidlich und wäre notwendig, auch wenn durch Änderung der Zulassungsbedingungen oder wegen anderer unvorhersehbarer Entwicklungen plötzlich wieder mehr Priester in hoch entwickelten Bildungsgesellschaften mit reichen Aufstiegsmöglichkeiten jenseits des Klerikerstandes zur Verfügung stünden, was ebenfalls eher unwahrscheinlich sein dürfte.[16] In der pastoralen Organisationsstruktur ist „Überschaubarkeit" charakteristisch für jene typisch moderne Kopplung von Sakramentalität und Macht, die gegenwärtig an ihr Ende kommt. Wir leben auch religiös längst in Zeiten der irreversiblen Unüberschaubarkeit, in Zeiten der religiösen Selbstbestim-

[15] Vgl. etwa S. Degen, A. Unfried, XXL-Pfarrei. Wie Menschen Kirchen entwickeln, Würzburg 2018; R. Bucher, Die unerbetene Chance nutzen!, in: https://www.feinschwarz.net/die-unerbetene-chance-nutzen/ (Zugriff: 14.3.2021).

[16] Die Zulassungsbedingungen zum katholischen Weihepriestertum geraten aktuell (2021) wieder verstärkt in die Diskussion. Natürlich wäre es wünschenswert und grundsätzlich, etwa einem Konzil, auch möglich, diese Zulassungsbedingungen einer pastoraltheologischen wie systematisch-theologischen Evaluierung zu unterziehen. Dies wird aber in absehbarer Zeit aller Voraussicht nach nicht geschehen; zu tief sind die Ordnungen der Geschlechterdifferenz(en) und die Ordnungen des Religiösen in der römisch-katholischen Kirche ganz unabhängig von deren schwindender dogmatischen Legitimationsplausibilität amalgamiert. Auf eines aber muss aus spezifisch pastoraltheologischer Perspektive hingewiesen werden: In Gesellschaften, die ihre Geschlechterordnung normativ wie zunehmend auch faktisch auf symmetrische Beziehungen umstellen und sich dabei von allen essentialistischen Begründungsmustern verabschieden, wird sich eine religiöse Institution, die auf Geschlechterasymmetrie besteht, unter den Bedingungen religiöser Selbstbestimmung nach und nach marginalisieren. Im Konflikt zwischen neuer Ordnung der Geschlechter und alter Religion mit patriarchaler Grundstruktur wird man sich in strukturell säkularisierten Zeiten als Mann und Frau heute geradezu zwingend für die neue Ordnung der Geschlechter und nicht für die alte Religion entscheiden. Dies umso zwangsläufiger, als diese neue Ordnung christlichen Grundintentionen wie Gerechtigkeit und Fairness näher kommt als die alte.

mung, in denen Nähe eher mit Anonymität und Flüchtigkeit gekoppelt ist, denn mit Dauer und ständiger Beobachtung, gar permanentem Sein unter dem Blick des anderen. Man darf vielleicht gar nicht in der Position des zentralperspektivischen Allesüberblickers sein, um die Chance zu bekommen, angesprochen und gefragt zu werden.

Erkennbarkeit, Erreichbarkeit und Zugänglichkeit sind heute notwendige Kategorien einer Kirche, die, wie zu Recht gefordert, vor Ort ist, präsent bleibt, sich aussetzt und anbietet. Pastorale Kompetenzvermutung muss kommuniziert werden, erkenn- und erreichbar sein, Überschaubarkeit von einem zentralen priesterlichen Ort aus braucht es dazu nicht. Und es braucht noch mehr: die Fähigkeit, sich und die eigene Botschaft dem anderen, den Anfragen, dem „Schrei des Lebens" (Papst Franziskus)[17] auszusetzen.

4 Perspektiven

4.1 Die zentrale Weichenstellung

Wie weiter? Die zentrale Weichenstellung für die Zukunft wird sein, ob sich die katholische Kirche Deutschlands in ihren leitenden Konstitutionsprinzipien für den sozial-technologischen Weg Trients oder den geistlich-kenotischen Weg des II. Vatikanums entscheidet. Das scheint offen, seit Franziskus zumindest wird man sagen dürfen, ist es wieder offen. Der zweitvatikanische Weg würde bedeuten: Aufgabenorientierung statt Sozialformorientierung. Er bedeutet zudem: Kirche verliert sich nicht im Außen, sondern findet dort zu sich, weil sie dort ihre existenzlegitimierende Aufgabe findet. Und er bedeutet: Wesentliches Zuordnungsprinzip in der Kirche ist nicht die Über- oder Unterordnung, sondern der Beitrag zur pastoralen Gesamtaufgabe der Kirche. Darüber gehen die gegenwärtigen Auseinandersetzungen und es ist trotz Franziskus wohl noch nicht entschieden, wie sie ausgehen.

Die pastorale Grundaufgabe aber kann man in Anschluss an *Gaudium et spes* als kreative Konfrontation von Evangelium und individueller und kollektiver Existenz beschreiben. „Pastoral" war die

---

[17] Zitiert nach: US-Ordensfrauen tagten mit Vatikan-„Aufsehern" (21.8.2013), in: https://religion.orf.at/v3/stories/2599243 (Zugriff: 17.6.2021).

individuelle, heilsorientierte, lebenslange „Seelenführung“ von Laien durch Kleriker. Der Pastoralbegriff des II. Vatikanums stellt demgegenüber eine wirkliche Überschreitung dar. Pastoral ist für das Konzil in seiner Pastoralkonstitution das „Verhältnis der Kirche zur Welt und zu den Menschen von heute“, das sie auf der Basis ihrer Lehre zu entwickeln hat. Pastoral ist hier das Handlungs-Verhältnis der Kirche zur Welt, so wie es das Volk Gottes vom Evangelium her aufzubauen hat. Pastoral ist damit eine Aufgabe des ganzen Volkes Gottes. Sie ist auch nicht nur eine innerkirchliche Angelegenheit, sondern grundsätzlich im Spannungsfeld von Evangelium und Welt situiert. Sie ist die kreative und konkrete Konfrontation des Evangeliums mit heutiger individueller und kollektiver Existenz; sie geschieht nicht im reinen Innen der Kirche, sondern gerade im Kontakt von „Innen“ und „Außen“, geschieht in dem, was passiert, wenn man das Evangelium vom Leben heute her entdeckt und dieses Leben vom Evangelium her befreit und mit Horizonten umgibt, die es ohne das Evangelium schlicht nicht hätte.

In klassischen Worten: Pastoral hat apostolischen und missionarischen Charakter; sie bedeutet, sich der Fremdheit der Gegenwart in liebender Solidarität auszusetzen und in einen wirklichen Entdeckungsprozess von Sinn und Bedeutung des Evangeliums in postmodernen Zeiten einzutreten, gestützt auf den Glauben unserer Väter und Mütter im Glauben, verbunden mit der ganzen Menschheitsfamilie, wie das Konzil sagt, und orientiert an den „Zeichen der Zeit“ als jenen Herausforderungen, an denen sich die Kirche im Sinne des Evangeliums und für das Evangelium zu bewähren hat. Solch eine Pastoral aber ist die Aufgabe der ganzen Kirche. Für die Priester aber würde es bedeuten, dass die von ihnen als den priesterlichen „Hirten“ immer schon geforderte Hingabefähigkeit und Selbstlosigkeit aus ihrer individuellen Standesethik in die pastorale Ereignis- und Organisationsstruktur und Organisationskultur wandern müsste.

4.2 Perspektiven für das Weiheamt

Welche Perspektiven hat das katholische Priestertum? Keine wirklich guten, denn es wären zwei Dinge notwendig, vor denen man offenkundig zurückschreckt. Notwendig wären zum einen die nachholende Entwicklung in Sachen Geschlechtergerechtigkeit, moralische Integrität, Verfahrensgerechtigkeit, Rechtsschutz und Gewaltenteilung sowie realistische moraltheologische Verkündigung.[18] Diese Themen sind ja auch aus gutem Grund die Themen des deutschen Synodalen Weges. Das Problem dabei ist: Diese nachholende Entwicklung wäre eine notwendige, aber noch keine hinreichende Bedingung für eine produktive Perspektive des katholischen Priestertums. Man würde die Handbremsen lösen, die solch eine Entwicklung aktuell stark bremsen, und den Raum eröffnen, in dem sie möglich ist. Geschehen ist sie damit aber noch nicht. Notwendig wäre über die nachholende Entwicklung hinaus noch mehr: eine wirklich kreative Weiterentwicklung des katholischen Amts-Priestertums. Dabei wären aus meiner Perspektive folgende Punkte zu beachten:

1. Dass es so etwas wie ein Weihepriestertum im Volk Gottes gibt, ist eine wirkliche Chance, nicht mehr, nicht weniger. Es ist die personale Institutionalisierung des Glaubens des Volkes Gottes an die größere Gnade Gottes. Es ist die feierliche Institutionalisierung des Glaubens, dass Gott sich den Menschen unwiderruflich und mit unkränkbarer Ausdauer zuwendet.
2. Sakramentale und jurisdiktionelle Ordnung der Kirche sind zu unterscheiden und durchaus nicht identisch. Die jurisdiktionelle Ordnung ist standespolitisch bestimmt. Sie hat ihre Selbstverständlichkeit längst eingebüßt. Das Verhältnis von Jurisdiktion und Sakramentalität hat eine Geschichte und diese ist nicht abgeschlossen, sondern offen. Die mittelalterliche Kopplung der *potestas sacramentalis* und der *potestas iurisdictionis* steht bekanntlich weder am Anfang der Ekklesiologie noch am Anfang der kirchlichen Realität und muss noch weniger das letzte Wort sein.
3. Wie bereits festgestellt: Die zentrale Weichenstellung für die Zukunft wird sein, ob sich die katholische Kirche in ihren leitenden Konstitutionsprinzipien für den sozial-technologischen Weg Trients oder den geistlich-kenotischen Weg des II. Vatikanums entscheidet. Das entscheidet unmittelbar über die Zukunft des Priestertums. Wie diese Entscheidung fällt, ist offen. Die entsprechenden Texte des derzeitigen Papstes changieren zwischen einer

[18] Vgl. dazu R. Bucher, Diskurse und Praktiken von Menschenwürde und Menschenrechten als Herausforderung der Kirche im Spätkapitalismus. Pastoraltheologische Perspektiven jenseits des „scholastischen Epistemozentrismus“ (Pierre Bourdieu), in: M. Baumeister u. a. (Hg.), Menschenrechte in der katholischen Kirche, Paderborn 2018, 129–140.

dezidiert klerikalismuskritischen Poetik und einer realen Kontinuität des kirchenrechtlichen Hierarchismus. Sie privatisieren damit die Problematik auf die Ebene der einzelnen Priester.
4. Und auch das sei in Erinnerung gerufen: In einer offenen Gesellschaft kommt es nicht so sehr darauf an, wie man sich selber versteht, als vielmehr darauf, wie man von anderen wahrgenommen wird. Entscheidend ist damit, wie das eigene Selbstverständnis, das eigene Handeln und die Fremdwahrnehmung zusammenspielen und welche Wirkungen dieses Zusammenspiel entfaltet. Solch eine Selbstwahrnehmung im Dreieck von Pastoral, Dogmatik und säkularen Fremdperspektiven ist für unsere Kirche noch absolut ungewohnt.
5. Das katholische Weihepriestertum hat weit mehr Phantasie und Kreativität verdient, als gegenwärtig in seine Weiterentwicklung investiert wird.[19] Diese aber kann nur als offener Lernprozess kreativ werden, wie er in hochkomplexen postmodernen Gesellschaften von allen gefordert ist. Es geht also nicht um Identitätskonstrukte, sondern um konkretes *doing church, doing priest* unter dem sakramentalen Anspruch, Zeichen und Werkzeug der Liebe Gottes zu sein. Denn dafür gibt es Priester in unserer Kirche und für nichts anderes.

Nach all dem schaut es gegenwärtig eher nicht aus. Es dominieren defensive Selbstvergewisserungsdiskurse und ihnen entsprechende Identitätsstrategien. Die realen Lebenslagen von Priestern werden innerkirchlich viel zu wenig wahrgenommen und nicht wirklich offen thematisiert. Man wird auf die Folgen hinweisen müssen, die solch eine defensive Haltung aller Voraussicht nach haben wird: mangelnde Attraktivität und Anerkennung des priesterlichen Weges, Verharren im Appell statt ehrlicher Analyse, Verlust kreativer Phantasie, weitere Demotivation und Rückgang priesterlicher Autorität.

Identitätsstiftende Strukturen der Anerkennung für priesterliche Existenz setzen voraus, dass der Priester einen wirklichen Praxis-Ort im Volk Gottes findet. Priesterliche Existenz kann sich dabei nicht mehr auf die schlichte Einweisung in Orte der Anerkennung verlas-

---

[19] Dies betrifft natürlich auch die Priesterausbildung. Vgl. dazu den ebenso pointierten wie trefflichen Artikel: C. Bauer, Synodale Priesterausbildung? Heraus-Forderungen im Seminar der Welt, in: https://www.uibk.ac.at/theol/leseraum/texte/1332.html (Zugriff: 17.3.2021).

sen, muss sie vielmehr aktiv im Volk Gottes aufsuchen, unter Umständen gar erst mitschaffen. Inhaltlich aber wird die Anerkennung priesterlicher Existenz durch das Volk Gottes davon abhängen, ob das Volk Gottes die Solidarität der Priester zu seinen eigenen Existenzproblemen spürt und wahrnimmt, dass gerade die andere, die priesterliche Lebensform ihr in helfendem Kontrast begegnet und sich nicht in abgrenzendem Ressentiment konstituiert.

5 Vor einer pastoralen Formatierung der Kirche

Über lange Jahrhunderte gefangen in der konstantinischen Formation, in der sie unmittelbar über vielfältige gesellschaftliche, sozialmoralische und religiöse Sanktionen verfügte, hat die katholische Kirche keine wirkliche Erfahrung mit der neuen Lage, unter den Zustimmungsvorbehalt der eigenen Mitglieder und die Dominanz des Kapitalismus geraten zu sein. Es geht daher zuerst einmal darum, den Kontrollverlust über das konkrete Verhalten der eigenen Mitglieder konstruktiv anzunehmen. Religiöse Organisationen organisieren sowieso das Unorganisierbare: persönliche Frömmigkeit, rituelle Praktiken, Erfahrungen von Umkehr und Gnade, individuelle Nächstenliebe und den Einsatz für gesellschaftliche Gerechtigkeit. Sie organisieren Räume, damit in ihnen geschieht, was nicht organisierbar ist, für das es aber diese Organisation braucht und gibt. Es kann also nur darum gehen, die Chance zu erhöhen, dass in den Zwischenräumen der Netzwerke kirchlicher Orte persönliche Frömmigkeit, rituelle Praktiken, Erfahrungen und Praktiken von Umkehr, Gnade, Nächstenliebe und Gerechtigkeit möglich werden.

Zukünftig wird auch die katholische Kirche nicht darum herumkommen, weniger einer Logik der Mitgliedschaft, eher einer Logik des Ereignisses[20] zu folgen, weniger einer Logik der Wiederholung als einer Logik der abduktiven Entdeckung, weniger einer Logik der Totalität als einer Logik situativer und liquider Partikularitäten.

---

[20] Den Ereignisbegriff in der Reflexion christlicher Pastoral macht zu Recht seit einiger Zeit Michael Schüßler stark. Vgl. M. Schüßler, Mit Gott neu beginnen. Die Zeitdimension von Theologie und Kirche in ereignisbasierter Gesellschaft, Stuttgart 2013; ders., J. Gruber, Das Ereignis theologisch denken. Eine einführende Spurensuche, in: SaThZ 21 (2017) 1–24.

Anders gesagt: Sie wird weniger auf der Basis der nach-tridentinischen Ekklesiologie als auf der Basis der Inhalte des Glaubens als praktischer Wahrheiten zu gestalten sein. Das erfordert viel, vor allem wohl einen Habituswechsel weg von aller Erhabenheit hin zu Demut, Aufmerksamkeit und Wagnis. Dieser Habituswechsel ist gerade von den Priestern gefordert. Nun besagt aber gerade der Habitusbegriff, dass dies nicht einfach appellativ erreicht werden kann, sondern dass tief eingeschriebene, vorbewusste Verhaltensmuster geändert werden müssten. Das aber ist bekanntlich nur schwer möglich. Strukturveränderungen sind relativ leicht zu machen, Kulturveränderungen aber nur sehr schwer. Auf sie aber kommt es an.

Die Kirche hat laut Konzil die Aufgabe, „Zeichen und Werkzeug für die innigste Vereinigung mit Gott wie für die Einheit der ganzen Menschheit“ (LG 1) und so das „allumfassende Sakrament des Heiles“ zu sein, „welches das Geheimnis der Liebe Gottes zu den Menschen zugleich offenbart und verwirklicht“ (GS 45). Jeder und jede in der Kirche hat dazu beizutragen. Und ob er oder sie das tut, das ist überprüfbar, wird überprüft, und niemand kann sich mehr gegenüber den Ergebnissen dieser Überprüfungen immunisieren. Das ist auch gut so, es ist einer der Dienste, welche die moderne Gesellschaft an der Kirche leistet. Es gibt in dieser Lage und vom Konzil her für niemanden in der Kirche mehr einen anderen Weg als den der pastoralen Hingabe an die Menschen unserer Gegenwart im Dienste des Evangeliums, in der Nachfolge Jesu und seiner Umkehr aller irdischen Werte.

Von Notnägeln und Nagelproben

Frauen in der katholischen Kirche

Andrea Qualbrink

1 Nagelproben 1. Teil: Eine Zeitdiagnose

1.1 Carolin Kebekus und die Frauen in der katholischen Kirche

Am 9. Juli 2020 widmete die deutsche Komikerin Carolin Kebekus (* 1980) dem Thema Frauen in der katholischen Kirche gut 13 Minuten in ihrer „Carolin Kebekus Show". Sie schließt ihren gut informierten, satirischen Beitrag mit folgenden Worten:

> „Für mich ist das übrigens eine sehr persönliche Frage. Ich bin aus der Kirche ausgetreten, weil ich das irgendwann vor mir selber nicht mehr rechtfertigen konnte. Aber ich bin katholisch getauft und fühle mich immer noch als Christin. Also ich kann die Verbundenheit mit der Gemeinde und mit dem Glauben der Frauen von Maria 2.0 absolut nachvollziehen. Für mich ist es einfach nur ein riesiges Rätsel, warum man nicht das Engagement dieser Frauen nutzt. Euer Laden geht den Bach runter, und da stehen schlaue, hochintelligente, studierte Frauen voller Liebe für ihre Kirche und wollen helfen."[1]

Der Beitrag von Kebekus ist auf YouTube inzwischen mehr als 26 500 Mal aufgerufen worden. Auf Facebook wurde er vielfach geteilt und weitergeleitet. Die Reaktionen sind unterschiedlich, vielfach positiv, auch differenzierend. Die Bundesvorsitzende der Katholischen Frauengemeinschaft Deutschlands (kfd), Mechthild Heil, lobte Kebekus für ihr Video und wurde dafür in der Tagespost kritisiert. Der Katholische Deutsche Frauenbund (KDFB) erklärte, die Satire enthalte einen wahren Kern. Dessen Präsidentin, Maria Flachsbarth, betonte, die katholische Kirche in Deutschland werde

---

[1] Die Carolin Kebekus Show, Kirche am Scheideweg (10. Juli 2020), in: https://www.youtube.com/watch?v=0kXfc2uI6aI (Zugriff: 10.4.2021).

nur glaubwürdig und zukunftsfähig sein, wenn sie Frauen deutlich stärker als bisher in ihre Strukturen und in Veränderungsprozesse einbeziehe. Insofern sei der Botschaft von Kebekus zuzustimmen. Die Initiative Maria 2.0 äußerte, Kebekus habe viele Fakten aufgezählt und richtige Fragen gestellt. Dagegen kritisierte die Gründerin der Gruppe Maria 1.0, Johanna Stöhr, das Video offenbare das katholische Grundproblem in Deutschland: Wie könne man für Frauen ein heiliges Amt einfordern wollen, während man gleichzeitig zeige, dass einem nichts heilig sei.[2] Und für die Deutsche Bischofskonferenz (DBK) schickte Julia Rosner aus der Social-Media-Redaktion etwas ungelenk auf Facebook „Grüße vom ‚ältesten Männerverein der Welt'"[3].

1.2 Diskurs im Verborgenen

Der Beitrag von Kebekus sowie die Reaktionen darauf sollen und können im Rahmen des vorliegenden Beitrags nicht im Einzelnen bewertet werden. Eines wird allerdings deutlich: Kebekus trifft einen sehr wunden Punkt. Der Diskurs über diesen wunden Punkt ist öffentlich und wird von vielen mit großem Engagement geführt. Das ist neu, und das ist bemerkenswert: Seit Jahrzehnten fordern Frauen und auch einige Männer auf der Grundlage theologischer Auseinandersetzungen und geschlechtertheoretischer Diskussionen eine katholische Kirche, in der Frauen nicht wegen ihres Geschlechts differenziert und vor allem nicht von den Weiheämtern ausgeschlossen werden. In den verschiedenen theologischen Disziplinen gab und gibt es einen akademischen Diskurs; auch in Verbänden wurde und wird das Thema ventiliert.

Immer war aber auch mit der Diskussion und den Forderungen Angst und Druck verbunden: Angst, wegen der öffentlichen Forderung nach der Priesterweihe für Frauen die eigene Berufsbiografie zu gefährden oder Nachteile für den Verband in Kauf nehmen zu müssen. Die Diskussion über die Zulassung von Frauen zu den Weihe-

---

[2] Vgl. J. Heinz, Kebekus-Video: Provokant oder verletzend? (14. Juli 2020), in: https://www.konradsblatt.de/aktuell-2/kirche-und-welt/detail/nachricht-seite/id/128617-kebekus-video-provokant-oder-verletzend/?default=true (Zugriff: 10.4.2021).

[3] J. Rosner, Post auf Facebook (10. Juli 2020), in: https:// www.facebook.com/dbk.de/posts/158481515752927/ (Zugriff: 10.4.2021).

ämtern wurde nicht oder nur vermittelt öffentlich geführt. Grund dafür ist vor allem der letzte Absatz im Apostolischen Schreiben *Ordinatio sacerdotalis* von Papst Johannes Paul II. (1978–2005) aus dem Jahr 1994:

> „Damit also jeder Zweifel bezüglich der bedeutenden Angelegenheit, die die göttliche Verfassung der Kirche selbst betrifft, beseitigt wird, erkläre ich kraft meines Amtes, die Brüder zu stärken (vgl. Lk 22,32), daß die Kirche keinerlei Vollmacht hat, Frauen die Priesterweihe zu spenden, und daß sich alle Gläubigen der Kirche endgültig an diese Entscheidung zu halten haben."[4]

Mit größtmöglicher Autorität wurde die Nichtzulassung von Frauen zu den Weiheämtern sowie die Tatsache, dass diese Frage nicht diskutierbar sei, zementiert, vermutlich nicht zuletzt, *weil* die Diskussion geführt wurde – und zwar *trotz* der Erklärung *Inter insigniores* der Glaubenskongregation aus dem Jahr 1976, die alle Argumente gegen die Zulassung der Frauen zum Priesteramt darlegte.[5]

Und doch ließ sich die Debatte über die Zulassung von Frauen zu den Weiheämtern nicht ganz ersticken. Auch weitere Fragen an die Differenzierung und Hierarchisierung der Geschlechter in der katholischen Kirche wurden in universitären und kirchlichen Kontexten bearbeitet, getriggert durch eine sich weiter entwickelnde geschlechterbewusste Theologie und zugleich durch kirchliche Veränderungen wie den Einsatz von Lai(inn)en als Wortgottesdienst- und Begräbnisleitungen.

1.3 Dynamisierung und öffentlicher Diskurs

Die öffentlichen Forderungen nach der Auseinandersetzung der katholischen Kirche mit dem Bild und der Position von Frauen erfuhren eine erhebliche Dynamisierung im Fahrwasser eines anderen Themas: 2010 wurde in Deutschland erstmals die schreckliche Tatsache offenbar, dass zahlreichen Kindern und Jugendlichen insbeson-

---

[4] Papst Johannes Paul II., Apostolisches Schreiben über die nur Männern vorbehaltene Priesterweihe vom 22. Mai 1994 (VApS 117), Bonn 1994, 3–7, hier: 6.

[5] Vgl. Kongregation für die Glaubenslehre, Erklärung zur Frage der Zulassung der Frauen zum Priesteramt vom 15. Oktober 1976 (VApS 117), Bonn 1994, 11–29.

dere durch Priester und Ordensleute in kirchlichen Einrichtungen sexualisierte Gewalt angetan und dies zum Schutz der Täter und der Institution verschwiegen und vertuscht wurde. Viel zu spät erfuhr das Thema Prävention in der Kirche einen ersten dringend notwendigen Schub.

Die deutschen Bischöfe reagierten damals mit der Initiierung des sogenannten Gesprächsprozesses. Im Zuge dieses Prozesses positionierten sich zahlreiche Verbände von Lai(inn)en zu den Themen, mit denen sich die katholische Kirche dringend auseinanderzusetzen habe. Hierzu gehörten in einer Vielzahl von Positionspapieren – ausgehend vom Thema Machtmissbrauch und der männerdominierten Kirche – auch die Forderungen nach mehr Frauen in Leitungspositionen, nach der Weihe von Diakoninnen und in einigen wenigen Fällen auch die Forderung nach der Priesterweihe von Frauen.[6] 2013 initiierte die DBK einen Studientag im Rahmen ihrer Frühjahrsvollversammlung, der die Frage nach Frauen in Leitungspositionen in den Mittelpunkt rückte. Der Studientag endete mit der Selbstverpflichtungserklärung der DBK, den Frauenanteil in kirchlichen Leitungspositionen weiter zu erhöhen und die Entwicklungen fünf Jahre später zu prüfen.[7] 2018 wurde plangemäß das Update der ersten Zahlenstudie vorgelegt, das tatsächlich einen leichten Anstieg von Frauen in Leitungspositionen in den deutschen Ordinariaten von 13 auf 19 Prozent auf der oberen Leitungsebene nachwies.[8]

Die Vorstellung der neuen Zahlen in der Frühjahrsvollversammlung 2019 wurde allerdings erneut überschattet vom Thema sexualisierte Gewalt. Die Ergebnisse der von der DBK in Auftrag gegebenen sogenannten MHG-Studie[9] zum Missbrauch in der katholischen

---

[6] Vgl. A. Qualbrink, Frauen in kirchlichen Leitungspositionen. Möglichkeiten, Bedingungen und Folgen der Gestaltungsmacht von Frauen in der katholischen Kirche, Stuttgart 2019, 59–65.

[7] Vgl. F. J. Bode (Hg.), Als Frau und Mann schuf er sie. Über das Zusammenwirken von Frauen und Männern in der Kirche, Paderborn 2013, 91–94.

[8] Vgl. A. Qualbrink, Studie „Frauen in Leitungspositionen deutscher Ordinariate/Generalvikariate 2018". Studie im Auftrag der Deutschen Bischofskonferenz (12. März 2019), in: https:// www.dbk.de/fileadmin/redaktion/diverse_downloads/presse_2019/2019-035d-FVV-Lingen-Studie-Frauen-Leitungsposition.pdf (Zugriff: 10.4.2021).

[9] Vgl. Forschungskonsortium MHG, Forschungsprojekt „Sexueller Missbrauch an Minderjährigen durch katholische Priester, Diakone und männliche Ordensange-

Kirche durch Priester und Ordensmänner erschütterten die katholische Kirche in Deutschland zutiefst – und das, obwohl die Zahlen des Hellfelds für niemanden überraschend sein konnten. Die Erschütterung löste auf verschiedenen Ebenen der Kirche in Deutschland das bittere Gefühl und die Erkenntnis aus, dass es so nicht weitergehen könne.

Im Zuge dieser Entwicklung erfuhr Ende 2018/Anfang 2019 das Thema Frauen in der katholischen Kirche eine Dynamisierung wie noch nie in der jüngeren Kirchengeschichte. Zu einem entscheidenden Player wurde die Gruppe „Maria 2.0“, ein Lesekreis von Frauen aus Münster, der zu einer Aktionswoche im Mai 2019 aufrief und eine enorme Bewegung vor allem in Deutschland auslöste. Etwa gleichzeitig zeigte sich eine Fraueninitiative in Österreich: „50 Tage – 50 Frauen: bleiben – erheben – wandeln“[10] und eine Initiative in der Schweiz: „Gleichberechtigung Punkt Amen.“[11] International dynamisierte sich die Initiative „Voices of faith“.[12] Im November 2019 gründete sich mit dem „Catholic Women's Council“ eine globale Dachgruppe römisch-katholischer Netzwerke, die sich für die volle Anerkennung der Würde und Gleichberechtigung der Frau in der Kirche einsetzen.[13] Auch die beiden großen kirchlichen Frauenverbände in Deutschland, die Katholische Frauengemeinschaft Deutschlands und der Katholische Deutsche Frauenbund, positionierten sich in profilierten Kampagnen.[14] Im Oktober 2018 forderten die Generaloberinnen von 34 Frauenorden aus der Schweiz, Luxemburg, Österreich und Deutschland, Frauen sollten zu allen kirchlichen Ämtern und Diensten zugelassen und bei Bischofssynoden mit Stimmrecht ausgestattet werden.[15] Auch einige deutsche

---

hörige im Bereich der Deutschen Bischofskonferenz“ (24. September 2018), in: https://www.dbk.de/fileadmin/redaktion/diverse_downloads/dossiers_2018/MHG-Studie-gesamt.pdf (Zugriff: 10.4.2021).

[10] Vgl. https://bleibenerhebenwandeln.wordpress.com/50-tage-50-frauen (Zugriff: 10.4.2021).

[11] Vgl. https:// www.frauenbund.ch/was-wir-bewegen/kirche-und-spiritualitaet/gleichberechtigungpunktamen (Zugriff: 10.4.2021).

[12] Vgl. https://voicesoffaith.org/de-home (Zugriff: 10.4.2021).

[13] Vgl. https://www.catholicwomenscouncil.org/de (Zugriff: 10.4.2021).

[14] Vgl. https://www.kfd-bundesverband.de/dienste-und-aemter (Zugriff: 10.4.2021) sowie https://bewegen-kdfb.de (Zugriff: 10.4.2021).

[15] Vgl. https://www.kirche-und-leben.de/oberinnen-von-34-orden-fuer-frauen-in-allen-kirchlichen-aemtern (Zugriff: 10.4.2021).

Bischöfe erklärten öffentlich, dass die Debatte um die Frauenweihe geführt werden müsse.

1.4 Nagelprobe Glaubwürdigkeit

Die deutsche Kirche erlebt eine „Kernschmelze": Es sind die Frauen und auch eine ganze Reihe von Männern aus der Mitte der Volkskirche, die ihre Stimme erheben, auf die Straße gehen, ausdrücken, woran sie zum Teil jahrzehntelang in „ihrer Kirche" gelitten haben. Sie fragen vom Kern ihres Glaubens her die Strukturen der Kirche an. Eng mit der Kirche verbundene Frauen und Männer, Ehrenamtliche und Hauptamtliche, stellen sich ernsthaft die Frage: Gehen oder bleiben? Das geht an die Grundfesten der Kirche, denn diese Frauen und Männer sind ein Großteil der Kirche. Auch inhaltlich geht es an die Grundfesten der katholischen Kirche: Denn hier wird die Lehre der katholischen Kirche, wird ihr System infrage gestellt. Neu sind die Öffentlichkeit und Wucht der Auseinandersetzung, in der wissenschaftliche Diskussionen, Glaube, Verletzungen, Wut und der Wille zur Veränderung zusammenkommen.

Junge Frauen und Männer finden sich – jenseits der klaren, engagierten Positionierungen der Jugendverbände im Bund der Deutschen Katholischen Jugend (BDKJ) – allerdings weniger auf den Protestmärschen. Die These des Grazer Pastoraltheologen Rainer Bucher (* 1956) vom Ermöglichungsdiskurs findet hier Bestätigung: Insbesondere junge Frauen ringen nicht um Ermöglichungen und Veränderungen in der Kirche, sie verlassen sie.[16] Und nicht nur junge Frauen verlassen die Kirche. Immer mehr Menschen wenden der Kirche den Rücken zu, treten aus. Darunter finden sich Menschen, die nicht gehen, weil ihnen die Kirche *nichts* bedeutet, sondern im Gegenteil: Sie gehen, *weil* ihnen die Kirche etwas bedeutet, oder genauer: weil ihnen die christliche Botschaft so viel bedeutet und sie diese in der und durch die Kirche nicht mehr verkörpert sehen. Wenn immer wieder vor einer „Spaltung der katholischen Kirche"

---

[16] Vgl. R. Bucher, Die neue Ordnung der Geschlechter und die Ohnmacht der katholischen Kirche. Zum Ausklingen der patriarchalen Definitionsmacht, in: S. Eder, I. Fischer (Hg.), …männlich und weiblich schuf er sie … (Gen 1,27). Zur Brisanz der Geschlechterfrage in Religion und Gesellschaft (TKD 16), Innsbruck 2009, 281–296, hier: 288f.

gewarnt wird, so ist zu realisieren, dass diese Spaltung längst eingetreten ist – zunächst als Schisma in den Köpfen vieler Menschen, dann in ihrem Auszug aus der Kirche.

Oft heißt es, die Kirche müsse ihre Glaubwürdigkeit wiedergewinnen. Das stimmt. Entscheidend ist aber die Frage nach dem wozu. Die Frage nach dem Wozu ist nicht beantwortet mit der Rettung der Institution, der Bindung von Gläubigen oder der Verhinderung von Austritten. Die Vorlesungsreihe, in deren Kontext sich dieser Text einreiht, war überschrieben mit „Wege der Kirche in die Zukunft der Menschen". Diese Überschrift lenkt den Blick auf die Antwort auf die Frage, warum die Kirche ihre Glaubwürdigkeit zurückgewinnen muss: Weil es nach *Lumen gentium* Nr. 1 ihr Auftrag ist, Zeichen und Werkzeug der Liebe und des Heilswillens Gottes zu sein. Das ist die Aufgabe jedes und jeder einzelnen im Volk Gottes, und das ist der Auftrag der verfassten Kirche, das ist ihre Nagelprobe.

1.5 Nagelprobe Frauenfrage

Die Missbrauchsstudie zeitigte Reaktionen: Im Zuge der Frühjahrsvollversammlung 2019 einigten sich die deutschen Bischöfe mit dem Zentralkomitee der deutschen Katholiken (ZdK) auf eine Reaktion auf die Ergebnisse der MHG-Studie: Zum einen wurden Projekte im Blick auf den Umgang mit sexualisierter Gewalt in der katholischen Kirche aufgesetzt, zum anderen wurde der Synodale Weg initiiert, der die Strukturen der Kirche zum Thema machen und verändern soll. Dessen Forum „Frauen in Diensten und Ämtern in der Kirche" wurde im Papier des vorbereitenden Forums als wichtige „Nagelprobe" für die Authentizität des Reformwillens der römisch-katholischen Kirche in der öffentlichen Wahrnehmung bezeichnet.[17] Zu Recht. Gibt es nach dem Synodalen Weg keine maßgeblichen, tiefgreifenden Veränderungen für Frauen in der katholischen Kirche, ist der Weg wesentlich gescheitert. Denn dann wird offenbar, dass die Entscheider über Berufungen, Leid und theologische Argumente hinwegschreiten. Viele Frauen erleben ihre Differenzierung und Hierarchisierung in der

[17] Vgl. Vorbereitendes Forum Frauen in Diensten und Ämtern in der Kirche. Abschlussbericht der Arbeitsgruppe zur Vorbereitung des Synodalforums (23. Oktober 2019), in: https://www.synodalerweg.de/fileadmin/Synodalerweg/Dokumente_Reden_Beitraege/SW-Vorlage-Forum-III.pdf (Zugriff: 10.4.2021), 1.

Kirche als ungerechte und unchristliche lebenslange Zumutung. Sie stoßen sich und leiden daran, dass ihre Berufung nicht anerkannt wird und sie sie nicht leben können. Sie leiden an der formellen und informellen Zurückweisung aus Diensten und Ämtern aufgrund ihres Geschlechts. Sie ertragen die Kluft zwischen der gesetzlich verbindlichen Geschlechtergerechtigkeit und der Diskriminierung in der Kirche nicht. Viele Menschen jeglichen Geschlechts stoßen sich und leiden an den Strukturen der Kirche, die für sie gleichzeitig Heimat ist. Für sie kollidieren ihre Überzeugungen auf der Basis der Nachfolge Jesu Christi mit der Lehre der Kirche. Die entscheidende Frage nicht nur des Forums „Frauen in Diensten und Ämtern in der Kirche" ist darum, ob sich Kirche und Lehramt den Erfahrungen im Volk Gottes und einer grundlegenden argumentativen Auseinandersetzung über die Hierarchisierungen aufgrund von Geschlecht, Stand und sexueller Enthaltsamkeit sowie über die Dienste, Ämter und Strukturen im Licht des Evangeliums stellen.

2 Notnägel: Frauen in Diensten und Ämtern der Kirche

2.1 Lai(inn)en als Notnägel

Grundsätzlich und kirchenrechtlich besteht heute in der katholischen Kirche die Gleichwertigkeit von Frauen und Männern. „Gleichheit" oder „Gleichwertigkeit" bedeutet in der katholischen Kirche allerdings keine „Gleichberechtigung". So bedeutet der Ausschluss von Frauen von den Weiheämtern ihren Ausschluss von allen damit verbundenen Diensten und Ämtern. Diese Ungleichberechtigung wird lehramtlich nicht als Diskriminierung aufgefasst, sondern als Ausfluss von Gottes Plan, an den sich die Kirche bindet. In der katholischen Kirche sind Weihe und Leitung eng verknüpft; Schlüsselpositionen in der Leitung sind Priestern vorbehalten. Dies sind auch jene Positionen mit der größten Funktionsmacht. Die Spendung fast aller Sakramente sowie liturgische Vollzüge sind Priestern vorbehalten sowie in der Verkündigung die Predigt nach dem Evangelium in einer Eucharistiefeier.

Allerdings gibt es nach geltendem Kirchenrecht Ausnahmefälle, in denen Lai(inn)en Aufgaben übernehmen können, wenn es nicht genügend Priester gibt. Und es gibt Felder, in denen Lai(inn)en längst tätig werden können, aber vor allem Frauen immer noch die Ausnahme bilden. Beides benennt das erste Papier des Forums „Frauen in Diensten und Ämtern in der Kirche" des Synodalen Wegs. Im Forum wurden anfangs drei große Themenstränge identifiziert: die theologische Argumentation im Blick auf die Teilhabe von Frauen am sakramentalen Ordo, geschlechteranthropologische Fragen sowie die Partizipation von Frauen an Diensten und Ämtern unter den gegenwärtigen Bedingungen des Kirchenrechts. Aktuell werden der Grundtext sowie Handlungstexte zu einzelnen Themen entwickelt. Zum letztgenannten Themenkomplex wurde eine erste Beratungsgrundlage im September 2020 in den fünf Regionenversammlungen, die coronabedingt statt der geplanten Synodalversammlung stattfanden, vorgelegt und insgesamt sehr positiv reflektiert.[18] Auf ihrer Basis wird nun weitergearbeitet. Das Papier ist so aufgebaut, dass zunächst in einer Einleitung dargelegt wird, warum die Partizipation von Frauen an Diensten und Ämtern angezeigt ist. Jeder thematische Abschnitt beginnt mit einer Beschreibung der Sachlage und Argumenten für eine Weiterentwicklung. Dann folgt eine Beschreibung der Handlungsmöglichkeiten und eine konkrete Option für die Kirche in Deutschland. In der folgenden Darstellung fokussiere ich auf die Optionen.

1) Im Blick auf die *Leitung* von Gemeinden und Pfarreien erinnert das Papier an die Möglichkeit, dass ein Bischof im Fall des Priestermangels nach c. 517 § 2 des *Codex Iuris Canonici* (CIC) auch Lai(inn)en und Diakone allein oder in einer Gemeinschaft mit der Leitung einer Pfarrei beauftragen kann, und ermutigt dazu, diese Möglichkeit wahrzunehmen, auch auf der Ebene der Leitung von Seelsorgeregionen und Dekanaten.
2) Hinsichtlich der *Verkündigung* in der Gemeinde- und Kategorialseelsorge optiert das Papier dafür, Frauen wesentlich stärker in die Verkündigung zu involvieren. Unter anderem wird auf die Möglichkeiten der Mitwirkung von Lai(inn)en beim Predigtdienst hingewiesen. Es sei inzwischen mitunter gängige Praxis,

[18] Vgl. Synodalforum „Frauen in Diensten und Ämtern in der Kirche", Arbeitstext für die Regionenkonferenzen des Synodalen Weges am 4. September 2020 (August 2020), in: https://www.synodalerweg.de/fileadmin/Synodalerweg/Dokumente_Reden_Beitraege/Regionenkonferenz-20200904-3-Synodalforum-III-Arbeitstext.pdf (Zugriff: 10.4.2021).

dass auch qualifizierte Lai(inn)en in der Eucharistiefeier nach dem Evangelium predigen. Das Papier empfiehlt eine theologische Reflexion, wie Brücken zwischen kirchenrechtlichen Aussagen und gelebter Praxis gebaut werden können.

3) Im Abschnitt über die *Liturgie* in der Gemeinde- und Kategorialseelsorge erinnert das Papier daran, dass Lai(inn)en nach c. 759 CIC zum Taufen und nach c. 1112 § 1 CIC zur Eheschließungsassistenz beauftragt werden können und dass es wünschenswert wäre, wenn sie auch die Krankensalbung spenden dürften.
4) Zum Thema *Leitungspositionen und Aufgaben auf Diözesanebene* fokussiert die Vorlage zum einen auf Leitungspositionen, die Frauen sämtlich einnehmen könnten, auf denen sie aber unterrepräsentiert sind. Hier weist das Papier auf die notwendigen personal- und organisationsentwicklerischen Maßnahmen hin. Zum anderen widmet sich das Papier diözesanen Gremien. Es empfiehlt, die Zugänge zu den Gremien, Ausschüssen, Räten und auch zum Domkapitel zu prüfen und neu zu regeln. Das Papier optiert für eine Quote von zunächst 30 Prozent, schließlich für eine paritätische Besetzung aller Leitungspositionen und Gremien.
5) Bezüglich der *medialen Sichtbarkeit* von Frauen spricht sich das Papier für eine ausgeglichene Repräsentanz von Vertreter(inne)n unterschiedlichen Geschlechts in den Medien aus und fordert von den kirchlichen Pressestellen die Sichtbarkeit von Frauen in Person und Sprache.
6) *Caritas, kirchliche Verbände und Laienorganisationen* werden daran erinnert, dass auch sie eine Verantwortung für ihre Gleichstellungsziele tragen.
7) Hinsichtlich der *katholisch-theologischen Fakultäten* erklärt das Papier, dass darauf zu achten sei, dass Frauen keine Benachteiligung durch Verantwortliche im kirchlichen Bereich erfahren und der Abschluss von Promotionen und Habilitationen von Frauen unterstützt wird.
8) Mit Blick auf die *Deutsche Bischofskonferenz* heißt es in der Option: „Der DBK wird empfohlen, den Anteil der Frauen in den leitenden Positionen ihres Sekretariats und unter den Beraterinnen und Beratern in den Kommissionen auf zunächst 30 % und perspektivisch auf 50 % zu erhöhen.“ Auf Vollversammlungen der DBK seien kontinuierlich Frauen als Expertinnen einzubinden.

9) Abschließend empfiehlt das Papier der Synodalversammlung, dem Papst eine Prüfung und Erneuerung des *Kirchenrechts* im Blick auf ein gleichberechtigtes Zusammenwirken von Frauen und Männern in Diensten und Ämtern der katholischen Kirche nahezulegen.

2.2 Machen Notnägel Sinn?

Zum einen beschreibt das Papier aus dem Forum „Frauen in Diensten und Ämtern in der Kirche" Aufgaben und Orte, in bzw. an denen Frauen zum Teil aus formellen, zum Teil aus informellen Gründen unterrepräsentiert sind. Zum anderen beschreibt das Papier Dienste und Aufgaben, in denen Lai(inn)en „zur Not", also nach geltendem Kirchenrecht bei Priestermangel vom Bischof beauftragt werden können.

Für Ersteres – die Unterrepräsentanz von Frauen in Aufgaben, an denen sie nach geltendem Kirchen- und Partikularrecht tätig und sichtbar sein könnten – sind in erster Linie die kirchlichen Einrichtungen und hier insbesondere die Verantwortungs- und Entscheidungsträger(innen) verantwortlich. Wenn das Papier des Forums wiederholt etwa für eine verpflichtende Quotenregelung optiert, so resultiert dies unter anderem aus der Erkenntnis, dass z. B. manche Ordinariate und Generalvikariate nicht von sich aus die notwendigen personal- und organisationsentwicklerischen Maßnahmen ergreifen oder konsequent verfolgen. Von Männern wie von Frauen wird gegen Quotenregelungen häufig eingewendet, es dürfe nicht sein, dass Frauen offiziell aufgrund ihres Geschlechts, nicht aufgrund ihrer Kompetenz (Leitungs-)Positionen erlangen. Übersehen wird dabei, dass genau dies seit Jahrzehnten branchenübergreifend und auch in der Kirche inoffiziell bei Männern der Fall ist: dass sie – aus bewussten oder unbewussten Gründen – auch wegen ihres Geschlechts (Leitungs-)Positionen erhalten. Quotenregelungen müssen als „Krücken" gelten, die dann wieder abgeschafft werden können, wenn das Geschlecht kein differenzierender und hierarchisierender Faktor mehr bei der Besetzung von (Leitungs-)Positionen ist.[19]

Für Letzteres – den Einsatz von Lai(inn)en im Notfall des Priestermangels – ist nach Sabine Demel (* 1962) das Festhalten

---

[19] Vgl. hierzu zusammenfassend A. Qualbrink, Frauen in kirchlichen Leitungspositionen (s. Anm. 6), 188–197.

der Kirche am Hierarchiemodell verantwortlich – trotz der im Zweiten Vatikanischen Konzil festgehaltenen Gleichheit aller Gläubigen:

> „Die konkreten Regelungen über die jeweiligen Möglichkeiten, Rechte und Pflichten, Dienste und Ämter von Laien und Kleriker innerhalb der Glaubensgemeinschaft sind nämlich weiterhin von dem traditionellen, vorkonziliaren Bild des überall unentbehrlichen Klerikers geprägt. Weil aber für diese klerikerzentrierte Theorie zunehmend das entsprechende Personal fehlt, ist rechtlich zugleich auch festgelegt worden – gleichsam als eine Art Notstandsparagraph –, dass ausnahmsweise, und dieser Hinweis auf den Ausnahmecharakter wird geradezu zelebriert – bestimmte klerikale Tätigkeiten von Laien übernommen werden können […].“[20]

Dennoch spricht sich das vorliegende Papier des Forums „Frauen in Diensten und Ämtern in der Kirche“ für diese Regelungen aus, in denen Lai(inn)en letztlich als „Notnägel“ fungieren. Macht das Sinn? Für die Lai(inn)en sind die Regelungen mit Zumutungen verbunden.

Aktuell und zukünftig von noch zunehmender Relevanz sind die Möglichkeiten von Lai(inn)en im Bereich von Leitung und Sakramentenspendung. Auch wenn das Papier des Forums betont, dass eigentlich nicht der Priestermangel der entscheidende Grund für den Einsatz kompetenter Lai(inn)en in der Pfarreileitung sein dürfte, so ist er es nach dem CIC/1983 doch. Vielmehr noch: Die Instruktion der Kongregation für den Klerus „Die pastorale Umkehr der Pfarrgemeinde im Dienst an der missionarischen Sendung der Kirche“ vom 20. Juli 2020 schärft ein, dass ein Pfarrer oder Pfarradministrator, wenn irgend möglich, die Leitung einer Pfarrei innehaben soll, aber „wegen Priestermangels oder anderer Umstände“ die Leitung mehrerer Pfarreien übernehmen kann. Wenn doch im außerordentlichen Fall Lai(inn)en oder Diakonen die Mitwirkung an der Hirtensorge übertragen werde, so sei erstens nicht die Rede von „leiten“ zu führen, da sich dies auf die Eigenart des priesterlichen Dienstes, der dem Pfarrer zusteht, beziehe, und zum zweiten

---

[20] S. Demel, Gleichwertig, aber nicht gleichberechtigt? Kleriker – Laien – Frauen in der katholischen Kirche, in: R. Emig, S. Demel (Hg.), Gender – Religion (Regensburger Beiträge zur Gender-Forschung 2) Heidelberg 2008, 27–45, hier: 33.

würden jene Lai(inn)en von einem Priester, der der „Moderator der Hirtensorge" ist, koordiniert und geleitet. Kurz: Nur im begründeten Notfall des Priestermangels dürfen hier kompetente Lai(inn)en leitend in einer Pfarrei tätig werden – dies soll aber als „Koordination" oder „Beauftragung" benannt werden.[21] Auch als Taufende und in der Eheassistenz dürfen Lai(inn)en nur im begründeten Not- und Einzelfall des Priestermangels tätig werden. Angesichts der sinkenden Priesterzahlen, der vorhandenen kompetenten Lai(inn)en und des Auftrags der Kirche muss die Frage nach der Begründung für den Not- und Einzelfall gestellt werden: Besteht nicht der Notfall in der Notwendigkeit einer kompetenten, vielfältigen, zugewandten Leitung und Sakramentenspendung, für die die vorhandenen Ressourcen genutzt werden sollten? Adrian Loretan (* 1959) beschreibt die Zumutung speziell im Blick auf Frauen:

> „Denn sie sind als beauftragte Amtspersonen weitgehend nur Ersatzpersonen, Lückenbüßerinnen für geweihte Amtspersonen. Dies widerspricht einer gleichberechtigten Zulassung zu allen Ämtern. Die Frauen werden dieses Ausgeschlossensein im Kontext einer Rechtskultur der Gleichberechtigung nicht mehr hinnehmen."[22]

Zu Recht kann gefragt werden, ob Lai(inn)en, die sich für Aufgaben im Notfall des Priestermangels zur Verfügung stellen, nicht selbst zu Agent(inn)en der Verzögerung echter Veränderung werden. Auf der anderen Seite können Lai(inn)en, wenn diese kirchenrechtlichen Gestaltungsräume genutzt werden, ihre Charismen leben und ihre Kom-

---

[21] Wörtliche Zitate aus: Instruktion der Kongregation für den Klerus, Die pastorale Umkehr der Pfarrgemeinde im Dienst an der missionarischen Sendung der Kirche (20. Juli 2020), in: https://www.dbk.de/fileadmin/redaktion/diverse_downloads/presse_2020/2020-07-20_Instruktion-Die-pastorale-Umkehr-der-Pfarrgemeinde.pdf (Zugriff: 10.4.2021), 14–22. Anders argumentiert Papst Franziskus: „In Amazonien leiten Frauen – Laien wie Ordensfrauen – ganze Kirchengemeinden. Zu sagen, dass sie nicht wirklich Leitung seien, weil sie keine Priester seien, ist Klerikalismus und respektlos." (Papst Franziskus, Wage zu träumen. Mit Zuversicht aus der Krise, München 2020, 90.)

[22] A. Loretan, Frauen in kirchlichen Ämtern. Eine rechtliche Standortbestimmung, in: D. Buser, A. Loretan (Hg.), Gleichstellung der Geschlechter und die Kirchen. Ein Beitrag zur menschenrechtlichen und ökumenischen Diskussion (FVRR 3), Freiburg (Schweiz) 1999, 52–70, hier: 64.

petenzen wirksam werden lassen. Und Menschen können davon profitieren – in Leitung, Verkündigung und Liturgie. Mit systemischem Blick und aus organisationsentwicklerischer Perspektive lässt sich überdies sagen: Veränderung beginnt dadurch, dass Fakten gesetzt werden. Fakten stören das „Das haben wir immer schon so gemacht." und stellen es infrage. Möglicherweise sind die Lai(inn)en, die Aufgaben übernehmen, in denen bisher nur Priester tätig waren, der Anfang einer grundlegenden Veränderung der kirchlichen Strukturen. Das allerdings ist mit dem Aushalten von Zumutungen verbunden und darf nicht gegen die Notwendigkeit weiterer Auseinandersetzungen und Entwicklungen ausgespielt werden.

Auf jeden Fall machen diese Lai(inn)en Fragen an das Kirchenrecht offensichtlich. So weisen Johanna Rahner (* 1962) und Adrian Loretan je aus ihrer Perspektive als Dogmatikerin und Kirchenrechtler darauf hin, dass das geltende Kirchenrecht in Aporien führt. Loretan schreibt:

> „Wenn [...] die katholische Kirche die Bedeutung der Weihetradition nicht vernachlässigen will – und sie würde ihre theologische Identität verlieren, wenn sie es tun würde – wird sie Frauen, die heute als beauftragte Amtsperson handeln, in Zukunft weihen müssen."[23]

Rahner konstatiert:

> „Entweder Sie entfernen alle Frauen aus jeglichen seelsorgerlichen, caritativen und kirchenleitenden Aufgabenfeldern der Catholica, die sie als echtes ‚Amt' in der Kirche ausüben, oder sie räumen die prinzipielle Möglichkeiten ein, dass diese Frauen auch geweiht werden könnten, um theologisch anzuzeigen, dass auch sie ihre Dienste in einem engeren, amtstheologischen Sinn, als ein auch sakramental zu bestärkendes kirchliches ‚Amtshandeln' in der *repraesentatio Christi* deuten, als eine authentische Ausdrucksgestalt des einen, zur katholischen Ekklesiologie notwendig dazu gehörenden kirchlichen Amts verstehen dürften, das so nicht nur in Taufe und Firmung zu begründen wäre."[24]

---

[23] Ebd. 63.

[24] J. Rahner, Frauen in kirchlichen Leitungsämtern – Gegenwart und Zukunft. Unveröffentlichtes Vortragsmanuskript, 2019.

Diese Hinweise führen erneut zum Auftrag der Kirche: Wenn die Kirche ihrem Auftrag nachkommen will, Zeichen und Werkzeug der Liebe und des Heilswillens Gottes zu sein, dann müssen ihre Ämter und Strukturen diesem Auftrag entsprechen und daraufhin überprüft und weiterentwickelt werden.

3 Nagelproben 2. Teil: der Synodale Weg, das Lehramt und die Rebellion

3.1 Der Synodale Weg

Was also sind die Perspektiven für Frauen in der Kirche? Die sogenannte „Frauenfrage" geht nicht in der Forderung nach der Zulassung zu den Weiheämtern auf, wenn diese auch zentral ist. Sie führt vielmehr zu der fundamentalen Frage nach der Relevanz und dem Umgang mit den Geschlechtern in Theologie und Kirche: Es geht um Geschlechterbilder, um verschiedenste Orte und Aufgaben in der Kirche, um Anerkennung und um Diskriminierung, um alle Menschen jeglichen Geschlechts im Volk Gottes; es geht in intersektionaler Perspektive um Hierarchisierungen aufgrund von Geschlecht und Stand; es geht um Macht und Partizipation, um die Frage nach Begründungen von Aus- und Einschlüssen, um die Sakramentalität der Kirche und um die (Weiter-)Entwicklung von Aufgaben, Diensten und Ämtern.

Mit dem Synodalen Weg hat sich die katholische Kirche in Deutschland auf den Weg gemacht, sich unter anderem auch diesen Fragen zu widmen. Der Synodale Weg nimmt für sich in Anspruch, dass auf Augenhöhe gearbeitet, argumentiert und diskutiert wird. Erkenntnisse aus Referenzwissenschaften sollen einbezogen, synodal sollen Beschlüsse getroffen werden, die Umsetzung finden in der katholischen Kirche in Deutschland. Als Mitglied des Forums „Frauen in Diensten und Ämtern in der Kirche" erlebe ich eine sehr reformorientierte Atmosphäre. Viele Menschen auf dem Synodalen Weg scheinen mir mit viel Energie und Einsatz, mit theologischer Expertise und – in den Worten von Carolin Kebekus – „Liebe für ihre Kirche" nach den Zeichen der Zeit zu forschen und sie im Licht des Evangeliums zu deuten (vgl. GS 4). Andere scheinen der Überzeugung zu sein, dass die Lehre der Kirche bereits alle Antworten gibt, weshalb sie zu vertiefen, aber nicht infrage zu stellen ist.

3.2 Das Lehramt

An dieser Stelle kommt das römische Lehramt ins Spiel: Letztlich, dies zeigt der Berliner Dogmatiker Georg Essen (* 1961) in aller Härte auf, behält das Lehramt immer das letzte Wort. Hintergrund ist die Etablierung des „ordentlichen Lehramts" in der Kirche durch Papst Pius IX. (1846–1878), die zur Folge hatte, dass das Lehramt in die Theorie- und Methodenfreiheit der Theologie eingriff und selbst zum theologischen Akteur wurde:

> „Es fängt an, seine eigene Theologie zu treiben. Zur Eigenlogik des Lehramts gehört überdies, dass es die authentische Interpretation der verbindlichen Glaubenslehren seiner Doktrinalgewalt unterstellt. Die traditionelle Differenz zwischen Lehramt und Theologie entfällt nun auch in dem Sinne, dass das Lehramt sich anmaßt, selbst über die theologische Kompetenz der Glaubensinterpretation zu verfügen. Diese Kompetenz wiederum wird normativ abgesichert durch den Anspruch, das Lehramt sei die authentische Interpretin von Schrift und Tradition. Damit wird aber zum einen die traditionelle Differenz von der Schrift als der norma normans und der Tradition als der norma normata in einem autoritativen Sinne unverbindlich und ortlos, eben will das Lehramt für sich in Anspruch nimmt, über den Wahrheitsgehalt von Schrift und Tradition interpretierend und normierend verfügen zu können. Die Hermetik ist perfekt."[25]

Es geht also im Zweifelsfall nicht um das bessere theologische Argument, sondern darum, wer es mit welcher formalen Geltung vorträgt. Die Definitionsmacht liegt zuletzt immer beim Lehramt der katholischen Kirche.

> „Was hier, sowohl im 19. Jahrhundert und in seiner Rezeption ‚erfunden' wurde, hat die römisch-katholische Kirche normativ, d. h. dogmatisch, rechtlich und ekklesiologisch, in eine Hermetik geführt, aus der, wie es scheint, kein Ausweg mehr möglich ist."[26]

---

[25] G. Essen, The „Invention of Tradition". Führung und Macht jenseits der Theologie des 19. Jahrhunderts, in: B. Jürgens, M. Sellmann (Hg.), Wer entscheidet, wer was entscheidet? Zum Reformbedarf kirchlicher Führungspraxis, Freiburg i. Br. 2020, 159–174, hier: 167f.

[26] Ebd. 160.

Daran ändert auch, so zeigt Essen im Weiteren auf, das Zweite Vatikanische Konzil nichts. Im Blick auf das Treffen amtlicher Entscheidungen erklärt Essen schließlich:

> „Von der, scharf gesprochen, Willkür eines Papstes wie eines Diözesanbischofs hängt ab, ob die Leitungsgewalt kollegial ausgeübt wird oder halt nicht. Und selbst wenn sie kollegial ausgeübt wird, haben diesbezügliche Gremien – so beispielsweise eine Synode – ausschließlich eine beratende Funktion. Ihre Beschlüsse binden den Bischof nicht und verpflichten ihn zu nichts.“[27]

Und genau dies ist auch beim Synodalen Weg der Fall, wie hinsichtlich der Diözesanbischöfe ausdrücklich in Art. 11 der Satzung festgehalten wurde.[28] Der Tübinger Kirchenrechtler Bernhard Anuth (* 1973) formuliert darum kritisch, allein eine atmosphärisch neue Konstellation beim Gespräch von Bischöfen und Laien sei nicht ausreichend als Begründung für den Synodalen Weg. Änderungen scheiterten oft an dem von Rom im Ohnmachtsgestus vorgetragenen Herrschaftsanspruch. Regelungen würden als göttliches Recht bezeichnet und deshalb als unveränderbar. Die Argumente für andere Positionen lägen seit langer Zeit auf dem Tisch.[29] Anuths Beschreibung trifft hier nicht nur auf das Vorgehen im Blick auf die Zulassungsbedingungen zu den Weiheämtern zu, sondern auch auf das Responsum der Glaubenskongregation zur Frage der Segnungen homosexueller Paare vom 22. Februar 2021. Hier heißt es im beschriebenen Ohnmachtsgestus, dass die Kirche nicht befugt sei, homosexuelle Partnerschaften zu segnen. Segnungen menschlicher Beziehungen seien nur möglich, wenn damit den Plänen Gottes

---

[27] Ebd. 173.

[28] Hier heißt es unter Punkt 5: „Beschlüsse der Synodalversammlung entfalten von sich aus keine Rechtswirkung. Die Vollmacht der Bischofskonferenz und der einzelnen Diözesanbischöfe, im Rahmen ihrer jeweiligen Zuständigkeit Rechtsnormen zu erlassen und ihr Lehramt auszuüben, bleibt durch die Beschlüsse unberührt.“ (Satzung des Synodalen Weges, in: https://www.synodalerweg.de/fileadmin/Synodalerweg/Dokumente_Reden_Beitraege/Satzung-des-Synodalen-Weges.pdf [Zugriff: 10.4.2021], 7.)

[29] Vgl. Kirchenjurist Anuth redet Klartext. Synodaler Weg ohne konkrete Konsequenzen?, in: https://www.domradio.de/nachrichten/2020-12-09/synodaler-weg-ohne-konkrete-konsequenzen-kirchenjurist-anuth-redet-klartext (Zugriff: 10.4.2021).

gedient sei. Unzulässig sei daher jede Segnungsform, die homosexuelle Partnerschaften anerkenne.[30]

3.3 Die Rebellion

Das „Nein" aus Rom zur Segnung gleichgeschlechtlich liebender Paare hat deutschlandweit für Protest gesorgt. Mit Regenbogenfahnen an Kirchenfassaden machten Pfarreien ihre Position und Solidarität öffentlich, Professor(inn)en der Theologie kritisierten, das Lehramt untergrabe seine eigene Autorität, wenn es wissenschaftliche Erkenntnisse ignoriere;[31] gut 2 600 Seelsorger(inn)en bekundeten in einer Petition, weiterhin Segensfeiern mit gleichgeschlechtlich liebenden Paaren zu feiern;[32] und Bischöfe äußerten öffentlich, eben dies nicht zu ahnden und forderten eine Neubewertung der Sexualität.[33] Der weitgehende Protest scheint ein Ausdruck dessen zu sein, dass viele Katholik(inn)en und Verantwortungsträger(innen) in der Kirche der immer wieder in den Ohnmachtsgestus gekleideten Definitionsmacht des römischen Lehramts und der nicht stattfindenden Diskurse überdrüssig sind, zumal sie sich damit im ständigen Dissens mit den eigenen, tiefen Überzeugungen, wie Kirche in den Spuren Jesu Christi zu leben und zu gestalten ist, erleben.

Auch die Forderung nach Frauen in allen Weiheämtern wird längst nicht mehr hinter vorgehaltener Hand formuliert, sondern an die Türen von Kirchen geheftet[34], auf Plakaten demonstriert, in

---

[30] Vgl. Kongregation für die Glaubenslehre, *Responsum ad dubium* über die Segnung von Verbindungen von Personen gleichen Geschlechts vom 22. Februar 2021, in: https://press.vatican.va/content/salastam pa/it/bollettino/pubblico/2021/03/15/0157/00330.html#ted (Zugriff: 10.4.2021).

[31] Vgl. Rom-Kritik: 200 Theologie-Lehrende unterstützen Münsteraner Erklärung, in: https://www.kirche-und-leben.de/artikel/rom-kritik-200-theologie-lehrende-unterstuetzen-muensteraner-erklaerung/print.html (Zugriff: 10.4.2021).

[32] Vgl. u. a. 2 600 Seelsorger protestieren gegen Rom (29. März 2021), in: https://www.tag-des-herrn.de/2600-seelsorger-protestieren-gegen-rom (Zugriff: 10.4.2021).

[33] Vgl. u a. Bischof Overbeck für kirchliche Neubewertung von Homosexualität (19. März 2021), in: https://www.katholisch.de/artikel/29154-bischof-overbeck-fuer-kirchliche-neubewertung-von-homosexualitaet (Zugriff: 10.4.2021).

[34] Vgl. http://www.mariazweipunktnull.de/thesenanschlag-2-0/ (Zugriff: 10.4.2021).

Interviews gestellt, in biografischen Zeugnissen der eigenen Berufung deutlich gemacht[35] und auf dem Synodalen Weg diskutiert.

Ich traue dem Synodalen Weg zu, dass grundlegende Fragen an die katholische Kirche in ihrer jetzigen Verfassung quer zu den verschiedenen Aufgaben in Theologie und Kirche ernsthaft und öffentlich diskutiert und dass Entscheidungen, die auf ortskirchlicher Ebene treffbar sind, in den meisten deutschen (Erz-)Diözesen umgesetzt werden. Es wird die Kirche verändern, wenn Frauen taufen, bei der Eheschließung assistieren, predigen und Kranke segnen und salben. Ich gehe davon aus, dass manche Ortsordinarien sich über die gemeinsam getroffenen Beschlüsse hinwegsetzen werden. Schließlich hoffe ich, dass sich das römische Lehramt nicht auf die Erinnerung an die geltende Lehre beschränkt, sondern das synodale Gespräch aufgreift und in den Diskurs geht. Der von Papst Franziskus angekündigte weltweite synodale Weg böte hierfür eine echte Chance.[36]

Daniel Bogner (* 1972) fordert in der aktuellen Situation zum „pastoralen Ungehorsam“ auf: „Es wäre wichtig, dass die Kirchenmitglieder ihren Schäfchen-Gehorsam ablegen. Wir brauchen einen ‚pastoralen Ungehorsam‘. Menschen müssen nicht gleich aus der Kirche austreten, aber: Sie können die Platzanweisung verweigern, die ihnen vom System gegeben wird.“ Er meint damit eine „Rebellion im Namen der richtigen Anliegen“: „[…] nämlich der biblischen Werte Gerechtigkeit, Barmherzigkeit und Nächstenliebe – dann verträgt die Kirche nicht nur Rebellion. Wir brauchen eine Revolution der Kirche.“[37]

Angesichts des bis hierher Beschriebenen scheinen mir diese drei Strategien Hand in Hand zu gehen im Interesse einer Kirche, die ihrem Auftrag entspricht: der argumentativ geführte Diskurs, das Umsetzen von Veränderungen im Rahmen des geltenden Kirchenrechts sowie die Rebellion im Namen der richtigen Anliegen.

---

[35] Vgl. P. Rath (Hg.), „Weil Gott es so will“ Frauen erzählen von ihrer Berufung zur Diakonin und Priesterin, Freiburg i. Br. 2021.

[36] Vgl. Zur Synodalität der Kirche. Papst schickt gesamte Weltkirche auf synodalen Weg (21. Mai 2021), in: https://www.domradio.de/themen/papst-franziskus/2021-05-21/zur-synodalitaet-der-kirche-papst-schickt-gesamte-weltkirche-auf-synodalen-weg (Zugriff: 11.7.2021).

[37] Wörtliche Zitate aus: D. Bogner, „Wir brauchen einen pastoralen Ungehorsam“ (Interview von L. Kappei), in: https://www.t-online.de/region/koeln/news/id_89631618/koeln-theologe-stellt-woelki-fatales-zeugnis-aus-und-fordert-revolution-der-kirche.html (Zugriff: 10.4.2021).

4 „Frauen stören. Und ohne sie hat Kirche keine Zukunft"

Die Pastoraltheologin und Generaloberin der Oberzeller Franziskanerinnen Sr. Katharina Ganz (* 1970) hat 2021 ein Buch mit dem oben genannten Titel herausgebracht. Darin schreibt sie:

> „Frauen stören. Damit ist weit mehr gemeint als lästig werden mit Petitionen zu den Anliegen der Würde und Gleichberechtigung von Frauen in der römisch-katholischen Kirche. Frauen stören produktiv das System einer Institution, die zutiefst klerikal und männerbündisch geprägt ist. Sie stören durch ihre Anwesenheit, durch einen anderen Blick, durch Fragen und Herangehensweisen, die sich unterscheiden und einseitige Perspektiven ergänzen. Dabei geht es nicht um besser oder schlechter, sondern eben um die Vielfalt, die entsteht, wenn Frauen und andere sich gleichberechtigt einmischen, einbringen und mitentscheiden."[38]

Organisationen, die nicht gestört werden oder die sich nicht stören lassen, die sich abschotten von Veränderungen in ihrer Umwelt, die den Blick darauf verlieren, wofür es sie gibt, und in ihren Traditionen und Routinen verbleiben, gefährden und verlieren irgendwann ihre Existenz. Es brauchte massenhaften Machtmissbrauch gegenüber Schwachen, die Perversion von Leben und Lehre Jesu Christi, um die Institution der katholischen Kirche über sich selbst so fundamental zu verstören, dass sie sich für ein Hinterfragen der eigenen Strukturen entschied, die diese extremste Form des Machtmissbrauchs begünstigt haben. Ich hoffe, dass sich die Kirche fundamental stören lässt. Eine Kirche, die sich stören lässt, ist eine Kirche, die sich mit sich selbst auseinandersetzt, die ihre menschlichen Anteile erkennt und sich davon verabschiedet, im Ohnmachtsgestus Traditionen als Plan und Willen Gottes zu zementieren, die mit allen Mitteln – auch im Diskurs mit den Referenzwissenschaften – die Zeichen der Zeit zu erkennen sucht und im Licht des Evangeliums beleuchtet. Eine Kirche, die sich stören lässt, besteht aus Menschen in all ihrer Vielfalt, die nach dem Willen Gottes forschen und versuchen, dem missionarischen und sakramentalen Auftrag der Kirche zu entsprechen. „Es wird also Zeit," schreibt Sr. Katharina Ganz,

---

[38] K. Ganz: Frauen stören. Und ohne sie hat Kirche keine Zukunft, Würzburg 2021, 13.

> „dass Frauen stören. Es wird Zeit, dass sie aufstehen, statt zu warten, bis man sie gönnerhaft entdeckt. Und es wird höchste Zeit, dass Frauen Stimme und Gehör finden in der Verkündigung, in der Lehre, in der Feier der Sakramente, in allen Diensten und Ämtern und überall, wo Entscheidungen getroffen werden. Wenn eine Frau Jesus über seine Sendung belehrt hat, dann können Frauen auch heute in der Kirche lehren. Sie müssen es sogar. Um Gottes, des Evangeliums Jesu Christi und der Kirche willen. Denn ohne Frauen hat Kirche keine Zukunft und wird Evangelisierung nicht gelingen, weil sie auf halber Strecke steckenbleibt.“[39]

Eine unverfügbare Störung denke ich dabei mit: Gott selbst. Gott durchbricht Erwartungen und Strukturen. „Er stürzt die Mächtigen vom Thron und erhöht die Niedrigen.“ (Lk 1,52), heißt es im Magnifikat. Ich schließe mit einem Satz der Kirchenrechtlerin Sabine Demel:

> „Die kirchliche Frauenfrage darf […] keine nur pragmatische, sondern muss vor allem eine theologische Grundentscheidung sein. Es muss endlich zum Ausdruck gebracht werden, dass die Kirche die Frauen braucht, und zwar als gleichberechtigte Partnerinnen braucht – nicht weil sie sonst zu wenig Personal für die tägliche Arbeit und Umsetzung ihrer Sendung hätte, sondern weil dies die Gottebenbildlichkeit des Menschen als Mann und Frau verlangt.“[40]

---

[39] Ebd. 179.

[40] S. Demel, „Nur weil wir Frauen sind?“ Die Frage nach der Gleichstellung in der katholischen Kirche, in: 30 Jahre Wort der Deutschen Bischöfe „Zu Fragen der Stellung der Frau in Kirche und Gesellschaft“ 1981 – 2011. Dokumentation des Studientags mit Prof. Dr. Sabine Demel am 7. Juli 2011 im CPH Nürnberg, 5–19, hier: 18.

Feinde der Liebe?

Kennzeichen und Kritik katholischer Sexualmoral[1]

Stephan Goertz

Unter dem vielsagenden Titel „Feinde der Liebe" warf der französische Priester und Philosoph Ignace Lepp (1909–1966) im Jahr 1960 in einem kurzen Beitrag der Kulturzeitschrift „Magnum" die Frage auf, warum sich die „katholische Hierarchie den wirksamen Mitteln der Geburtenregelung gegenüber so ablehnend" verhalte. „Vergebens", so berichtete Lepp,

> „habe ich in Büchern der Moraltheologie nach einer Antwort gesucht, die für einen gebildeten Menschen von heute intellektuelle Gültigkeit besitzt. Ich stellte die Frage mehreren Priestern, die für die Schwierigkeiten der Familien echtes Verständnis hatten. Sie sprachen über das ‚Naturrecht', denn die Anwendung der meisten Geburtenregelungsmittel gehe gegen die Natur. Keiner von ihnen aber war fähig, wissenschaftlich nachzuweisen, was die ‚Natur' der Liebe ist und welche also ihre Rechte sind."[2]

Und noch weniger, so fuhr er fort, waren sie imstande, die moralische Differenz zwischen den von der Kirche erlaubten und unerlaubten Methoden der Geburtenregelung zu erklären.

Einige Jahre später äußerte sich Heinrich Böll (1917–1985) nicht weniger verdrossen über die Sprache und Argumentation der Enzyklika *Humanae vitae*[3] wie folgt:

---

[1] Geringfügig erweiterte und aktualisierte Fassung von S. Goertz, Sexualität und Modernität. Über die verlorene intellektuelle Anschlussfähigkeit katholischer Sexualmoral, in: B. Aschmann, W. Damberg (Hg.), Liebe und tu, was du willst?, Paderborn 2021, 377–391.

[2] I. Lepp, Feinde der Liebe, in: Magnum 31 (1960) 28f., hier: 29.

[3] Vgl. Papst Paul VI., Enzyklika *Humanae vitae* über die Weitergabe des Lebens vom 25. Juli 1968, in: https://www.vatican.va/content/paul-vi/de/encyclicals/documents/hf_p-vi_enc_25071968_humanae-vitae.html (Zugriff: 12.7.2021).

> „Der Ungehorsam ist unausbleiblich, *nicht, weil es hier gegen die Pille geht,* sondern weil die Enzyklika wieder einmal ein Ausdruck kirchlicher Verkennung jenes äußert komplizierten Vorgangs ist, den man groberweise Geschlechtsakt nennt. Diese Verkennung ist die Folge einer allzu lange praktizierten Schnödrigkeit der römischen Kirche gegenüber der geschlechtlichen Liebe, vor allem gegenüber der Frau [...].“[4]

Bereits in den sechziger Jahren fallen die beiden Stichworte *Natur* und *Liebe*, die bis heute in der moraltheologischen Debatte um eine christliche Sexualethik für unterschiedliche Konzeptionen stehen. Was soll Vorrang haben: Der Respekt vor dem Wert eines natürlichen Aspektes menschlicher Sexualität – der Fortpflanzung –, oder die Achtung der Ansprüche, die wir mit einer Liebesbeziehung in Verbindung bringen?[5] Verschoben haben sich die Gewichte der Themen: Ging es in den sechziger Jahren zumeist um Fragen der Ehemoral, rücken seit den achtziger Jahren zunehmend die Rechte sexueller Minderheiten in den Blickpunkt. Kommt die Liebe, wie es Lepp formuliert hat, in der römischen Morallehre noch immer nicht zu ihrem Recht? Man ist geneigt, diese Frage zu bejahen, denn anders als eine Negierung gleichgeschlechtlicher Liebe ist die römische Weigerung, homosexuelle Partnerschaften zu segnen, nicht zu verstehen.[6]

---

[4] H. Böll, Taceat Ecclesia. Kritische Anmerkungen zur päpstlichen Enzyklika „Humanae vitae“ (1968), in: ders., Werke. Essayistische Schriften und Reden 2 (1964–1972). Hg. von B. Balzer, Köln 1987, 299–302, hier: 299. Vgl. dazu auch E. Reimer-Barry, On Women's Health and Women's Power: A Feminist Appraisal of *Humanae Vitae*, in: Theological Studies 79 (2018) 818–840.

[5] Vgl. C. Breitsameter, S. Goertz, Vom Vorrang der Liebe. Zeitenwende für die katholische Sexualmoral, Freiburg i. Br. 2020.

[6] Kongregation für die Glaubenslehre, *Responsum ad dubium* über die Segnung von Verbindungen von Personen gleichen Geschlechts vom 22. Februar 2021, in: http://www.vatican.va/roman_curia/congregations/cfaith/documents/rc_con_cfaith_doc_20210222_responsum-dubium-unioni_ge.html (Zugriff: 16.4.2021).

1 Rückständige und unzeitgemäße Morallehre

Was in den sechziger Jahren von Ignace Lepp und Heinrich Böll in Bezug auf die konkrete Frage der Empfängnisregelung diagnostiziert wurde – die intellektuelle Schlichtheit der lehramtlichen Sexualmoral und die kirchliche Verkennung der menschlichen Sexualität – wurde einige Jahre nach *Humanae vitae* von Karl Rahner (1904–1984) in einer Festschrift für Bernhard Häring (1912–1998) systematisch entfaltet. Der Aufsatz trug den unverblümten Titel „Über schlechte Argumentation in der Moraltheologie"[7] und sprach schonungslos von falschen Überzeugungen, die aus der katholischen Morallehre eine *rückständige und unzeitgemäße* Lehre machten, nicht zuletzt in Fragen der menschlichen Geschlechtlichkeit. Rahner hielt der Moraltheologie vor, noch immer auf der Basis von historisch zeitbedingten, veränderlichen Vorstellungsmodellen zu argumentieren, die in der Gegenwart ihre Überzeugungskraft eingebüßt hätten und obsolet geworden seien. Wenn in der Vergangenheit überhaupt moraltheologische Positionen weiterentwickelt wurden, dann häufig erst *„nachdem andere* geschichtliche Faktoren die Vorüberzeugungen schon destruiert hatten"[8], also nicht aufgrund eigener theologischer Reflexion: „Das mag verständlich sein, sehr erhebend ist es für den Historiker der kirchlichen Moraltheologie nicht."[9] Da die moraltheologischen Fragen im Unterschied zu vielem anderen, was in der Theologie traktiert wird, „tief in das konkrete Leben der Menschen eingreifen", lastete nach Rahner auf der „kirchliche[n] Geistesgeschichte" eine „dunkle Tragik."[10] Am Ende sei es der mangelnde Sinn für die Geschichtlichkeit der christlichen Moral, der Veränderungen im Wege stehe. Zudem hielt Rahner der „durchschnittlichen Schultheologie"[11] vor, die grundlegende Frage nach dem formalen Kriterium für die Bestimmung einer in ethischer Hinsicht bindenden göttlichen Offenbarung

[7] Vgl. K. Rahner, Über schlechte Argumentation in der Moraltheologie, in: H. Boelaars, R. Tremblay (Hg.), In libertatem vocati estis (Gal 5,13), Rom 1977, 245–257; aufgenommen in: Schriften zur Theologie XIII, Zürich – Einsiedeln – Köln 1978, 93–107 (nach dieser Ausgabe wird im Folgenden zitiert); ebenso in: KRSW 30 (2009), 30–40.

[8] Ebd. 99.

[9] Ebd.

[10] Wörtliche Zitate aus: ebd.

[11] Ebd. 97.

noch kaum erkannt zu haben. Würden aber erst einmal geschichtlich kontingente Vorstellungsmodelle als solche durchschaut – und eben das zeichnet die Moderne als reflexive Epoche aus –, verlören sie ihren Anspruch auf fraglose Geltung, und die Möglichkeit anderer Vorstellungsmodelle rücke in den Horizont.

Die weitgehende praktische Chancenlosigkeit der kirchlichen Morallehre beruhte für Rahner folglich auf ihrer „Rückständigkeit und Unzeitgemäßheit“[12]. Überzeugend fänden nur noch diejenigen diese Lehre, die sich ihr Leben in der „geschichtlichen und kulturellen Ungleichzeitigkeit“[13] eingerichtet hätten. Da die kulturelle Ungleichzeitigkeit des Katholizismus aber nach dem Zweiten Weltkrieg mehr und mehr auch für Katholikinnen und Katholiken an Plausibilität verlor, verwundert es nicht, dass die Enzyklika *Humanae vitae*, die noch einmal entschlossen auf die Ungleichzeitigkeit einer vormodernen Denkform setzte, sich „schon bald“, wie Böll 1968 prophezeit hatte, „als ein Dokument der Befreiung für die römischen Katholiken“[14] erwies.

Zwei Jahrzehnte nach Rahners Diagnose resümierte der Bielefelder Soziologe Hartmann Tyrell Mitte der neunziger Jahre, dass die katholische Sexual- und Ehemoral „die Berührung zu dem, was sich auf den Feldern von Intimbeziehungen, Sexualität und Elternschaft als Verhalten verändert und auch wieder normalisiert hat, offenkundig weitgehend verloren“[15] hat. Umso massiver steche daher das römische Beharren auf den normativen Beständen der Tradition unter Johannes Paul II. (1978–2005) ins Auge. Erst unter Papst Franziskus (seit 2013) wurde der nicht mehr zu leugnende Geltungsschwund der katholischen Morallehre zum Anstoß für eine vorsichtige Weiterentwicklung der Lehre. Im nachsynodalen Apostolischen Schreiben *Amoris laetitia*[16] wurde der Versuch unternommen, das

---

[12] Ebd. 106.

[13] Ebd.

[14] Böll, Taceat Ecclesia (s. Anm. 4), 299.

[15] H. Tyrell, Die Familienrhetorik des Zweiten Vatikanums und die gegenwärtige Deinstitutionalisierung von „Ehe und Familie“, in: F.-X. Kaufmann, A. Zingerle (Hg.), Vatikanum II und Modernisierung. Paderborn 1996, 353–373, hier: 358f. Zum Niedergang katholischer Sexualpädagogik vgl. F. G. Mildenberger, Katholische Sexualpädagogik im 20. Jahrhundert – ein Überblick, in: Sexuologie 27 (2020) 145–150.

[16] Papst Franziskus, Nachsynodales Apostolisches Scheiben *Amoris laetitia* (VApS 204), Bonn 2016.

bislang dominierende Schema des „Entweder-Oder von Konformität und Abweichung (kirchlich: Sünde)“[17], das von vielen in einer individualisierten Gesellschaft als anstößig erlebt wird, zu überwinden, was am neuen Umgang mit den nun „*sogenannten* ‚irregulären‘ Situationen“[18] ablesbar ist und an der expliziten Forderung, „Urteile zu vermeiden, welche die Komplexität der verschiedenen Situationen nicht berücksichtigen“[19]. Die rigorosen negativen Gebote, auf die sich die kirchliche Sexual- und Ehemoral seit *Humanae vitae* weitestgehend reduziert hat, wurden in *Amoris laetitia* durch Neuinterpretation oder Verschweigen wenn nicht ausdrücklich revidiert, so doch ersichtlich relativiert.[20] Wird aber Veränderung auf Dauer nur angedeutet und nicht vollzogen, werden sich die bestätigt sehen, die der römischen Morallehre keine Lernbereitschaft mehr zutrauen.

2 Kennzeichen traditioneller katholischer Sexualmoral

Der katholischen Sexual- und Ehemoral wie Rahner Rückständigkeit und Unzeitgemäßheit zu attestieren, impliziert eine grundsätzlich wohlwollende Sicht auf die veränderten Vorstellungsmodelle von Liebe und Sexualität in der Gegenwart. Bevor zentrale Aspekte der Veränderungen angesprochen werden, die sich im Bereich von Liebe, Ehe und Sexualität vollzogen haben, soll wenigstens knapp die bis in die sechziger Jahre hinein kulturell nachwirkende katholische Sichtweise skizziert werden.

Zu Beginn des 20. Jahrhunderts war in einem moraltheologischen Lehrbuch zu lesen:

---

[17] Tyrell, Die Familienrhetorik (s. Anm. 15), 363.

[18] Papst Franziskus, Amoris laetitia (s. Anm. 16), 297.301.

[19] Vgl. ebd. 79. Vgl. dazu insgesamt S. Goertz, C. Witting (Hg.), Amoris laetitia – Wendepunkt für die Moraltheologie? (Katholizismus im Umbruch 4), Freiburg i. Br. 2016.

[20] Vgl. S. Goertz, A. Autiero, A proposito di dubbia, errori e distinzioni. Una postfazione, in: S. Goertz, C. Witting (Hg.), Un punto di svolta per la teologia morale? Contesto, ricezione ed ermeneutica di Amoris laetitia, Mailand 2017, 257–269; N. Polgar, J. A. Selling (Hg.), The Concept of Intrinsic Evil and Catholic Theological Ethics, Lanham u. a. 2019.

„Allein der *usus matrimonii* ist kein Freibrief für die Befriedigung der unreinen Lust, sondern nur ein Heil- und Schutzmittel gegen die unordentliche Begierlichkeit und muss deshalb stets standesgemäß keusch und sittsam sein. Unerlaubt und sündhaft ist darum der des bloßen Vergnügens wegen stattfindende *actus coniugalis,* insofern die von der Natur nur als Mittel zur Zeugung intendierte Ergötzung zum Zwecke erhoben wird.“[21]

In diesem Zitat ist nahezu alles versammelt, was die überlieferte katholische Sexual- und Ehemoral in der Vergangenheit gekennzeichnet hat und im Folgenden anhand mehrerer Aspekte kurz skizziert werden soll.

(a) Sexualität wurde seit der christlichen Antike von einflussreichen theologischen Positionen in erster Linie als eine anthropologisch zutiefst beunruhigende Kraft wahrgenommen[22], der enge Grenzen zu setzen sind, da sie ansonsten das Subjekt den rein irdischen Begierden ausliefert; Sexualität galt als ein gleichsam die Würde des geistigen Menschen bedrohendes Geschehen.[23]

(b) Die menschliche Sexualität geriet historisch ferner durch die auf alttestamentliches Gedankengut zurückgreifende frühmittelalterliche Vorstellung in ein moralisches Zwielicht, sie könne das Subjekt in einen Zustand der Unreinheit bzw. Beschmutzung (*pollutio*) versetzen, die zur Kultunfähigkeit führt. Demnach „befleckt“ nicht etwa sittliches Fehlverhalten den Menschen, wie es dem prophetischen und jesuanischen Konzept ethischer Reinheit entspräche (vgl. Mt 15,17–20), sondern der bloße Kontakt mit Sexualstoffen (weibliches Menstruationsblut, männlicher Samen):[24] „Hat ein Mann Samenerguss, soll er seinen ganzen Körper in Wasser baden und ist unrein bis zum Abend“ (Lev 15,16). Dasselbe gilt für Mann und Frau nach dem Geschlechtsverkehr (Lev 15,18). Die Menstruation

---

[21] A. Koch, Lehrbuch der Moraltheologie, Freiburg i. Br. ^{2}1907, 634.

[22] Vgl. P. Brown, Die Keuschheit der Engel. Sexuelle Entsagung, Askese und Körperlichkeit am Anfang des Christentums, München 1991.

[23] Vgl. E. Schockenhoff, Der lange Schatten des Augustinus – oder: Was heißt menschenwürdige Sexualität?, in: IKaZ 41 (2012) 197–212.

[24] Vgl. H. Lutterbach, Sexualität im Mittelalter. Eine Kulturstudie anhand von Bußbüchern des 6. bis 12. Jahrhunderts, Köln 1999; A. Angenendt, Mit reinen Händen. Das Motiv der kultischen Reinheit in der abendländischen Askese, in: ders. (Hg.), Liturgie im Mittelalter, Münster 2004, 245–268.

verunreinigt die Frau sieben Tage lang (Lev 15,19), „schläft ein Mann mit ihr, so kommt die Unreinheit ihrer Regel auf ihn. Er wird für sieben Tage unrein“ (Lev 15,24). Im Zustand der Unreinheit darf das Heiligtum nicht aufgesucht werden. Der Gedanke der sexuellen (Selbst-)Befleckung gilt zwar als „Ausdruck eines vorethischen Religionskonzeptes“[25], konnte aber das christliche Bild von der Sexualität – vor allem zu Lasten der nach diesem archaischen Verständnis durch die Menstruation von Unreinheit besonders betroffenen Frau – bis weit ins 20. Jahrhundert prägen.

(c) Der moralisch exklusive Ort für gelebte Sexualität ist die Ehe, nur innerhalb dieser Institution findet sie ihren moralischen Ordnungsrahmen. Ehelich gelebte Sexualität soll – so die tradierte Vorstellung – die Legitimität und das gute Heranwachsen der Nachkommenschaft sichern. Die außer-eheliche Sexualität der Ehefrau ist daher streng zu sanktionieren; der Ehemann darf nicht die fremde Ehe brechen. Doch selbst in der Ehe bleibt die „gebotene eheliche Pflichterfüllung […] stets moralisch gefährlich, weil im Zusammenhang mit ihr Begierden auftauchen können, die sündhaft sind.“[26]

(d) In der ehelichen Sexualität ist die Heiligkeit der Weitergabe des Lebens zu respektieren. So kann der moralisch verdächtigen Sexualität doch noch Gutes abgerungen werden. An erster Stelle legitimieren die beiden Zwecke der Erzeugung von Nachkommenschaft (natürlicher Zweck) und der Vermeidung von Unzucht (sittlicher Zweck) die Sexualität.[27]

---

[25] A. Angenendt, Ehe, Liebe und Sexualität im Christentum. Von den Anfängen bis heute, Münster 2015, 31.

[26] A. Hahn, Konstruktionen des Selbst, der Welt und der Geschichte. Aufsätze zur Kultursoziologie, Frankfurt a. M. 2000, 399.

[27] Die augustinische Ehegüterlehre lautet in *De Genesi ad Litteram* IX,7 (CSEL 28/1, 275f.): „Die Ehe selbst aber ist ein dreifältiges Gut, das Treue [fides], Kind [proles] und Sakrament [sacramentum] heißt. Die Treue verlangt, dass außerhalb der ehelichen Bindung mit keiner andern, keinem andern ein geschlechtlicher Verkehr stattfindet. Das Kind verlangt, dass es liebevoll empfangen, gütig genährt und religiös erzogen wird. Und das Sakrament verlangt, dass die Ehe nicht getrennt wird und der Entlassene oder die Entlassene sich auch nicht um des Kindes willen mit einem andern verliebt. Als Maßstab gleichsam gilt für den Ehestand, dass er die Fruchtbarkeit der Natur verherrlicht und zugleich den Missbrauch der Ausschweifung steuert“ (dt. Übersetzung C. J. Perl, Paderborn 1964, 98f.). In der Enzyklika *Casti connubii* Pius' XI. von 1930 wird diese Stelle

(e) Die sexuelle Lust darf nur als Mittel zum Zweck genossen werden; Sexualität um der reinen Lust willen ist stets schwer sündhaft, da ihr die Rechtfertigungsgründe fehlen. Dies gilt auch für die im Rahmen einer Liebesbeziehung gelebte Sexualität. Sexuelle Freude, die nicht auf den erlaubten ehelichen Akt abzielt, ist moralisch verwerflich.

(f) Die Liebe zwischen Mann und Frau spielt für die moralische Bewertung der ehelichen Sexualität – wenn überhaupt – gegenüber den genannten ersten beiden Zwecken nur eine untergeordnete Rolle. Selbst das in *Humanae vitae* erstmalig formulierte Prinzip der Untrennbarkeit von liebender Vereinigung und Fortpflanzung besagt, dass ohne die Offenheit auf Zeugung hin der Geschlechtsverkehr letztlich nicht liebevoll vollzogen wird.

Das geschichtliche Zusammenwirken dieser Elemente hat den Christentumshistoriker Hubertus Lutterbach die These aufstellen lassen, dass das Ideal der kirchlichen Sexualdisziplin ein möglichst sexualfreies Leben gewesen sei.[28]

3 Veränderungen im Verständnis von Sexualität, Liebe und Ehe

An welche langfristigen Veränderungen im Bereich von Sexualität, Liebe und Ehe und deren Normierung ist zu denken, wenn davon die Rede ist, die katholische Morallehre sei rückständig und unzeitgemäß? Es lassen sich m. E. mindestens sechs Punkte anführen.

(a) Als erstes möchte ich eine Formulierung aufgreifen, mit der der Münchener Moraltheologe Christof Breitsameter den Wandel im Verhältnis von Liebe und Ehe auf den Punkt gebracht hat: Er bezeichnet den kulturellen Umbruch, der sich im 18. und 19. Jahrhundert hinsichtlich des Motivs zur Eheschließung in immer breiteren Bevölkerungskreisen durchgesetzt hat, als Umbruch von der *Liebe als Derivat der Ehe* zur *Ehe als Derivat der Liebe.*[29] Damit ist gemeint,

---

zitiert und als „klare und erschöpfende Zusammenstellung der gesamten Lehre über die christliche Ehe“ (Nr. 10) gewürdigt.

[28] Vgl. H. Lutterbach, Die christliche Abwertung der Sexualität – eine Kontinuitätsgeschichte der Menschenferne?, in: M. Felder, J. Schwaratzki (Hg.), Glaubwürdigkeit der Kirche. Würde der Glaubenden [FS Leo Karrer], Freiburg i. Br. 2012, 265–275.

[29] C. Breitsameter, Liebe – Formen und Normen. Eine Kulturgeschichte und ihre Folgen, Freiburg i. Br. 2017, 268.

dass in sich modernisierenden Gesellschaften die Liebe zwischen Mann und Frau zum ausschlaggebenden und gesellschaftlich anerkannten Motiv für eine Eheschließung wird und etwa ökonomische oder sonstige soziale Motive, die das Paar von außen zusammenführen wollten, an Legitimität verlieren. Man geht nicht länger davon aus, die Liebe wachse in der Ehe gleichsam nach, sondern davon, eine Ehe ohne Liebe mache menschlich keinen Sinn. Nicht die *Liebe ohne Ehe*, die *Ehe ohne Liebe* wird moralisch anstößig, wie exemplarisch Johann Wolfgang von Goethe (1749–1832) in „Die Leiden des jungen Werthers“ vorführt. Wird die Ehe aber auf Liebe gegründet, wird sie zu einer stets vom Verlöschen der Liebe bedrohten Institution. Liebe verheißt womöglich weniger Stabilität für eine Ehe als handfeste ökonomische Interessen oder Abhängigkeiten, in die sich vor allem Frauen durch eine Eheschließung begaben. Zwar entwickelt sich dabei ein Bewusstsein von der grundsätzlichen *Unverfügbarkeit* der Liebe, das heißt die die Ehe tragende Vitalität der Liebe kann von den Partnern nicht garantiert werden, aber die Idee einer aufgrund eines rechtlichen Vertrages *unauflöslichen* Ehe leuchtet immer weniger ein. Gilt zugleich die Ehe als der einzig legitime Ort menschlicher Sexualität, dann sind etwa diejenigen, deren unauflösliche Ehe zerbrochen ist, strikt zur Enthaltsamkeit verpflichtet, solange der rechtlich legitime Partner lebt – auch dann, wenn sie in einer neuen Liebesbeziehung ihr Glück gefunden haben sollten.

(b) Um zu verstehen, warum diese Konsequenz der katholischen Ehelehre heute außerkirchlich als geradezu unmoralisch bewertet wird, ist zweitens an den modernen Zusammenhang von Liebe und Sexualität zu erinnern, wie ihn etwa Niklas Luhmann (1927–1998) herausgearbeitet hat. Nach Luhmann besitzt die Sexualität für die Liebesbeziehung die Qualität einer *Basisfunktion*, die, so schreibt er, „weit über die Funktion der Nachwuchserzeugung hinausgeht“[30]. Sexualität wird zum Erweis der Totalität einer Liebe, die sich an der körperlichen Nähe und Intimität des anderen erfreut, sein Begehren genießt. „Für jedes überzeugende romantische Ideal ist heute ein wechselseitiges Verlangen nach sexueller Intimität zusammen mit einer umfassenden Freude an der Körperlichkeit des anderen zentral.“[31]

---

[30] N. Luhmann, Liebe. Eine Übung. Hg. von A. Kieserling, Frankfurt a. M. 2008, 43.

[31] N. Delaney, Romantische Liebe und Verpflichtung aus Liebe. Die Artikulierung eines modernen Ideals, in: A. Honneth, B. Rössler (Hg.), Von Person zu

(c) Geht man drittens davon aus, dass es auch vor der Ehe menschlich authentische Liebesbeziehungen gibt, ja, dass die Tatsache, dass es sie *vor* der Ehe gibt, überhaupt die womöglich spätere Eheschließung legitimiert, erscheint das katholisch strenge Verdikt über die voreheliche Sexualität als anachronistisch. Liebe, Sexualität und Ehe auf katholische Art und Weise zu verknüpfen, d. h. alles von der Institution der Ehe her zu denken, wird als Limitierung von Beziehungsmöglichkeiten empfunden, nach denen sich die Menschen in der Moderne so intensiv sehnen. Noch einmal Luhmann:

> „Liebe vermittelt eine doppelte Sinnbestätigung: In ihr findet man, wie oft bemerkt, eine unbedingte Bestätigung des eigenen Selbst, der personalen Identität. Hier, und vielleicht nur hier, fühlt man sich als der akzeptiert, der man ist – ohne Vorbehalte und ohne Befristung, ohne Rücksicht auf Status und ohne Rücksicht auf Leistungen. Man findet sich in der Weltsicht des anderen erwartet als derjenige, der zu sein man sich bemüht.“[32]

Diese Sehnsucht nach Sinnbestätigung macht keinen Unterschied zwischen hetero- und homosexuellen Paaren. In der modernen Gesellschaft wird die Sozialform „intime Partnerschaft“ als inklusiv begriffen:

> „Die intersubjektive Bindung aus sexuellen und emotionalen Motiven ist so weit von dem institutionellen Komplex aus familialem Zusammenleben und Kindererziehung abgekoppelt worden, dass sie als ein vollkommen eigenständiges System sozialer Praktiken dasteht, welches im Prinzip jedem erwachsenen Gesellschaftsmitglied zugänglich ist.“[33]

Die Intimität einer personalen Liebesbeziehung sexuellen Minderheiten moralisch zu verwehren, wie es lehramtlich noch immer der Fall ist, stößt daher heute zunehmend auf moralische Missbilligung, weil dies als diskriminierende Exklusion beurteilt wird. Wer sich in Freiheit und Gleichheit liebt, dessen verbindliche Partnerschaft soll gesellschaftlich und rechtlich Anerkennung finden. Homosexuellen

---

Person. Zur Moralität persönlicher Beziehungen, Frankfurt a. M. 2008, 105–140, hier: 126.

[32] Luhmann, Liebe (s. Anm. 30), 21.

[33] A. Honneth, Das Recht der Freiheit, Berlin 2011, 259.

daher grundsätzlich abzusprechen, eine menschlich authentische Liebesbeziehung eingehen zu können, dürfte die Aussage der katholischen Kirche über Homosexualität sein, die heute als besonders verletzend und empörend empfunden wird.[34]

Während die *Verknüpfung von ehelicher Liebe und Sexualität* lehramtlich im 20. Jahrhundert rezipiert wurde[35], bleibt die *Trennbarkeit von Sexualität und Ehe* (und inzwischen: von Sexualität und romantischer Liebe[36]), die in westlichen Gesellschaften seit den sechziger Jahren moralisch und rechtlich mehr und mehr toleriert wird, aus Sicht der katholischen Morallehre der Stein des Anstoßes. Ein entscheidender Faktor für diese Trennbarkeit dürfte der den Frauen mögliche breitere Zugang zu relativ sicheren Methoden der Empfängnisverhütung gewesen sein. Die Aussicht auf „folgenloses" Sexualverhalten bedrängte das bisherige Normenkorsett, dem es auch darum ging, Müttern und Kindern einen sozialen Schutzraum zu bieten. Das Risiko „abweichender" Sexualpraktiken sank generell im 20. Jahrhundert.[37] Der kirchliche Warnhinweis auf den „Lohn der Sünde" (Röm 6,23) verfing daher immer weniger.

---

[34] Vgl. S. Goertz, Eine Form des Liebens. Für einen Perspektivwechsel in der Beurteilung von Homosexualität, in: HerKorr.Sp (II/2014): Leibfeindliches Christentum? Auf der Suche nach einer neuen Sexualmoral, 44–49.

[35] Erstmalig 1965 in der Pastoralkonstitution *Gaudium et spes* des II. Vatikanums: „Diese eigentümlich menschliche Liebe geht in frei bejahter Neigung von Person zu Person, umgreift das Wohl der ganzen Person, vermag so den leib-seelischen Ausdrucksmöglichkeiten eine eigene Würde zu verleihen und sie als Elemente und besondere Zeichen der ehelichen Freundschaft zu adeln. [...] Diese Liebe wird durch den eigentlichen Vollzug der Ehe in besonderer Weise ausgedrückt und verwirklicht. Jene Akte also, durch die die Eheleute innigst und lauter eins werden, sind von sittlicher Würde; sie bringen, wenn sie human vollzogen werden, jenes gegenseitige Übereignetsein zum Ausdruck und vertiefen es, durch das sich die Gatten gegenseitig in Freude und Dankbarkeit reich machen" (GS 49). In *Amoris laetitia* Nr. 80 heißt es: „Die Ehe ist an erster Stelle eine ‚innige Gemeinschaft des Lebens und der Liebe' [GS 48], die ein Gut für die Ehegatten selbst darstellt, und die Geschlechtlichkeit ist ‚auf die eheliche Liebe von Mann und Frau hingeordnet' [KKK 2360]." (Papst Franziskus, Amoris laetitia [s. Anm. 16], 80.)

[36] Vgl. S. Hillenkamp, Das Ende der Liebe. Gefühle im Zeitalter unendlicher Freiheit, Stuttgart 2009.

[37] Vgl. A. M. Francis, The Wages of Sin: How the Discovery of Penicillin Reshaped Modern Sexuality, in: Arch Sex Behav 42 (2013) 5–13.

(d) Am Beispiel der Homosexualität lässt sich viertens zeigen, wie die katholische Sexualmoral sich selbst *intellektuell marginalisiert.*[38] Während sexualwissenschaftlich und gesellschaftspolitisch die Kategorie der Perversität grundsätzlich in Frage gestellt und auf die Entpathologisierung und Entkriminalisierung des gleichgeschlechtlichen Begehrens hingewirkt wurde[39], besteht die katholische Morallehre – in Teilen bis heute – auf der moralischen Verurteilung des homosexuellen Verhaltens und auf der Therapierbarkeit der Homosexualität. Es finden lehramtlich vor allem diejenigen Stimmen Gehör, die am Konzept der Homosexualität als Psychopathologie festhalten. Letztlich sollen Schwule und Lesben ihre eigene sexuelle Orientierung als Teil ihrer Identität nicht annehmen, sondern verleugnen oder überwinden. Als Ziel der Seelsorge wurden in den fünfziger Jahren in einflussreichen theologischen Äußerungen Heilung und Bekehrung genannt.[40] Für die vermeintliche Treue zur eigenen Überlieferung nahm man in Kauf, humanwissenschaftlich und kulturell ins Abseits zu geraten. Vor allem aber, was schwerer wiegt, verschloss man sich gegenüber den Erfahrungen derjenigen, die in intimen Liebesbeziehungen ihre Sexualität jenseits kirchlicher Erwartungen verantwortlich zu leben versuchten.

(e) Hier wirkt sich – das ist der fünfte Punkt – in der katholischen Sexualmoral ein bestimmtes Naturrechtsdenken aus, das weder die Geschichtlichkeit der menschlichen Existenz noch das mo-

---

[38] Vgl. S. Goertz, Auf dem Weg zur Akzeptanz? Katholisch-Theologische Entwicklungen und Zwiespalte in der Bewertung von Homosexualität, in: E. Schockenhoff (Hg.), Liebe, Sexualität und Partnerschaft. Die Lebensformen der Intimität im Wandel, München 2019, 105–130; M. Höhl, Der „Bund der Liebe" und das „Problem der Homosexualität". Inkongruenzen in der lehramtlichen Bewertung im Hinblick auf theologisch-ethische Argumentationsmodelle, in: MThZ 71 (2020) 225–242. Die „Rückständigkeit und Unzeitgemäßheit" (Rahner) beim Thema Homosexualität beklagt schon J. Werres, Katholische Kirche und Homosexualität in Deutschland, in: Werkhefte 20 (1966) 91–95.

[39] Vgl. bereits S. Freud, Letter to an American mother (1935), dokumentiert in: American Journal of Psychiatry 107 (1947) 786–787: „Homosexuality is assuredly no advantage but it is nothing to be ashamed of, no vice, no degradation, it cannot be classified as an illness; we consider it to be a variation of the sexual function produced by a certain arrest of sexual development. [...] It is a great injustice to persecute homosexuality as a crime and cruelty too."

[40] Vgl. J. F. Harvey, Homosexuality as a Pastoral Problem, in: Theological Studies 16 (1955) 86–108.

derne Verständnis von der Würde der Person integrieren konnte. Sittlichkeit realisiert sich demnach in der Achtung der von Gott geschaffenen menschlichen Natur, d. h. im Falle der Sexualität in der Achtung der *natürlichen Zwecke* dieser Natur. So kam es zu dem schon angesprochenen Verbot, im sexuellen Verhalten den natürlichen Primär-Zweck zu missachten. Bei Thomas von Aquin (1225–1274), neben Augustinus (354–430) die Autorität schlechthin für die katholische Sexualethik, ist jede sexuelle Handlung, die den Naturzweck, d. h. die naturgegebene Teleologie des Samens bzw. des Geschlechtsverkehrs missachtet, im strengen Sinne als *contra naturam sündhaft*.[41]

Da jedoch im Laufe des 20. Jahrhunderts lehramtlich die Methode der sogenannten natürlichen Familienplanung zur erlaubten Methode erklärt wurde, drängte sich die Frage auf, wie in diesem Falle der natürliche Zweck der ehelichen Sexualität noch realisiert werden kann. Die Antwort bestand darin, dass die Ehe so vollzogen werden solle, dass sie fruchtbar sein könnte, sollten die natürlichen Bedingungen eine Zeugung zulassen. Dies bedeutete letztlich, eine biologische Gesetzmäßigkeit der menschlichen Fortpflanzung zu sakralisieren. Tatsächlich gibt es die Vorstellung, die Weitergabe des Lebens partizipiere an der Heiligkeit des menschlichen Lebens. So gerät die physische Integrität des Aktes ins Zentrum der moralischen Betrachtung.[42] Der katholische Rigorismus in der Sexualmoral beruht also auf einem Urteil über den Wert einer natürlichen Zweckbestimmung. Dieses Konzept ist neuzeitlich erheblich unter Druck geraten. Die „Vorbildlichkeit und Nachahmenswürdigkeit natürlich-zweckmäßiger Prozesse"[43], von der die Tradition ausgeht, ist, worauf Ludwig Siep hingewiesen hat, durch die Evolutionslehre und das historische Bewusstsein des 19. Jahrhunderts fraglich geworden. Bezogen auf unsere Thematik bedeutet dies, dass die „natürlich-vernünftige Ausrichtung des Sexualtriebes auf die Reproduktion [...] im Zeit-

---

[41] Vgl. dazu Breitsameter, Goertz, Vom Vorrang der Liebe (s. Anm. 5), 61–66.

[42] Vgl. S. Goertz, Moralische Wahrheit und biologische Gesetze. Wie die Enzyklika *Humanae vitae* die Rezeption ihrer Ehemoral verhindert hat, in: K. Hilpert, S. Müller (Hg.), Humanae vitae – die anstößige Enzyklika. Eine kritische Würdigung, Freiburg i. Br. 2018, 38–60.

[43] L. Siep, Naturrecht und Bioethik, in: Conc(D) 46 (2010) 279–299, hier: 283.

alter der biochemischen Verhütungsmittel nicht mehr allgemein verbindlich sein" kann.

> „Die körperliche Liebe ist primär zu einem Bestandteil partnerschaftlicher Zuneigung und zu einem zweckfreien Genuss geworden – dass darin ein Wert zu sehen ist, bestreiten eigentlich nur noch Misanthropen. Durch die folgenlose Sexualität und die möglich gewordene Familienplanung haben sich der Handlungsspielraum der Frau und das Verhältnis der Geschlechter erheblich verändert."[44]

Die zweite Entwicklung, die den normativen Vorrang der natürlichen Zweckbestimmung im Bereich der menschlichen Sexualität in Frage stellte, war der Aufstieg der mit dem Freiheitsbewusstsein begründeten Menschenwürde zum ethischen Erstprinzip. Infolge dieser historischen Entwicklung geriet auch der gesamte Lebensbereich von Sexualität und Partnerschaft unter den Anspruch einer menschenwürdigen und menschenrechtlichen Gestaltung.

(f) An die Stelle der *Sakralität der Weitergabe des Lebens* ist sechstens die *Sakralität der Person* getreten. Die sich ihrer Autonomie, Würde und Rechte bewusst werdende Person ist nun der höchste Wert, der im Handeln und in der gesellschaftlichen Ordnung zu achten und zu schützen ist. Hier liegt die Wurzel für die Ideen der sexuellen Selbstbestimmung und der reproduktiven Freiheitsrechte.[45] Zwar kommt es durch die Technisierung der menschlichen Fortpflanzung zu ethisch hochproblematischen Entwicklungen, aber die Freiheit, selbst entscheiden zu dürfen, mit welchem Partner, mit welcher Partnerin man eine intime Beziehung eingehen möchte, sowie die Freiheit, in dieser Beziehung über die Methode der Empfängnisverhütung eigenverantwortlich zu entscheiden, steht heute in der Ethik wohl nicht mehr zur Disposition. Die sexuelle Integrität und Selbstbestimmung sind in der Rechtsordnung zu einem bedeutsamen, schützenswerten Gut geworden, weil es dabei um den ele-

---

[44] Wörtliche Zitate aus: ebd. 295.

[45] Vgl. dazu C. Witting, Reproduktive Autonomie. Über das Potential eines umstrittenen Begriffs (Studien der Moraltheologie. Neue Folge 10), Münster 2019; zum internationalen Kontext vgl. auch R. Birke, Geburtenkontrolle als Menschenrecht. Die Diskussion um globale Überbevölkerung seit den 1940er Jahren, Göttingen 2020.

mentaren Schutz der freien Entfaltung der Persönlichkeit geht. Bis heute aber fehlt ein ausdrückliches Bekenntnis der katholischen Kirche zu diesem Rechtsgut der sexuellen Selbstbestimmung, selbst nachdem dieses durch Priester in allen Teilen der Welt gewaltsam und mit verheerenden Folgen für die Opfer missachtet worden ist.[46]

So verlor die Kirche den Kontakt zu den Werten der sich neu konstituierenden Sexualmoral, in deren Zentrum der wechselseitige Respekt vor der Gleichheit und Freiheit des Sexualpartners steht:

> „Es sind keine sozial relevanten moralischen Konzepte mehr auszumachen, die sexuelle Handlungen selbst und nicht lediglich die Weise ihres Zustandekommens moralisch bewerten. An die Stelle einer Sexualmoral, die sexuelle Akte bewertet, ist eine Moral der ‚Legitimation durch Verfahren' getreten, die lediglich das Zustandekommen, nicht aber die sexuellen Handlungen selbst bewertet."[47]

Aus Sicht des Soziologen wäre also die katholische Tradition, die ja durchaus sexuelle Handlungen als solche bewertet, sozial nicht mehr von Belang. Wenn nicht alles täuscht, gilt sie tatsächlich auch in weiten Teilen des Katholizismus, zumindest in westlichen Gesellschaften, nicht mehr als normativ bindend. Dass es auch jenseits des Konsenses noch moralisch relevante Aspekte in der Sexualität zu beachten gilt, liegt in der Gegenwart vor allem an der Erfahrung, dass bestimmte sexuelle Praktiken womöglich mit einer gesundheitlichen Gefährdung einhergehen.

---

[46] Vgl. S. Ernst, „Ein Kleriker, der sich auf andere Weise gegen das sechste Gebot des Dekalogs verfehlt." Anmerkungen und Anfragen aus moraltheologischer Sicht, in: H. Hallermann u. a. (Hg.), Der Strafanspruch der Kirche in Fällen von sexuellem Missbrauch, Würzburg 2012, 185–209; S. Goertz, Sexueller Missbrauch und katholische Sexualmoral. Mutmaßliche Zusammenhänge, in: M. Striet, R. Werden (Hg.), Unheilige Theologie! Analysen angesichts sexueller Gewalt gegen Minderjährige durch Priester (Katholizismus im Umbruch 9), Freiburg i. Br. 2019, 106–139.

[47] S. Lewandowski, Sex does (not) matter. Von der sozialstrukturellen Irrelevanz des Sexuellen und der Ausdifferenzierung autonomer Sexualitäten, in: T. Benkel, F. Akalin (Hg.), Soziale Dimensionen der Sexualität, Gießen 2010, 71–90, hier: 77.

4 Überfällige Revision

Den sinnlichen Genuss der Sexualität grundsätzlich zu verdächtigen und ihn als Übel oder gar Schuld zu bewerten, darin liegt die historische Bürde der christlichen Sexualmoral.[48] Anthropologisch betrachtet, unterbietet die Bewertung der Sexualität von einem biologischen Zweck her die dem Menschen mögliche Kultivierung des Begehrens.

> „Wo Sexualität mit Sinnenfreude, mit Betrachten und Berühren, und eben nicht als ein ‚rein biologischer Vollzug' auftritt, wo Natur und Kultur vielmehr ein Amalgam bilden, hat Sexualität mehr mit einer spielerischen als mit einer ge- und verbrauchenden Aktivität gemein. Jedenfalls scheint der Mensch die Fähigkeit zu besitzen, seine sexuelle Aktivität als Spiel zu erleben und damit sein Gegenüber als Zweck an sich selbst zu behandeln, selbst wenn diese Aktivität im Sinne ihres unmittelbaren ‚biologischen Zwecks' ein zielgerichteter Ablauf sein kann […]."[49]

Wer wegen der sinnlichen Freuden stets beunruhigt ist, dessen Kritik an der modernen Banalisierung und Kommerzialisierung von Sexualität wird ungehört verhallen.

---

[48] Vgl. die deutliche Abgrenzung in *Amoris laetitia* Nr. 152: „Wir dürfen […] die erotische Dimension der Liebe keineswegs als ein geduldetes Übel oder als eine Last verstehen, die zum Wohl der Familie toleriert werden muss, sondern müssen sie als Geschenk Gottes betrachten, das die Begegnung der Eheleute verschönert." (Papst Franziskus, Amoris laetitia [s. Anm. 16], 152.); oder Nr. 142: „Aus gutem Grund reicht eine Liebe ohne Lust und Leidenschaft nicht aus, um die Vereinigung des menschlichen Herzens mit Gott zu symbolisieren." (Ebd. 142.) Dem augustinischen Pessimismus hält die Moraltheologie schon vor dem 20. Jahrhundert entgegen, dass die sexuelle Lust durchaus genossen werden darf, solange dabei der Zweck der Reproduktion nicht ausdrücklich ausgeschlossen wird. Schöpfungstheologisch wird in thomasischer Tradition die sinnliche Freude rehabilitiert: „Der Schöpfer […] hat auch gefügt, dass die Gatten […] Lust und ein leibliches und seelisches Glück empfinden" (Papst Pius XII., Ansprache an den Verband katholischer Hebammen Italiens vom 29.10.1951, in: AAS 43 [1951] 835–854, hier: 851). Jedoch gilt auch: „Für Augustinus darf die Lust nicht bejaht (und erst recht nicht erstrebt) werden, weil ihre Gutheit bestritten wird. Für Thomas von Aquin darf die Lust bejaht, allerdings nicht erstrebt werden, eine inkonsequente Bestimmung, die auf eine bleibende Ambivalenz in der Haltung zur sinnlichen Liebe hindeutet." (Breitsameter, Liebe – Formen und Normen [s. Anm. 29], 182f.)

[49] Breitsameter, Liebe – Formen und Normen (s. Anm. 29), 279.

Was bedeuten diese hier nur knapp skizzierten Entwicklungen für das Verhältnis der katholischen Morallehre gegenüber sich modernisierenden Gesellschaften? In seiner Frankfurter Friedenspreisrede hat Jürgen Habermas vor zwei Jahrzehnten von einer notwendigen „reflexiven Arbeit“[50] des religiösen Bewusstseins gesprochen, damit es sich in der modernen Gesellschaft nicht destruktiv meint behaupten zu sollen. Im Falle der katholischen Sexual- und Ehemoral richtet sich diese Destruktivität zunehmend gegen die eigene Glaubwürdigkeit. Die Hoffnung, das Zweite Vatikanische Konzil würde zu einer Erneuerung der Sexual- und Ehemoral führen, hat sich noch immer nicht erfüllt. Auf der Ebene der Normenfeststellung blieb zunächst alles beim Alten. Zwar fand die Semantik der Liebe Einzug in die kirchlichen Dokumente, aber das galt nach wie vor nur für die Liebe zwischen Mann und Frau in der Ehe. Eine Revision der kirchlichen Sexualmoral ist überfällig, weil die tradierten Verbote nicht plausibel aus dem Liebesgebot abgeleitet werden können.[51] Heute leben die meisten Katholikinnen und Katholiken, zumindest in dem Bereich, den man den Westen nennt, wie selbstverständlich in den Spielräumen verantwortlicher Gewissensentscheidungen. Die reflexive theologische Arbeit an der Überwindung eines sexualethischen Anti-Modernismus – mit Rahner könnte man auch sagen: die Arbeit an der Überwindung schlechter Argumente – haben in der Kirche diejenigen mit zu vollziehen, die die Verantwortung für die Lehrverkündigung für sich beanspruchen, d. h. die Bischöfe. Der offene Dissens gegenüber der römischen Weigerung, gleichgeschlechtliche Liebesbeziehungen zu würdigen, zeigt, dass sich auch im Episkopat die eigene Einsicht gegenüber Gehorsamserwartungen zu behaupten wagt.[52] Und erst dann kann der Katholizismus wieder jene intellektuelle Gültigkeit für sich beanspruchen, von der anfangs die Rede war und die inzwischen so lange vermisst wird.

---

[50] J. Habermas, Glauben und Wissen, Frankfurt a. M. 2001, 14.

[51] Vgl. grundlegend E. Schockenhoff, Die Kunst zu lieben. Unterwegs zu einer neuen Sexualethik, Freiburg i. Br. 2021.

[52] Vgl. C. Pongratz-Lippitt, Cardinal Schönborn says Church cannot refuse blessing for gay couples, in: La Croix International, 25.03.21, in: https://international.la-croix.com/news/religion/cardinal-schnborn-says-church-cannot-refuse-blessing-for-gay-couples/14030 (Zugriff: 15.4.2021). Vgl. dazu S. Krumbiegel, Dissens in Fragen der Morallehre. Zur US-amerikanischen Debatte um die Legitimität von theologischem Dissens [Diss. masch.], Mainz 2021.

Jugend und Kirche

Eine kritische Relecture des Synodenbeschlusses zur Jugend mit Blick auf das Verhältnis von Kirche und Jugend heute

Judith Könemann

„Nichts fordert so viel Treue wie lebendiger Wandel."[1] Mit diesem Zitat aus dem theologischen Grundlagenbeschluss der Würzburger Synode (1971–1975) „Unsere Hoffnung" ist in gewisser Weise die Kernaussage des hier vorliegenden Beitrags überschrieben. Am Beispiel des Beschlusses zur kirchlichen Jugendarbeit[2] soll deutlich gemacht werden, inwiefern die Synode bei allen gesellschaftlichen wie kirchlichen Wandlungsprozessen auch für die gegenwärtige Jugendarbeit der Kirche und damit auch für das Verhältnis von Kirche und Jugend ein gewinnbringendes Potential für beide Seiten, für junge Menschen und die Kirche, zur Verfügung stellt. Von daher fällt die hier vorzunehmende „kritische" Relecture eher „würdigend" denn kritisch aus, berücksichtigt aber die gesellschaftlichen und kirchlichen Wandlungs- und Veränderungsprozesse.

Der Beschluss zur kirchlichen Jugendarbeit der Würzburger Synode gehört neben dem grundlegenden Dokument „Unsere Hoffnung", dem Beschluss „Der Religionsunterricht in der Schule"[3] und dem Beschluss „Die pastoralen Dienste in der Gemeinde"[4] zu den

---

[1] Vgl. Unsere Hoffnung. Ein Bekenntnis zum Glauben in dieser Zeit, in: Gemeinsame Synode der Bistümer in der Bundesrepublik Deutschland. Beschlüsse der Vollversammlung. Offizielle Gesamtausgabe I, Freiburg i. Br. 1976, 71–111, hier: 85.

[2] Vgl. Ziele und Aufgaben kirchlicher Jugendarbeit, in: Gemeinsame Synode der Bistümer in der Bundesrepublik Deutschland. Beschlüsse der Vollversammlung. Offizielle Gesamtausgabe I, Freiburg i. Br. 1976, 277–311.

[3] Vgl. Der Religionsunterricht in der Schule, in: Gemeinsame Synode der Bistümer in der Bundesrepublik Deutschland. Beschlüsse der Vollversammlung. Offizielle Gesamtausgabe I, Freiburg i. Br. 1976, 113–152.

[4] Vgl. Die pastoralen Dienste in der Gemeinde, in: Gemeinsame Synode der Bistümer in der Bundesrepublik Deutschland. Beschlüsse der Vollversammlung. Offizielle Gesamtausgabe I, Freiburg i. Br. 1976, 581–636.

Beschlüssen, die innerkirchlich am meisten Bedeutung erlangt haben. Kirchliche Jugendarbeit war in den vergangenen Jahrzehnten selten Gegenstand lehramtlicher Auseinandersetzung, so existieren neben dem Beschluss bis heute nur die „Leitlinien zur Jugendpastoral" aus dem Jahr 1991 als lehramtliche Dokumente.[5] Im Folgenden soll gezeigt werden, dass dem Beschluss zur kirchlichen Jugendarbeit bei allen gesellschaftlichen und kirchlichen Veränderungen, die sich seither vollzogen haben, dennoch eine bleibende Bedeutung zukommt. Dazu wird in einem ersten Schritt auf den Beschluss selbst, seine zentralen Begrifflichkeiten und die ihm zugrundeliegenden pädagogischen Theorieansätze eingegangen, und er wird in den zeitgeschichtlichen Kontext eingeordnet. In einem zweiten Teil wird der Frage nachgegangen, welchen Beitrag kirchliche Jugendarbeit – auf dem Hintergrund gesellschaftlicher wie kirchlicher Bedingungen – auch heute für die Entwicklung junger Menschen zur Verfügung stellen kann.

1 Die zentralen Begriffe und Charakteristika des Beschlusses und seine Hintergründe[6]

Die katholische Jugendarbeit stellt seit ihrem Aufkommen in der zweiten Hälfte des 19. Jahrhunderts einen – der Zeit entsprechend vornehmlich in Verbänden organisierten – Ort dar, an dem sich junge Menschen weitgehend selbstorganisiert und mittels partizipativer Strukturen erproben können, an dem sie auf ihre je eigene Weise sich selbst, Welt und Wirklichkeit erschließen, und sich mit Fragen des Glaubens und ihrer Haltung zum (christlichen) Glauben und zur Kirche auseinandersetzen. Carl Mosterts (1874–1926) vor dem Zweiten Weltkrieg und Ludwig Wolker (1887–1955) mit seinem Wirken vor allem nach dem Zweiten Weltkrieg werden heute als die Nestoren kirchlicher Jugendarbeit angesehen und haben ent-

---

[5] Vgl. Sekretariat der Deutschen Bischofskonferenz (Hg.), Leitlinien zur Jugendpastoral (DtBis Pastoral-Kommission 10), Bonn 1991.

[6] Dieser Teil greift zurück auf Ausführungen in J. Könemann, Sozialformen der kirchlichen Jugendarbeit im Wandel: Von der reflektierten Gruppe zum Projekt?, in: A. Kaupp, P. Höring (Hg.), Handbuch Kirchliche Jugendarbeit, Freiburg i. Br. 2019, 460–472.

scheidende Impulse für dieselbe gesetzt. Kirchliche Jugendarbeit ist nach der familiären (nach wie vor vor allem durch die Mutter bzw. seit geraumer Zeit auch durch Großmütter geleisteten) religiösen Sozialisation bis heute der zweite Lernort mit hoher Bedeutung für die genannte Tradierung des Glaubens. In ihren unterschiedlichen Organisationsstrukturen ist sie ein zentraler Ort religiöser Sozialisation und Bildung, so eine solche denn noch stattfindet.

Ein genuines und über Jahrzehnte hinweg bis heute im wahrsten Sinne klassisches Charakteristikum von (kirchlicher) Jugendarbeit, sei sie verbandlich oder offen organisiert, war und ist, dass sie in Gruppen organisiert ist. Die Gruppe als Freizeit- und Bildungsort, die Gruppe, in der sich „peers" zusammenschließen und organisieren, ist so sehr zum Charakteristikum geworden, dass Karl Seidelmann (1899–1979) seiner geschichtlichen Dokumentation über die Gruppe 1971 den Titel „Gruppe – soziale Grundform der Jugend"[7] gab. Jugendarbeit ist ohne Gruppe nicht zu denken, oder anders formuliert, die Gruppe ist nicht einfach nur der Zusammenschluss mehrerer Personen zum Zwecke des Lernens oder der Freizeitgestaltung; sie ist in diesem Sinne nicht einfach nur eine deskriptive Kategorie, sondern sie ist viel mehr und vor allem eine normative Kategorie. Die (Jugend-)Gruppe ist Gemeinschaft, ist Lernort, sie ist ein eigener Mikrokosmos und nicht zuletzt wird ihr theologische Qualität zugemessen. Damit ist ein erstes entscheidendes pädagogisches Moment benannt, das dem Beschluss zur kirchlichen Jugendarbeit zugrunde liegt.

Mit dieser Qualifizierung wird auch dem Phänomen „Gruppe" als sozialpsychologische Entdeckung der Moderne zu Beginn des 20. Jahrhunderts Rechnung getragen, das sich in Deutschland spätestens in der zweiten Hälfte des 20. Jahrhunderts in gruppenpädagogischen und gruppendynamischen Ansätzen niederschlug. Dieses Phänomen beschrieb Friedhelm Neidhardt 1979 folgendermaßen:

> „Sicher gab es Gruppen in einem lockeren Sinn zu allen Zeiten, wahrscheinlich aber jeweils stark eingebunden und sozial beherrscht von relativ diffusen institutionellen Komplexen, also ohne rechte Chance, gleichsam zu sich selbst zu kommen. Erst

---

[7] K. Seidelmann, Gruppe – soziale Grundform der Jugend. Teil 1 – Darstellung. Teil 2 – Quellen und Dokumente, Hannover 1970/1971.

> die Spezialisierung und der damit verbundene Rückzug dieser institutionellen Komplexe, z. B. von Verwandtschaft, Gemeinde, Kirche, gab den Boden frei für die Ausdifferenzierung eines allgemeineren Typus von Gruppe, und zwar innerhalb wie außerhalb der Institutionen."[8]

Neidhardt bestimmt hier die Gruppe als nicht mehr durch äußere *Strukturen* und Institutionen wie z. B. Verwandtschaft oder Kirche vorgegeben, sondern als frei gewählten Zusammenschluss von Menschen. Gerade dieser freiwillige Zusammenschluss ist die Bedingung, dass die Gruppe „zu sich", zu ihrer „eigentlichen Bestimmung" kommen kann. Den deutlichsten Niederschlag findet diese normative Idee im Konzept der „reflektierten Gruppe"[9], einem der drei zentralen Stichworte des Jugendbeschlusses.

Die „reflektierte Gruppe" des Synodenbeschlusses entspricht nun sozusagen dieser von Neidhardt beschriebenen Gruppe. Die Entsprechung liegt zum einen darin, dass es sich hier vor allem um freiwillig gewählte Gruppen handelt und nicht um Gruppen, die durch von außen vorgegebene Kriterien bestimmt sind, wie dies z. B. bei einem Arbeitsteam in einem Betrieb oder bei der Gruppe der Verwandtschaft, in die man hineingeboren wird, der Fall ist. Zum anderen ist mit dem „zu sich selbst kommen" der Gruppe gemeint, dass sich in dieser Form der freiwillig gewählten Gruppe der eigentliche Charakter und das Potential der Gruppe entfalten kann. Insofern ist eine Gruppe immer mehr als *nur* der Zusammenschluss mehrerer Menschen zur Verfolgung eines Zieles. Wie ist nun aber das Konzept der „reflektierten Gruppe", wie es der Jugendbeschluss formulierte, genauer zu verstehen und welche Konzepte stehen im Hintergrund? Insbesondere lassen sich hier zwei Ansätze ausmachen, das Konzept der Gruppenpädagogik auf der einen und das der Gruppendynamik auf der anderen Seite.

Bereits die bündischen Gruppen zu Beginn des 20. Jahrhunderts bildeten bestimmte Merkmale der Kleingruppe aus, wie sie in der Sozialpsychologie charakteristisch für Gruppen sind: eine bestimmte Gruppengröße zwischen drei und maximal fünfundzwanzig Mitglie-

---

[8] F. Neidhardt, Das innere System sozialer Gruppen, in: KZfSS 31 (1979) 638–660, hier: 640.

[9] Vgl. Ziele und Aufgaben kirchlicher Jugendarbeit (s. Anm. 2), 300f.

dern, ein Anlass bzw. ein Ziel der Gruppe, bestimmte (Mitgliedschafts-)Regeln, die Ausbildung von Normen sowie eines eigenen Sinn- und Symbolsystems, z. B. bestimmte für die Identität der Gruppe wichtige und diese prägende Lieder oder Rituale.[10] Spätestens in der jungen Bundesrepublik wurde die Jugendarbeit mit einem expliziten politischen Moment (und Auftrag) versehen, indem ihr eine hohe Bedeutung für die (Ausbildung der) Demokratiefähigkeit gerade bei der Jugend beigemessen wurde, ein Grund, warum Jugendarbeit, ob staatliche oder kirchliche, mit öffentlichen Mitteln gefördert wurde. Das Konzept der Gruppenpädagogik, gespeist aus der Tradition der Reformpädagogik und Konzepten der Sozialarbeit (social group work) in den USA, betrachtet die Gruppe als Ort sozialen und politischen Lernens, an dem die Jugendlichen an dem Programm, das sie sich selbst für ihre Arbeit geben, maßgeblich beteiligt sind bzw. dieses selbstbestimmt festlegen. Allerdings barg der Ansatz der Gruppenpädagogik die Tendenz in sich, Gruppe und Jugendarbeit immer stärker zu pädagogisieren, sie pädagogisch zu überfrachten und damit von der ihr charakteristischen Selbstbestimmung wegzuführen.[11] Demgegenüber zielt der Ansatz der Gruppendynamik auf eine anders gelagerte pädagogische Ausrichtung. Für den Sozialpsychologen Kurt Lewin (1890–1947), auf den der Ansatz der Gruppendynamik zurückgeht, ist die Gruppe ein Lernort ihrer

---

[10] Vgl. dazu näher den instruktiven Aufsatz von B. Schäfers, Gruppenbildung als Reflex auf gesamtgesellschaftliche Entwicklungen am Beispiel der deutschen Jugendbewegung, in: F. Neidhardt, Gruppensoziologie. Perspektiven und Materialien (KZfSS Sonderheft 25), Opladen 1983, 106–125; vgl. auch zu den Charakteristika der sozialpsychologischen Kleingruppe: O. König, K. Schattenhofer, Einführung in die Gruppendynamik, Heidelberg ^{2}2007, 15–22; ausführlicher: K. Schattenhofer, Was ist eine Gruppe? Verschiedene Sichtweisen und Unterscheidungen, in: C. Edding, K. Schattenhofer (Hg.), Handbuch. Alles über Gruppen. Theorie, Anwendung, Praxis, Weinheim 2009, 16–46.

[11] Dass dieser Ansatz der Gruppenpädagogik mehr und mehr pädagogisiert wurde und sich damit von seiner ursprünglichen Intention wegbewegte, kritisiert Hermann Steinkamp – vgl. dazu H. Steinkamp, Gruppe, in: M. Affolderbach, ders. (Hg.), Kirchliche Jugendarbeit in Grundbegriffen. Stichworte zu einer ökumenischen Bilanz, Düsseldorf 1985, 99–110, hier: 101f. Gleichwohl verdankt die Jugend(verbands)arbeit der Gruppenpädagogik auch eine deutliche Professionalisierung. Ausbildungen für (Jugend-)Gruppenleiter (Juleica-Kurse), gruppenpädagogische Fortbildungen, Methodenschulungen etc. gehören so bis heute zum Kernbestand (kirchlicher) Jugendarbeit.

Mitglieder über sich selbst. In seinem Verständnis ist Gruppe zugleich Subjekt und Objekt ihres Erkennens.[12] Für Lewin, der als Jude in die USA emigrieren musste, stand die Frage einer gesunden und reflektierten Persönlichkeitsentwicklung, die in der Lage ist, Ereignissen wie dem Nationalsozialismus zu widerstehen, im Mittelpunkt und er verstand Gruppen als Orte einer solchen Persönlichkeitsentwicklung. Ganz ähnlich verstand auch Ruth Cohn (1912–2010), ebenfalls in die USA emigrierte Jüdin, die Gruppe und entwickelte daraus den Ansatz der Themenzentrierten Interaktion (TZI).[13] Im Zuge der Entfaltung einer Humanistischen Psychologie, vor allem verbunden mit dem Namen Carl Rogers (1902–1987) und ihren spezifischen *Encountergruppen* und *Sensitivity Trainings* als Lernorten der Persönlichkeitsentwicklung, gelangte der Ansatz der Gruppendynamik zu Beginn der 1960er Jahre nach Deutschland und fand gerade in kirchlichen Kreisen und innerhalb der Praktischen Theologie eine große Resonanz.[14]

Die Idee der „reflektierten Gruppe", wie sie im Synodendokument entfaltet wird, greift vor allem auf den gruppendynamischen Ansatz und seine politischen Implikationen zurück, womit „ein neues Verständnis, eine neue Funktion und ein neuer methodischer Stellenwert der Gruppe im Kontext kirchlicher Jugendarbeit angezeigt werden sollte."[15] Neben der „reflektierten Gruppe" setzt der Synodenbeschluss auf den Begriff und das dahinterliegende Konzept der „peergroup", die Gruppe der Gleichaltrigen[16] als zweites entscheidendes Theorem des Beschlusses und greift damit einen wichtigen Begriff der damaligen erziehungswissenschaftlichen Diskussion auf, der so auch im kirchlich-theologischen Kontext seinen festen Platz erhält. Der Gruppe der „peers" wird damit in der kirchlichen Jugendarbeit

[12] Vgl. K. Lewin, A Dynamic Theory of Personality, New York 1935; ders., Feldtheorie in den Sozialwissenschaften. Ausgewählte theoretische Schriften. Aus dem Amerikanischen von A. Lang und W. Lohr. Mit einem Vorwort von D. Frey, Bern 2012 [amerikanische Originalausgabe: New York 1951]; vgl. ferner Steinkamp, Gruppe (s. Anm. 11), 102.

[13] Vgl. R. C. Cohn, Von der Psychoanalyse zur themenzentrierten Interaktion, Stuttgart 1975.

[14] Vgl. K. W. Dahm, H. Stenger (Hg.), Gruppendynamik in der kirchlichen Praxis. Erfahrungsberichte, München – Mainz 1974.

[15] Steinkamp, Gruppe (s. Anm. 11), 102.

[16] Vgl. Ziele und Aufgaben kirchlicher Jugendarbeit (s. Anm. 2), 300.

hohe Bedeutung zugemessen, und sie wird zum eigentlichen Ort außerfamiliärer und außerschulischer Sozialisation. In der „Gruppe" finden wesentliche Auseinandersetzungen um Themen, Fragen und Haltungen der Jugendlichen statt, sie wird zu dem Ort, an dem über Glaube gesprochen, um Glauben gerungen und Glaube gelebt wird. Sie wird zum „locus theologicus", und zwar in dem Sinne, dass Theologie und Glaubenspraxis eben gerade nicht angewendet, also appliziert werden, sondern die Gruppe vielmehr zum Bewährungsort und weitergehend zum Entstehungsort von (Theologie und) Glaubenspraxis wird. Der Gruppe der „peers" und den die jungen Menschen beschäftigenden Themen und Auseinandersetzungen kommen damit eine theologische Qualität zu bzw. die Gruppe ist Ort und Ausdruck einer Glaubenspraxis. Diese hohe Bedeutung begründet sich zum einen in der *anthropologischen* Dimension der Gruppe für den Menschen, denn in der Gruppe macht der Mensch wesentliche Grunderfahrungen seines Daseins, sie ist Ort seiner primären wie sekundären Sozialisation. Zum anderen begründet sich die Bedeutung *theologisch* in der koinonia, in der konstitutiven Bedeutung von Gemeinschaft, die ihr im christlichen Glauben zukommt. Die (christliche) Gemeinschaft ist der Ort, an dem wesentliche Erfahrungen von Beziehung gemacht werden und an dem sich schöpferische Fähigkeiten entfalten, die im Horizont des Glaubens gedeutet werden. Folglich werden – so der Synodentext – „Wahrhaftigkeit, Eigenständigkeit [...], Liebe und Solidarität [...] zur Grundlage und zu hohen Werten einer solchen Gruppe"[17]. Die Gruppe wird auch deshalb als „reflektierte Gruppe" bezeichnet, weil ihr spezifisches Kennzeichen darin besteht, dass neben inhaltlichen Themen immer wieder die zwischenmenschlichen Beziehungen der jeweiligen Gruppe und die Prozesse der Gruppe reflektiert und in Beziehung zueinander gesetzt werden. Die Gruppe ist so Subjekt und Objekt der Erkenntnis und des Lernens über sich und andere, sie ist Ort und Medium rationaler und emotionaler Bildung zugleich und wesentliches Instrument für den Reifungsprozess der Jugendlichen.

Neben der „reflektierten Gruppe" und der „peer-group" ist das „personale Angebot"[18] der dritte oder eigentlich – weil er chronologisch an erster Stelle eingeführt wird – der erste entscheidende Be-

---

[17] Ebd.

[18] Vgl. ebd. 298–301; ferner H. Heidenreich, Personales Angebot als Kernkonzept

griff des Synodendokuments. Drei Markierungen sind hier von Bedeutung: Zum einen versteht das Synodendokument zunächst die Kirche „als eine Gemeinschaft von Glaubenden bzw. von Menschen, die sich um den Glauben mühen“[19], selbst als das entscheidende personale Angebot und stellt alle strukturellen Sachangebote wie Jugendheime, Veranstaltungen etc. erst an zweite Stelle. Zum zweiten – und hier erfolgt eine Verbindung von peer-Prinzip und personalem Angebot – wird entschieden daran festgehalten, dass die Gruppenleiter und Gruppenleiterinnen aus dem Kreis der Jugendlichen selbst kommen, also selbst ältere Jugendliche sind. Der dritte und entscheidende Aspekt besteht darin, dass das personale Angebot hier nicht asymmetrisch verstanden wird, also nicht vor allem die Erwachsenen personales Angebot für den Jugendlichen sind, sondern symmetrisch. So heißt es im Beschluss: „Das hauptsächliche Instrument und sozusagen die Grundform des ‚personalen Angebots‘ der kirchlichen Jugendarbeit ist die Gruppe der Gleichaltrigen.“[20] Damit sind nicht nur Erwachsene mit ihrer Erfahrung personales Angebot, sondern vor allem werden sich die „peers“ wechselseitig zum personalen Angebot, auch im Glauben. Darin liegt ein echtes Novum des Jugendbeschlusses. Im Hintergrund steht hier theologisch sowohl der Gedanke der Anwesenheit Gottes, wenn zwei oder drei in seinem Namen versammelt sind (vgl. Mt 18,20), als auch der Gedanke des Aufscheinens Gottes im Antlitz des und der Anderen (vgl. Mt 25,40). Den „Erwachsenen“ kommt die Aufgabe zu, die jugendlichen Gruppenleiter und Gruppenleiterinnen zu begleiten und in ihrer Verantwortung zu schulen.[21] So heißt es:

> „Wer solche Gruppen pädagogisch begleitet (Jugendleiter, Jugendpfarrer, erwachsene Mitarbeiter), sollte die innere Dynamik der Gruppe nicht stoppen, sondern aufmerksam beobachten, wie sich in der Gruppe selbst eine Leitungsstruktur herausbildet, und mit den gruppeneigenen Leitern zusammenarbeiten.“[22]

---

praktisch-theologischen Handelns. Zu seiner Rekonstruktion, Rezeption und Interpretation nach dem Würzburger Synodenbeschluss von 1975, Münster 2004.

[19] Ebd. 298.

[20] Ebd. 300.

[21] Vgl. ebd. 299.

[22] Ebd. 300.

Die Rolle der Erwachsenen respektive Hauptamtlichen ist dementsprechend vor allem die der Begleitung und besteht insbesondere darin, die Fähigkeit zur Reflexion der Gruppe zu unterstützen und die Balance zwischen der inhaltsbezogenen und der gruppenprozess- respektive personenbezogenen Ebene zu halten. Der Beschluss formuliert: „Die ‚reflektierte Gruppe' ist […] der Ort und das Medium von zugleich rationaler und emotionaler Bildung […]"[23]. In dieser wechselseitigen Bestimmung von personalem Angebot und reflektierter Gruppe besteht, so Hermann Steinkamp, der eigentliche und normative, nicht zuletzt auch theologisch qualifizierte Kern des Synodendokuments zur Jugendarbeit.[24]

2 Marksteine und Kontextualisierung

Der Beschluss zur kirchlichen Jugendarbeit zu Beginn der 1970er Jahre präsentiert ein neues Verständnis kirchlicher Jugendarbeit, in dem die gesellschaftliche Ausrichtung sowie das Politische der christlichen Glaubenspraxis, von dem auch das Dokument „Unsere Hoffnung" bestimmt ist, zum Ausdruck kommt.

Ein neues Verständnis ist in folgenden Punkten zu sehen: Zum ersten nimmt der Beschluss – wie auch der Beschluss zum Religionsunterricht – seinen Ausgangspunkt bei der Lebenssituation der jungen Menschen und wählt so einen anthropologischen Ansatz. Allein darin liegt schon eine Abwendung vom instruktionstheoretischen Paradigma. Zum zweiten steht hinter dem Beschluss ein Verständnis von Glauben, dem ein starkes Praxismoment eingeschrieben ist in dem Sinne, dass Glaube weniger inhaltlich an Lehrtraditionen ausgerichtet, sondern radikal als Praxis, als in Praxis gelebter Glaube verstanden wird, eben als eine Glaubenspraxis der „peers" mit- und untereinander. Dies zielt drittens auf die Entwicklung und Ausbildung einer Mündigkeit im Glauben, auf einen reflektierten und selbstverantworteten Glauben. Viertens kann und soll dieser „Bildungsprozess im Glauben" von Älteren, von „nicht-peers" nur begleitet und in der Be-

---

[23] Ebd. 301.

[24] Vgl. H. Steinkamp, Teams und Gruppen in der Diakonischen Jugendarbeit, in: T. Braune-Krickau, S. Ellinger (Hg.), Handbuch Diakonische Jugendarbeit, Neukirchen-Vluyn 2010, 371–388, hier: 374.

gleitung gefördert werden, nicht aber geleitet und instruktiv hergestellt werden. Und schließlich fünftens kann die Jugendarbeit der Kirche oder können die Gruppen, in denen die Jugendarbeit der Kirche stattfindet, zum „locus theologicus“ werden. Damit werden sie zu einem Ort, in den Theologie und Glaube nicht nur von außen hineingetragen werden, sondern an dem das Christliche im Lebenshorizont junger Menschen sich zu bewähren und zu überzeugen hat, und schließlich zu einem Ort, an dem auch Theologie und Glauben im Miteinander der jungen Menschen entstehen können und entstehen. Hermann Steinkamp hat die Gruppen der Jugendarbeit nicht von ungefähr als Orte von „Gemeinde“ qualifiziert, ganz im Sinne des „wo zwei oder drei in meinem Namen versammelt sind“ (Mt 18,20).

Der Beschluss stieß zudem eine Weiterentwicklung kirchlicher Jugendarbeit in Richtung des oben genannten politischen Bewusstseins an, das in der Folge zu einem Selbstverständnis kirchlicher Jugendarbeit führte, als kirchliche zugleich politische Akteurin zu sein. Zwar ging es sowohl Carl Mosterts als auch Ludwig Wolker um Beteiligung, um die Partizipation junger Menschen in und an der Kirche, allerdings blieb diese doch noch streng der Führung durch einen Geistlichen untergeordnet und diente gerade in den 1950er Jahren auch dem Programm zur Re-Christianisierung der bundesdeutschen Bevölkerung.[25]

Das politische Bewusstsein zeigt sich im Jugendbeschluss, wenn kirchliche Jugendarbeit als „Dienst an den jungen Menschen“, als „Dienst an der Gesellschaft“ und als „gesellschaftliche Diakonie“ verstanden wird:

> „Jugendarbeit ist […] Dienst der Kirche an der Jugend überhaupt und Dienst an der Jugend der Kirche. Sie ist immer zugleich ein Dienst am einzelnen jungen Menschen und ein Dienst an der Gesellschaft. […] So sollte die Kirche ihre Jugendarbeit auch als ‚gesellschaftliche Diakonie‘ verstehen, d. h., ihre Jugendarbeit sollte […] Dienst sowohl an der Jugend als auch Dienst an der Gesellschaft sein.“[26]

---

[25] Vgl. M. Lechner, Pastoraltheologie der Jugend. Geschichtliche, theologische und kairologische Bestimmung der Jugendpastoral einer evangelisierenden Kirche, München 1992, 115–127.

[26] Vgl. Ziele und Aufgaben kirchlicher Jugendarbeit (s. Anm. 2), 290.

Drei Momente bewirkten diese Entwicklung: Die gesellschaftlich-kulturelle Revolution der „68er“, das Zweite Vatikanische Konzil (1962–1965) mit der nachfolgenden Aufbruchstimmung und schließlich die Entscheidung der katholischen Kirche, die Demokratie als Staatsform ohne Einschränkungen zu unterstützen, nachdem das Re-Christianisierungsprogramm und das Konzept missionarischer Seelsorge gescheitert waren.[27] Alle drei Momente führten zu einem – auch seitens der kirchlichen Leitung gewollten – politischen Bewusstsein Jugendlicher und kirchlicher Jugendarbeit und dem Ziel kirchlicher wie gesellschaftlicher Mitgestaltung aus einer christlichen Haltung heraus.[28] Der 1947 gegründete Bund der Deutschen Katholischen Jugend (BDKJ) als Dachorganisation kirchlicher Jugendarbeit hat diese beiden Anliegen, das politische Bewusstsein sowie die gesellschaftliche Mitgestaltung, aufgenommen. Der BDKJ versteht sich seitdem als „Dialogpartner mit der Kirche und mit der Gesellschaft“[29], der bereit ist, den Prozess der „Umwandlung von einer monologischen zu einer dialogischen Kirche“[30] mitzutragen. Glaubenspraxis und politische Mitgestaltung in Kirche und Gesellschaft verbinden sich für den BDKJ. So heißt es in der damals neuen Bundesordnung von 1971:

> „Der BDKJ will die Selbstverwirklichung junger Menschen und eine menschenwürdigere Gesellschaft auf der Grundlage der Botschaft Christi in Mitverantwortung für die Gemeinschaft des Volkes Gottes in Einheit mit der Gesamtkirche und in Übereinstimmung mit den Grundrechten anstreben. Darum will er zur ständigen Werteorientierung und Standortüberprüfung junger Menschen und ihrer Gruppierungen beitragen und deren Mitwirkung bei der je spezifischen Entwicklung von Kirche, Gesellschaft und internationalen Beziehungen fördern und betreiben.“[31]

---

[27] Vgl. Lechner, Pastoraltheologie der Jugend (s. Anm. 25), 117–124.

[28] Vgl. ebd. 150–159.

[29] BDKJ-Bund der Deutschen Katholischen Jugend, Kritik und Engagement, in: BDKJ Informationsdienst 19 (1970) Nr. 5, 32.

[30] Ebd.

[31] BDKJ Bundesordnung 1971 (zugänglich über: BDKJ Archiv des Jugendhauses Düsseldorf e. V., Bundeszentrale für katholische Jugendarbeit 02/029-001).

Zu Beginn der 1970er Jahre verstand sich kirchliche Jugendarbeit im Selbstverständnis ihrer Dachorganisation als eine aus der christlichen Haltung heraus politische und partizipative Kraft, die sowohl nach innen in die Kirchen als auch nach außen auf die Gesellschaft ausgerichtet ist. Die Politische Theologie von Johann Baptist Metz (1928–2019)[32], die dem Grundlagenbeschluss „Unsere Hoffnung" als theologisches Programm zugrunde lag, erfuhr im Beschluss zur kirchlichen Jugendarbeit eine praktisch-theologische Wendung.

Allerdings führte dieses Selbstverständnis kirchlicher Jugendarbeit innerkirchlich bis weit in die 1980er Jahre zu scharfen Konflikten zwischen dem BDKJ und den Bischöfen, die immer wieder um das „politische Moment" kirchlicher Jugendarbeit kreisten. Das politische Bewusstsein kirchlicher Jugend, das seitens der kirchlichen Leitung in den 1950er und in den ersten 1960er Jahren explizit gefördert wurde, wurde ab den 1970er Jahren der Politisierung kirchlicher Jugendarbeit geziehen und als solche zurückgewiesen.

Was lässt sich nun aus dem Beschluss und der Entwicklung für die gegenwärtige kirchliche Jugendarbeit und für das Verhältnis von Kirche und Jugend heute gewinnen?

3 Kirchliche Jugendarbeit als Befähigung

Betrachtet man die gesellschaftliche Außenperspektive auf die Kirche, so wird die katholische Kirche mit zwei Dingen positiv in Verbindung gebracht wird: Sie wird immer wieder für ihr gesellschaftliches Engagement im Wohlfahrtsstaat gelobt und für ihre kirchliche Jugendarbeit. Letzteres ist angesichts der vielen Missbrauchsfälle kritisch zu hinterfragen und genauer zu beleuchten, dennoch haben ganze Generationen von jungen Menschen im 20. Jahrhundert von ihrer Teilnahme und ihrem Engagement als Gruppenleiter(in), etwa bei den jährlich stattfindenden (Zelt-)Lagern und bei vielen anderen Aktivitäten der kirchlichen Jugendarbeit profitiert. Der kirchlichen Jugend(verbands)arbeit gelang und gelingt es bis heute, Jugendarbeit als Freizeit und Jugendarbeit als Bildungsprozess miteinander

[32] J. B. Metz, Glaube in Geschichte und Gesellschaft. Studien zu einer praktischen Fundamentaltheologie, Mainz 1977.

zu verbinden und damit viele informelle und non-formale Lern- und Bildungsprozesse zu initiieren.

Der Jugendbeschluss der Würzburger Synode formuliert implizit wie explizit ein anthropologisches Verständnis junger Menschen, das diese als Subjekte ihres Lebens und Glaubens ausweist, die in der Lage sind, sich mit ihrem Glauben, ihrem Verständnis von Glauben, ihren Zweifeln, ihren Irritationen und vielleicht auch ihrem Unglauben auseinanderzusetzen, und die so – ganz im Sinne der Jugendtheologie[33] – selber Theologie im besten Sinne einer Alltagstheologie treiben. Darüber hinaus misst der Beschluss dem Miteinander der Jugendlichen und ihren entstehenden und wachsenden Beziehungen wie auch allen damit verbundenen Konflikten eine eigene theologische Qualität zu. In beidem sind Erwachsene/Hauptamtliche höchstens Begleiter(innen), nicht aber diejenigen, die von außen den Weg vorgeben. Mit beiden Momenten formuliert der Beschluss zugleich ein großes Zutrauen zu den jungen Menschen, ein Vertrauen in deren eigene Wege und darauf, dass diese schon gut sein werden. Wesentliche Grundform dieser Jugendarbeit ist die Gruppe, die dieses mit ihren drei im Beschluss ausgeführten Prinzipien des personalen Angebots, der Bedeutung der „peer-group" und der reflektierten Gruppe befördert.

Einen wesentlichen Unterschied zur Entstehungszeit des Beschlusses gerade in religiöser Hinsicht stellen die sich seitdem beschleunigenden gesellschaftlichen Veränderungsprozesse und ihre Auswirkungen auf die Kirchen und das kirchliche Handeln dar. Die Jugendarbeit in den 1970er und auch noch 1980er Jahren musste kaum materiale Gehalte des Christlichen und keine Glaubenspraxis in die Praxis der Jugendarbeit einspielen, denn die Jugendarbeit als solche und diejenigen, die an ihr teilnahmen, waren selbstverständlich in eine religiöse Sozialisation und eine Struktur regelmäßiger Glaubenspraxis eingebunden. Das hat sich mit zunehmenden Säkularisierungsprozessen radikal verändert; regelmäßige religiöse Praxis und religiöses Wissen können nicht mehr durchgängig vorausgesetzt werden. Darüber hinaus ist eine geringer werdende Bereitschaft zu langfristigem und verbindlichem Engagement auch in Verbänden zu verzeichnen, was seinen Ausdruck in der so genannten *Krise der Verbände* findet.

---

[33] Vgl. exemplarisch A. Reiß, Jugendtheologie (Januar 2015), in: https://doi.org/10.23768/wirelex.Jugendtheologie.100022 (Zugriff: 10.10.2020).

Verändert haben sich auch die Formen der Jugendarbeit: Die Modernisierungsprozesse führen dazu, dass viel mehr offene Formen von Jugendarbeit und ein stärkerer Eventcharakter gefragt sind. Ferner werden in Reaktion auf die wegbrechende Sozialisation und Glaubenspraxis auch mehr explizit religiös-spirituelle Angebote gemacht, die vielfach vor allem die affektive Seite des Religiösen betonen. Patrick C. Höring machte jüngst den Vorschlag, die klassische verbandliche und offene Jugendarbeit von katechetischen und kerygmatischen Ansprüchen zu entlasten und als einen Teil von Jugendpastoral zu betrachten.[34] Er will deutlich machen, dass damit auch eine auf den ersten Blick nicht explizit religiös, im Sinne von kerygmatisch oder katechetisch erscheinende Jugendarbeit, ob offen oder in Verbänden vollzogen, dennoch als kirchliche Praxis und als Teil von Pastoral und nicht als deren „Vorfeld“ oder Vorfeldarbeit zu betrachten ist.[35] Damit verteidigt Höring diese Jugendarbeit gegenüber der Kritik von kirchlicher Seite, dass Jugendarbeit nicht genügend explizit religiös sei. So nachvollziehbar das Anliegen Hörings ist, so wenig scheint eine Differenzierung von explizit religiöser und kerygmatisch entlasteter Jugendarbeit hilfreich zu sein. Zudem liegt sie nicht auf der Linie des Verständnisses von Religiosität, das im Jugendbeschluss vertreten wird. Denn der Jugendbeschluss folgt ja einem, wenn auch nicht explizit so formulierten Theologie- und Religiositätsverständnis, das gerade nicht an Kerygma oder katechetische Unterweisung gebunden ist, gerade nicht durch von außen hineingebrachte materiale Gehalte gespeist wird, sondern vielmehr das Tun der jungen Menschen miteinander selbst und ihre Beziehungen zueinander religiös qualifiziert. Dann aber ist auch die verbandliche und offene kirchliche Jugendarbeit keine „Vorfeld“-Arbeit, sondern genuin religiös qualifizierte Jugendarbeit wie auch Katechese oder kerygmatisch angelegte Veranstaltungen, wenn auch die Religiosität nicht so explizit in den Vordergrund tritt. Wenn es um das Verhältnis von Kirche und Jugend heute geht, dann liegt m. E. in den durch die Jugendarbeit zur Verfügung gestellten Bildungsprozessen und deren religiöser Grundierung ein Ansatzpunkt kirchlichen Handelns.

---

34 P. C. Höring, Begriffliche Präzisierung: Jugendseelsorge – Jugendarbeit – Jugendpastoral, in: A. Kaupp, P. C. Höring (Hg.), Handbuch Kirchliche Jugendarbeit. Für Studium und Praxis, Freiburg i. Br. 2019, 18–23, hier: 19f.

35 Vgl. ebd. 20f.

Kirchliche Jugendarbeit ist Ort der Freizeitgestaltung und der non-formalen Bildung zugleich. Die Prinzipien Freiwilligkeit, Selbstbestimmung über Inhalte und Gehalte sowie „peer-group" kennzeichnen diese Lern- und Bildungsprozesse auch als (selbst-) entdeckendes Lernen. In anderer Weise als im formalen Bildungsprozess der Schule stehen hier Prozesse der sozialen, religiösen, politischen, kognitiven und emotionalen Bildung im Vordergrund und damit ein Lernen für die Persönlichkeit und ihre Entwicklung.[36]

Auf der Ebene der Person ermöglicht die kirchliche Jugendarbeit mittels der „peer-group" die soziale Erfahrung von Beziehung und Verantwortung in Beziehung über die Kernfamilie hinaus unter Gleichaltrigen und Freunden. In Gruppen organisiert lernen Kinder und Jugendliche zudem etwas über soziale Beziehungen und Beziehungen in Gruppen jenseits der familiären Gruppe; sie können lernen, sich in Gruppen zu bewegen, ihren Platz einzunehmen, ihre eigene Rolle zu finden. Ferner lernen sie mit Spannungen, unterschiedlichen Meinungen, mit Konkurrenz und Konflikten umzugehen, können zwischen Konfliktgegenstand und Konfliktgegnerinnen bzw. -partnern unterscheiden lernen. Gerade die verbandliche kirchliche Jugendarbeit zeigt deutlich, wie sehr Jugendarbeit aus einer zutiefst religiösen Haltung immer auch Ort der (Selbst-)Bildung für Jugendliche ist – im Falle z. B. der Christlichen Arbeiterjugend (CAJ) gerade auch für nicht-privilegierte Jugendliche. Jugendarbeit ist ein Ort, eigene Interessen zu entdecken und Erfahrungen von Solidarität zu machen. Sie ist also auch Ort der (politischen) Bewusstseinsbildung aus einem christlichen Horizont heraus. Insofern die Lern- und Bildungsprozesse der Jugendarbeit in hohem Maße diskursiv gestaltet sind, weisen sie in dieser diskursiven Anlage demokratische Momente auf und dienen sie selbst der Einübung demokratischer Verfahren, sind sie also Orte der Demokratiebildung. Die Jugendverbandsarbeit ermöglicht somit nicht nur inhaltliche, sondern auch strukturelle Partizipation und bietet dadurch eine Einführung in politische Verfahrensprozesse. Damit befähigt sie nicht nur zur Mitbestimmung und Mitgestaltung, sondern stellt auch eine

[36] Vgl. dazu auch J. Könemann, Katholische Jugend(verbands)arbeit – ein Bildungsort mit Möglichkeiten, in: C. P. Sajak, M. Langer (Hg.), Kirche ohne Jugend. Ist die Glaubensweitergabe am Ende?, Freiburg i. Br. 2018, 165–175, hier: 167f.

Grundlage für die Bereitschaft dar, sich in der Zivilgesellschaft zu engagieren und Verantwortung zu übernehmen. Anders gesagt: Kirchliche Jugendarbeit ist für junge Menschen ein Lern- und Erprobungsfeld der politischen Bildung.[37]

Kirchliche Jugendarbeit ist ein Ort, an dem in einem kirchlichen Handlungsfeld und im Rahmen eines religiös fundierten Horizonts wesentliche Kompetenzen für eine gelingende Lebensführung und für gesellschaftliches Handeln gelernt werden, letztlich ist sie ein Ort, soziales Handeln, Verantwortung, Hilfsbereitschaft, also Sozialität zu lernen und einzuüben. Damit ist kirchliche Jugendarbeit wesentlicher Ort politischen Handelns aus einer religiösen Haltung heraus in der (zivil-)gesellschaftlichen Öffentlichkeit. Die Religiosität kommt dabei nicht explizit zum Tragen, sie ist vielmehr der motivationale und der das Handeln begründende Horizont. Das Engagement und die Sozialität vieler junger Menschen auch als Erwachsene gründet so in einer religiösen Rückbindung, die vielleicht nicht immer durch eine regelmäßige kirchliche Praxis begleitet wird, aber auf den materialen Grundhaltungen des Christlichen fußt und sich im Tathandeln, in der Orthopraxie aktualisiert.[38] Dieses Handeln ist – um es im Verständnis von Hannah Arendt (1906–1975) zu formulieren – nicht einfach ein Herstellen, sondern ein schöpferisches Handeln, das auch mit „Etwas-Neues-Schaffen“, mit „Einen-Anfang-Machen“ verbunden ist.[39]

Kirchliche Jugendarbeit – auch wenn sie auf den ersten Blick nicht religiös erscheint – liegt mit dieser Bestimmung gerade nicht im so genannten „Vorfeld“, sondern sie wird mit ihren Lern- und Bildungsprozessen selbst zu einem Bewährungs- und Entstehungsort des Christlichen. So ist das Religiöse der Jugendarbeit genuin in die Motivation und Begründung ihres Handelns und in das, was daraus

---

[37] Vgl. ebd. 168f.

[38] Vgl. J. Könemann, Das Katholische an der katholischen Schule. Überlegungen zu einer anderen Art der Bestimmung des Propriums, in: J. Könemann, D. Spiekermann (Hg.), Katholische Schulen – Herausgeforderte Identität, Paderborn 2019, 237–258, hier: 252–254.

[39] Vgl. ausführlicher H. Arendt, Vita activa oder vom tätigen Leben, München [11]2013; vgl. dazu S. Wendel, Theologie – rationale Rechtfertigung der Praxis der Nachfolge Jesu, in: K. Viertbauer, H. Schmidinger (Hg.), Glauben denken. Zur philosophischen Durchdringung der Gottrede im 21. Jahrhundert, Darmstadt 2016, 129–150, hier: 134.

entsteht, eingeschrieben. Dies entspricht m. E. dem Verständnis des Jugendbeschlusses und dem Verständnis von Glauben als Praxis der Nachfolge, wie Johann Baptist Metz dies formuliert hat. Denn in der Praxis des Glaubens ereignet sich das Christliche (Katholische) und wird im Handeln erleb- und erfahrbar. Zugleich lebt diese Praxis davon, dass sie wiederholt wird, dass sie eine handelnde Praxis bleibt und nicht zum normativen Überbau wird.

Für das Verhältnis von Kirche und Jugend bedeutet dies in der Tat, die Jugendarbeit kerygmatisch und katechetisch zu entlasten, nicht weil Katechese in anderen Formen der Jugendpastoral stattfindet[40], sondern weil kirchlicher Jugendarbeit das Religiös-Christliche in ihrem Handeln genuin zugehörig und eingeschrieben ist. Dies kirchlicherseits stärker wahrzunehmen und dabei auch die Subjektivität und Eigenverantwortung der jungen Menschen anzuerkennen, könnte das Verhältnis zwischen Kirche und Jugend an manchen Stellen entlasten.

---

[40] Vgl. Höring, Begriffliche Präzisierung (s. Anm. 34), 21.

Mission: Glaubensauftrag oder Repressionsprojekt?
Perspektiven von der Würzburger Synode bis zur Gegenwart

Bernd Irlenborn

Wer heute aus katholisch-theologischer Perspektive das Thema „Mission" im Christentum untersucht, bewegt sich in einem semantischen Minenfeld. Einerseits sind die Begriffe „Mission" und „missionarisch" im christlichen Sprachspiel inflationär gebrauchte Wörter und werden fast automatisch mit „Kirche" oder „Evangelium" assoziiert. In nahezu jeder einschlägigen Veröffentlichung von katholisch-lehramtlicher Seite wird betont, dass Mission, ausgehend vom biblischen Zeugnis, eine unverzichtbare Grunddimension bzw. ein „Identitätsvollzug der Kirche"[1] sei und insofern die Gläubigen sich selbst missionarisch verstehen müssten. Dabei kommt zum Ausdruck, dass es Kirche in ihrer irdischen Gestalt nicht ohne Mission gegeben hätte und Christsein ohne missionarische Dynamik undenkbar erscheint. Vor diesem Hintergrund gilt der Missionsbegriff für das christliche Selbstverständnis als vorgegeben und normativ.

Andererseits trifft das Thema „Mission" innerhalb und außerhalb der Kirche etwa seit den 1960er-Jahren auf immer stärkeres Unbehagen und ruft scharfe Kritik und Ablehnung hervor. Mission wird wegen der christlich-kolonialistischen Erblasten als Projekt der Repression verstanden und mit Konnotationen wie Imperialismus, Rassismus, Eurozentrismus, Diskriminierung, Bevormundung oder sogar Ethnozid verbunden. Im Kontext dieser Vorbehalte wird deutlich, dass das Verb „missionieren" in alltäglichen Verwendungen auch ohne Bezug auf die belastete Missionsgeschichte negativ kon-

---

[1] K. Koch, Das Evangelium der Liebe Gottes in der Welt bezeugen. Besinnung auf den missionarischen Grundauftrag der Kirche, in: G. Augustin, N. Eterović (Hg.), Mission in säkularer Gesellschaft. Ein Herzensanliegen, Freiburg i. Br. 2020, 30–52, hier: 35. So heißt es beispielsweise im *Codex Iuris Canonici* (CIC): „Die ganze Kirche ist ihrer Natur nach missionarisch, und das Werk der Evangelisierung ist als grundlegende Aufgabe des Volkes Gottes anzusehen; daher haben alle Gläubigen, im Wissen um die ihnen eigene Verantwortung, ihren Teil zur Missionsarbeit beizutragen" (c. 781 CIC).

notiert ist. Die Vorstellung, andere mit Eifer zu überzeugen oder gar zur eigenen Überzeugung bekehren zu wollen, gilt in der heutigen Zeit der Anonymisierung und Wahrheitsskepsis mindestens als aufdringlicher Fauxpas. Auch von christlich-theologischer Seite sind diese nachdrücklichen Bedenken gegen Mission rezipiert worden. Spätestens seit der Konzilszeit, verstärkt aber seit den 1980er-Jahren, hat sich in der Theologie ein kritischer Diskurs zur Bedeutung der Begriffe „Mission", „Evangelisierung" und „Neuevangelisierung" entwickelt. In den letzten Jahren hat besonders das Aufkommen neuer katholischer Missionsinitiativen mit teils evangelikalem Profil einerseits und der kritischen Auseinandersetzung mit klerikalen Machtstrukturen und dem missionarischen Selbstverständnis der Kirche andererseits zur Verschärfung dieser Debatte beigetragen.

In meinem Beitrag werde ich auf einige Aspekte des Missionsverständnisses der katholischen Kirche eingehen. Im ersten Abschnitt greife ich aus der Reflexionsgeschichte des Missionsbegriffs Überlegungen der Würzburger Synode von 1971 bis 1975 als Ausgangspunkt meines Beitrags heraus und deute kurz einige Entwicklungslinien von dort bis zur Gegenwart an. Anschließend werde ich im zweiten Abschnitt zwei zentrale Kritikpunkte am Missionsbegriff aus gesellschaftlicher Perspektive anführen. Im dritten Abschnitt geht es um die gegenwärtige katholische Diskussion der Begriffe „Mission" und „Evangelisierung"; in diesem Kontext werde ich auch kurz auf die aktuelle Debatte um neue missionarisch-charismatische Bewegungen und die Frage nach dem Ort des Missionsthemas im laufenden Dialogprozess des sogenannten „Synodalen Wegs" zu sprechen kommen. Schließlich stelle ich im vierten Abschnitt stichpunktartig zwei Überlegungen zur Frage vor, inwiefern man vor dem Hintergrund der erörterten Bedenken heutzutage aus christlicher Blickrichtung selbstkritisch und theologisch verantwortbar von „Mission" sprechen kann. Anzumerken gilt es vorab, dass ich aufgrund der Komplexität der Problemstellung nur sehr kursorisch auf die Missionsthematik eingehen kann. Zahlreiche wichtige theologische Perspektiven zur Theorie und Praxis der Mission etwa vonseiten der Ekklesiologie, Pastoraltheologie oder Missionswissenschaft müssen ausgeklammert werden.

1 Der Missionsbeschluss der Würzburger Synode

Ausgangspunkt meines Beitrags sind die Überlegungen der Würzburger Synode zum Missionsbegriff, wie sie im Beschluss-Dokument „Missionarischer Dienst an der Welt“ vorgestellt wurden (fortan abgekürzt als „Missionsbeschluss“).[2] Die Würzburger Synode – genauer die „Gemeinsame Synode der Bistümer in der Bundesrepublik Deutschland“ – von 1971 bis 1975 markierte eine wichtige Standortbestimmung der Kirche Deutschlands, die die Umsetzung der Beschlüsse des Zweiten Vatikanischen Konzils verstärken und neue theologische Impulse für die nachkonziliare Glaubenssituation finden wollte. In meinem Beitrag stehen jedoch nicht die Bedeutung oder die Hermeneutik der Synode im Blickpunkt, sondern nur spezifische Einsichten im Missionsbeschluss und deren Auswirkungen bis zur Gegenwart. Vorab möchte ich folgende Leitthese formulieren: Der Missionsbeschluss enthält zum Teil heute überholte Vorstellungen und wurde zudem in der theologischen Literatur kaum rezipiert.[3] Aber selbst wenn er isoliert betrachtet von begrenzter Bedeutung sein mag, stellt er dennoch in der Entwicklung des katholischen Missionsverständnisses eine wichtige historische Wegmarke dar, weil er inhaltlich das Missionsdekret über die Missionstätigkeit der Kirche *Ad gentes* (AG) des Zweiten Vatikanischen Konzils weiterentwickelte und dadurch programmatisch mit dazu beitrug, das bis etwa in die 1960er-Jahre reichende traditionelle Missionsverständnis der katholischen Kirche zu reformieren. Ich möchte ausgewählt vier Aspekte des Beschlusses anführen, die diese Neuorientierung deutlich machen:

---

[2] Vgl. Missionarischer Dienst an der Welt, in: Gemeinsame Synode der Bistümer in der Bundesrepublik Deutschland. Beschlüsse der Vollversammlung. Offizielle Gesamtausgabe I, Freiburg i. Br. 1976, 807–846. Vgl. zu diesem Beschluss B. Lutz, Missionarischer Dienst – damals „an der Welt“, heute in Deutschland? Der Missionsbeschluss mit seinen Anregungen und Grenzen, in: R. Feiter, R. Hartmann, J. Schmiedl (Hg.), Die Würzburger Synode. Die Texte neu gelesen, Freiburg i. Br. 2013, 322–332; G. Collet, Das Missionsverständnis der Kirche in der gegenwärtigen Diskussion, Mainz 1984, 177–187. Zur Vorgeschichte der Synode vgl. S. Voges, Konzil, Dialog und Demokratie. Der Weg zur Würzburger Synode 1965–1971, Paderborn 2015.

[3] Vgl. dazu Lutz, Missionarischer Dienst (s. Anm. 2), 323.

Ein erster innovativer Aspekt ist die explizite Selbstkritik in der Präambel des Dokuments in Bezug auf das traditionelle katholische Missionsverständnis. Für einen lehramtlichen Text[4] nicht nur zu dieser Zeit ist diese selbstkritische Bestandsanalyse eine erstaunliche und beinahe revolutionäre Praxis. Unter den Titeln „Das Unbehagen an der Mission, das viele Christen äußern“ und „Mängel früherer Missionspraxis“ zieht der Beschluss ein teilweise negatives Fazit der bisherigen missionarischen Geschichte.[5] Dabei spricht der Text verschiedene Vorbehalte seiner Zeit gegen Mission offen an, wie etwa die Vorwürfe des Kolonialismus („kolonialen Denkens“) und Prosyletismus („Mission sei nur auf Bekehrungen aus“)[6], und bekennt, dass die traditionelle christliche Missionspraxis teilweise auch Anlass dafür gab. Genauso freimütig werden strukturelle Mängel dieser Praxis eingeräumt: Die abendländische Ausprägung des Christentums sei den missionierten Völkern und Kulturen meist ohne Rücksicht auf deren Eigenwerte aufgedrängt worden. Auch sei die Einstellung zu nichtchristlichen Religionen bislang überwiegend negativ gewesen. In Rekurs auf die Konzilserklärung zum Verhältnis der Kirche zu den nichtchristlichen Religionen *Nostra aetate* (NA) betont der Beschluss, dass in der bisherigen Missionspraxis zu wenig die göttlichen Heilselemente in diesen Religionen erkannt worden seien (vgl. NA 2). Interessant ist in dieser Hinsicht auch die Deutung des klassischen Missionsbefehls aus dem Matthäus-Evangelium,[7] die vor einem quantitativen Perfektionismus warnt: Der Missionsbefehl dürfe nicht so verstanden werden, als hätte Christus erwartet, die Kirche werde „im Laufe ihrer Geschichte *alle* Menschen für Ihn gewinnen“[8], da neutestamentlich bis zum Ende der Welt ein beständiges Ringen der Kirche mit den „Mächten der Finsternis“ vorgezeich-

---

[4] Zum rechtlichen Status der Synodenbeschlüsse vgl. R. Althaus, Die Gemeinsame Synode der Bistümer in der Bundesrepublik Deutschlands und der Codex Iuris Canonici von 1983. Zwei Rechtsquellen für die Kirche in Deutschland?, in: D. M. Meier, P. Platen, H. J. Reinhardt (Hg.), Rezeption des Zweiten Vatikanischen Konzils in Theologie und Kirchenrecht heute [FS Klaus Lüdicke], Essen 2008, 13–39.

[5] Vgl. Missionarischer Dienst an der Welt (s. Anm. 2), 821f.

[6] Wörtliche Zitate aus: ebd. 821.

[7] „Darum geht zu allen Völkern und macht alle Menschen zu meinen Jüngern; tauft sie auf den Namen des Vaters und des Sohnes und des Heiligen Geistes, und lehrt sie, alles zu befolgen, was ich euch geboten habe“ (Mt 28,19).

[8] Missionarischer Dienst an der Welt (s. Anm. 2), 822 [Hervorhebung Verf.].

net sei. Indirekt wird hier einer Missionsideologie widersprochen, deren Regulativ allein oder primär die quantitative und historisch möglichst umgehende Bekehrung aller Menschen darstellt.

Ein zweiter wichtiger Aspekt des Missionsbeschlusses ist die Konzeption von Mission im Ausgang von der Bedeutung des individuellen christlichen Glaubenszeugnisses. Man könnte auch von einem Wandel von der Spezialisierung zu einer Existenzialisierung der Missionsdynamik sprechen, also vom Konzept ausgebildeter Missionsakteure (Missionsorden etc.) zu einem Modell, in dem jede Christin und jeder Christ idealiter sich als ausgesandt erfährt und der eigenen missionarischen Verantwortung bewusst wird. Hier knüpft der Beschluss inhaltlich vor allem an das Konzilsdekret *Ad gentes* an und präzisiert dessen Ausführungen (vgl. AG 11). Christsein heiße, „Zeuge sein"[9], und zwar Zeuge der Liebe Gottes, die dem Menschen von Christus zur eigenen Rettung, aber auch zur Weitergabe an andere geschenkt worden sei. Das heißt, Mission ist nicht eine sekundäre Praxis, die fakultativ oder akzidentell zur christlichen Existenz *dazu* kommen kann oder nicht, sondern ein unverzichtbares Wesensmerkmal des Glaubens und seiner Dynamik. Daraus ergeben sich zwei Konsequenzen, die ich an dieser Stelle nur andeuten kann: Zum einen wird erkennbar, dass Mission laut dieser neuen Sichtweise immer zuerst die eigene Bekehrung im Glauben voraussetzt. Zum anderen können die nichtchristlichen Religionen nicht mehr länger als bloße Konkurrenten oder „Rivalen"[10] verstanden werden, wenn man den allgemeinen Heilswillen Gottes und mögliche implizite Glaubenselemente bei deren Anhängern berücksichtigt. Ein verändertes Verständnis der nichtchristlichen Religionen bedingt also auch ein verändertes Verständnis von Mission, und umgekehrt.

Ein dritter wichtiger Aspekt betrifft das seit dem Konzil neu konzipierte Verhältnis von Lokalität und Globalität der Mission. Der Beschluss greift auch hier den Ansatz von *Ad gentes* auf und führt ihn weiter. In dieser neuen Perspektive wird betont, dass die missionarische Berufung und solidarische Sendung der Kirche in der jeweiligen Ortskirche und nicht erst – so kann man ergänzen – im Missionsgebiet beginne.[11] Wurde in Bezug auf die Dynamik der

---

[9] Ebd. 823.

[10] Ebd. 824.

[11] Vgl. ebd. 825f.

christlichen Mission beim zweiten Aspekt zunächst die individuelle Sendung des Christseins hervorgehoben, wird hier der Fokus geweitet und die notwendige Sendung einer jeden Gemeinde betont. Mit allem Nachdruck wird gesagt, dass eine Gemeinde, die sich nicht missionarisch verstehe, „im Widerspruch zum Wesen der Kirche"[12] lebe. Mit diesem Aspekt wird ein traditionelles Missionsverständnis in zwei Hinsichten überwunden: Zum einen wird Mission nicht länger – zugespitzt gesagt – als eine expansive geostrategische Agenda mit dem Ziel der Rekrutierung und Konversion von Nichtchristen begriffen, für die im Auftrag der Kirche allein oder primär spezialisierte Akteure – Missionsorden, Päpstliche Missionswerke etc. – zuständig sind. Zum anderen wird Mission nicht mehr als Aktivität allein oder vor allem im Missionsgebiet verstanden, ohne eine prägende Rückkopplung auf die individualchristliche oder gemeindliche Sendung. Die Neuorientierung ist wohl auch ein zeitgenössisches Indiz dafür, dass sich angesichts der globalen Verbreitung des Christentums und der sich abzeichnenden Glaubenskrise in europäischen Ländern, von denen bislang Missionsbewegungen ausgegangen sind, die Vorstellung überlebt hat, Mission primär auf eine an Spezialisten delegierte Praxis in außereuropäischen Territorien zu reduzieren.

Ein vierter weiterführender Aspekt des Missionsbeschlusses betrifft die sensible geografische Differenzierung von unterschiedlichen missionarischen Situationen. Der Missionsbeschluss unterscheidet weltweit vier missionarische Situationen, was die Verbreitung und Akzeptanz des christlichen Glaubens angeht:[13] erstens die Lage in Afrika, Asien und Ozeanien, wo christliche Teilkirchen eine herausgeforderte Minderheit bildeten und zumeist mit großen gesellschaftlichen Umbrüchen konfrontiert seien; zweitens Lateinamerika, wo zwar die Mehrzahl der Menschen die Taufe empfangen habe, der Glaube aber insgesamt noch vertieft werden müsse; drittens die Situation der Kirche in den kommunistischen Staaten, wo einzelne Christinnen und Christen unter großen Gefahren Zeugnis für ihren Glauben ablegten; und viertens die Situation in den westlich-demokratischen Staaten, wo es zwar gut organisierte kirchliche Strukturen gebe, die Marginalisierung und Erosion des Glaubens aber trotzdem weiter fortschreite.

---

[12] Ebd. 826.
[13] Vgl. ebd. 826–828.

Die Relecture des Missionsbeschlusses der Würzburger Synode hat wichtige Aspekte der damaligen Neuorientierung zum Missionsthema aufgezeigt. Seit diesem Beschluss sind zahlreiche lehramtliche und theologische Texte zum Thema „Mission“ veröffentlicht worden, die die vier vorgestellten Aspekte thematisch aufgenommen und weitergeführt haben. Vor allem der zweite oben genannte Aspekt des Würzburger Missionsbeschlusses steht bis heute inhaltlich im Zentrum postsynodaler Missionsdokumente: die These, dass Christsein immer und unverbrüchlich die missionarische Bereitschaft zum Glaubenszeugnis einschließe. So fasst Papst Franziskus in seiner Enzyklika *Evangelii gaudium* von 2013 diese Bestimmung christlich-missionarischer Existenz in die seitdem immer wieder zitierte Kurzformel „*Ich bin eine Mission* auf dieser Erde [...]“[14].

2 Unbehagen gegenüber Mission

Seit Beginn der Würzburger Synode ist ein halbes Jahrhundert vergangen. Viele Vorstellungen des Missionsbeschlusses erscheinen aus gegenwärtiger Sicht problematisch oder zu idealistisch konzipiert. Für den deutschsprachigen Kontext setzen sie ein noch mehr oder weniger volkskirchliches, in flächendeckenden Gemeindestrukturen organisiertes Glaubensleben voraus und gehen zudem davon aus, dass es tendenziell noch eine nachweisbare Unterscheidbarkeit zwischen den binären Zuordnungen „ungläubig“ und „gläubig“ gibt, also zwischen Bereichen, die es zu missionieren oder nicht zu missionieren gilt. Diese Situation hat sich heutzutage grundlegend verändert. Obwohl es weiterhin eine Verbundenheit zum Glauben geben wird, schreitet die Entkirchlichung und Marginalisierung des Christlichen in den westlich-liberalen Staaten weiter fort, wie man beispiel-

---

[14] Im Zusammenhang heißt es: „Die Mission im Herzen des Volkes ist nicht ein Teil meines Lebens oder ein Schmuck, den ich auch wegnehmen kann; sie ist kein Anhang oder ein zusätzlicher Belang des Lebens. Sie ist etwas, das ich nicht aus meinem Sein ausreißen kann, außer ich will mich zerstören. *Ich bin eine Mission auf dieser Erde*, und ihretwegen bin ich auf dieser Welt. Man muss erkennen, dass man selber ‚gebrandmarkt‘ ist für diese Mission, Licht zu bringen, zu segnen, zu beleben, aufzurichten, zu heilen, zu befreien“ (Papst Franziskus, Apostolisches Schreiben *Evangelii gaudium* über die Verkündigung des Evangeliums in der Welt von heute vom 24. November 2013 [VApS 194], Bonn 2013, 184f. [Nr. 273]).

haft an den hohen Austrittszahlen bei der katholischen und evangelischen Kirche in Deutschland erkennen kann.[15] Diese veränderte Ausgangslage muss jede zeitgenössische Reflexion zum Missionsthema und zur missionarischen Praxis in liberalen Demokratien berücksichtigen. Dabei dürfte sich jede christliche missionarische Aktivität auf ein kritischeres säkulares Umfeld und einen erhöhten Rechtfertigungsbedarf einstellen. Anders als zur Konzils- und Synodenzeit ist heute ein gesellschaftliches Klima vorherrschend, in dem die Vorbehalte gegen Mission und Kritik an Formen der Missionspraxis deutlich zugenommen haben. Das gegenwärtige Unbehagen gegenüber Mission speist sich aus verschiedenen Quellen. Ich deute zwei Kritikpunkte hier nur kurz an.

Zum einen ergibt sich die Kritik an Mission aus der Kritik am Kolonialismus, die sich vor allem nach dem Zweiten Weltkrieg in der Phase der Dekolonisation entwickelt hat und im heutigen Anti- und Postkolonialismus weltweit zur politischen und wissenschaftlichen Standardauffassung geworden ist.[16] In der Linie dieser Kritik ist auch erkennbar geworden, wie eng die christliche Missionsgeschichte historisch zumeist mit der Kolonialpolitik verbunden war. Die antikolonialistische Kritik hat seit den 1950er bis 1960er Jahren entscheidend zum Wandel des bis dato eher expansiv-imperialen christlichen Missionsverständnisses beigetragen. Auch wenn die Beurteilung der christlichen Missionsgeschichte ambivalent bleibt und Differenzierungen erforderlich macht, zeigt der historische Rückblick in das 19. Jahrhundert doch deutlich die wechselseitig stabilisierende Verbindung zwischen kolonialer Machtpolitik und den strategischen Interessen der Missionsgesellschaften. Mit der Kritik am Kolonialismus verschärfte sich auch die Kritik an religiöser Mission in den früher kolonisierten Territorien und Staaten. In der Konsequenz wird christliche Mission in säkularen Kontexten größtenteils negativ verstanden, als repressives Projekt der Unterwerfung, das ausgeht von einem imperialen Verbreitungsinteresse und trotz

[15] Vgl. D. Pollack, G. Rosta, Religion in der Moderne: Ein internationaler Vergleich, Frankfurt a. M. 2015, vor allem 89–97.223–239. Zu den Austrittszahlen vgl. Sekretariat der Deutschen Bischofskonferenz (Hg.), Katholische Kirche in Deutschland: Zahlen und Fakten 2019/20, Bonn 2020.

[16] Vgl. dazu J. C. Jansen, J. Osterhammel, Dekolonisation. Das Ende der Imperien, München 2013.

humanitären Einsatzes letztlich auf Assimilation und Rekrutierung abzielt.

Zum anderen erklärt sich das zeitgenössische Unbehagen an Mission vor dem Hintergrund der Kritik an objektiven bzw. universalen Wahrheitsansprüchen. Objektive Wahrheitsansprüche gehen im Gegensatz zu relativen Wahrheitsansprüchen davon aus, dass der in einer Aussage behauptete Sachverhalt (etwa „Es gibt einen trinitarischen Gott") für alle in der Welt vorkommenden Deutungskontexte wahr ist und nicht nur für den je eigenen. Gemäß postmoderner und konstruktivistischer Kritik liegt darin jedoch die totalitäre Neigung, den jeweils fremden Geltungskontext zu unterminieren und den eigenen objektiven Geltungsanspruch mit Formen von Zwang durchzusetzen. In der schwächeren Version dieser Kritik manifestiert sich in objektiven Wahrheitsansprüchen und ihrem Streben nach Vereindeutigung die Unfähigkeit zur „Ambiguitätstoleranz"[17], ein zurzeit beliebter Begriff, mit dem das Vermögen beschrieben werden soll, Mehrdeutigkeiten in unserer lebensweltlichen Erfahrung anzunehmen und mit ihnen produktiv umzugehen. Diese Kritik richtet sich auch gegen objektive *religiöse* Wahrheitsansprüche und ihre Ausrichtung auf Eindeutigkeit.[18] Verstärkt durch den islamistischen Terror werden solche Wahrheitsansprüche, die ihre Geltung nicht von vornherein auf den Wirkungsbereich der eigenen Religion relativieren, sehr schnell mit religiösem Fundamentalismus verbunden und als gewaltaffin erachtet. Ob diese zwei Vorbehalte wirklich überzeugende Gründe formulieren, die gegen das Vorhaben von Mission sprechen, werde ich im letzten Abschnitt ansprechen.

3 Manifest oder Moratorium? Mission im heutigen katholischen Diskurs

Es ist wohl eine Reaktion auf diese Bedenken gegenüber Mission, dass im lehramtlichen Sprachgebrauch ansatzweise schon seit dem Zweiten Vatikanischen Konzil und verstärkt dann seit dem Apostolischen

---

[17] Popularisiert durch T. Bauer, Die Vereindeutigung der Welt. Über den Verlust an Mehrdeutigkeit und Vielfalt, Stuttgart 2018.

[18] Vgl. dazu näher B. P. Göcke, Der Anspruch des christlichen Glaubens auf objektive Wahrheit, in: M. Seewald (Hg.), Glaube ohne Wahrheit? Theologie und Kirche vor den Anfragen des Relativismus, Freiburg i. Br. 2018, 56–73.

Schreiben *Evangelii nuntiandi* von Papst Paul VI. (1963–1978) aus dem Jahr 1975 von „Evangelisierung“ die Rede ist[19] und der belastete Begriff „Mission“ im katholischen Kontext dadurch, je nach Vorlieben, vermieden werden oder in den Hintergrund treten konnte. Beide Begriffe werden in der Theologie nicht einheitlich definiert. Sehr verkürzt formuliert, hebt der stärker biblisch bestimmte Begriff „Evangelisierung“ mehr auf die Verkündigung der Frohbotschaft Christi und deren Inkulturation in der menschlichen Lebenswelt ab, während der historisch jüngere Begriff „Mission“ sich tendenziell eher auf die kirchliche Sendung und Ausbreitung des christlichen Glaubens bezieht.[20] „Evangelisierung“ ist zudem weniger als „Mission“ auf die Erstverkündigung des Glaubens gerichtet und lässt sich insofern auch leichter auf die erneute christliche Durchdringung der säkularisierten Gesellschaften in Europa und Nordamerika beziehen.[21] Trotz der unterschiedlichen Akzentuierung beziehen sich aber beide Begriffe – bildlich wie zwei Seiten einer Münze – auf denselben semantischen Kernbereich, in dem es um das notwendig über sich hinausweisende und auf Verbreitung angelegte Glaubenszeugnis geht.

In der gegenwärtigen lehramtlichen Verkündigung und auch in diözesanen Pastoralprogrammen zur Zukunftsentwicklung der Kirche hat die Rede von „Evangelisierung“ Hochkonjunktur.[22] Terminologisch dürfte dahinter weiterhin der Wille zur Vermeidung des belasteten Missionsbegriffs stehen, wenngleich damit der Sache

[19] „Evangelisieren ist in der Tat die Gnade und eigentliche Berufung der Kirche, ihre tiefste Identität. Sie ist da, um zu evangelisieren, d. h. um zu predigen und zu unterweisen, Mittlerin des Geschenkes der Gnade zu sein, die Sünder mit Gott zu versöhnen, das Opfer Christi in der heiligen Messe immer gegenwärtig zu setzen, welche die Gedächtnisfeier seines Todes und seiner glorreichen Auferstehung ist“ (Papst Paul VI., Apostolisches Schreiben *Evangelii nuntiandi* über die Evangelisierung in der Welt von heute vom 8. Dezember 1975 [VApS 2], Bonn 1975, Nr. 14).

[20] Vgl. etwa H. Bürkle, Mission. IV. Systematisch-theologisch, in: LThK^3 7 (2006) 292f.; G. Collet, Evangelisation/Evangelisierung. II. Missionswissenschaftlich, in: LThK^3 3 (2006) 1034f.

[21] Theoretisch kann es Evangelisierung ohne Mission (etwa die Christin, die auf Anfrage unbeabsichtigt ein ansteckendes Zeugnis von ihrem Glauben gibt) und Mission ohne Evangelisierung geben (etwa der Missionar, der als Arzt Kranke in Afrika pflegt).

[22] Vgl. jüngst: Sekretariat der Deutschen Bischofskonferenz (Hg.), Evangelisierung und Globalisierung vom 1. September 2019 (DtBis 106), Bonn 2019, 15–32.

nach derselbe Inhalt – ein missionarisches Kirchenverständnis – gemeint ist. Parallel dazu kommt aber auch der Begriff „Mission“ heute wieder prominent im katholischen Umfeld vor, und zwar als Leitbild bei neuen Jugendbewegungen und charismatischen Initiativen, die die geschilderten Vorbehalte gegen den Missionsbegriff nicht als Einwand gegen dessen plakative Verwendung ansehen. „Mission Possible“, „Mission Manifest“ oder „Young Mission“ nennen sich einige dieser Initiativen.[23] Obwohl deren Programme und Inhalte ganz unterschiedlich sind, lässt sich als gemeinsamer Ausgangspunkt die Fokussierung auf die konkrete individuelle Erfahrung des eigenen Berufen- und Gesendetseins durch Christus festhalten. Teils haben diese Initiativen einen evangelikalen Anstrich, wenn auf großen Bühnen mit Rockmusik, berührenden Berufungsgeschichten, Eventinszenierung und jugendspezifischer Moderation das Bewusstsein der je eigenen Aussendung geweckt oder verstärkt werden soll.

Besondere Aufmerksamkeit und kritische Resonanz erfährt zurzeit die charismatische Glaubensbewegung um das sogenannte „Gebetshaus Augsburg“, das 2005 vom katholischen Theologen Johannes Hartl und seiner Frau gegründet wurde. Diese spendenfinanzierte Initiative verfolgt das Ziel des beständigen Gebets vor Ort und hat in den letzten Jahren über soziale Netzwerke und durch Großveranstaltungen, die als ökumenische Konferenzen inszeniert werden, zahlreiche junge Menschen für Glaubens- und Lebensthemen ansprechen können. 2018 erschien das Buch „Mission Manifest. Die Thesen für das Comeback der Kirche“, das Hartl gemeinsam mit dem österreichischen Zisterzienserpater Karl Wallner und dem Publizisten Bernhard Meuser herausgibt. In diesem Buch geht es um zehn Thesen zur Mission, die ebenso programmatisch wie schlicht formuliert sind und unter anderem lauten: „Uns bewegt die Sehnsucht, dass Menschen sich zu Jesus Christus bekehren“ (These 1), „Wir wollen, dass Mission zur Priorität Nummer eins wird“ (These 2), „Wir glauben, dass die Chancen nie größer waren als jetzt“ (These 3), „Wir wollen missionieren, nicht indoktrinieren“ (These 8) oder „Wir müssen uns selbst zur Freude des Evangeliums

---

[23] Vgl. O. Neubauer, Mission Possible. Praxis-Handbuch für Dialog und Evangelisation, Freiburg i. Br. 2018; zu „Young Mission“ vgl. https://www.youngmission.de (Zugriff: 20.2.2021).

bekehren, um andere zu Jesus führen zu können" (These 10)[24]. Dieses Buch hat zahlreiche scharfe kontroverse Reaktionen in der Theologie ausgelöst, auf die ich an dieser Stelle nicht differenziert eingehen kann. In Bezug auf die Missionsprogrammatik des Augsburger Gebetshauses wurde unter anderem deren evangelikale oder sogar sektenhafte Prägung kritisiert, das Fehlen einer diakonischen Ausrichtung oder die Ablehnung der Theologie.[25] Der letzte Punkt wird etwa deutlich an folgender Stelle:

> „Die Rückbesinnung auf das Evangelium bringt die große Linie zurück und macht locker: ‚Kirche' ist möglich ohne Konkordate, Fakultäten und Kathedralen [...]. Doch sie ist nicht möglich ohne das Feuer des Heiligen Geistes, ohne die Gegenwart des Auferstandenen, ohne Jünger, die seine Stimme hören [...]."[26]

In der Debatte zwischen Befürwortern und Kritikern der charismatischen Missionsagenda ging und geht es um den Stil, die Bedeutung und die religionspolitischen Koordinaten von christlich-missionarischer Praxis. Darauf kann ich hier nicht weiter eingehen.

Im Kontext der gegenwärtigen Kirchenkrise um den Missbrauchsskandal, die hohe Austrittsdynamik und den Streit um Reformen ist in der katholischen Kirche das Thema „Mission" in den letzten Jahren politisiert worden mit der Tendenz zur Polarisierung. Vereinfacht und schematisch formuliert: Für die konservative Seite scheint als entscheidende Antwort auf die aktuelle Kirchenkrise ein neues und unverzagtes Missions- und Evangelisierungsprogramm notwendig zu sein, das beim individuellen Glaubenszeugnis vor allem junger Gläubiger ansetzt und die kirchlichen Struktur- und Reformprobleme unberücksichtigt lässt. Für die reformorientierte Seite dagegen steht das Thema „Evangelisierung" derzeit unter generell kritischem Vorbehalt, weil aus ihrer Perspektive die Kirche sich selbst erst strukturell verändern müsse, bevor sie mit einem vormodernen Kirchenverständnis

---

[24] Wörtliche Zitate aus: B. Meuser , J. Hartl, K. Wallner (Hg.), Mission Manifest. Die Thesen für das Comeback der Kirche, Freiburg i. Br. 2018, 9–13.

[25] Vgl. etwa die Beiträge in U. Nothelle-Wildfeuer, M. Striet (Hg.), Einfach nur Jesus? Eine Kritik am „Mission Manifest", Freiburg i. Br. 2018.

[26] J. Hartl, B. Meuser, K. Wallner, Einleitung: Was wir wollen, und was passiert, wenn mehr und mehr Leute mitmachen ..., in: Meuser, Hartl, Wallner (Hg.), Mission Manifest (s. Anm. 24), 15–20, hier: 18.

missionarisch tätig werde. Erkennbar wird diese Polarisierung auch an den inhaltlichen Schwerpunkten des seit Dezember 2019 laufenden katholischen Gesprächsprozesses unter dem Titel „Synodaler Weg". Im Gegensatz zur Würzburger Synode ist Mission dort kein eigenes Thema – die vier Themenschwerpunkte für den Gesprächsprozess behandeln die Machtfrage in der Kirche, die priesterliche Existenz heute, die Rolle der Frauen in kirchlichen Ämtern und die Sexualmoral der Kirche. Bischof Rudolf Voderholzer und Kardinal Rainer Maria Woelki hatten 2019 einen alternativen Themenentwurf beim Ständigen Rat der Deutschen Bischofskonferenz eingebracht, der thematisch einen „Primat der Evangelisierung"[27] vorsah. Mit dieser Formulierung beriefen sie sich auf eine Forderung von Papst Franziskus in seinem Brief „An das pilgernde Volk Gottes in Deutschland" vom Juni 2019.[28] Der alternative Themenvorschlag wurde mit deutlicher Mehrheit von den Diözesanbischöfen abgelehnt. Den Grund dafür kann man vermutlich in folgender Antwort sehen, die im Synodalprogramm auf die Frage gegeben wird, welche Rolle die Evangelisierung im Synodalen Weg spiele:

> „Die Evangelisierung ist das übergeordnete Ziel des Synodalen Weges. Sie kommt in der Frage nach der Relevanz von Glaube und Kirche in der heutigen Zeit zum Ausdruck. Allerdings muss der Synodale Weg nach Antworten auf drängende Fragen suchen, um die Glaubens- und Missbrauchskrise überwinden zu können."[29]

Das heißt: Aus der Perspektive nicht nur vieler Bischöfe, sondern auch von kritischen Gläubigen gilt es, zuerst im Klärungsprozess des Synodalen Weges selbstkritisch die Missstände in der Kirche aufzuarbeiten und den Reformbedarf zu prüfen, bevor das Thema „Evangelisierung" bzw. „Mission" im Sinne der Glaubensverbreitung auf der Tagesordnung steht. Gerade kritische Kirchenmitglieder dürften also den von Franziskus eingeforderten „Primat" von Mission und Evan-

---

[27] Vgl. Synodaler Weg: Alternativer Satzungsentwurf von Bischof Voderholzer und Kardinal Woelki (16. September 2019), in: https://www.bistum-regensburg.de/news/synodaler-weg-alternativer-satzungsentwurf-von-bischof-voderholzer-und-kardinal-woelki-6946 (Zugriff: 4.3.2021).

[28] Papst Franziskus, Brief an das pilgernde Volk Gottes in Deutschland vom 29. Juni 2019 (VApS 220), Bonn 2019, 10.

[29] Fragen und Antworten zum Synodalen Weg, in: https://www.synodalerweg.de/faq (Zugriff: 10.3.2021).

gelisierung zurzeit infrage stellen. Ihre Motive ergeben sich nicht oder weniger aus den im zweiten Abschnitt skizzierten gesellschaftlichen Vorbehalten gegen Mission, sondern aus den – ihrer Sichtweise zufolge – ungerechten und antidemokratischen Strukturen der derzeitigen katholischen Kirche, die es erst zu reformieren gelte, bevor das Thema der Mission bzw. Evangelisierung wieder auf die Tagesordnung gesetzt werden könne. Von theologischer Seite wird in dieser Hinsicht etwa ein Moratorium für die Verwendung der Begriffe „Mission" und „Evangelisierung" gefordert.[30]

Dabei muss man sich klar machen, dass in jeder Missionspraxis notwendig ekklesiologische Implikationen enthalten sind: Evangelisierung ist nicht allein die Überbringung der Frohbotschaft Christi, sondern auch eines damit verbundenen Kirchenverständnisses. Weder die progressiven noch die konservativen Stimmen wollen die Kirche von Jesus und seinem Evangelium trennen. Kirche ist nach katholischem Verständnis das Grundsakrament Gottes in der Welt, ein Heilszeichen, mit dem er die Welt verwandeln will und deren irdische Gestalt in der Nachfolge Jesu über die Apostel den Menschen anvertraut ist. Vor dem Hintergrund des aus ihrer Sicht systemischen Versagens kirchlicher Autoritäten im Missbrauchsskandal und der ungerechten Machtstrukturen fordern kritische Gläubige also keine missionarischen Aufbruchsprogramme oder Großveranstaltungen, sondern Aufklärung, Selbstkritik und Reform. Aus dieser Perspektive ist der Ruf nach Mission bzw. Evangelisierung gerade kein Werkzeug zur Behebung der Kirchen- und Glaubenskrise, sondern ein Mittel zu deren Verschleierung. Sicherlich muss es dann für diese Kritiker geradezu verstörend wirken, wenn zeitgleich neue charismatische Bewegungen junge Menschen gewinnen können für eine aus ihrer Reformperspektive unkritische und vollmundige Berufung auf Mission. Aus der Sichtweise der Protagonisten von „Mission Manifest" dagegen erscheinen die derzeitigen innerkirchlichen Struktur- und Reformdebatten überkommen und lähmend; Mission solle oberste Priorität haben und die Chancen dafür seien jetzt nie größer als zuvor, so lauten zwei der oben zitierten Thesen aus dem Buch.

Zu Anfang meines Beitrags sprach ich mit einer Metapher davon, dass man heute riskiert, ein Minenfeld zu betreten, wenn man theo-

[30] Vgl. H. Haslinger, Pastoraltheologie, Paderborn 2015, 366.

logisch das Thema „Mission“ bedenken will. In meinem Beitrag sollte ansatzweise erkennbar werden, warum der Begriff „Mission“ politisch aufgeladen ist und polarisiert. Was bleibt dann zwischen Manifest und Moratorium noch für die Rede von christlicher Mission?

4 Ausblick zur Rede von christlicher Mission

Ich kann an dieser Stelle nur stichwortartig zwei Überlegungen zu den Ausführungen über die Missionsthematik vorstellen.

(a) Christliche Vorstellungen und Konzepte von Mission bzw. Evangelisierung müssen heute ideologiekritisch die eigene Kolonialgeschichte vor Augen haben, die gesellschaftlichen Vorbehalte gegenüber dem Akt des Missionierens kennen und aus den Fehlern und Versäumnissen der früheren Praxis lernen. Im zweiten Abschnitt habe ich zwei Bedenken gegen Mission vorgestellt: die Kritik an deren kolonialistischer Prägung und die Kritik an ihrem objektiven Wahrheitsanspruch. Von diesen Kritikpunkten muss jede affirmative Berufung auf Mission heute lernen; sie sind ein Warnzeichen für überzogene oder geschichtsvergessene missionarische Vorstellungen. Sie sind meiner Ansicht nach allerdings kein Filter, durch den all das, was katholisch „Mission“ heißen soll, hindurch muss; denn sonst bliebe wohl für deren Rechtfertigung nicht mehr viel übrig. Heutige Konzepte von Mission müssen jedoch nicht kolonialistisch sein, als ob sie in neoimperialer Weise allein darauf abzielen, das Territorium des Christlichen zu vergrößern und ein Maximum an Seelen zu retten. An jedem Ort stehen missionarische Praxis und die Verkündigung des Evangeliums im Dienst, den Menschen zu einem Leben in christlicher Fülle zu verhelfen, geistlich und humanitär. Weiterhin kann man philosophisch leicht zeigen, dass nicht objektive Wahrheitsansprüche das Problem sind – wie oft vorphilosophisch angenommen wird –, sondern die Haltungen, mit denen sie vertreten werden. Es muss nicht eigens betont werden, dass diese Haltungen heute die Freiheit des anderen Menschen zu beachten haben und weder Zwang noch Nötigung ausüben dürfen. Philosophisch ist es kein Widerspruch, assertorisch und behauptend einen objektiven Wahrheitsanspruch zu vertreten und sich gleichzeitig angesichts der konkurrierenden Pluralität von solchen Geltungsansprüchen in aller Bescheidenheit und Selbstkritik der eigenen epistemischen Relativität bewusst zu sein.[31] Ohne objektive Wahrheitsansprüche gibt es keinen Raum mehr für rationale Auseinandersetzungen und keine wissenschaftliche Entwicklung.[32] Das heißt, auch christliche Wahrheitsansprüche müssen sich nicht schon von vornherein selbst relativieren, um als pluralitätsfreundlich und modernetauglich zu erscheinen.[33] Ohne die Voraussetzung von objektiven Wahrheitsansprüchen wäre ein missionarisches Handeln sinnlos. Natürlich bedeutet Missionspraxis nicht allein und heute wohl auch nur zum geringen Teil die Verkündigung von Glaubenssätzen, sondern schließt vielfältige Praxisformen der Begegnung und Unterstützung ein. Insofern ist Mission heute global weniger doktrinär, sondern primär humanitär geprägt, gerade in Weltgebieten mit hoher Armut. Aber selbst im humanitären Zeugnis, etwa im Beistand mit Menschen in Not, steht als Motiv unausgesprochen die Bejahung des Geltungsanspruchs im Hintergrund, dass Christus der Retter aller Menschen sei, woraus der Akt der Nächstenliebe folgt. Mission dagegen automatisch mit Gewalt zu assoziieren[34], scheint mir völlig verfehlt, allein

---

[31] Vgl. genauer B. Irlenborn, Relativismus, Berlin – Boston 2016, 71–77.

[32] „Sobald man die objektive Wahrheit als Bezugsgröße abgeschafft hat oder sie in Vergessenheit geraten ist, gibt es keinen Raum mehr für rationale Kritik von Haltungen und Positionen, weil sich die Frage der Legitimität oder Richtigkeit dann nicht einmal mehr stellen lässt. Mit dem Fall der Wahrheit als Korrektiv immunisieren sich die Machthaber gegen mögliche Kritik. Insofern ist der Begriff objektiver Wahrheit von essenzieller Bedeutung für eine sachliche und rationale Kritik von herrschenden Auffassungen und Regierungen. Er ermöglicht jedoch ebenso Selbstkritik und die Kritik von Methoden, sobald sie sich als unzuverlässig erwiesen haben. Objektive Wahrheit als Ziel- und Ausrichtungspunkt ermöglicht die kritische Infragestellung jeder Position, und sei sie auch noch so fest etabliert." (T. Grundmann, Philosophische Wahrheitstheorien, Stuttgart 2018, 11.)

[33] Vgl. dazu C. Tapp, Was heißt eigentlich „christlicher Wahrheitsanspruch"?, in: B. Irlenborn, M. Seewald (Hg.), Relativismus und christlicher Wahrheitsanspruch. Philosophische und theologische Perspektiven, Freiburg i. Br. – München 2020, 139–157.

[34] H.-J. Sander, Mission und Religion – unentrinnbar ein Dispositiv der Gewalt? Von der Not und dem Segen einer missionarischen Kirche, in: M. Sellmann u. a. (Hg.), Deutschland – Missionsland? Zur Überwindung eines pastoralen Tabus, Freiburg i. Br. 2004, 121–145, hier: 122: „Das Dispositiv, von dem die christliche Mission überhaupt erkommt und auf das hin sie sich vollzieht, […] ist die Gewalt. Wer eine Mission hat und sie auch betreibt, stellt sich in einen Gewaltzusammenhang."

schon, wenn man sich die durchaus auch vorhandenen positiven Aspekte von Mission verdeutlicht, wie etwa den Wissenstransfer und die produktiven kulturellen Leistungen früherer Missionen.

(b) Grundsätzlich stimme ich der Einsicht zu, dass Mission und Evangelisierung unverzichtbar zum christlichen Glaubensprofil und zum kirchlichen Selbstverständnis gehören. Ein Christsein ohne missionarische Dynamik und eine Kirche ohne den Willen, die lebensverändernde Hoffnungsbotschaft Jesu Christi weiterzugeben, scheint mir kaum denkbar. Sicherlich gibt es Religionen ohne expansive Mission, wie das Judentum, nicht jedoch ohne die zumindest familiäre und kulturelle Weitergabe ihres religiösen Erbes. Der Begriff der Mission hat christlich-theologisch einen Bedeutungsumfang, der weit über die bloße physische Ausbreitung des Christentums hinausreicht. Er bezieht sich auf eine grundlegende heilsgeschichtliche Dynamik, die im trinitarischen Gottesglauben verankert ist: Die Sendung des innertrinitarischen Sohnes in die Welt setzt sich fort in der Aussendung der ihm Nachfolgenden für die Welt und vollendet sich in einer Heilszusage am Ende der Welt. In dieser Dynamik im Spannungsfeld von Transzendenz und Immanenz liegt sozusagen der Lebensnerv des Glaubens; ein Stillstand oder Versiegen wäre wie ein Infarkt, der den gesamten Organismus – die sich heilsökonomisch in die Schöpfung fortsetzende, auf kirchliche Sammlung und eschatologische Teilhabe der Menschen angelegte trinitarische Beziehung von Vater, Sohn und Geist – gefährdete. In diesem großen theologischen Bogen des Glaubens ist der innere Grundimpuls von christlicher Mission angelegt, der sich in der physischen Verbreitung des Glaubens nach außen hin zum Ausdruck bringt. Insofern kann im Christentum das Thema der Mission theologisch nicht zur Disposition stehen.

Kritisch zu fragen gilt es allerdings, welche Formen von christlicher Mission sich angesichts der Zeitzeichen als angemessen erweisen und welche missionarische Praxis sie anleiten. Mission kann und sollte dabei auch weiterhin so verstanden werden, wie es im Titel des Beschlusses der Würzburger Synode treffend ausgedrückt ist, als „[m]issionarischer Dienst an der Welt".

„Es gibt kein richtiges Sich-Ausstrecken in der falschen Badewanne.“[1]

Von Gerechtigkeit und Frieden in einer bösen Welt

Peter Schallenberg

1 Reich Gottes versus deplatziertes Wohlbehagen

> „Jesus verkündet den totalen Machtwechsel gerade nicht als universale Abrechnung mit der falschen Welt, sondern als singuläres, ohnmächtiges, aber nicht wirkungsloses Ereignis des Richtigen unter den Bedingungen des Falschen. Das bedeutet aber: Wir können nicht am Reich Gottes bauen, wie man an einer Kathedrale bauen kann.“[2]

Präziser wäre noch zu formulieren: Das Reich Gottes als metaphysische, biblische und theologische Größe entzieht sich der mathematischen Kategorie und dem vom technischen Paradigma bestimmten Dual von Richtig versus Falsch. Der Begriff des Reiches, oder besser noch und weniger missverständlich: die Herrschaft Gottes, bezieht sich vielmehr von Anfang des Wirkens Jesu an – sehr eindrucksvoll in den auf permanenten Missverständnissen und Verwechslungen beider Duale beruhenden sieben Zeichen (Wunder) im Johannes-Evangelium – und in seinen großen Gleichnissen auf das nicht physische, sondern vielmehr metaphysische, näherhin ethische Dual von Gut versus Böse. Augustinisch oder auch dezidiert geschichtstheologisch gesprochen: Das Reich Gottes ist keine zeitliche

---

[1] M. Mittelmeier, Es gibt kein richtiges Sich-Ausstrecken in der falschen Badewanne. Wie Adornos berühmtester Satz wirklich lautet – ein Gang ins Archiv, in: Recherche. Zeitung für Wissenschaft, 4/2009, 3 (in: http://felsenwahn.de/?page_id=18 [Zugriff: 19.6.2021]). Vgl. T. Lehmkuhl, Privat im Richtigen. Wie Adornos berühmtester Satz ursprünglich lautete, in: Süddeutsche Zeitung, 26. Februar 2010, 14.

[2] M. Schüßler, Auf dem Sprung in die Gegenwart. „Unsere Hoffnung“ als Inspiration für das Zeugnis vom Gott Jesu in unserer Zeit, in: R. Feiter, R. Hartmann, J. Schmiedl (Hg.), Die Würzburger Synode. Die Texte neu gelesen, Freiburg i. Br. 2013, 11–40, hier: 33.

oder immanente Wirklichkeit, auch wenn eine gewisse Sichtbarkeit damit verbunden sein kann, sondern es ist eine überzeitliche oder transzendente Kategorie. Das Reich Gottes bezieht sich als Erfahrungsraum der Wirklichkeit Gottes primär auf das *forum internum* (das Gewissen als Resonanzboden Gottes), also auf den inneren Marktplatz der Motivation und Intention zum wirklich guten Handeln, und erst sekundär auf das *forum externum* (die Öffentlichkeit als Raum der sichtbaren Handlungen), also auf den äußeren Marktplatz der korrekten und gerechten Ausführung einer guten Handlung.[3] Platonisch gesprochen geht es um den Primat der *praxis* vor der *poiesis*, der Tugend vor der Wirkung. Thomasisch-scholastisch gesprochen ist der moralische Vorrang der Ausdruckshandlung als Verwirklichung der inneren Tugendhaltung (*actus expressivus*) vor der Wirkhandlung als Herstellung einer bestimmten Faktizität (*actus effectivus*) gemeint, allerdings im Medium von Zeit und Raum, also mit den Instrumenten der Physik, und demzufolge auch mit den notwendigen sichtbaren Konsequenzen für Zeit und Physik. Das meinte vielleicht wohl auch ursprünglich Theodor W. Adorno (1903–1969) mit seinem berühmten Satz „Es gibt kein richtiges Leben im falschen“[4] als Abschluss seines Aphorismus „Asyl für Obdachlose“ in seinem 1944 bis 1947 im amerikanischen Exil unter dem Eindruck des faschistischen Terrors in Europa entstandenen Werk „Minima Moralia“. In der ersten und ursprünglichen Textfassung lautete der Satz übrigens und bezeichnenderweise „Es läßt sich privat nicht mehr richtig leben“[5], was noch stärker auf den ursprünglichen politischen Hintergrund des öffentlichen faschistischen Terrors und seine kontaminierende Wirkung bis weit hinein in den privaten Raum des Lebens in Europa hinweist. Die etwas saloppe Umformung des Satzes hin zur Lage in der Badewanne

---

[3] Vgl. zum Hintergrund P. Schallenberg, Innerer und äußerer Marktplatz. Zum Zusammenhang von Moraltheologie und Christlicher Sozialethik, in: ders., A. Küppers (Hg.), Interdisziplinarität der christlichen Sozialethik. Festschrift zum 50-jährigen Jubiläum der Katholischen Sozialwissenschaftlichen Zentralstelle in Mönchengladbach (Christliche Sozialethik im Diskurs 4), Paderborn 2013, 363–380.

[4] T. W. Adorno, Minima Moralia (Gesammelte Schriften 4), Frankfurt a. M. 1997, 43.

[5] Vgl. Mittelmeier, Es gibt kein richtiges Sich-Ausstrecken in der falschen Badewanne (s. Anm. 1).

stammt von Martin Mittelmeier in einem Kommentar über 60 Jahre später und will die Sinnspitze des Satzes schärfen: Die Lage eines sich nur im privaten Wohlbehagen einrichtenden Menschen ist mehr als nur unbequem, sie ist fatal deplatziert. Dementsprechend beginnt ja auch der Absatz, der mit „Es gibt kein richtiges Leben im falschen" endet, mit den bezeichnenden Sätzen: „Wie es heute mit dem Privatleben bestellt ist, zeigt sein Schauplatz an. Eigentlich kann man überhaupt nicht mehr wohnen."[6] Das private tugendhafte Leben wird falsch, wenn es sich totalitär eingebettet findet in ein warenförmiges, kapitalisierendes und entfremdetes öffentliches Leben, ein Gedanke übrigens, der leitend für die gesamte katholische Soziallehre bis hin zur neuesten Sozialenzyklika *Fratelli tutti*[7] von Papst Franziskus aus dem Jahre 2020 ist.[8]

2 Die augustinische Tradition von „Unsere Hoffnung"

Der biblische Begriff vom Reich Gottes ist also „keine räumliche Kategorie, sondern eine Kategorie der Zeit, kein Ort, sondern ein Ereignis: wenn Gott regiert."[9] Wiederum noch präziser und zugespitzter gesagt: Das Reich Gottes ist eine Kategorie der Un-Zeit oder besser: der Nicht-Zeit, also der – augustinisch gedacht – Ewigkeit, es ist „aevum". Diese Ewigkeit bildet sich nach biblischer Theologie und ausweislich des alttestamentlichen Schöpfungsberichtes ab als Zeit und diese vom Menschen gedeutete Zeit nennt sich Geschichte. Ebenso bildet sich der unsichtbare und zeitlose Gott ab als sterblicher und sichtbarer Mensch: Gottes Ebenbild und Abbild. Auf eine solche

[6] Adorno, Minima Moralia (s. Anm. 4), 42.

[7] Vgl. Papst Franziskus, Enzyklika *Fratelli tutti* über die Geschwisterlichkeit und die soziale Freundschaft vom 3. Oktober 2020 (VApS 227), Bonn 2020.

[8] Vgl. P. Schallenberg, „Werde ich Dir auf dem Rückweg bezahlen ..." (Lk 10,35). Die Enzyklika „Fratelli tutti" und der ethische Kapitalismus, in: ThGl 111 (2021) 40–57; daneben auch U. Nothelle-Wildfeuer, L. Schmitt (Hg.), Unter Geschwistern? Die Sozialenzyklika „Fratelli tutti": Perspektiven – Konsequenzen – Kontroversen (Katholizismus im Umbruch 14), Freiburg i. Br. 2021.

[9] Schüßler, Auf dem Sprung in die Gegenwart (s. Anm. 2), 32 – mit Verweis auf Lk 17,20: „Das Reich Gottes kommt nicht so, daß man es berechnen kann. Man wird auch nicht sagen: Siehe, hier! Oder. Dort! Denn siehe, das Reich Gottes ist mitten unter euch."

christliche Idee von Zeit und Geschichte bezieht sich Johann Baptist Metz (1928–2019), der Autor des Grundlagendokumentes „Unsere Hoffnung. Ein Bekenntnis zum Glauben in dieser Zeit“[10] der Würzburger Synode (1971–1975), das 1975 von der Vollversammlung mit großer Mehrheit verabschiedet wurde. Metz geht es näherhin um „eine Verzeitlichung von Metaphysik und Ontologie, damit der Singularität der geschichtlichen Ereignisse und dem Schrecken der Kontingenz [...] selbst Rechnung getragen wird“[11], wie er viel später aus der Retrospektive erläutern wird. Dieses Synodendokument will in gut augustinischer Tradition einen „letzten Gesamtsinn der Geschichte“ erläutern; es „verteidigt den christlichen Glauben als eine letztlich stabile, weil geschichtstheologisch von Gott garantierte Möglichkeit, die humanen Verheißungen der Moderne im Moment ihres Verblassens doch noch zu retten.“[12] Einen solchen Sinn der Geschichte, verstanden als transzendentes Ziel einer immanent ablaufenden zeitlichen Geschichte, kann man, wiederum in Anlehnung an Augustinus (354–430) und sein großes geschichtstheologisches Werk „De civitate Dei“[13], mit den beiden Schlüsselbegriffen Friede und Gerechtigkeit charakterisieren: Gerechtigkeit ist nach dem Brudermord von Kain an Abel, also unter den faktischen Bedingungen der Erbsünde, nämlich schrankenloser gegenmenschlicher Aggression[14], die einzig mögliche Form des zeitlichen, unvollkommenen Friedens der Abschreckung und des staatlichen Gewaltmonopols.[15] Gerechtigkeit ist

---

[10] Vgl. Unsere Hoffnung. Ein Bekenntnis zum Glauben in dieser Zeit, in: Gemeinsame Synode der Bistümer in der Bundesrepublik Deutschland. Beschlüsse der Vollversammlung. Offizielle Gesamtausgabe I, Freiburg i. Br. 1976, 71–111.

[11] J. B. Metz, Gott und Zeit. Theologie und Metaphysik an den Grenzen der Moderne, in: StZ 125 (2000) 147–158, hier: 149; vgl. auch ders., Zur Theologie der Welt, Mainz 1968.

[12] Schüßler, Auf dem Sprung in die Gegenwart (s. Anm. 2), 27.

[13] Vgl. Augustinus, De civitate Dei. (Eine leicht zugängliche deutsche Ausgabe liegt vor mit: Aurelius Augustinus, Vom Gottesstaat [De civitate Dei]. Vollständige Ausgabe in einem Band. Aus dem Lateinischen übertragen von W. Thimme. Eingeleitet und kommentiert von C. Andresen, München 2007.) – Vgl. dazu E. Gilson, Les métamorphoses de la cité de Dieu, Paris 2005.

[14] Vgl. zum Hintergrund A. Görres, Psychologische Bemerkungen über die Erbsünde und ihre Folgen, in: C. Schönborn (Hg.), Zur kirchlichen Erbsündenlehre, Freiburg i. Br. 1991, 13–35.

[15] Vgl. zum Hintergrund F. Heidenreich, Theorien der Gerechtigkeit. Eine Einführung, Opladen 2011.

eigentlich die Form der göttlichen Weltordnung und wird durch die Lieblosigkeit des Menschen zur staatlichen Ordnung.[16] Frieden hingegen ist in eschatologischer theologischer Sicht dann die endzeitliche Vollendung jeder menschlichen Sehnsucht in der ewigen Anschauung Gottes[17], verstanden als endgültige und vollkommene Beantwortung aller menschlichen Fragen nach einem endgültigen und unverlierbaren Sinn der Weltgeschichte einerseits und der individuellen Lebensgeschichte eines jeden Menschen andererseits.

3 Zeitliche Gerechtigkeit und überzeitliche Gnade

Im Hintergrund steht natürlich die typisch christliche Idee, dass ein Sinn der Geschichte nur durch „Rettung" (oder, wiederum augustinisch gesprochen, mit Anklang an Platos [427–347 v. Chr.] wirkmächtigen Mythos des „Gorgias": durch „Heilung" der unsterblichen Seele)[18], näherhin und präziser durch Erlösung zu gewinnen ist, und zwar als göttliche Gabe, in dem, was das Christentum Offenbarung nennt, zunächst in der Inkarnation Gottes in seinem Sohn und sodann in der Inkarnation Gottes in der sichtbaren Kirche und ihren Sakramenten. Diese Sakramente als äußere und öffentliche Realsymbole der inneren und unsichtbaren Gnade freilich wollen die menschlich, durch einen bloßen Humanismus zu erreichende kalte Gerechtigkeit der äußerlichen Friedensstiftung zwischen Kain und Abel überbieten und vollenden, indem die Ermordung des Abel durch Kain nicht mehr einfach durch Gesetze und notfalls mit Gewalt verhindert wird, sondern sein Geliebtwerden durch diesen Kain ermöglicht und geschenkt wird: Das nennt sich Gnade, geschenkt von Gott, vornehmlich und zuerst in den Sakramenten seiner göttlichen Gegenwart. An die Stelle der kalten Gerechtigkeit tritt die personale Barmherzigkeit und Liebe.[19] Das Böse wird einge-

---

[16] Vgl. H. H. Schmid, Gerechtigkeit als Weltordnung. Hintergrund und Geschichte des alttestamentlichen Gerechtigkeitsbegriffs (BHTh 40), Tübingen 1968.

[17] Vgl. Augustinus, De civitate Dei XIX.

[18] Vgl. Augustinus, De vera religione III 4, 15: „ut anima sanetur et tantae luci hauriendae mentis acies convalescat" (Damit die Seele gesunde und das Geistesauge sich kräftige, solch helles Licht zu schauen.).

[19] Vgl. D. Ansorge, Gerechtigkeit und Barmherzigkeit Gottes. Die Dramatik von

dämmt durch zeitliche Gerechtigkeit und Befriedung, und es wird ausgelöscht durch überzeitliche Gnade und ewigen Frieden. Auf diesem sakramententheologischen und geschichtstheologischen Hintergrund entfaltet sich das gesamte friedensethische und friedenspolitische Engagement der katholischen Kirche und ihres Lehramtes.[20]

4 Gerechtigkeit und Liebe

Papst Franziskus macht in seinen beiden Sozialenzykliken *Laudato si'*[21] von 2015 und *Fratelli tutti*[22] von 2020 darauf aufmerksam, dass jede Gerechtigkeit, die den Maßstab für eine menschengerechte Politik und eine gute Ordnung der Gesellschaft abgeben will, nur gedeihen kann, wenn sie in einer fundamentalen Ordnung der Liebe wurzelt. Das Dokument „Unsere Hoffnung“ der Würzburger Synode versteht den christlichen Glauben an die Auferstehung im Kontext dieses Weges von einer Ordnung der Gerechtigkeit hin zu einer Ordnung der Liebe: Die Hoffnung auf die Auferstehung von den Toten und damit der Glaube an die Aufhebung der Schranke des Todes macht den Menschen frei von einem richtigen Leben im falschen, von einer chronischen Selbstentfremdung; frei zu einem Leben gegen die reine Selbstbehauptung, deren Wahrheit der Tod ist. Diese Hoffnung befreit erst zu einem Leben der Hingabe ohne Vorbehalt, um das Leben anderer Menschen durch solidarisches und stellvertretendes Leiden zu verwandeln. Und genau so erfahren sich Christen als österliche Menschen. Das heißt aber auch, ganz im Sinn des Synodentextes: Eine menschliche Gesellschaft wird immer auch leidensfähig und leidempfindlich sein müssen.

Vergebung und Versöhnung in bibeltheologischer, theologiegeschichtlicher und philosophiegeschichtlicher Perspektive, Freiburg i. Br. 2009.

[20] Vgl. P. Schallenberg, Friede als Werk der Gerechtigkeit. Zum friedensethischen und friedenspolitischen Engagement der römisch-katholischen Kirche, in: Materialdienst des Konfessionskundlichen Instituts 70 (2019) 94–97.

[21] Vgl. Papst Franziskus, Enzyklika Laudato si' über die Sorge für das gemeinsame Haus vom 24. Mai 2015 (VApS 202), Bonn 2015; vgl. dazu P. Schallenberg, Fünf Jahre „Laudato si“. Ansätze zu einer „augustinischen“ Ökologie des Menschen (KuG[K] 472), Mönchengladbach 2020.

[22] Vgl. Papst Franziskus, Fratelli tutti (s. Anm. 7); vgl. dazu P. Kardinal Turkson, P. Schallenberg, Fratelli tutti. Eine theologische Sozialethik der politischen Liebe (KuG[K] 475), Mönchengladbach 2020.

Krankheit und Verzweiflung und Scheitern sind aus christlicher Sicht niemals endgültig oder tragisch, sondern Teil des Heilsplanes Gottes. Ein solches christliches Hoffnungsbild von der endgültig sinnerfüllten Zukunft der Menschheit und des Menschen entrückt nicht illusionär den notwendigen Kämpfen um Gerechtigkeit in der menschlichen Geschichte. Ein Blick auf immer noch notwendige militärische Interventionen und auf die damit verbundene Diskussion um einen gerechten Verteidigungskrieg zeigt dies.[23] Aber dieses Bild einer überzeitlichen Hoffnung auf Vollendung ist geprägt von einer zutiefst versöhnten Nüchternheit und einem Realismus angesichts menschlicher Möglichkeiten und auch Abgründe. Daher unterstreicht Papst Franziskus in seinem Apostolischen Schreiben *Evangelii gaudium* von 2013:

> „Heute wird von vielen Seiten eine größere Sicherheit gefordert. Doch solange die Ausschließung und die soziale Ungleichheit in der Gesellschaft und unter den verschiedenen Völkern nicht beseitigt werden, wird es unmöglich sein, die Gewalt auszumerzen. Die Armen und die ärmsten Bevölkerungen werden der Gewalt beschuldigt, aber ohne Chancengleichheit finden die verschiedenen Formen von Aggression und Krieg einen fruchtbaren Boden, der früher oder später die Explosion verursacht."[24]

Militärischer Friede wurzelt immer in einem sozialen Frieden, militärische Gerechtigkeit setzt soziale Gerechtigkeit voraus, äußerer Frieden wird erst ermöglicht durch die innere Ausrichtung der Menschen auf das Gute und auf Gott: Das ist die bleibende Botschaft der Würzburger Synode und ihres Dokumentes „Unsere Hoffnung".

---

[23] Vgl. V. Bock, Schutz der Menschenrechte durch militärische Interventionen? Politisch-ethische Diskussion der Responsibility to Protect, in: R. Feiter, R. Hartmann, J. Schmiedl (Hg.), Die Würzburger Synode. Die Texte neu gelesen, Freiburg i. Br. 2013, 189–209; M. Schrage, Die ethische Herausforderung militärischer Interventionen angesichts von Aggressions- und Unterdrückungssituationen zu Lasten Dritter aus Perspektive katholischer Friedensethik, in: G. Geiger u. a. (Hg.), Krieg und Menschenrechte. Perspektiven aus Völkerrecht, Erinnerungskultur und Bildung, Opladen 2018, 165–183; J. Vüllers, Religiöses Friedensengagement in innerstaatlichen Gewaltkonflikten, Baden-Baden 2013.

[24] Papst Franziskus, Apostolisches Schreiben *Evangelii gaudium* über die Verkündigung des Evangeliums in der Welt von heute vom 24. November 2013 (VApS 194), Bonn 2013, Nr. 59.

Liturgie und Distanz

Anmerkungen aus symboltheoretischer Sicht

Günter Wilhelms

„Die Mutter Kirche wünscht sehr, alle Gläubigen möchten zu der vollen, bewußten und tätigen Teilnahme an den liturgischen Feiern geführt werden […].“ (SC 14)[1] In diesen vielzitierten Worten verbindet die im Dezember 1963 feierlich verkündete Liturgiekonstitution *Sacrosanctum Concilium* (SC) des Zweiten Vatikanischen Konzils (1962–1965) programmatisch die Idee der „actuosa participatio“ mit dem liturgischen Geschehen und formuliert damit ein Programm, das bis heute nichts an Aktualität eingebüßt hat. Was zunächst so naheliegend klingen mag – aktive Beteiligung der Gläubigen in der Liturgie – zeigt sich bei näherem Hinsehen als spannungsreich: Ist die Liturgie nicht eine durch und durch *un*demokratische Veranstaltungsform? Wenn sich die Gläubigen „beteiligen“, hat das dann nicht eher den Charakter eines „Kollektivmonologs“ – mitmachen ja, aber immer nach Ansage des Leiters der liturgischen Versammlung? In Nr. 34 der Liturgiekonstitution heißt es dann: „Die Riten mögen den Glanz edler Einfachheit an sich tragen und knapp, *durchschaubar* und frei von unnötigen Wiederholungen sein. Sie seien der *Fassungskraft* der Gläubigen angepaßt und sollen im allgemeinen nicht vieler Erklärungen bedürfen.“ (SC 34 [Hervorhebung Verf.]) Verstärkt diese Forderung nicht noch einmal den Verdacht, das Konzil habe „Beteiligung“ doch recht einseitig verstanden oder wenigstens missverständlich formuliert – nämlich eher im Sinne einer Optimierung eines Vermittlungsprozesses oder im Sinne von „Variationen“ eines im Grunde passiven Rezeptionsgeschehens? Wird den Gläubigen nicht die Rolle bloßer Empfänger

[1] Die Dokumente des Zweiten Vatikanischen Konzils werden zitiert nach: K. Rahner, H. Vorgrimler, Kleines Konzilskompendium. Alle Konstitutionen, Dekrete und Erklärungen des Zweiten Vaticanums in der bischöflich beauftragten Übersetzung, Freiburg i. Br. 1966.

einer immer schon vorgegebenen Gabe zugewiesen, die es nur noch und möglichst unverfälscht anzunehmen gilt?

Aber gibt es überhaupt eine Möglichkeit, Liturgie so zu verstehen, dass sie als „Beteiligungsform" ansichtig wird? Dieser Frage soll nun nachgegangen werden. Dabei geht es in den folgenden Überlegungen nicht um eine Exegese kirchenamtlicher Verlautbarungen; nicht um Theologie im engeren Sinne soll es gehen. Es geht aber auch nicht um eine „anthropologische Reduktion" des Theologischen, nicht darum, die Liturgie auf das zu reduzieren, was sie für die Gesellschaft bedeuten mag. Beabsichtigt ist vielmehr ein „kulturtheoretischer" Zugang, den die kirchlichen Stellungnahmen durchaus nahelegen, wenn sie die Idee der Beteiligung in den Mittelpunkt rücken oder wenn sie von „Zeichen der Zeit" (GS 4), von „Dialog" (GS 92) und der nötigen „Öffnung zur Welt", von „Partizipation" schreiben. Ich beanspruche auch keineswegs, so etwas wie eine Lösung des Problems der Anpassung der Liturgie an die moderne Gesellschaft vorzulegen. Mir geht es vielmehr darum, um es mit den Worten des Bielefelder Soziologen Niklas Luhmann (1927–1998) zu sagen, zu „sehen, welche Konturen das Problem annimmt, wenn man es mit Hilfe dieser Theorie formuliert"[2], hier einer bestimmten Symbolphilosophie. Solchen „theoretisch inspirierten Analysen kann man immer mangelnden ‚Praxisbezug' vorwerfen"[3], wie Luhmann einräumt und wie ich zugeben muss. Aber es geht schlicht darum, besser zu sehen, indem die Liturgie als eine besondere Form des „Selbst-Welt-Verhältnisses"[4], als „symbolische Form"[5] rekonstruiert wird.

1 Beobachtungen

Bevor ich auf den Begriff Distanz näher eingehe, möchte ich zunächst drei prominente Gesellschaftsanalytiker zu Wort kommen lassen. Sie haben in den letzten Jahren bestimmte Beobachtungen gemacht, die sich auf den Gottesdienst beziehen lassen. Allen dreien

---

[2] N. Luhmann, Ökologische Kommunikation. Kann die moderne Gesellschaft sich auf ökologische Gefährdungen einstellen?, Opladen [3]1990, 25.

[3] Ebd. 9.

[4] Vgl. H. Rosa, Resonanz. Eine Soziologie der Weltbeziehung, Berlin [3]2020.

[5] Dieser Begriff stammt von Ernst Cassirer und wird später vorgestellt.

liegt das Schicksal der Religion in der modernen Gesellschaft und durchaus auch das der christlichen Kirchen am Herzen.

Beginnen möchte ich mit einer Einschätzung des Münchener Soziologen Armin Nassehi aus dem Jahre 2014. Sein besonderes (systemtheoretisch orientiertes) Interesse an der Religion heute richtet sich insbesondere auf das Ritual, die rituelle Geste, die dadurch gekennzeichnet sei, so Nassehi, dass sie sich selbst erkläre und das Gefühl anspreche. Die rituelle Geste stehe für etwas Gestaltetes, Geformtes, Äußeres, das man gerade nicht „argumentativ in die Schranken weisen kann"[6]. Im Ritual gehe es nicht um gute Gründe oder die Unterstellung von Vernunft, nicht um Orientierungswissen, nicht um Inhalte – wobei er mit „Inhalt" das meint, was rational einsehbar und argumentativ kommunizierbar ist. Was ursprünglich mit der Reformation als emanzipativer Prozess begonnen habe, die Rationalisierung und Entästhetisierung der Religion, erweise sich nun als ihr Handicap und drohe, sie überflüssig zu machen. Bemerkenswert an Nassehis Beobachtungen erscheint mir weniger der Hinweis auf die besondere Aktualität (katholischer) gottesdienstlicher Vollzüge als vielmehr die, allerdings bei ihm nur angedeutete, Zwanghaftigkeit im Umgang mit dem Ritual, die sich in dem Bemühen um Rationalisierung zeigt. Auf dieses Problem hat vor fast 40 Jahren ein anderer Soziologe mit deutlicheren Worten hingewiesen. Alfred Lorenzer (1922–2002) warf damals der Liturgiereform des Konzils „Bevormundung", gezielte „Beeinflussung", Austrocknung von unkontrollierten „Nischen" von Phantasie vor.[7]

Als ein weiterer Beobachter soll Bruno Latour zu Wort kommen. Der in Paris lehrende und zu den Mitbegründern der sogenannten „Akteur-Netzwerk-Theorie" gehörende französische Soziologe und Philosoph hat vor vier Jahren einen Versuch unternommen, seine Erfahrungen im Umgang mit der katholischen Kirche und ihrem

---

[6] A. Nassehi, Die gebaute Präsenz der Kirchen und die soziale Präsenz des Religiösen – Überlegungen zu einem modernen Spannungsfeld, in: EKD-Institut für Kirchbau und kirchliche Kunst der Gegenwart (Hg.), 28. Evangelischer Kirchbautag 9. bis 12. Oktober München 2014. Evangelisch präsent – Kirche gestalten für die Stadt. Dokumentation (KBI 09), Marburg 2016, 43–60, hier: 57.

[7] Wörtliche Zitate aus: A. Lorenzer, Das Konzil der Buchhalter. Die Zerstörung der Sinnlichkeit. Eine Religionskritik, Frankfurt a. M. 1984, 82; vgl. G. Wilhelms, Sinnlichkeit und Rationalität. Der Beitrag Alfred Lorenzers zu einer Theorie religiöser Sozialisation, Stuttgart 1991, 11–18.

Gottesdienst auf den Begriff zu bringen.[8] Seine Beschreibungen klingen sehr kritisch und doch nur allzu vertraut: „so viele Worte des Heils“[9] klängen falsch, so stellt er fest. In ihrem Bemühen, den Glauben zu bewahren, hätten die Verkünder des Wortes Hürden aufgerichtet, „Prüfsteine“, an denen die „Treue der Gläubigen zu messen war“[10]. Latour hat dabei nicht zuletzt die Predigt vor Augen. Aus dem, was früher selbstverständlich und Brauch gewesen sei, „machten sie ein Ärgernis. […] Sie glaubten, dieses künstlich produzierte Ärgernis sei positiv, sie würden nach Maßgabe der Energie belohnt, mit der sie ‚gegen die Feigheiten, die Richtungslosigkeit, die Verderbnisse der Zeit‘ an dem alten Begriff festhielten“[11]. „Wer sein Leben retten will, der wird es verlieren“, so zitiert Latour die Bibel. Es sei vielmehr „am Hirten, zur Herde zurückzufinden“[12]. Nicht die Welt habe den Glauben verloren, sondern der Glaube die Welt.[13] Die „Prüfsteine“, an denen sich die Treue der Gläubigen erweisen solle, würden mit ihrer Differenzsetzung, ob gewollt oder nicht, auf die „Treue der Gläubigen“ zielen, auf die weitgehende Identifizierung mit der jeweiligen Gestalt der Kirche, auf eine Unmittelbarkeit, die in früheren Zeiten „normal“ gewesen sei. Heute werde sie zum Ärgernis.

Mit Hartmut Rosa – in Jena lehrendem und der Tradition der „Kritischen Theorie“ verpflichtetem Soziologen – möchte ich einen letzten Analytiker des Zeitgeistes zu Wort kommen lassen. In seinem Opus magnum „Resonanz“[14] geht er auch auf die Religion ein. Die Aufgabe der Religion sei es immer gewesen, so heißt es dort, der Welt insgesamt Sinn zuzusprechen. Sie suchte zu garantieren, dass die Weltbeziehung sinnvoll ist und gelingt, also durch Resonanz geprägt ist. In ihrer langen Geschichte sei sie aber immer wieder in die Versuchung geraten, dieses Versprechen mit Gewalt durchsetzen zu wollen. „Selbstwirksamkeit“ werde dann verwechselt mit der „Logik der instrumentellen Vernunft“, mit „Verfügbarmachung, Beherr-

---

[8] Vgl. B. Latour, Jubilieren. Über religiöse Rede, Berlin 2016. – Ich vermute, dass er damit die Erfahrung vieler Gottesdienstbesucherinnen und -besucher recht gut getroffen hat.

[9] Ebd. 84.

[10] Ebd. 17f.

[11] Ebd. 18.

[12] Ebd. 21.

[13] Vgl. ebd. 22.

[14] Vgl. Rosa, Resonanz (s. Anm. 4).

schung und Kontrolle". „Sie versucht", so Rosa, „Dinge und Menschen unter Kontrolle zu bringen (und so zur Resonanz zu zwingen), anstatt sie zu *erreichen* oder sie zu *berühren.*"[15]

> „Daraus resultieren dann die vielleicht schlimmsten und vor allem folgenreichsten Formen der Entfremdung, welche die erbitterte Feindschaft vieler *resonanzsensibler Moderner* gegenüber der Religion erklären, nämlich Manifestationen der absoluten Empathie- und Mitleidlosigkeit, der puren Verdinglichung, des trotz des lautstarken Gebrülls stummsten und eisigsten Fanatismus."[16]

Rosa denkt dabei an extremen religiösen Fanatismus in Form der Kreuzzüge oder des IS-Terrorismus. Sicher haben solche Formen nichts mit dem zu tun, um das es hier gehen soll. Aber die Religion ist auch heute in der Versuchung, Kontrollillusionen zu erliegen – das Stichwort „Resonanzlosigkeit" passt durchaus zu so mancher (verfehlten) Bemühung um die „Verlebendigung" religiöser Vollzüge, die sich schließlich als „Empathielosigkeit" entlarven. Ich komme darauf zurück.

Alle diese Beobachtungen wollen mehr oder weniger ausdrücklich darauf aufmerksam machen, dass sich im Umgang mit der Liturgie bestimmte Verhaltensstrategien und Erwartungsformen ausbilden können, die die, um es allgemein auszudrücken, Spielräume der Beteiligten einengen. Wenn tatsächlich „Prüfsteine" aufgerichtet, Aufmerksamkeit erzwungen, Ungreifbares greifbar gemacht werden soll, dann wird eine Unmittelbarkeit inszeniert, so lautet die These, die die für Freiheit unverzichtbare Distanz auflöst oder unmöglich macht. Dass solche „Prüfsteine", ob gewollt oder nicht, als Aufdringlichkeit, Bevormundung oder gar Kontrolle erlebt werden, scheint jedenfalls naheliegend. Ein anderes Beispiel wäre ein Gemeinschaftsideal, dass den Einzelnen nur noch als Teil des Ganzen akzeptieren kann und sektenförmige Züge annimmt. Die Form des Verhältnisses zwischen Individuum und Gemeinschaft steht zur Debatte, wird zum Problem.

Die Opfer solcher Umgangsweisen mit der Liturgie sind sowohl die, die „sich fallen lassen" wollen – sind aber auch die, die sich abschrecken lassen und wegbleiben. Für beide Gruppen wird die Litur-

---

[15] Wörtliche Zitate aus: ebd. 452.

[16] Ebd. [Hervorhebung Verf.].

gie zu einer stummen, leeren Veranstaltung. Für beide gilt, dass die eigene Stimme keine „Resonanz“ (Hartmut Rosa) erfährt – ob sie in einem identitären harmonischen Ganzen aufgeht oder an bedeutungsleeren Routinen abprallt.

2 Distanz

Die Idee einer „Distanznahme“ klang in den bis jetzt angestellten Überlegungen schon deutlich an. Der Begriff Distanz soll nun genauer bestimmt werden, um mit seiner Hilfe die (nicht nur sozialen) Bedingungen der Möglichkeit von Liturgie in den Blick zu nehmen. Das mag zunächst etwas weit hergeholt und konstruiert erscheinen – auf den ersten Blick ist doch die Distanz ein Gegenbegriff zur Beteiligung –; wer auf Distanz geht oder auf Distanz gehalten wird, der will oder kann nicht mehr eingreifen, sich beteiligen. Aber schon ein kurzer Blick in seine durchaus beeindruckende Geschichte kann zeigen, welche Hilfe der Begriff zu bieten vermag. Seine Prägung hat er vor allem in zwei Bereichen gefunden – zum einen in der Literaturästhetik bzw. Kulturphilosophie und zum anderen in der Soziologie.

Zunächst möchte ich aber für die Verbindung von Distanz und Liturgie Romano Guardini (1885–1968) zu Wort kommen lassen. Bekanntermaßen hat er sich sehr intensiv mit der Liturgie auseinandergesetzt und darauf hingewiesen, dass sie weder durch „haltlose Selbstaufgabe“ noch durch individualistische Abgrenzung gekennzeichnet sei. Guardinis Interesse richtet sich dabei vor allem auf das Subjekt-Welt-Verhältnis. In seiner kleinen Schrift „Vom Geist der Liturgie“ aus dem Jahre 1918 hat er diese Spannung so beschrieben:

> „Der Einzelne ist wohl Glied des Ganzen, aber nicht nur Glied; er geht im Ganzen nicht auf. Er ist ihm eingefügt, aber so, daß er durchaus bleibt, was er ist, eigenständige, in sich ruhende Persönlichkeit. […] Die Gemeinsamkeit ist durch ein stets waches Abstandsgefühl […] gemäßigt. Trotz aller Gemeinschaft kann sich nirgends der Eine in das Innere des Andern eindrängen, auf dessen Beten und Handeln Einfluß gewinnen, ihm seine Eigenart, sein Fühlen und Empfinden aufnötigen.“[17]

---

[17] R. Guardini, Vom Geist der Liturgie, Freiburg i. Br. 1957, 52f.54.

Das habe damit zu tun, so Guardini weiter, „daß die Vereinigung der Glieder untereinander nicht unmittelbar von Mensch zu Mensch geht. Sie vollzieht sich dadurch, daß alle auf das gleiche Ziel gerichtet sind […] in Gott, im gleichen Bekenntnis, Opfer und Sakrament“[18]. Zwei Aspekte sind für die folgenden Überlegungen wichtig: der Distanzgedanke und der der Vermittlung.

Wie steht es mit dem Distanzgedanken in der Literaturästhetik? Ein paar eher kurze Hinweise sollen auch hier genügen: In der modernen Literaturästhetik (in der zweiten Hälfte des letzten Jahrhunderts) findet sich die Vorstellung, dass Distanz zum Wesen der Dichtung gehört. Friedrich Schiller (1759–1805) wird zum Gewährsmann, wenn er davor warnt, „mitten im Schmerz den Schmerz […] besingen“ zu wollen. Der Dichter solle „seine Leidenschaft aus einer mildernden Ferne“[19] anschauen. Schlechte Werke „verringern den Abstand zum Leben, bis die Kunstgestalt in der Erlebnisaussage versinkt“, so lautet die Vorstellung. Das Kunstwerk fordere demgegenüber „Anstrengung […] und Überlegung, das stört und unterbricht das Lustgefühl; es dämpft jedenfalls die Stärke des Gefühls“[20]. Der Abstand zwischen Ich und Gegenstand wird als notwendige Bedingung für eine Stellungnahme verstanden, ja als Bedingung von Freiheit. Die Distanz wird damit zum Kriterium für die Unterscheidung zwischen guter und schlechter Dichtung. Distanzlosigkeit oder Unmittelbarkeit sind typisch für den Kitsch.

Eine gewisse Rolle spielt der Distanzgedanke auch in der gegenwärtigen Soziologie. Armin Nassehi hat ihn beispielsweise bei seiner Analyse der Veränderungen der Arbeitswelt im Zuge der Digitalisierung an zentraler Stelle verankert. Das Problem sieht er vor allem darin, dass die Digitalisierung der Arbeitswelt die Differenz zwischen Arbeiter und Produkt bzw. Arbeitsprozess immer mehr aufzulösen scheint. Die Arbeit entfremde sich „nicht mehr [wie noch vor der Digitalisierung; Verf.] durch eine Abkoppelung der Arbeit vom produzierenden Subjekt, sondern eher dadurch, dass das produzierende, arbeitende Subjekt selbst *keine Distanz* mehr zu seiner

---

[18] Ebd. 53.

[19] F. Schiller, Über Bürgers Gedichte, zitiert nach: J. Schulte-Sasse, Distanz/Distanzlosigkeit, ästhetische, in: HWPh 2 (1972) 267–269, hier: 268.

[20] Ebd. 267. – Solche Vorstellungen sind nicht unwidersprochen geblieben.

Arbeit aufbauen kann“[21]. Der Arbeitsprozess selbst, so Nassehi, verlagere sich in den Produzenten hinein. Der Arbeitende werde selbst zum „Werkstück“[22]. Das arbeitende Subjekt verliere sich immer mehr in Komplexitäten, so, „dass flexible Reaktionen unmöglich werden“[23]. Kein Wunder, dass psychische Erkrankungen und Burnout zunähmen. Diesem Szenario setzt Nassehi seine Vorstellung von den Bedingungen gelingender Arbeit entgegen: „Wer arbeitet braucht *Spielräume* [...], braucht *Distanzierungsmöglichkeiten,* braucht einen unorganisierten und *unorganisierbaren Rest,* um wirklich selbst zu arbeiten und nicht im Arbeitsprozess selbst aufzugehen.“[24] Also Distanz als Bedingung für selbstbestimmte Arbeit.

Wie gesagt, mag sein, dass der Begriff Distanz etwas unglücklich gewählt ist, weil er Assoziationen wie Abstraktion, Sinnleere, Kälte oder Hilflosigkeit hervorzurufen vermag. Gemeint ist aber der Prozess des menschlichen Geistes und eine der zentralen Bedingungen, die ihn gleichsam in Bewegung halten. Distanz ist die notwendige Bedingung für Beteiligung, für eine größere Selbständigkeit der Selbst- und Weltgestaltung. Kultivierung durch Distanzierung, so lautet die These.[25]

3 Symbol

Um diesen Prozess und mit ihm die Idee von der Distanznahme etwas genauer fassen zu können, lohnt wieder ein Blick zurück. Schaut man in die Anfangsgründe der Kulturphilosophie, wird man schnell fündig. So war es Georg Simmel (1858–1918), einer der Klassiker der Soziologie, der dem Begriff eine zentrale Rolle zugewiesen hat. Distanz bezieht sich auch bei ihm auf das Subjekt-Objekt-Verhältnis, das Verhältnis zwischen Ich und Gegenstand oder Objekt.[26] Sie sei

---

[21] A. Nassehi, Arbeit 4.0. Was tun mit dem nicht organisierbaren Rest?, in: P. Felixberger, A. Nassehi (Hg.), Kursbuch 179 – Freiheit, Gleichheit, Ausbeutung, Hamburg 2014, 135–154, hier: 150 [Hervorhebung Verf.].

[22] Ebd. 151.

[23] Ebd.

[24] Ebd. 152 [Hervorhebung Verf.]

[25] Vgl. O. Schwemmer, Ernst Cassirer. Ein Philosoph der europäischen Moderne, Berlin 1997, 161.

[26] Zum Distanzbegriff bei Simmel vgl. J. Schultz, S. Sello, Distanz, in: H.-P. Mül-

Bedingung für Sinnstiftung. Erkenntnis wie Wertung eines Objektes verlangten „Affektregulation“, eine „Zurückhaltung der Triebbefriedigung“, „Beruhigung der Leidenschaften“, also Distanz.[27] Der Mensch könne den Weg zu sich selbst nicht „rein von innen her“[28], gleichsam unmittelbar, finden; er führe ihn vielmehr über eine Vielfalt von objektiven geistigen Gebilden – von Kunst, Sitte und Normen, Wissenschaft und Gegenständen, bis zu Technik und Religion. Auch zeitdiagnostisch wird der Begriff für Simmel wichtig. So schiebt sich etwa das Geld als Medium (distanzierend) zwischen Mensch und Ware, mit ausgesprochen ambivalenten Folgen: Einerseits gewinne der Mensch dadurch „individuelle Freiheitsspielräume“, andererseits verobjektiviere sich das Verhältnis zwischen den Menschen immer weiter bis hin zur Entfremdung.[29]

Neben Simmel war es Ernst Cassirer (1874–1945), der der Kulturphilosophie in ihrem Anfang wesentliche Impulse gegeben hat.[30] Auch bei ihm findet man den Begriff Distanz – dabei war es nicht zuletzt seine Auseinandersetzung mit Simmel, die die Aufmerksamkeit auf diesen Begriff hat richten lassen.[31]

3.1 Umwegwesen

Cassirer verortet ihn anthropologisch: Der Mensch verschaffe sich im Umgang mit seinen vielfältigen kulturellen Werken (in Abgren-

---

ler, T. Reitz (Hg.), Simmel-Handbuch. Begriffe, Hauptwerke, Aktualität, Berlin 2018, 166–172. Auch in der bekannten Gegenüberstellung von „Umweltgebundenheit“ der Tiere und „Weltoffenheit“ des Menschen in der Anthropologie (Max Scheler, Helmuth Plessner, Arnold Gehlen) lassen sich Anklänge an den Distanzgedanken finden.

[27] Wörtliche Zitate aus: ebd. 168. – Wobei zu berücksichtigen ist, dass Simmels Begriff eher schillernd ist.

[28] G. Simmel, Der Begriff und die Tragödie der Kultur, in: ders., Philosophische Kultur. Über das Abenteuer, die Geschlechter und die Krise der Moderne, Berlin 1998, 195–219, hier: 198.

[29] Vgl. Schultz, Sello, Distanz (s. Anm. 26), 169f.; G. Simmel, Philosophie des Geldes, Berlin 1900; ders., Die Großstädte und das Geistesleben, in: Jahrbuch der Gehe-Stiftung. Hg. von T. Petermann, Dresden 1903, 185–206.

[30] Vgl. R. Konersmann, Einleitung, in: ders. (Hg.), Handbuch Kulturphilosophie, Stuttgart 2012, 1–12.

[31] Vgl. E. Cassirer, Die „Tragödie der Kultur“, in: ders., Zur Logik der Kulturwissenschaften. Fünf Studien, Darmstadt 1961, 103–127.

zung zum Tier) einen Distanzgewinn. Dieser erlaube es ihm, die durch Reiz-Reaktions-Verhaltensmuster gekennzeichnete Lebensunmittelbarkeit zu verlassen. Vermittels der „objektiven“ Formen gewinne er einen Spielraum, der ihm Freiheit ermögliche.[32]

Diese Bestimmung des Menschen findet sich auch schon in Simmels Definition von Kultur als „Weg der Seele zu sich selbst“[33] und hat weit über Cassirer und Simmel hinaus vielfältige Resonanz gefunden – etwa in dem geflügelten Wort vom Menschen als „Umwegwesen“[34] oder in Latours treffendem Bild vom Menschen als demjenigen, der das „Chaos zur Welt zu krempeln“[35] hat. Ob in Mythos, Religion, Kunst, Sprache, Wissenschaft oder Technik, in *allen* diesen Kulturformen habe sich in einem Wechselspiel zwischen der „inneren Welt der Gedanken und Gefühle einerseits und den sinnlich greifbaren Bedeutungsträgern andererseits“[36] der menschliche Bewusstseinsprozess ausgestaltet. Dieser permanente Wechselprozess sei das „Gesetz“ des Bildens der Seele, der „Arbeit des Geistes“[37]. Diese von Cassirer auch „metaphorische Funktion“ genannte Begriffsbildung bedeutet also die „Darstellung seelischer Regungen und Erregungen in bestimmten objektiven Bildungen und Gebilden“[38]. Erst das in diesem Sinne gegenüber dem Bewusstsein „Feste“ oder „Konstante“, die Produktionen, machen Distanz überhaupt

---

[32] Vgl. B. Recki, Cassirer, Stuttgart 2013, 75.

[33] Simmel, Der Begriff und die Tragödie der Kultur (s. Anm. 28), 195.

[34] R. Konersmann, Kulturphilosophie zur Einführung, Hamburg ^{2}2010, 128; vgl. H. Blumenberg, Die Sorge geht über den Fluß, Frankfurt a. M. 1987, 137f.

[35] B. Latour, V. Lépinay, Die Ökonomie als Wissenschaft der leidenschaftlichen Interessen, Berlin 2010, 120.

[36] Lorenzer, Das Konzil der Buchhalter (s. Anm. 7), 24, dort mit Bezug auf Cassirer.

[37] E. Cassirer, Die Sprache und der Aufbau der Gegenstandswelt, in: ders., Gesammelte Werke. Band 18: Aufsätze und kleine Schriften (1932–1935). Hg. von B. Recki, Hamburg 2009, 111–126, hier: 115.

[38] E. Cassirer, Sprache und Mythos. Ein Beitrag zum Problem der Götternamen, in: ders., Wesen und Wirkung des Symbolbegriffs, Darmstadt 1983, 71–158, hier: 149, zit. nach Recki, Cassirer (s. Anm. 32), 39. – Wobei die beiden Pole nicht als zunächst unabhängig voneinander gedacht werden sollen, sondern so, dass sie sich erst konstituieren, sich bilden im (geistigen) Prozess der „Gewinnung der Welt“ durch Distanznahme. Im medialen Prozess konstituiert der Mensch seine Welt, gibt er ihr Gestalt und Sinn.

möglich. Erst im Werk sieht sich das Ich selbst an.[39] Distanz und Selbsterkenntnis bedingen einander.

3.2 Rezeption

Entscheidend ist dabei, dass „das Feste" seinerseits zu immer neuer Formbildung anregt. Mit den Worten von Cassirer:

> „Das Wechselspiel zwischen beiden macht erst den Pendelschlag des geistigen Lebens selbst aus. Die ‚forma formans', die zur ‚forma formata' wird, die um ihrer eigenen Selbstbehauptung willen zu ihr werden muß, die aber nichtsdestoweniger in ihr niemals gänzlich aufgeht, sondern die Kraft behält, sich aus ihr zurückzugewinnen, sich zur ‚forma formans' wiederzugebären – dies ist es, was das Werden des Geistes und das Werden der Kultur bezeichnet."[40]

Dieser Prozess spielt sich nicht nur zwischen dem Produzenten und seinem Produkt ab, sondern auch zwischen dem aktiven Ausdruck eines Gestaltenden und dem Verstehen eines Rezipienten. Wobei die Rezeption gerade nicht als ein bloß passives Geschehen verstanden werden darf, denn der Rezipient muss den Bedeutungsträger in sein eigenes Leben einbeziehen, es gleichsam „resubjektivieren". Insofern ist das kulturelle Werk kein Endpunkt, wie Cassirer gegenüber Simmel eingewandt hatte, sondern „Durchgangspunkt", Übergang. An der „Tätigkeit des einen [entzündet sich; Verf.] die des anderen"[41].

Ursprünglich aus der subjektiven Welt- und Selbsterfassung, aus der unmittelbaren Erfahrung hervorgehend, entwickelt das „Zwischenreich" der Form seine eigene Dynamik, bildet zunehmend eine stabile und kollektive Gestalt aus, die alle weiteren Sinnstiftungen oder Deutungsprozesse leitet – und sich dann seinerseits weiter ausdifferenziert. Oswald Schwemmer hat den Ursprung dieses Prozesses als „moralischen Impuls"[42] zu deuten versucht, Cassirer selbst

---

[39] Vgl. Schwemmer, Ernst Cassirer (s. Anm. 25), 206.

[40] E. Cassirer, Zur Metaphysik der symbolischen Formen, in: ders., Nachgelassene Manuskripte und Texte. Band 1, Hamburg 1995, 3–109, hier: 18.

[41] Cassirer, Die „Tragödie der Kultur" (s. Anm. 31), 111.

[42] Schwemmer, Ernst Cassirer (s. Anm. 25), 174 u. a.

nannte ihn auch einen „fundamentalen moralischen Imperativ“[43]. Denn in ihm zeige sich, dass der Mensch ständig über sich hinausgehen müsse, um sich selbst zu finden. Erst im „Werk“ oder Produkt erfasse der Mensch seine Möglichkeiten, werde seine Freiheit konkret. Das ist der ethische Sinn des Symbolisierungsgeschehens. Cassirer verweist auf die kindliche Sprachentwicklung und deutet sie in seinem Sinne so: Nicht der Akt des Bezeichnens sei entscheidend für das Kind. In seiner Wissbegier frage es nach dem Namen, um mit ihm einen Gegenstand „gewissermaßen in Besitz zu nehmen“[44]. Mit der rituellen Formel „Keine Angst“, wolle sich das kleine Kind von seiner Furcht vor fremden Menschen distanzieren. Mit Hilfe der Sprache lerne das Kind Affektkontrolle – und gewinne an Eigenaktivität.[45]

3.3 Formen

Wie gesagt, Cassirers Symbolphilosophie ist dadurch gekennzeichnet, dass sie auf der einen Seite in *allen* symbolischen Formen Eigenaktivität am Werke sieht. Auf der anderen Seite findet man bei ihm aber auch die Vorstellung von einer sukzessiven Entwicklung der Formen und eine Aufmerksamkeit für ihre Unterschiede.[46] Wie bringen sich die Unterschiede zum Ausdruck? Wenn man die verschiedenen kulturellen Formen miteinander vergleiche, so Cassirer, dann könne man so etwas wie eine „fallende Stofflichkeit“[47] oder Materialität und eine Minimierung „subjektiver Ausdrucksmodalität“[48] beobachten – angefangen beim Mythos bis hin zur Wissenschaft. Der Mythos – Cassirer benutzt einen recht weiten Begriff – sei (noch) geprägt durch Magie, Macht der Bilder, Intuition, Gefühlsdominanz. Zwar sei auch die Wissenschaft durch bestimmte Weisen der sinnlichen Aktivität vermittelt, aber Mythos, Religion und auch

---

[43] E. Cassirer, Versuch über den Menschen. Einführung in eine Philosophie der Kultur, Hamburg 2007, 51.

[44] Cassirer, Die Sprache und der Aufbau der Gegenstandswelt (s. Anm. 37), 118.

[45] Vgl. Recki, Cassirer (s. Anm. 32), 76.

[46] Dass die Vermittlung auch scheitern kann, das hatte Cassirer selbst kaum berücksichtigt.

[47] J.-P. Peters, Cassirer, Kant und Sprache. Ernst Cassirers „Philosophie der symbolischen Formen“, Frankfurt 1983, 120.

[48] Recki, Cassirer (s. Anm. 32), 44.

Kunst ständen in besonderer Nähe zur Sinnlichkeit, sie bedeuteten „eine Welt, die ihrer unmittelbaren Beschaffenheit nach noch ganz die Farbe des Sinnlichen an sich" trage, auch wenn sie bereits geformte, „geistig beherrschte Sinnlichkeit" darstelle.[49] Im Verhältnis von Mythos und Ritus lässt sich dieses Verhältnis von Gefühl, Passivität auf der einen und Objektivierung, Aktivität auf der anderen Seite noch einmal nachvollziehen: Der Mythos habe seine Aufgabe darin gefunden, so Cassirer, dass er das, was im Ritus geschieht, erklärt. „Was bisher dunkel und undeutlich gefühlt wurde, nimmt nun eine bestimmte Gestalt an; was ein passiver Zustand war, wird ein aktiver Prozeß."[50] „Im Mythos ‚werden Gefühle nicht einfach gefühlt. Sie werden intuiert'; sie werden ‚in Bilder gewandelt'."[51] Der Mythos sei ein erster Schritt der „Objektivierung"[52]. Aber er bleibe dem bildhaften Ausdruck eng verbunden, Gefühle, kollektiv erzeugte Reaktionen, nicht individuelle Aktionen ständen im Mittelpunkt. Auch die Kunst gehöre in diesen Zwischenbereich: In einem Aufsatz über die Technik verortet Cassirer die Kunst zwischen Mythos und Wissenschaft bzw. Technik. Das Kunstwerk stehe, so heißt es dort, einerseits in der „reinen Sachwelt" und spreche für sich selbst und trage andererseits „immer zugleich das Zeugnis einer individuellen Lebensform, eines individuellen Daseins und Soseins" in sich. Die Kunst binde sich nicht einfach an die Natur oder Sachwelt, sondern sie bedeute eine „neue und einzigartige Synthese von Ich und Welt"[53]. Sie halte eine gewisse Schwebe zwischen Objektivität, Äußerlichkeit und reiner „Ichbewegung"[54].

---

[49] Wörtliche Zitate aus: E. Cassirer, Philosophie der symbolischen Formen. Erster Teil: Die Sprache, Darmstadt ^{8}1985, 20. – In diesem Zusammenhang wird immer wieder auf das Beispiel des „Linienzuges" verwiesen, das Cassirer zur Verdeutlichung der je anderen Versinnlichung anführt (vgl. ders., Philosophie der symbolischen Formen. Dritter Teil: Phänomenologie der Erkenntnis, Darmstadt ^{8}1982, 232–234.).

[50] E. Cassirer, Mythus des Staates. Philosophische Grundlagen politischen Verhaltens, Frankfurt a. M. 1985, 60.

[51] Schwemmer, Ernst Cassirer (s. Anm. 25), 164, mit Zitaten aus: Cassirer, Mythus des Staates (s. Anm. 50), 66.

[52] Ebd.

[53] E. Cassirer, Form und Technik, in: ders., Gesammelte Werke. Band 17: Aufsätze und kleine Schriften (1927–1932). Hg. von B. Recki, Hamburg 2009, 139–184, hier: 179f.

[54] Ebd. 178.

4 Liturgie

Wie lässt sich die Liturgie in dieses Interpretationsschema einordnen? Dieser Frage nachzugehen heißt nicht, „Rezepte" für eine bessere Praxis verschreiben zu wollen, es geht vielmehr um eine etwas andere Sicht auf die Liturgie. Mit Hilfe einer symboltheoretischen Deutung wird die Liturgie als ein Prozess der Selbstentfaltung ansichtig. Wie wir eingangs festgestellt hatten, wird eine solche Perspektive auch in lehramtlichen Texten zumindest angedeutet, wenn von Beteiligung die Rede ist. Wieder symboltheoretisch betrachtet müssen dazu bestimmte Bedingungen gegeben sein – wir haben die „Distanznahme" als eine solche in den Mittelpunkt gerückt. Ohne Distanz, so lautet die These, sind Selbst- und Weltreflexion und damit konkrete Freiheit nicht denkbar. Freiheit durch Distanznahme, so hatte sich zeigen lassen, vollzieht sich in einem „Wechselspiel" zwischen den inneren Gedanken und Gefühlen einerseits und den sinnlich greifbaren Bedeutungsträgern andererseits. Das menschliche Selbst- und Weltverhältnis ist also als vermitteltes zu denken. Die Vermittlung läuft über die kulturellen Produktionen.

Die Symboltheorie macht außerdem darauf aufmerksam, dass die objektive Form, das Werk, nur insofern Bedeutung hat, als es wieder zu neuer Symbolbildung anregt. Seine Bedeutung liegt also in seiner Funktion. Das heißt, eine symbolische Form ist dadurch gekennzeichnet, dass sie eher als „energeia" denn als „ergon"[55] zu verstehen ist, als „sinnliche Verkörperung eines geistigen Gehalts"[56]. Der kulturelle Prozess ist unerschöpflich; er geht vom Menschen aus und muss immer wieder durch ihn hindurch.[57] Und er endet gleichsam beim anderen Subjekt, beim Du.

4.1 Resonanzen

Für Guardini ist die Liturgie, wie erwähnt, durch Vermittlung gekennzeichnet. Vereinigung oder Gemeinschaft gelingt nicht unmittelbar, sondern nur über Vermittlungen, in der liturgischen Gemein-

---

[55] Vgl. B. Recki, Kultur als Praxis. Eine Einführung in Ernst Cassirers Philosophie der symbolischen Formen (DZPh.S 6), Berlin 2004, 163.

[56] Ebd. 164.

[57] Vgl. ebd. 181.

schaft über das gleiche Ziel, auf das sich die Aufmerksamkeit der Mitfeiernden richtet. Auch hier zeigt sich der Mensch als das Wesen, das seine Anschauungs- oder Gefühlsgehalte, also bestimmte Inhalte in ein ihnen „selbst fremdes, ja disparates Medium“[58] umsetzen muss – in Laute, Bilder, Gesten, Gerüche, Berührungen, Dinge. Dabei geht es nicht darum, bestimmte vorgegebene Inhalte nurmehr im rezipierenden Subjekt abzubilden. Die Bedeutungsträger, ob Bilder, Gesten oder Dinge, eröffnen einen Spielraum für subjektive Interpretationen; der „Rezipient“ (oder Gottesdienstbesucherin und -besucher) wird zum Schöpfer.

Aber ist es nicht so, dass in der Liturgie die Macht der Bilder, Intuition, Gefühlsdominanz vorherrschen? Also eher Unmittelbarkeit als Distanz? Besser gesagt: Wünschen wir uns nicht sehnlichst mehr Gefühle und Stimmungen? Kommt uns die Liturgie nicht allzu häufig nüchtern, routiniert, ausgetrocknet vor? Wenn man sich die Gesellschaftsanalyse von Rosa anschaut, dann drängt sich der Eindruck auf, er träumte tatsächlich von einer anderen Welt. Wir lebten in einer Gesellschaft, so lautet seine Analyse, in der für die Dinge oder Gegenstände gerade ihre Trennung von ihren Erzeugern charakteristisch sei, dass sie eine klare, harte Grenze von ihrer Umgebung abhebe. Sie seien Teil eines „stummen Universums“[59] – ganz anders als in vormodernen, archaischen, mythischen Kulturen, in denen die Dinge sprichwörtlich zum Menschen sprächen. „Unheimlich sind lebendige Dinge [...] nur für moderne, erwachsene Menschen.“[60] Die „objektivierende Verdinglichung der Dinge“ könne man, so Rosa, als „gleichsam ‚natürliche‘ Welthaltung“ des modernen Menschen bezeichnen.[61]

Er ist optimistisch und setzt darauf, diese Art von Trennung zu überwinden: Es ließen sich auch heute, davon scheint er überzeugt, nicht nur Enklaven „resonante[r] Objektbeziehungen“[62] finden – wir

---

[58] Cassirer, Sprache und Mythos (s. Anm. 38), zitiert nach: Recki, Cassirer (s. Anm. 32), 39.

[59] Rosa, Resonanz (s. Anm. 4), 381.

[60] D. Kimmich, Lebendige Dinge in der Moderne, Konstanz 2011, 12, zitiert nach: Rosa, Resonanz (s. Anm. 4), 382.

[61] Wörtliche Zitate aus: Rosa, Resonanz (s. Anm. 4), 382. – Die Digitalisierung könnte diese Form des Umgangs mit den „Dingen“ gehörig durcheinander bringen und in quasimythische Formen zurückführen – schließlich lernen wir gerade, mit den Dingen zu sprechen (siehe Siri, Alexa und Co.).

[62] Ebd. 389.

könnten die „Dinge zum Singen bringen“. Um den besonderen Charakter der Resonanz nachvollziehbarer zu machen, verweist er immer wieder auf die Romantik und zitiert ein berühmtes Beispiel – nämlich das 1835 von Joseph von Eichendorff (1788–1857) verfasste Gedicht „Wünschelrute“: „Schläft ein Lied in allen Dingen, die da träumen fort und fort, und die Welt hebt an zu singen, triffst du nur das Zauberwort.“[63] Die „resonante“ Welt singe, „dampfe“ von unmittelbarer, gefühlter Bedeutung. Sie werde gleichsam „urpersönlich“ aufgeladen.[64] Wir lebten in unserer Welt. Eine andere von Rosa häufig verwendete Metapher ist die der „Verflüssigung“ des Selbst-und-Welt-Verhältnisses[65], um die Resonanzerfahrung von pathologischen oder, wie er es nennt, von „repulsiven“ Formen abzugrenzen. Dabei will er noch einmal zwischen passiver und aktiver Resonanzbeziehung unterscheiden, um den modernen Anspruch auf Autonomie und Freiheit aufzunehmen. Auf der einen Seite werde der Mensch durch die Dinge bloß „affiziert“, die Beziehung sei durch Passivität gekennzeichnet. Auf der anderen Seite habe die Beziehung zwischen Subjekt und Objekt aktiven Charakter; der Mensch mache die Erfahrung „handelnder Selbstwirksamkeit“[66]. Resonanz bedeutet also nicht Unmittelbarkeit, so möchte ich Rosas Gedanken aufgreifen und symboltheoretisch weiterführen, sondern soll als ein Prozess verstanden werden, der ein Gegenüber voraussetzt und gerade im

---

[63] J. v. Eichendorff, Wünschelrute, in: W. Rasch (Hg.), Joseph von Eichendorff. Sämtliche Gedichte, München 1975, 103; vgl. Rosa, Resonanz (s. Anm. 4), 387f. – Auch in seinem Heimatartikel hat Rosa auf dieses Gedicht Bezug genommen (vgl. H. Rosa, Heimat im Zeitalter der Globalisierung, in: Der blaue Reiter. Journal für Philosophie 23 [2007] 13–18, hier: 13.).

[64] Bernhard Waldenfels hat es einmal mit Blick auf den Heimatbegriff so ausgedrückt: Der (heimatliche) Raum, in dem wir leben oder den wir betreten, sei keine „Kulisse“, kein „leerer Behälter“. Wir würden kein „nachträgliches Zubehör“, sondern einen Teil von uns selbst betreten (vgl. B. Waldenfels, Heimat in der Fremde, in: ders., In den Netzen der Lebenswelt, Frankfurt a. M. 1985, 194–211, hier: 197f.).

[65] Vgl. Rosa, Resonanz (s. Anm. 4), 389 u. v. a. – Ein anderes Beispiel ist die berühmte „Honigpumpe“ von Joseph Beuys (1921–1986), die die nötige Verflüssigung sozialer Strukturen bildhaft zum Ausdruck bringen wollte.

[66] Ebd. 393. – Dass Rosa von einer ursprünglich resonanten Weltbeziehung des Menschen und einer späteren Verdinglichung schreibt, ändert meiner Ansicht nach nichts an seiner grundsätzlich optimistischen Sicht, was die Resonanzfähigkeit betrifft (vgl. ebd. 385).

Gegenüberstand die „Beständigkeit“ des Ich, Selbstreflexion und Beteiligung möglich macht. Das Ziel der „Verflüssigung“ ist nicht eine Auflösung der Differenz zwischen Subjekt und Welt, sondern ihre konstruktive Auseinandersetzung. Die aus der Romantik bekannte Sehnsucht richtet sich auf das, was Guardini mit Blick auf die Liturgie „befreiende Wirkung“ genannt hat – nicht aufgeprägte Emotionalität, sondern Ausdruck ureigener Stimmungen.

4.2 Aktive Rezeption

Aus meiner Sicht ruht die Hoffnung auf einer Vielfalt von Formen der Weltbeziehung. Resonanzen, wie soeben dargestellt, sind dabei eher auf „Enklaven“ verwiesen wie die Kunst oder die Religion. Deshalb ist es so wichtig, sich darüber Gedanken zu machen, wie die Kirche mit der Liturgie umgeht.

Was kennzeichnet den „symbolischen“ Charakter der Liturgie? Sie kann nicht nur starke Gefühle evozieren, sondern ist mit einer bestimmten Form von Reflexivität verbunden. Dann lässt sich die Liturgie einordnen zwischen Religion und Kunst, sofern sie gegenüber dem Mythos, um bei der Cassirer'schen Bestimmung zu bleiben, mehr Reflexionsdistanz bedeutet. Sie steht gleichsam zwischen Sinnlichkeit und Rationalität. „Intensivierung“ bei gleichzeitiger „Verobjektivierung“, so hat Birgit Recki diese besondere symbolische Form (mit Blick auf die Kunst) auf den Begriff zu bringen versucht.[67] Eine solche Form erlaubt es den Rezipienten, ihre Gefühlswelt (mit) zu gestalten und in der Deutung von Wirklichkeit zum Zuge kommen zu lassen – Liturgie als Form „aktiver Sinnlichkeit“ oder „aktiver Rezeption“. Das Denken und das Fühlen bekommen in der Liturgie eine eigentümliche, objektive Prägung, indem die Dinge oder Handlungen „gleichsam in die Ferne“[68] gerückt werden; Unmittelbarkeit wandelt sich in (bildhafte) Darstellung, Stellungnahme (die sich nicht nach außen kundtun muss) wird möglich – allerdings, wie gesagt, um den Preis, dass Konkretheit und Anschaulichkeit, dass unmittelbar sinnliche Anmutung und individuelle Ausdrucksform ihre (Auf-)Dringlichkeit verlieren.

---

[67] Vgl. Recki, Cassirer (s. Anm. 32), 63.

[68] Cassirer, Die Sprache und der Aufbau der Gegenstandswelt (s. Anm. 37), 121.

Lässt sich der Mensch von den Dingen bloß „affizieren" oder eröffnen sie ihm die Erfahrung von Selbstwirksamkeit, das ist die Frage. Wenn man nicht den Weg einer vollständigen Auflösung bestehender (liturgischer) Formen und ihrer (spontanen) Neuschöpfung gehen will, legt sich ein symboltheoretisch aufgeklärtes Verständnis von Rezeption nahe. Dazu müsste die Liturgie als ein (Wechsel-)Prozess verstanden und entsprechend inszeniert werden, der einen „Spielraum der Interpretation" eröffnete. Rezeption würde, ganz ähnlich wie bei der Symbolform Kunst, zu einem „Akt der Neuschöpfung"[69] im Deutungsprozess und gewährte eine „innere Freiheit, die wir anders nicht erlangen können"[70]. Liturgie würde verstehbar als ein aktives Geschehen. Sie vertraute darauf, ähnlich der Rezeption eines Bildes oder einer Symphonie (siehe Rezeptionsästhetik), dass der Rezipient eben nicht bloß Empfangender ist, sondern Mittätiger, insofern als er den dargebotenen „Spielraum der Interpretation"[71] nutzen und das Geschehen mit Gewinn an Selbständigkeit und Freude mitzuerleben vermag. Die Liturgie würde als ein Deutungsangebot verstehbar, das wiederum zu neuen Deutungen anregte (also Resonanz erzeugte). Dazu dürfte sich, wie Romano Guardini festgestellt hat, „der Eine nicht in das Innere des Anderen eindrängen"[72]. Die feiernde Gemeinde dürfte nicht so verstanden werden, als sollte sie sich einem kollektiven Gefühlsausdruck überlassen, der eher reflexhaftem Verhalten gleicht. Das heißt nicht, einer Rationalisierung der Liturgie das Wort reden zu wollen: Rationalisierung bedeutet nicht automatisch Distanznahme, dann nicht, wenn sie mit dem Anspruch einhergeht, alle Beteiligten im Sinne einer „Einrationalisierung" auf ein ganz bestimmtes Deutungsangebot festzulegen. Das wäre gleichbedeutend mit bloß passiver Rezeption. Aus symboltheoretischer Sicht geht es um den Prozess der Vermittlung, um die Inszenierung von Distanznahme, nicht um Inhalte – eine Steilvorlage für die katholische Bilderwelt.[73]

---

[69] B. Recki, Freiheit, Wien 2009, 103 – John Dewey zitierend.

[70] Cassirer, Versuch über den Menschen (s. Anm. 43), 230, zit. nach Recki, Freiheit (s. Anm. 69), 103.

[71] Recki, Freiheit (s. Anm. 69), 102.

[72] Guardini, Vom Geist der Liturgie (s. Anm. 17), 54.

[73] Vgl. A. Nassehi, Warum die Welt katholischer wird. Nicht in der Botschaft, sondern in ihrer Unbestimmbarkeit liegt die Kraft der Religion, in: Die Zeit, 12. April 2007, 54.

„Singen", „Verflüssigen", „Resonanz" erzeugen – alle diese Ausdrucksweisen dürfen also nicht im Sinne einer technischen Optimierung oder Option für die Modulierung von „Unmittelbarkeit" missverstanden werden, so, als ob Distanz gerade überwunden werden sollte. Distanz ist vielmehr als die Bedingung der Möglichkeit von Resonanz zu verstehen, als die Möglichkeit, die es dem Einzelnen erst erlaubt, die in der Kultur „verobjektivierten" Produktionen seinem Verstehen und seinem Wollen (wieder) zugänglich zu machen, zu „Re-Subjektivieren".[74]

Ein weiteres Kennzeichen des religiösen Rituals bestätigt die symboltheoretische Akzentuierung der Liturgie – der Umgang mit Unbestimmtheit. Für Armin Nassehi ist das religiöse Ritual die Kommunikationsform, die wie keine andere Unbestimmtheit aushalte, „die die Frage vielleicht manchmal für wichtiger hält als die Antwort", die in der Lage sei, „Offenheit zuzulassen im Sinne unterschiedlicher möglicher Antworten auf die eine Frage". „Sie kann also Unbestimmtheit aushalten, kommunizieren und muss sie natürlich teilweise bestimmbar machen."[75] Sie hat Verweischarakter, deutet Sinn nur an, so, dass er der Ergänzung durch die Hörer/Seher bedarf. Erst die Distanz und die Achtung vor dem „unorganisierbaren Rest", so drückt sich Nassehi aus, eröffnet die für Selbstreflexion und Selbsttätigkeit nötigen Spielräume.

4.3 Aufdringlichkeiten

Die Würzburger Synode (1971–1975) hatte in der liturgischen Praxis eine Tendenz zur Rationalisierung ausgemacht[76] – also so etwas

---

[74] Auch die theologischen Begriffe von Liturgie – Gedächtnismahl, Vermittlung, Gemeinschaft – heben nicht darauf ab, etwas Fertiges, Gegebenes einfach nur abzubilden und ins individuelle Bewusstsein „hinüberzuziehen".

[75] Wörtliche Zitate aus: Nassehi, Die gebaute Präsenz der Kirchen und die soziale Präsenz des Religiösen (s. Anm. 6), 55. – Die religiöse Form steht also nicht außerhalb der Kommunikation, sondern stellt einen besonderen Typus dar (vgl. H.-G. Soeffner, Rituale, in: E. Bohlken, C. Thies [Hg.], Handbuch Anthropologie. Der Mensch zwischen Natur, Kultur und Technik, Stuttgart 2009, 402–406, hier: 406.).

[76] Vgl. Gottesdienst, in: Gemeinsame Synode der Bistümer in der Bundesrepublik Deutschland. Beschlüsse der Vollversammlung. Offizielle Gesamtausgabe I, Freiburg i. Br. 1976, 187–225.

wie auf Aufmerksamkeit drängen, „Kollektivmonologe" inszenieren, so tun, als könnte und müsste jedermann die liturgischen Vollzüge rational mit- und nachvollziehen können, damit sie gelingen. Guardini wollte vor Vereinnahmungen warnen – „die Vereinigung der Glieder untereinander" gehe „nicht unmittelbar von Mensch zu Mensch"[77]. Was irritierend oder gar abschreckend wirkt, das ist eine ab und an beobachtbare eigentümliche Verbindung von Gefühlsdominanz und Aufdringlichkeit – das unbestimmte Gefühl, vereinnahmt zu werden. So manchem Vorsteher der gottesdienstlichen Versammlung unterläuft, wie eingangs geschildert, dann gerade das, was er intendieren mag – die Freiheit der „Einbildungskraft".[78]

Wenn die Verkünder des Wortes Gottes Hürden aufrichteten, Prüfsteine, an denen die Treue der Gläubigen zu messen wäre, wenn man tatsächlich Bemühungen beobachten könnte, die auf weitgehende Identifizierung mit der Kirche abzielten, die Gemeinschaft gleichsam erzwingen und religiöses Erleben mit Nachdruck herstellen oder durchsetzen wollten, dann würde Unmittelbarkeit statt Distanz inszeniert. Dann zeigte sich eine bemerkenswerte „Empathielosigkeit", ein mangelndes Einfühlungsvermögen in die symbolische Qualität der liturgischen Vollzüge. Wenn Liturgie als „symbolische Form" begriffen werden kann, dann wäre sie eine Form, die Spielräume eröffnete, die ein „Einschwingen" des Einzelnen in das liturgische Geschehen ermöglichte, die Phantasie und Freiheit Gestalt gewinnen ließe. Liturgisches Handeln aus dieser Sicht betrachtet drängte sich nicht auf, versuchte nicht, in den Einzelnen einzudringen, ihn zu nötigen, sondern würde als eine Form verstehbar, die ein „Bild in der Seele" entstehen ließe, dessen „Richtigkeit" sie nicht noch einmal kontrollieren wollte.[79]

---

[77] Guardini, Vom Geist der Liturgie (s. Anm. 17), 53.

[78] Um den Kantischen Begriff zu verwenden: Der Dichter spielt nicht nur mit Ideen, sondern verschafft dem Verstande Nahrung und haucht seinen Begriffen durch Einbildungskraft Leben ein.

[79] Wer sich bei diesen Überlegungen an die Diskussionen um die sogenannten „Distanzierten" erinnert, liegt sicher nicht falsch – aus symboltheoretischer Sicht jedenfalls verbietet sich jede Form von Arroganz, die glaubt urteilen zu können über ein Geschehen, in dem sich etwas vollzieht, das mit individueller Freiheit engstens verbunden ist.

„Es wäre Selbstmord, zu den Modellen von früher zurückzukehren!"

Gemeinde und pastorale Strukturen

Christoph Jacobs (unter Mitarbeit von Kathrin Oel)

1 Deutschland Missionsland

> „Wir sind ein Missionsland geworden. Diese Erkenntnis muss vollzogen werden. Die Umwelt und die bestimmenden Faktoren allen Lebens sind unchristlich."[1]

Derjenige, der in diesem Zitat Deutschland ein Missionsland nennt, ist ein junger Jesuit mit besten Kontakten in den Widerstand gegen das Nazi-Regime. Alfred Delp (1907–1945) spricht 1941 in Fulda, ganz in der Nähe des Bonifatiusgrabs, in einem Vortrag über „Vertrauen zur Kirche". Das Thema „Vertrauen zur Kirche" im Kontext der missionarischen Existenz der Kirche und der Gläubigen bewegt ihn beständig:

> „Wir haben durch unsere Existenz den Menschen das Vertrauen zu uns genommen. 2000 Jahre Geschichte sind nicht nur Segen und Empfehlungen, sondern auch Last und schwere Hemmung und gerade in den letzten Zeiten hat ein müde gewordener Mensch in der Kirche auch nur den müde gewordenen Menschen gefunden. Der dann noch die Unehrlichkeit beging, seine Müdigkeit hinter frommen Worten und Gebärden zu tarnen."[2]

Delp stellt weiter fest:

> „Dass da ein Menschentyp geworden ist, vor dem selbst der Geist Gottes, man möchte sagen, ratlos steht und keinen Eingang fin-

---

[1] A. Delp, Vertrauen zur Kirche (Vortrag vom 22.10.1941 – Vortragstitel: Das Vertrauen in die Kirche), in: R. Bleistein (Hg.), Kirche in Menschenhänden, Frankfurt a. M. 1985, 47–67, hier: 64.

[2] A. Delp, Das Schicksal der Kirchen (1944/45), in: ders., Gesammelte Schriften. Band IV: Aus dem Gefängnis, Frankfurt a. M. 1984, 318–323, hier: 318f.

> det, weil alles mit bürgerlichen Sicherheiten und Versicherungen verstellt ist, darf nicht nur als Erscheinung der Vergangenheit gewertet werden. Dieser Typ lebt noch."[3]

Und schließlich:

> „Die Kirchen scheinen sich […] durch die Art ihrer historisch gewordenen Daseinsweise selbst im Wege zu stehen. Ich glaube, überall da, wo wir uns nicht freiwillig um des Lebens willen von der [gewohnten; Verf.] Lebensweise trennen, wird die geschehende Geschichte uns als richtender und zerstörender Blitz treffen. Das gilt sowohl für das persönliche Schicksal des einzelnen kirchlichen Menschen wie auch für die Institutionen und Brauchtümer. Wir sind trotz aller Richtigkeit und Rechtgläubigkeit an einem toten Punkt. Die christliche Idee ist keine der führenden und gestaltenden Ideen dieses Jahrhunderts. Immer noch liegt der ausgeplünderte Mensch am Wege."[4]

Delp beschreibt schon vor bald 80 Jahren ein Szenario, das sich nicht geändert, sondern intensiviert hat: Wir sind in Deutschland Missionsland[5]. Und das Vertrauen der Menschen in die Kirche ist weitgehend verloren. Seine Analyse trifft auch heute: Der Menschentyp, der ratlos macht, lebt noch. Unser Problem ist es, dass wir uns mit unserer historisch gewordenen Daseinsweise im Wege stehen. Wir sind immer noch – noch mehr als damals – an einem toten Punkt. Immer noch liegt der ausgeplünderte Mensch am Wege.

So möchte ich in diesem Beitrag den folgenden Argumentationsweg gehen:

1. Ich möchte in einer nochmaligen Begriffsvergewisserung klarstellen, dass es notwendig ist, sich von der „Pfarrgemeinde" des vergangenen Jahrhunderts zu verabschieden und das christliche Leben in der Spannung aus vielen Gemeinden in wenigen Pfarreien zu denken.
2. Ich möchte aufzeigen, dass der gegenwärtige gesellschaftliche und pastorale Wandel in der Beschleunigung durch die Corona-Pan-

---

[3] A. Delp, Veni Sancte Spiritus (1944/45), in: ders., Gesammelte Schriften IV: Aus dem Gefängnis, Frankfurt a. M. 1984, 263–305, hier: 299.

[4] Delp, Das Schicksal der Kirchen, 321.

[5] Vgl. M. Sellmann u. a. (Hg.), Deutschland – Missionsland. Zur Überwindung eines pastoralen Tabus, Freiburg i. Br. 2004.

demie einen Umbau in den Modellen pastoralen Denkens, Fühlens und Handelns notwendig macht.
3. Ich möchte für mehr Nähe zu den Menschen in einer Vergrößerung der Zahl der Gemeinden und die deutliche Reduzierung der Zahl der großen Pfarreien plädieren.
4. Ich möchte den Menschen in die Mitte pastoralen Handelns stellen und Dienst an dem bedürftigen Menschen zum Maßstab der Gemeindebildung erklären.
5. Ich möchte die These aufstellen, dass der Kern einer missionarischen Pastoral eine Frage des christlichen Lebensstils ist – eines Lebensstils, der sich an die Schwelle der Herzen der Menschen begibt. Es braucht die absichtslose diakonische Hinwendung zum Menschen.

2 Gemeinde, Pfarrei und Pastorale Strukturen: Worüber reden wir eigentlich?

Für die Argumentation in diesem Beitrag ist es wichtig, kurz entscheidende Begriffe in möglichst allgemeinverständlicher und in der Komplexität reduzierter Form zu klären und einen Blick in die Geschichte ihrer Entwicklung zu werfen.[6] Erfahrungen aus der Seelsorge lehren Folgendes:

Zum einen verbinden Gläubige und Verantwortliche häufig unterschiedliche Inhalte mit den Begriffen „Gemeinde", „Pfarrei", „Pfarrgemeinde" und „Pastorale Strukturen". Zum anderen verbinden sie mit diesen Begriffen die eigene Lebensgeschichte, viele Erfahrungen und viele Gefühle. Häufig kommt es deswegen zu Konflikten, die leichter ausgetragen und manchmal sogar gelöst werden können, wenn es gelingt, die Perspektive der anderen zu verstehen und gemeinsam die Chancen der Zukunft zu entdecken.

2.1 Gemeinde

Der Gemeinde-Begriff findet sich schon im Ersten Testament. Dabei ist das Wortfeld sehr breit. Es finden sich in der biblischen Welt unterschiedliche Begriffe für die Lebenswirklichkeit „Gemeinde". Von

---

[6] Dazu gehört auch im Interesse der Zielgruppe die Entscheidung für die Verwendung der deutschen Lautsprache für hebräische und griechische Begriffe.

besonderer Bedeutung ist der hebräische Begriff *qahal*, der in der griechischen Übersetzung dann *ekklesia*, deutsch „Kirche“ heißt. In seiner Wortbedeutung meint ekklesia die Gemeinschaft der von Jahwe aus der Welt in seine Nähe Herausgerufenen[7].

Der Begriff der Ekklesia ist zunächst kein Spezialbegriff von Juden und Christen. Er meint einfach: Versammlung. Gemeinde ist die Versammlung, die von Jahwe zusammengerufene Menschenmenge. Sie hat legislative und exekutive Vollmacht. Gemeinde hat also Richtlinienkompetenz und Ausführungsmacht. Sie realisiert sich vor allem im Gottesdienst und durch eine gemeinsame Lebenskultur. Für uns Christinnen und Christen wird der Begriff erst speziell, wenn er einen entscheidenden Zusatz bekommt: die ekklesia kuríou, die Versammlung des Herrn Jesus Christus.

Eine weitere Facette des Gemeindegedankens findet sich in dem hebräischen Begriff *edah*, der im Griechischen mit Synagoge übersetzt wird. Sie hat eine wesentlich demokratische Struktur und ist behängt mit vielen Rechtsvorstellungen und Zugehörigkeitsvorstellungen, auch aufgeladen mit viel Lokalbezug und Lokalkolorit. Sie ist eine Entscheidungsinstanz in institutioneller Perspektive.

Im Neuen Testament trägt der Gemeindebegriff der Ekklesia bei den jungen Christinnen und Christen zwei Facetten, die sich durch den Gebrauch im Singular und im Plural zeigen:

1) Gemeint ist die Kirche als Gesamt-Kirche bzw. Gesamt-Gemeinde als das Ganze, das größer ist als die Summe seiner Teile.
2) Gemeint ist die Kirche als Einzel-Kirche bzw. Einzelgemeinde vor Ort.

Die Abgrenzung zwischen beiden Gemeindeverständnissen ist meistens nicht exakt durchzuhalten. Jede Gemeinde stellt die Gesamtkirche in der lokal begrenzten, konkret sich ereignenden Weise dar. In der neutestamentlichen Briefliteratur, vor allem bei Paulus, wird die Gemeinde durch bestimmte Dienste strukturiert. Daraus entwickeln sich in späterer Zeit zunehmend Gemeindestrukturen mit bestimmten Ämtern. Die ersten christlichen Gemeinden entstanden in den Städten. Christentum war Stadtreligion. Der öffentliche Gottesdienst fand zunächst beim Bischof statt.

---

[7] Vgl. hierzu in übersichtlicher enzyklopädischer Darstellung: H.-J. Fabry, Gemeinde. I. Biblisch-theologisch, in: LThK[3] 4 (1995) 417–419.

Wichtig ist: Die Gemeinden der frühen Kirche waren als Netzwerk miteinander verbunden. Allerdings waren die Kontakte nicht sehr ausgeprägt. Sie waren keine Organisation oder gar Institution im heutigen Sinn. Vor allem Paulus betätigte sich als „Netzwerker". Die Stile, Prägungen und Organisationsformen der Gemeinden waren ausgesprochen unterschiedlich. Sie orientierten sich an den damals gängigen Organisationsformen: erstens den Synagogen, zweitens den „Philosophenschulen", drittens den Mysterienkulten, viertens den „Freiwilligenverbänden".[8] Diese Stildiversität bzw. Organisationsdiversität lässt sich einfach dadurch erklären, dass Christinnen und Christen in ihren Lebenswelten missionierten, diese Formen „infiltrierten" und durch den expliziten Glauben an Jesus Christus prägten und schließlich umformten.

2.2 Pfarrei

Zu Beginn lebten die Christinnen und Christen zunächst in den Städten am Ort des Bischofs. Die Pfarrei war das Territorium um den Bischof mit seinen dazugehörigen Klerikern. Die Pfarrei stellte die Möglichkeit dar, das Land zu missionieren und dort Fuß zu fassen. Dort lebten ja mit der Zeit auch Christen. Für den Bischof befanden sich die Christen auf dem Land weit weg. Für sie gab es mit den Pfarreien vor Ort nach und nach Seelsorgezentren, die territorial mehr oder weniger selbstständig waren und von Priestern im Auftrag des Bischofs geleitet wurden. Die Priester hatten lediglich delegierte Kompetenzen und waren in der Regel zuständig für die Feier der Taufe und der Eucharistie.

Die Erschließung des Landes erforderte auf die Dauer die exakte territoriale Abgrenzung. Denn das hatte auch mit Geld zu tun: Das Parochialsystem, von dem der Ausdruck Pfarrei sich herleitet, ist auf Geld angewiesen, das von einem bestimmten Gebiet erbracht wird. Dies wurde mit der Zeit zur Regelform. Das Konzil von Trient (1545–1563) ebnete durch die Stärkung der Bischöfe und der Pfarrer den Weg zur modernen Pfarrei.

---

[8] Vgl. R. S. Ascough, What Are They Now Saying about Christ Groups and Associations?, in: CBR 13 (2015) 207–244; ders., Translocal Relationships among Voluntary Associations and Early Christianity, in: JECS 5 (1997) 223–241.

Was ist nun heute die Definition einer Pfarrei? Die Pfarrei „ist eine rechtlich abgegrenzte Gemeinschaft von Gläubigen, die zur seelsorglichen Betreuung einem Pfarrer zugeordnet ist. In ihr erfährt der Gläubige Kirche vor Ort und ist hineingenommen in den Verband einer Teilkirche und durch diese in die Gesamtkirche“[9].

Durch das Kirchenrecht wurde die Pfarrstruktur flächendeckend eingeführt und erlangte im „Pfarrzwang“ eine rechtliche Fixierung. Die Pfarreien haben für den Lebensunterhalt des Pfarrers zu sorgen und die Erhaltung des Kirchengebäudes und die Feier des Gottesdienstes finanziell zu sichern. In der Folge des tridentinischen Konzils durfte es schließlich kein pfarreiloses Kirchenvolk mehr geben.

Wichtig für das Selbstverständnis der katholischen Kirche ist das sogenannte Territorialprinzip im Zusammenspiel aus Pfarrei und Gemeinde. Auch nach dem Abschied von der Volkskirche bleibt es für die Zukunft hochbedeutsam. Der Pastoraltheologe Herbert Haslinger (* 1961) plädiert daher mit Recht vehement für die Bewahrung des Territorialprinzips.[10] Seine Argumentation zeigt auf: Ein Abschied vom Territorialprinzip würde einen Abschied der Kirche von ihrem Heilsauftrag für alle Menschen bedeuten. Denn das Territorialprinzip sichert den Seelsorgeauftrag und Missionsauftrag für alle Menschen in einem bestimmten Gebiet. In den Blick der Kirche gehört einfach jeder und jede, die in einem bestimmten Territorium wohnt. Das Territorialprinzip bewahrt die Gemeinden vor Binnenkultur. Die Gemeinden haben als Kirche am Ort nicht einem Ausschnitt von Menschen zu dienen, vielleicht gerade dem Ausschnitt, der ins eigene Bild passt im Sinne von Gesinnungs- und Verhaltensübereinstimmung, sondern vor allem denjenigen, die der Zuwendung im Sinne Jesu Christi am meisten bedürfen. Gemeinde vor Ort ist für alle Menschen da, nicht nur für die Katholiken! Haslinger pointiert:

> „Als Kirche am Ort steht die Gemeinde im Dienst aller Menschen, die an diesem Ort leben. Sie hat sich darin zu bewähren, dass der Ort des alltäglichen, individuellen wie sozialen Lebens für alle Menschen zu einem Raum menschenwürdigen Lebens wird.“[11]

---

[9] P. Krämer, Pfarrei. I. Begriff und Geschichte, in: LThK^3 8 (1999) 162–164, hier: 162.

[10] Vgl. H. Haslinger, Gemeinde – Kirche am Ort. Impulse des Zweiten Vatikanischen Konzils, Paderborn 2015, 183–189.

[11] Ebd. 187.

2.3 Pfarrgemeinde

Wichtig für das Selbstverständnis vieler Katholikinnen und Katholiken in Deutschland wurde ein Begriff – und noch mehr die darin erlebte Realität: die Welt der Pfarrgemeinde. Seit den 20er Jahren des vergangenen Jahrhunderts repräsentiert er den Versuch, die soziologische und kirchenrechtliche, strukturbestimmte Größe der Pfarrei mit erlebter Gemeinschaft zu verbinden. Pfarrei sollte Heimat werden.

Angesichts des von Gläubigen auch heute noch häufig gebrauchten Begriffs der „Heimatpfarrei" wundern sich viele über die eigentliche Bedeutung des griechischen Wortes, wie es im Neuen Testament verwandt wird: Es bedeutet „in der Fremde leben", „an einem Ort ohne Bürgerrecht wohnen", „Pilger sein". Pfarrei ist aus neutestamentlicher Perspektive ein „Nicht-Ort", ein eschatologischer Ort christlicher Existenz.

Aus kirchengeschichtlicher Sicht ist der Verlust des Gefühls der Beheimatung und die Etablierung der Pfarrei als technischer Größe allerdings nicht eine Erscheinung der neuen großen pastoralen Räume, sondern hat seine Wurzeln bereits im dritten Jahrhundert – so analysiert der Pastoraltheologe Konrad Baumgartner (* 1940): „Paroikia wurde in der Folge technisch-organisatorische Bezeichnung der einzelnen christlichen Gemeinden und zu einer territorialen und wirtschaftlichen Organisationsform der Kirche"[12].

Nach dem Zweiten Weltkrieg und in der Folge des Zweiten Vatikanischen Konzils (1962–1965) wurde der Begriff der Pfarrgemeinde für die Praxis der Seelsorge im deutschsprachigen Raum sehr stark theologisch und emotional aufgeladen. Von besonderer Bedeutung in der theologischen Begründung war in dieser Hinsicht die Würzburger Synode (1971–1975). Die Pfarrgemeinde sollte als unterste rechtlich selbständige pastorale Einheit das bestimmende Modell der Pastoral werden, in der die Kirche als Einheit des Gottesvolkes in überschaubarem Lebensraum am Ort sichtbar und erfahrbar wird.[13] Die Pfarrei

---

[12] K. Baumgartner, Pfarrei. III. Praktisch-theologisch, in: LThK^3 8 (1999) 165–167, hier: 165.

[13] Vgl. Gemeinsame Synode der Bistümer in der Bundesrepublik Deutschland. Beschlüsse der Vollversammlung. Offizielle Gesamtausgabe I, Freiburg i. Br. 1976; P. Kohlgraf, 40 Jahre Gemeinsame Synode der Bistümer in der Bundesrepublik Deutschland (1971–1975), in: PThI 31 (2011) 153–167.

sollte eine lebendige Gemeinschaft sein, im Idealfall so etwas wie eine Familie, ein Lebensraum, in dem man sich gerne aufhält und sein christliches Leben verbringt. Zwar kamen bereits damals neben der Pfarrgemeinde auch andere Formen des gemeindlichen Christseins in den Blick, aber dies verblieb angesichts der Emphase auf der Aktivierung des Selbstbewusstseins der Pfarrgemeinde weitgehend im Hintergrund.

Walter Kasper (* 1933) bezeichnete die Entwicklung von der versorgten Gemeinde zu einer Gemeinde in gestaltender Eigenverantwortung geradezu als „Leitidee“[14] des zentralen Beschlusses der Würzburger Synode unter dem Titel „Dienste und Ämter“. „Aus einer Gemeinde, die sich pastoral versorgen läßt, muß eine Gemeinde werden, die ihr Leben im gemeinsamen Dienst aller und in unübertragbarer Eigenverantwortung jedes einzelnen gestaltet.“[15] Die Gemeinde bekommt in dem im Dokument unmittelbar folgenden Satz darüber hinaus den Auftrag der „Mitsorge“ für den Priesternachwuchs und das pastorale Handeln: „Sie muss selbst mitsorgen, junge Menschen für das Priestertum und für alle Formen des pastoralen Dienstes zu gewinnen.“[16] Im Rückblick zeigt sich hier eine Verquickung des Anliegens der Verlebendigung der Gemeinde hin zu einem pastoralen Engagement mit dem Versuch der Bewältigung der bitteren Erfahrung des Priestermangels, dem es bereits damals zu begegnen galt.[17]

Mit Blick auf das (im Zweiten Vatikanischen Konzil wiederentdeckte) gemeinsame Priestertum der Gläubigen ging der Synodenbeschluss der Würzburger Synode davon aus, dass innerhalb der gemeinsamen Sendung jedes Mitglied der Gemeinde eine eigene und persönliche Aufgabe und Verantwortung hat. Die Gemeinde muss dabei helfen, diese zu erkennen. Das aus heutiger Sicht eher problematisch wirkende Anliegen, dass die Gemeinde die Gläubigen an

---

[14] W. Kasper, Einleitung, in: Gemeinsame Synode der Bistümer in der Bundesrepublik Deutschland. Beschlüsse der Vollversammlung. Offizielle Gesamtausgabe I, Freiburg i. Br. 1976, 581–596, hier: 585.

[15] Die pastoralen Dienste in der Gemeinde, in: Gemeinsame Synode der Bistümer in der Bundesrepublik Deutschland. Beschlüsse der Vollversammlung. Offizielle Gesamtausgabe I, Freiburg i. Br. 1976, 581–636, hier: 602.

[16] Ebd.

[17] Vgl. P. M. Zulehner, Priestermangel praktisch. Von der versorgten zur sorgenden Pfarrgemeinde, München 1983; J. Windolph, Engagierte Gemeindepraxis: Lernwege von der versorgten zur mitsorgenden Gemeinde, Stuttgart 1997.

sich bindet, ja „akquiriert", um Seelsorge ins Werk zu setzen, wird hier bereits grundgelegt. Als wichtigste Zelle der Pfarrgemeinde werden die christlichen Ehen und Familien genannt, aus denen sich die Gemeinde immer neu mit Mitgliedern versorgt.

Die Bilanz der „Epoche der Pfarrgemeinde" der vergangenen 50 Jahre fällt aus Sicht des Pastoraltheologen Rainer Bucher (* 1956) sehr ernüchternd aus. Die theologische Selbstbegründung der Gemeinde unter dem Druck der ständig begleitenden Motivation des Selbsterhalts musste auf dem Hintergrund der fortschreitenden gesellschaftlichen Transformation schief gehen.[18] Christsein funktioniert eben auf die Dauer nicht als Erfassung und Einbindung aller Kräfte im Sinne „einer kommunikativ verdichteten, letztlich nach dem Modell einer schicksalhaft verbundenen Großfamilie gedachten ‚Gemeinde'"[19]. Als zentrales Problem im Hintergrund sieht Bucher die Priorität der Vergemeinschaftungsorientierung und die Nachrangigkeit der Aufgabenorientierung. „Totalhingabe" des „aktiven Gemeindemitglieds" an die Gemeinde ist nicht das Ziel des Christseins. Anders formuliert: Wer um sich selbst kreist, verliert die Welt aus dem Blick. Die sich um sich selbst sorgende Pfarrgemeinde droht die diakonische Sorge um die Welt zu vergessen.

Die Entwicklungen der vergangenen Jahre zeigen mit aller Deutlichkeit: Angesichts der gesellschaftlichen und kirchlichen Entwicklungen hat sich das kriseninduzierte Rettungsprogramm katholischer Milieus der Pfarrgemeinde als eine große Illusion erwiesen. Die Pfarrgemeinde ist angesichts der Selbstwidersprüchlichkeit einer halbierten Modernisierung ohne Berücksichtigung der Freiheitsdynamik des Individuums geradezu zerbröselt. Die lebendigen Pfarrfamilien sind zerfallen (wenn es sie je flächendeckend gegeben haben sollte). Und das Skelett, die technisch-organisatorischen Strukturen, treten heute umso stärker hervor. Vor allem die Generation der heute über 60-Jährigen ist häufig traurig bis erbost über die Notwendigkeit neuer Groß-Strukturen, die wir als Pastorale Räume bzw. Seelsorgeräume bezeichnen. Manche verwenden dafür den Begriff der „XXL-Pfarrei". Viele wissen nicht, dass das Szenario, das sie vehement ablehnen, die christliche Standard-Organisationsform

---

[18] Vgl. R. Bucher, … wenn nichts bleibt, wie es war. Zur prekären Zukunft der katholischen Kirche, Würzburg 2012.
[19] Ebd. 43.

über Jahrhunderte war. Die jüngeren Christinnen und Christen vermissen diese Struktur überhaupt nicht. Auch nicht die jüngeren Seelsorgenden. Im Gegenteil: Sie sehen die vielen kleinen Pfarrgemeinde-Strukturen als völlig überflüssige Last der Vergangenheit, die sie nicht mehr zu tragen bereit sind. Ob von all denen, die sich eine neu missionarische Kirche wünschen, damit schon die notwendige Priorisierung der Aufgabenorientierung vor der binnenzentrierten Sozialformorientierung (also die Orientierung am Ideal einer diakonischen Kirche) theologisch und praktisch akzeptiert oder realisiert wird, scheint m. E. noch sehr fraglich.

Bis hierher steht nur fest: So kommen wir nicht weiter. Wie sagte Alfred Delp: Wir stehen an einem toten Punkt. In Zukunft wird es darauf ankommen, dass hier Umkehr geschieht.

3 Wir erleben die Umkehr einer Entwicklung – keine Krise: ein Faktencheck und die Folgen

Seit einigen Jahren wird von der Kirche und der Gemeinde beständig im Krisenmodus gesprochen. Das ist verständlich. Aber das hilft nicht weiter. Gegen ein beständiges dumpfes Krisengefühl helfen nur Fakten und der nüchterne Blick in die Zukunft. Was gegenwärtig passiert und weiter passieren wird, ist mit dem Wort Krise schlecht beschrieben: Es geht um die definitive Umkehr einer Entwicklung des beständigen Wachstums. Wir erleben geradezu einen Zusammenbruch. In einer solchen Situation braucht es in theologischer Perspektive eine Umkehr und in organisationaler Perspektive einen Neuaufbau unter anderen Vorzeichen.

In Kurzform seien folgende bekannte Fakten akzentuiert[20]:

- Bis 2060 wird sich die Zahl der Christinnen und Christen in Deutschland halbieren.[21]

---

[20] Vgl. zum Folgenden auch C. Jacobs, Strukturen verändern? – Menschen verändern? Eine pastoralpsychologische Analyse kirchlicher Wandlungsprozesse, in: S. Kopp (Hg.), Kirche im Wandel. Ekklesiale Identität und Reform (QD 306), Freiburg i. Br. 2020, 427–457.

[21] Vgl. Deutsche Bischofskonferenz, Projektion 2060. Langfristige Projektion der Kirchenmitglieder und des Kirchensteueraufkommens in Deutschland, Bonn 2019.

- Bis 2060 werden sich die Finanzmittel der Kirche halbieren.[22]
- Die Zahl der Priester hat sich in den vergangenen 50 Jahren bereits halbiert.[23]
- Die Zahl der Ordensfrauen ist im selben Zeitraum von 100 000 auf etwas über 12 500 zusammengebrochen.[24]
- Die Zahl der Neupriester ist im selben Zeitraum um mehr als vier Fünftel auf unter 20 Prozent der Ausgangsgröße gesunken (2020: 57 in ganz Deutschland).[25]
- Die Zahl der Priesterkandidaten ist allein in den vergangenen 20 Jahren um knapp zwei Drittel gesunken.[26]
- Die Zahl der Gottesdienstbesucher(innen) ist in Bezug auf 1950 auf 25 Prozent der Ausgangsgröße gesunken. Wenn die Gruppe der „Babyboomer" nicht mehr zum Gottesdienst kommen kann, wird ein völliger Einbruch zu erwarten sein.[27]
- Experten kalkulieren mit Szenarios, dass es im Jahre 2040 gerade einmal 200 Kirchen mit jeweils 500 Gottesdienstbesucher(innen) brauchen würde, um allen Gottesdienstwilligen am Sonntag eine Eucharistiefeier anbieten zu können.[28]

---

[22] Vgl. ebd.

[23] Vgl. Wikipedia-Autoren, Priestermangel, 2019, in: https://de.wikipedia.org/wiki/Priestermangel (Zugriff: 25.6.2021).

[24] Vgl. Deutsche Ordensobernkonferenz (DOK), Jahresstatistik 2019 der Ordensgemeinschaften im Bereich der DOK, in: DOK-Rundschreiben NR. 111, Bonn, 01.04.2020 (unter Berücksichtigung von statistischem Zahlenmaterial der Geschäftsstelle der DOK).

[25] Vgl. Deutsche Bischofskonferenz, Katholische Kirche in Deutschland. Priesterweihen nach Diözesen 1962 – 2019, in: https://www.dbk.de/fileadmin/redaktion/Zahlen%20und%20Fakten/Kirchliche%20Statistik/Priesterweihen_Neupriester/2019-Neupriester-Priesterweihen_1962-2019.pdf (Zugriff: 25.6.2021).

[26] Vgl. Zentrum für Berufungspastoral (Deutsche Bischofskonferenz), Statistik der Priesterseminare Stand 2020, in: https://berufung.org/news/22-05-2020 (Zugriff: 11.5.2021).

[27] Vgl. J. Rudnicka, Statista: Durchschnittliche Anzahl der katholischen Gottesdienstbesucher in Deutschland von 1950 bis 2019, in: https://de.statista.com/statistik/daten/studie/2637/umfrage/anzahl-der-katholischen-gottesdienstbesucher-seit-1950/#professional / Basis: Angaben der Deutschen Bischofskonferenz (Zugriff: 11.5.2021).

[28] Vgl. V. Dessoy, Kirche braucht Profis – aber keine Gemeindereferenten. Skizze einer neuen Rollenarchitektur, in: das magazin. Mitgliederzeitschrift des Gemeindereferentinnen-Bundesverbandes 4 (2017) 4–12.

- Die Steuerungsfaktoren des zukünftigen Wandels sind die stark zunehmenden „Tauf-Unterlassungen“, „Trauungs-Unterlassungen“ und die massiv zunehmenden Kirchenaustritte.[29]
- Bisher kaum im Blick der Strukturplanungen ist die Tatsache, dass zwischen 2025 und 2040 die Gruppe der „Babyboomer“, die den größten Anteil an der Gruppe der Gesamtpriester ausmachen, in den Ruhestand gehen wird. Der beschriebene Abwärtstrend wird dann noch beschleunigt: Etwa 2035 wird es doppelt so viele Priester im Ruhestand wie im aktiven Dienst geben.[30] Heutige Umstrukturierungen der Seelsorgeeinheiten, die diesen ruckartigen Personalverlust nicht bereits einkalkulieren, werden spätestens in fünfzehn Jahren nicht mehr tragfähig sein.

Zieht man dazu ein Fazit aus der Distanz der nicht binnenkirchlichen Perspektive der Gesellschaftswissenschaften, so kommt man zu dem Ergebnis: Die sozialen, kulturellen und religiösen Grundlagen der Kirchen in Deutschland erodieren. Die Organisations- und Finanzkraft der Kirchen schwindet dramatisch. Stark beschleunigend und dynamisierend wirken die Corona-Krise, die Missbrauchskrise und mehr und mehr die Verweigerung der Kirche gegenüber den kulturellen Modernisierungsprozessen: „Aller Voraussicht nach wird sich der Trend zur Entkirchlichung in Deutschland auf religionskultureller und institutioneller Ebene gleich einer Naturgewalt in den kommenden Jahrzehnten fortsetzen.“[31] Dagegen wird auch weder der historisch einmalig hohe Professionalisierungsgrad der Seelsorgenden noch eine mögliche Mobilisierung von Finanzmitteln etwas ändern können.

Nüchtern gilt es zu bedenken, was jetzt zu tun ist. Die These lautet: Wir können und müssen schon heute mit dem Umbau der Kirche beginnen. Dies wird den Zusammenbruch des Status Quo selbstverständlich keinesfalls verhindern und auch nicht bremsen. Aber es gilt zum frühestmöglichen Zeitpunkt die Chance zu nutzen,

---

[29] Vgl. Deutsche Bischofskonferenz, Projektion 2060 (s. Anm. 21).

[30] Vgl. C. Jacobs, Herausforderungen an das Priestersein aus Sicht der Seelsorgestudie, in: Diak. 48 (2017) 2–11.

[31] H. M. Heinig, In Bewegung geraten, in: Frankfurter Allgemeine Zeitung vom 28.03.2021, in: https://www.faz.net/aktuell/politik/die-gegenwart/staat-und-kirche-in-bewegung-geraten-17267647.html (Zugriff: 29.3.2021).

an der Kirche von heute für eine Kirche von morgen zu arbeiten, die eine andere Gestalt annehmen wird. Je früher dieser Umbau beginnt, umso höher ist die relative Kraft der menschlichen, finanziellen und organisationalen Ressourcen. Je später er beginnt, umso stärker fehlen die Gläubigen, das Personal und die Finanzen, die diesen Umbau aus einer Position „noch relativer Stärke" angehen können. Alle Konzepte, welche die „Fall-Linie" der menschlichen und finanziellen Ressourcen nach 2030 nicht schon jetzt antizipieren, sind nicht tragfähig. Bevor jedoch ein Umbau in Angriff genommen wird, braucht es eine grundlegende Vergewisserung: Was sind die Basis und die Vision für den Wandel?

4 Das Gemeinsame Priestertum der Gläubigen und der Auftrag der Gemeinde zur Evangelisierung

Das Zweite Vatikanische Konzil hat die Berufung der Gläubigen als Grundlage und Kraftquelle der Evangelisierung bezeichnet (vgl. LG 10). Christus der Herr selbst hat das neue Volk zum Königreich und zu Priestern für Gott und seinen Vater gemacht. Die Getauften „werden zu einem geistigen Bau und einem heiligen Priestertum geweiht, damit sie in allen Werken eines christlichen Menschen geistige Opfer darbringen und die Machttaten dessen verkünden, der sie aus der Finsternis in sein wunderbares Licht berufen hat (vgl. 1 Petr 2,4–10)" (LG 10).

Ein solches Verständnis des gemeinsamen Priestertums aller Getauften ist die Grundlage für einen notwendigen und tragfähigen Paradigmenwechsel im Selbstverständnis der Gläubigen und aller Seelsorgenden, der sich in drei Anforderungen zeigt:

1. Es gilt Abschied zu nehmen von vereinsförmigen Mitgliedschaftskonzepten in Pfarrgemeinden, die von professionellen Personen versorgt werden.
2. Die Trägerschaft der Seelsorge liegt bei den Gläubigen, die darin von ihren Seelsorgenden unterstützt werden.
3. Im Dienst der Gläubigen stehen auftragsgemäß besonders die Priester, aber auch alle anderen Kräfte mit professioneller Ausbildung.

Der Paradigmenwechsel zur Sendung in die Welt aus der Kraft der Taufberufung wurzelt in der Gemeinschaft der Glaubenden in den

Gemeinden vor Ort. Die Berufung der Christinnen und Christen hat zwei Ankerpunkte: Sie richtet sich vertikal aus, also „nach oben" mystisch auf den Vater bzw. auf Christus. Sie richtet sich horizontal aus in die soziale Vergemeinschaftung. Die Berufenen erleben ihre Sendung in die Welt aus der Mitte der Gemeinde (ekklesia). Christin und Christ bin ich also nicht nur für mich allein mit meinem Gott, sondern in Gemeinschaft mit anderen mit Gott unter uns. Die Sendung geht in die Welt. Dort gilt es zu verkünden und zu heilen (vgl. Lk 9,2).

5 Strukturwandel: eine notwendige Handlungsaufgabe der Pastoral

In den vergangenen Jahren haben die Kirchen in Deutschland versucht, auf die beschriebenen Erosionsprozesse vor allem mit dem Wandel der Strukturen zu antworten. Allerdings müssen wir feststellen: Die Schritte der Strukturveränderungen in den vergangenen 20 Jahren haben sich bis heute als äußerst halbherzig erwiesen. Die Gründe dafür sind sehr unterschiedlich und können nicht unbedingt voneinander abgegrenzt werden.

Eine Rolle spielen: mangelnde Beschäftigung mit der Problematik, Verweigerung eines Blickes auf die Zukunft, eine „Nach-mir-die-Sintflut-Einstellung", die Überlegung, ob die Gläubigen die notwendigen Veränderungsschritte mitgehen würden, – und schließlich die Frage, ob die Verantwortlichen bereit oder fähig sind, die Last der Konflikte zu tragen und zu bewältigen. Wie die Corona-Krise zeigt, obliegt es nicht der Wissenschaft, vergangene Entscheidungen zu beurteilen oder gar für diese Entscheidungen Verantwortung zu übernehmen. Wissenschaft kann nur Informationen bereitstellen und Handlungsoptionen formulieren.

Eines lässt sich sicher aus organisationspsychologischer Perspektive prinzipiell sagen: Viele zu kleine Entwicklungsschritte sind auf die Dauer zu zermürbend und einfach zu teuer, weil sie zu viele Ressourcen verbrauchen. Sie lenken vom Wesentlichen ab. Auch in der Pastoral gilt: Die Stimmung in der Bevölkerung darf nicht ausschlaggebend sein. Die Beteiligten investieren ihre Ressourcen für die fortwährende Beschäftigung mit Strukturfragen, die sicher nicht die Priorität des Evangeliums tragen. Mit anderen Worten: Strukturelle Konzepte gehören zu den lästigen, aber notwendigen Handlungsaufgaben der Verantwortlichen auf oberen und unteren Ebenen. Meines Erachtens nach haben sie in den vergangenen Jahren zu viele Ressourcen verbraucht. Dies muss ein Ende haben.

Angesichts der oben genannten Fakten möchte ich die folgende These zur Diskussion stellen: Es braucht schnelle und radikale Umbaumaßnahmen. Pastorale Entwürfe, die sich nicht grundsätzlich am Szenario der absehbaren Zukunft zwischen 2030 und 2040 orientieren, nehmen die Realität nicht ernst und bürden allen Beteiligten unzumutbare Lasten auf. Sowohl Gläubige wie Priester müssten Maßnahmen umsetzen, deren Wirksamkeit schon jetzt absehbar zeitlich begrenzt ist. Viele Beteiligte fragen mit Recht, ob sie dafür Kraft investieren sollen.

Als Orientierungsrahmen für die Planung schlage ich das doppelte Prinzip vor: „Viele Gemeinden in sehr wenigen Pfarreien“. Das Gemeindeprinzip sorgt für Nähe, das Pfarreiprinzip sorgt dafür, dass alle Menschen in den Blick kommen. Bei der Zahl der Gemeinden gilt: so viele wie möglich. Bei der Zahl der Pfarreien gilt: so wenige, wie uns die geringe Zahl der möglichen Pfarrer erlaubt. Die Kenngröße der möglichen Pfarrer nimmt ernst, dass das gegenwärtige Kirchenrecht auf absehbare Zeit die Leitung einer Pfarrei an einen Pfarrer bindet. Selbstverständlich wären alternative Leitungsmodelle denkbar, aber wohl kaum durchsetzbar. Vor allem die letztere Kenngröße wird sich dabei für viele Diözesen als problematisch erweisen. Denn die Seelsorgestudie zeigt: Die Anzahl der Pfarrer entspricht natürlich nicht der Anzahl der Priester. Als Richtgröße sollte gelten: Nur ein Viertel der Priester besitzt die entsprechenden Leitungskompetenzen und die für die Belastungen notwendige Ressourcenstärke. Wir brauchen daher eine radikale Reduktion der Anzahl der Pfarreien. Als Richtgröße erachte ich für die Anzahl der Pfarreien die doppelte Anzahl der in den meisten Diözesen gegenwärtig vorhandenen Dekanate. Die großen deutschen Diözesen erachten mit Blick auf die planbare Zukunft eine Anzahl von 25 bis 40 Pfarreien als sinnvoll und machbar. Das gilt aber nicht für kleinere Diözesen. Dort werden es nur noch wenige Pfarreien sein; diese werden aber viele vernetzte Gemeinden vor Ort benötigen.

Für die Leitung der Gemeinden vor Ort wird sich dies als gewaltiger Fortschritt erweisen: Es ist klar, dass Verantwortung in allen Gemeinden vor Ort bei den geeigneten, gewählten und beauftragten Gläubigen liegen wird. Es wird Teams von Verantwortlichen geben, die in Zukunft am jeweiligen Ort die Verantwortung für die Seelsorge übernehmen. In der Erzdiözese Köln wird an dieser Stelle der Begriff „Mitverantwortung“ gebraucht. In der Sache ergibt sich ein Quantensprung: Es werden in Zukunft die Gläubigen – endlich gleichberechtigt Frauen und Männer – die Verantwortung übernehmen. Natürlich ist in einem solchen Modell die veraltete „obrigkeitliche Kontrolle“ schlichtweg unmöglich. Es wird einen Kontrollverlust für die oberen Leitungsebenen in den Diözesen geben. Aber die Katholische Kirche kennt den sensus fidelium, den „Instinkt für die Wahrheit des Glaubens“, der in der Tradition die Kirche in der Gemeinschaft bewahrt hat.

6 Das Kernmerkmal einer lebendigen Diözese ist die Vielzahl und die Nähe lebendiger Gemeinden

Wir haben gesehen: Der eigentliche Strukturwandel zielt nicht ab auf Größe. Im Gegenteil: Im Zentrum des Strukturwandels geht es um Nähe vor Ort. Dazu braucht es die Gemeinden. Und zwar viele Gemeinden. Viel mehr als früher. Und ein Verständnis von Gemeinde, das viel näher am biblischen Verständnis und der Praxis der frühen missionarischen Zeit des Christentums ist. Dies möchte ich nun erläutern.

Wir haben gesehen: Das Kernmerkmal einer lebendigen Diözese sind die vielen Gemeinden: Denn sie sind Kirche am Ort. Hier leben die Berufungen, hier leben die Charismen. Sie garantieren Nähe. Sie garantieren die Lebendigkeit der Verkündigung des Evangeliums und die Sorge der Kirche um den konkreten Menschen.

Herbert Haslinger hat in seinem sehr lesenswerten Buch „Gemeinde – Kirche am Ort. Impulse des Zweiten Vatikanischen Konzils“[32] die Bedeutung der Gemeinde für die Kirche grundsätzlich herausgearbeitet. Unter anderem arbeitet er aus der Theologie des Konzils folgende Merkmale heraus:

1. Das Konzil identifiziert die Gemeinde als Kirche. Sie ist eben nicht die Unterabteilung einer Pfarrei. Sie macht die Gesamtkirche vor Ort sichtbar.

---

[32] Vgl. Haslinger, Gemeinde – Kirche am Ort (s. Anm. 10).

2. Die Gemeinde ist der Ort der Berufung in das Volk Gottes. Dies zeigt die Bedeutung der Gläubigen: „Sie gelten nicht mehr als Empfangende und Verfügungsmasse obrigkeitlich agierender Amtsträger der kirchlichen Hierarchie; ihr Stellenwert in der Kirche besteht unabhängig von den Amtsträgern und kommt ihnen nicht durch Ableitung von der Identität der Amtsträger zu."[33]
3. Das Konzil gibt der Gemeinde Anteil an jener Sakramentalität, die die Kirche für sich als ganze beansprucht.
4. Das Konzil erklärt die Verkündigung des Evangeliums, die Feier der Eucharistie und den Dienst der heilsamen Liebe zu den tragenden Grundvollzügen der Gemeinde.[34]

Daher müssen wir großen Wert legen auf die Wertschätzung aller Arten von Gemeinschaftsbildungen von Christinnen und Christen, die wir bisher zu wenig als Gemeinden verstanden haben: Schulen, Tafeln, Kindergärten, Krankenhäuser, Bildungsstätten, Jugendkirchen, Kapellengemeinden, kurzfristige Initiativen aller Art. Dies hat auch die Würzburger Synode bereits so gesehen[35], aber leider zu wenig weiterverfolgt und ausgebaut. Hier tun sich jetzt die neuen Chancen auf. Die Synode weist darauf hin, dass sich die Gemeinde Christi überall da verwirklicht, wo zwei oder drei im Namen Jesu beisammen sind (vgl. Mt 18,20).

Wir brauchen also in Zukunft viele neue Gemeindegründungen. Diese Gemeinden haben die Qualität von „Seelsorgestationen" mit diakonischem Akzent. Nur ein solch flexibler „Flottenverband" von Gemeinden wird der Zukunft gerecht werden können. Die großen Diözesen in Deutschland wären dann lebendig, wenn 1 000 bis 4 000 lebendige Gemeinden vor Ort die Nähe zu den Menschen suchen würden. Die wenigen Pfarreien würden sicherstellen, dass in ihren Territorien die Gemeinden vernetzt wären und dadurch Synergieeffekte entwickeln könnten. Und sie würden garantieren, dass dieses Netz alle Menschen in den Blick nimmt. In diesem Zusammenhang hat Kardinal Mario Grech (* 1957) auf das urchristliche Prinzip der Hauskirchen verwiesen. Dies ist ein Prinzip, das in den Entwürfen der deutschen Diözesen bisher kaum vorkommt. Das Modell sei das Erfolgsmodell der ersten Jahrhunderte christlicher

---

[33] Ebd. 82f.

[34] Vgl. Ebd. 84.

[35] Vgl. Die pastoralen Dienste in der Gemeinde (s. Anm. 15), 605.

Mission gewesen. Leider sei es allerdings durch jahrhundertelangen Klerikalismus zermürbt worden.

Das Haus war in der antiken Gesellschaft die Mitte des Lebens: im Erleben und in organisatorischer Hinsicht. Daher ist es selbstverständlich, dass sich das Gemeindeleben bis Mitte des dritten Jahrhunderts ausschließlich in Privathäusern abspielte, selbstverständlich auch alle Formen des Gottesdienstes, der Glaubensverkündigung und das gesamte Handeln der dort angesiedelten ein- und ausgehenden Gläubigen. Haus Gottes ist daher stets Ort wie auch Metapher für Gemeinde.

Wichtig ist, dass wir Hauskirche nicht nach der Art einer bürgerlichen Kleinfamilie verstehen. Diese familiaristische Engführung[36] findet sich noch in der Würzburger Synode. Hauskirchen sind eher Gegenkonzepte, weil sie größere Sozialzusammenhänge abbilden und Menschen aller Schichten und Gruppen unter einem Anliegen bzw. einem Dach versammeln. Hauskirchen sind Gemeinden mit intensiver Erfahrung des christlichen Lebens und intensivem diakonischen Einsatz für die Belange der Armen in Nachbarschaften, Ortsteilen oder in zielbezogener Vernetzung über größere Flächen. Sie sollten selbstverständlich in engem Austausch mit dem Gesamtnetzwerk der größeren Gemeinden vor Ort und der Pfarrei stehen.

Für die Zukunft gilt: Netzwerke von Gemeinden, besonders auch von kleinsten Gemeinden im Sinne von flexiblen „Freiwilligenverbänden auf Zeit“ werden ein bedeutsames und vor allem ein handlungsstarkes missionarisches Werkzeug sein. Wir haben gerade durch die experimentellen Gemeinde-Erfahrungen der Corona-Zeit neu verstanden, dass solche Gemeinschaften jene Flexibilität mitbringen, die jetzt nötig ist. Wir brauchen Gottesdienste und diakonische Dienstleistungen in Häusern, an den Zäunen, an besonderen Orten. Wir brauchen auch flexible Gemeinschaften, welche die Vorbereitung für die Sakramentenspendung übernehmen usw. Die Vielzahl und die Vielfarbigkeit von Gemeinden können der Fuß in der Tür einer Gesellschaft sein, welche die Organisation der Großkirchen und ihre Pfarrgemeinden alten Stils abgeschrieben hat.

---

[36] Vgl. die Kritik bei Bucher, … wenn nichts bleibt, wie es war (s. Anm. 18).

7 Die biblische Perspektive: Wir brauchen eine Reform der Herzen und eine diakonische Reform der Gemeinden

Es wird immer deutlicher: In unserer Kirche stehen wir vor einem grundlegenden Transformationsprozess. Die strukturelle Reform der deutschen Kirche zu einem Netzwerk von sehr vielen Gemeinden mit nur sehr wenigen Pfarreien ist dabei nur ein kleiner erster Teil der anstehenden Reform. Er ist nicht der wichtigste Teil und darf keinesfalls die Energien binden. Im Zentrum des Wandels muss ein grundlegender theologisch-spiritueller Umkehrprozess stehen. Damit komme ich zur zentralen Doppelthese dieses Beitrags:

Wir brauchen erstens eine „Reform der Herzen" und zweitens eine „diakonische Reform der Gemeinden". Um welche Umkehrdynamik es dabei geht, hat Papst Franziskus in *Evangelii Gaudium* eindringlich mit Blick auf den Hunger der Welt nach der Reich-Gottes-Botschaft und der Reich-Gottes-Praxis deutlich gemacht:

> „Wenn uns etwas in heilige Sorge versetzen und unser Gewissen beunruhigen soll, dann ist es die Tatsache, dass so viele unserer Brüder und Schwestern ohne die Kraft, das Licht und den Trost der Freundschaft mit Jesus Christus leben, ohne eine Glaubensgemeinschaft, die sie aufnimmt, ohne einen Horizont von Sinn und Leben. Ich hoffe, dass mehr als die Furcht, einen Fehler zu machen, unser Beweggrund die Furcht sei, uns einzuschließen in die Strukturen, die uns einen falschen Schutz geben, in die Normen, die uns in unnachsichtige Richter verwandeln, in die Gewohnheiten, in denen wir uns ruhig fühlen, während draußen eine hungrige Menschenmenge wartet und Jesus uns pausenlos sagt: ‚Gebt ihr ihnen zu essen!' (Mk 6,37)"[37].

Wenn wir an diesem Punkt unseren Papst Franziskus recht verstehen, so glaube ich, geht es ihm darum, die Strukturperspektive der Pastoral und das Kreisen der Gemeinden um sich selbst hinter sich zu lassen. Ja noch mehr. Er sagt: Strukturen sind ein trügerischer

---

[37] Papst Franziskus, Apostolisches Schreiben *Evangelii gaudium* über die Verkündigung des Evangeliums in der Welt von heute vom 24. November 2013 (VApS 194), Bonn 2013, Nr. 49; zur markinischen Erzählung von der Brotvermehrung vgl. J. Gnilka, Das Evangelium nach Markus (EKK II, Studienausgabe), Neukirchen-Vluyn – Ostfildern ^{2}2015, 253–265 [Erstausgabe: 1978/1979].

Schutz. Sie provozieren und perpetuieren falsche Gewohnheiten. Eigentlich geht es gar nicht um eine Reform der Strukturen, sondern um eine grundlegende Reform des Lebens der Gläubigen in ihren Gemeinden. Dieser Reformprozess motiviert sich vor allem aus dem Handeln Jesu Christi, wie es uns die Heilige Schrift vor Augen stellt. Dies möchte ich aus biblischer Perspektive aufzeigen.

7.1 Die Reform der Herzen

Die Evangelien der synoptischen Tradition berichten übereinstimmend von einer zentralen Szene im Leben Jesu: der Heilung des Mannes mit der verdorrten Hand (vgl. Mk 3,1–6; Mt 12,9–14; Lk 6,6–11)[38]. In der aktuellen gedruckten Fassung der Einheitsübersetzung hat diese Szene eine Überschrift erhalten, welche die Dynamik neu zu fassen versucht: „Sabbat, Heilung, Tötungsplan". Jesus heilt einen Menschen am Sabbat in der Synagoge (also in der Gemeinde). Er holt ihn vom Rand der Gemeinde in die Mitte der gottesdienstlichen Versammlung und damit in die Mitte der Gemeinde.

Die Pointe dieses Evangeliums entschlüsselt sich dann, wenn wir bedenken, dass die Gemeinde am Sabbat in der Feier des Gottesdienstes ihre Identität aus dem Wort Jahwes empfängt. Im jüdischen Gebetsraum ist die gefühlte Mitte nämlich der Ort, wo die Tora-Rolle aufgestellt ist:

> „Sie symbolisiert den Platz Gottes, des ‚Allerheiligsten'. Jesu Intervention stellt somit für ‚die Schriftgelehrten und Pharisäer' einen höchst anstößigen, blasphemischen Zusammenhang her: Der leidende, ausgeschlossene Mensch gehört in jene Mitte, wo Gott ist, weil Gott unmittelbar an seiner Seite und hinter ihm steht. Beide sind nicht auseinander zu dividieren. Dadurch bekommt Jesu Intervention eine gefährlich verschärfte politische Brisanz"[39].

[38] Vgl. Gnilka, Das Evangelium nach Markus (s. Anm. 37), 124–131; U. Luz, Das Evangelium nach Matthäus. 2. Teilband Mt 8–17 (EKK I/2), Zürich – Braunschweig – Neukirchen-Vluyn 1990, 236–242; F. Bovon, Das Evangelium nach Lukas. 1. Teilband: Lk 1,1–9,50 (EKK III/1), Zürich – Neukirchen-Vluyn 1989, 271–276.

[39] I. Baumgartner u. a., Die heilend-befreiende Praxis Jesu in caritastheologischer Perspektive am Beispiel der Heilung eines Mannes am Sabbat (Lk 6,6–11), in: U. Busse (Hg.), Erinnerung an Jesus: Kontinuität und Diskontinuität in der

Wenn Jesus zum notleidenden, also lebensbedürftigen Menschen sagt: „Steh auf und stell dich in die Mitte!", bittet er den Menschen an den Ort, wo das Wort Gottes seinen Platz hat. Jesus beklagt und fordert die Umkehr der verstockten Herzen. Die wahre Gemeinde Jesu Christi sind diejenigen, die dem Wort Gottes gemäß den lebensbedürftigen Menschen in die Mitte stellen.

Der Pastoraltheologe und Pastoralpsychologe Isidor Baumgartner (* 1946) arbeitet an dieser Perikope exemplarisch heraus: Die Gemeinde braucht die Revision ihres Gottesbildes und ihrer Gottespraxis. Der lebensbedürftige Mensch muss das Zentrum des Lebens und Handelns der Gemeinden sein. Sie brauchen ein Gottesbild nach dem Maße Jesu: Alles kirchliche Leben – auch alles liturgische Handeln – muss dem „geschundenen Menschen am Wege" (A. Delp) den zentralen Platz in der Mitte verleihen. Gott steht dann im Mittelpunkt des Geschehens in den Gemeinden, wenn die Gemeinden zur Orthopraxie gelangen. Die Gemeinden werden so zu einem „Anders-Ort" der Gesellschaft: durch „Integration, Empathie, Solidarität und Gemeinschaft mit jenen Menschen, die der Heilung, der Befreiung und des Heils besonders bedürfen"[40]. So werden die Gemeinden zu einem Ort der heilend-befreienden Praxis Jesu. Sie sind der Ort der Verkündigung und der Tatsprache der Reich-Gottes-Botschaft.

7.2 Die diakonische Reform der Gemeinden

Der Weg der Umkehr der Herzen zur alltäglichen diakonischen Praxis ist allerdings für die Gemeinden seit biblischen Zeiten schon immer sehr weit gewesen. Die Umkehr der Herzen braucht die immer neue Einübung in eine radikale diakonische Praxis im Alltag. Denn es gilt mit Alfred Delp:

> „Es wird kein Mensch an die Botschaft vom Heil und vom Heiland glauben, solange wir uns nicht blutig geschunden haben im Dienst des physisch, psychisch, sozial, wirtschaftlich, sittlich oder sonst wie kranken Menschen […] Rückkehr in die ‚Diakonie' habe ich gesagt. Damit meine ich das Sich-Gesellen zum Men-

---

neutestamentlichen Überlieferung [FS Rudolf Hoppe] (BBB 166), Göttingen 2011, 527–543, hier: 538.

[40] Ebd. 539.

schen in allen seinen Situationen mit der Absicht, sie meistern zu helfen, ohne anschließend irgendwo eine Spalte oder Sparte auszufüllen. Damit meine ich das Nachgehen und Nachwandern auch in die äußersten Verlorenheiten und Verstiegenheiten des Menschen, um bei ihm zu sein, genau und gerade dann, wenn ihn Verlorenheit und Verstiegenheit umgeben."[41]

Der Pastoraltheologe Herbert Haslinger fordert mit Blick auf Delps Mahnung als Quintessenz für alle Gemeinden heute und in Zukunft die Rückkehr in die Diakonie. Es brauche keine anderen pastoralen Konzepte als diejenigen, welche die Gemeinden in den Dienst des Menschen stellen:

> „Und zwar in einen Dienst, den die Not der Menschheit bestimmt, nicht unsere eigene liebgewordene Vorstellung von Gemeinde, nicht die institutionell vorgegebenen, eingefahrenen Strukturen in Gemeinden und auch nicht das gewohnheitsmäßig absolvierte Repertoire des üblichen ‚Gemeindelebens'."[42]

Das Gemeindeleben braucht nur ein Gesetz zu kennen: das jesuanische Gesetz des Dienstes. Haslinger konstatiert fast bitter: „Man muss nur die verschiedenen Leitbilder, Strukturkonzepte und Maßnahmen in den heutigen Gemeinden einmal unter dieses Gesetz rufen und an dieser Aussage messen und weiß eigentlich genug."[43]

Wie schwierig sich die diakonische Reform seit jeher für die Kirche erweist, zeigt sich in der bekannten Parabel vom Barmherzigen Samariter im Lukasevangelium (vgl. Lk 10,25–37)[44]. Wie uns die Bibelwissenschaften entschlüsseln, handelt es sich dabei nicht um eine schlichte Aufforderung zur menschlichen Hilfsbereitschaft. Jesus hält keine Moralpredigt, sondern diskutiert *die* Grundfrage christlicher Identität. Man versteht sie erst dann richtig, wenn man den Kontext und den Sitz im Leben hinzunimmt. Der Kontext ist die Frage nach dem ewigen Leben, nach der Gottesliebe und der Nächs-

---

[41] Delp, Das Schicksal der Kirchen (s. Anm. 2), 319f.

[42] Haslinger, Gemeinde – Kirche am Ort (s. Anm. 10), 197.

[43] Ebd.; vgl. Haslinger, „Nachgehen in die äußersten Verlorenheiten". Pastoral in Zeiten von Corona, in: ThGl 110 (2020) 321–331.

[44] Vgl. F. Bovon, Das Evangelium nach Lukas. 2. Teilband: Lk 9,51–14,35 (EKK III/2), Zürich – Düsseldorf – Neukirchen-Vluyn 1996, 79–99.

tenliebe. Und nach dem rechten Gottesdienst. Lukas kennt das Markusevangelium mit der entsprechenden Begebenheit. Und er ersetzt die Aussage des Schriftgelehrten im Markusevangelium „ihn [= Gott] mit ganzem Herzen, ganzem Verstand und ganzer Kraft zu lieben und den Nächsten zu lieben wie sich selbst, ist weit mehr als alle Brandopfer und anderen Opfer“ (Mk 12,33) durch die Parabel vom Samariter. Dies gilt es zu verstehen.

Was ist die von Lukas aufgebaute Dynamik? In knapper Form lässt sie sich so akzentuieren: Die Liturgie im Tempel ist beendet. Das Personal geht nach Hause. Der geschundene Mensch liegt am Weg: 1. Der Priester sieht und geht vorbei. 2. Der Levit sieht und geht vorbei. 3. Der Samariter sieht, geht hin und handelt im Dienst des Menschen. Nach der Mehrheitsmeinung der Exegeten schreibt Lukas sein Evangelium nach der Zerstörung des Tempels in Jerusalem. Viel stärker noch als wir hat er den Untergang seiner Heimat im Glauben erlebt, auch den Untergang des Gottesdienstes im Tempel. Es war die Katastrophe. Es war der Untergang der Tempel-Identität. Die „Identitäts-Frage“ lautet: Warum lassen sich die Gottesdiener nicht zum Menschendienst motivieren? Wie verstehen sie sich, dass sie es nicht verstehen, wie dem Menschen zu dienen ist?

Aus Sicht des Lukas haben die Kultbeamten von damals (und heute) das Evangelium nicht richtig verstanden: Gottesliebe und Nächstenliebe bekommen ihre Identität und lebensgestaltende Kraft erst in der Begegnung mit dem bedürftigen und geschundenen Menschen, für den wir uns zum Nächsten machen. Unser Blick sollte dabei nicht zuletzt auch auf das Öl und den Wein fallen, die der Samariter für den Menschen einsetzt, der unter die Räuber gefallen ist. Öl und Wein sind die zentralen Elemente des Versöhnungsopfers. Es findet jetzt nicht mehr im Tempel statt. Es wird leider auch nicht dargebracht vom traditionellen Kultpersonal. Es findet statt im Leben des geschundenen Menschen und wird geschenkt von jemandem von außen, der sehen kann, hingehen kann und sein eigenes Geld investiert. Wenn dies die Glaubenden begreifen, dann gewinnen sie ihre Identität. Es braucht die Reform des Handelns. Liturgie kennt jetzt zwei Orte, die niemals auseinandergerissen werden dürfen: den Gottesdienst und den Menschendienst. So geschieht Gemeinde.

8 „Brennendes Interesse am Alltag der Menschen“: ein neuer christlicher Lebensstil und der Alltag der Diakonie

Die Frage nach der Reform der Gemeinden, besser gesagt: nach ihrer Umkehr zum Evangelium Jesu Christi, dürfte in den kommenden Jahren zur Kernfrage ihrer Identität und ihrer missionarischen Existenz werden. Die Reform der Herzen und die Reform des Handelns in wahrer Diakonie am Menschen werden dafür die entscheidenden Veränderungsgrößen sein. Die notwendigen Umstrukturierungen sind nur ein Teil des zurückzulegenden Weges. Der bekannte systematische Theologe und spirituelle Begleiter Christoph Theobald (* 1946) aus Paris bezeichnet die bisherigen Umstrukturierungen als bisweilen „fiebrigen Aktivismus“, der keinen wirklichen Wachstumsprozess einleitet. Stattdessen brauche es eine Umkehr, von der Paulus spricht: „eine Umkehr, die den Blick der Gemeinde auf die Personen erneuert, die Gott ihr gibt, und auf die inneren Anrufe, die diese Frauen und Männer hören“[45].

Damit sind wir am Ende unserer Überlegungen wieder bei dem Modell einer Pastoral angelangt, das die Berufung der Gläubigen, ihr königliches Priestertum aus der Kraft der gottgeschenkten Charismen zum Ausgangspunkt der Evangelisierung und einer diakonischen Pastoral macht. Es geht im Kern darum, dass die Gläubigen in einen Umkehrprozess einsteigen, erneut den Ruf Gottes hören, zur Erkenntnis und in die Praxis ihrer Charismen gelangen und schließlich in kollektiver Unterscheidungsarbeit die Schritte setzen, in denen es vor Ort zu handeln gilt.

Christoph Theobald prägt für einen solchen Lebensstil das Ideal und Motto vom „brennenden Interesse am Alltag der Menschen“. Ein solcher Lebensstil könne zu den Herzen der Menschen vordringen. Er plädiert für Gemeinden, die in wirklicher Begegnung mit dem Alltag der Menschen stehen. So käme der Durchbruch zu einer – wie er es nennt – „zeugenden Pastoral“ zustande. „Das brennende Interesse am Alltag der Menschen“[46] könnte der Schlüssel für eine Neuorientierung im christlichen Lebensstil und für eine Neuorientierung der Gemeinden und ihrer Pastoral sein.

---

[45] Wörtliche Zitate aus: C. Theobald, Hören, wer ich sein kann. Einübungen, Ostfildern 2018, 154.

[46] Wörtliche Zitate aus: ebd.

Eine solche Neuorientierung scheint mir gerade auch angesichts der weitreichenden Folgen der gegenwärtigen Corona-Pandemie für das Leben von uns Christinnen und Christen in unseren Gemeinden unbedingt notwendig zu sein. Die Corona-Krise führt zu einem gewaltigen – vermutlich nur in wenigen Punkten rückgängig zu machenden – Abbruch der bisherigen standardisierten Lebensprozesse des pastoralen Alltags. Was nicht aus Berufung, sondern aus Routine geschieht, ist weggebrochen und wird noch weiter wegbrechen. Die Zukunft unserer Gemeinden werden diejenigen gestalten, die bereit sind, einen christlichen Lebensstil zu realisieren und auszuprobieren, der dieses brennende Interesse am Alltag der Menschen spüren lässt.

So möchte ich abschließend die Argumentation in einer Agenda mit pointierten Optionen zusammenfassen:

1. Die anstehenden Strukturreformen sind schnellstens auf den Weg zu bringen.
2. Die Zukunft der Kirche hängt an einer Reform der Herzen und an einer diakonischen Reform der Gemeinden.
3. Die Vielfalt der Gemeinden und ihre Vielzahl werden die Chance der Kirche sein.
4. Die Menschen, die das Evangelium, neue Lebenskraft und Hilfe suchen, gehören in die Mitte des Engagements der Gemeinden.
5. Die Gesellschaft verdient einen Lebensstil „heiliger Gastfreundschaft", einen Lebensstil mit „brennendem Interesse am Alltag der Menschen".

Der bereits erwähnte Sekretär der Bischofssynode Mario Grech sagte in einem bemerkenswerten Interview zur Lage der Kirche in der Corona-Pandemie mit Blick auf die Zukunft:

> „Wir haben eine neue Ekklesiologie, vielleicht sogar eine neue Theologie, und ein neues Modell des Dienstes entdeckt. Das bedeutet also, dass es an der Zeit ist, die notwendigen Entscheidungen zu treffen, um auf diesem neuen Modell des Dienstes aufzubauen. Es wäre Selbstmord, wenn wir nach der Pandemie zu denselben pastoralen Modellen zurückkehren, die wir bisher praktiziert haben. Wir verwenden enorme Energie darauf, die säkulare Gesellschaft zu bekehren, aber es ist wichtiger, uns selbst zu bekehren, um die pastorale Bekehrung zu erreichen, von der Papst Franziskus oft spricht. […] Das Brechen des eucharisti-

schen Brotes und des Wortes kann nicht geschehen, ohne das Brot mit denen zu brechen, die keines haben. Das ist Diakonie. Die Armen sind theologisch gesehen das Gesicht Christi. Ohne die Armen verliert man den Kontakt zur Wirklichkeit."[47]

[47] Bishop Mario Grech: An interview with the new secretary oft he Synod of Bishops, in: La Civiltà cattolica, 23. Oktober 2020 (in: https://www.laciviltacattolica.com/bishop-mario-grech-an-interview-with-the-new-secretary-of-the-synod-of-bishops/ [Zugriff: 26.6.2021] – deutsche Übersetzung durch Verf.).

Vom Ökumenismusdekret des Zweiten Vatikanischen Konzils 1964 über den Ökumene-Beschluss der Würzburger Synode 1975 zur Orientierungshilfe deutscher Bischöfe 2018

Zur Kommuniongemeinschaft innerhalb konfessionsverschiedener Ehen

Wolfgang Thönissen

1 Kommunionverbote im konfessionellen Zeitalter

Der Augsburger Reichstag von 1555 ist mit seiner Entscheidung zur territorialen Aufteilung der nach der Reformation entstandenen christlichen Konfessionen zum Ausgangspunkt einer umfassenden Konfessionalisierung des deutschen Reiches und weiter Teile Nordeuropas geworden. Seit den dreißiger Jahren des 16. Jahrhunderts schritt die Konfessionsbildung in den unterschiedlich konfessionell bestimmten Territorien unaufhörlich voran. Daran konnte das Konzil von Trient (1545–1563) nichts mehr ändern. Auch wenn sich dieses Konzil der Reform verschrieben hatte, durch die Tatsache, dass die Vertreter der Protestanten sich diesem Konzil verweigerten, ist es selbst zum Ausgangspunkt der Spaltung der lateinischen Kirche geworden. Das war nicht allein die Schuld dieses Konzils. Die nach dem Konzil sich fortsetzende konfessionelle Zersplitterung des lateinischen Christentums begünstigte zwar die Säkularisierung der europäischen Gesellschaften, führte aber auch zur Erneuerung und Reform des katholischen Lebens. Freilich fand diese Reform des kirchlichen Lebens ihren wesentlichen Ausdruck in der lehrmäßigen Abgrenzung von den durch das Konzil festgestellten protestantischen Irrlehren. Es ist das Schicksal des Trienter Konzils geworden, zur Ausdifferenzierung des religiösen Lebens im deutschen Reich entschieden beigetragen zu haben.[1] Folge dieses Prozesses war letzt-

[1] Vgl. H. Jedin, Geschichte des Konzils von Trient. Band IV/2, Freiburg i. Br. 1975, 242–258.

lich die auf beiden Seiten verweigerte Gottesdienstgemeinschaft. Das erstmals 1917 veröffentliche kirchliche Gesetzbuch, der *Codex Iuris Canonici* (CIC), formulierte daher entschieden das Verbot der gottesdienstlichen Gemeinschaft mit Nichtkatholiken, bevor nicht die volle Kirchengemeinschaft wiederhergestellt worden war. Damit einher ging auch das Verbot der sogenannten „Mischehe“.

Darunter versteht man eine konfessionsverschiedene oder bekenntnisverschiedene Ehe zwischen zwei Getauften, von denen einer in der katholischen Kirche getauft oder nach seiner Taufe in die katholische Kirche aufgenommen wurde und sich nicht von der Kirche getrennt hat, der oder die andere einer nichtkatholischen Kirche oder Gemeinschaft angehört, die nicht in voller Gemeinschaft mit der katholischen Kirche steht.[2] Erst mit dem Zweiten Vatikanischen Konzil (1962–1965) wird in der katholischen Kirche eine Neuordnung der Mischehe vorgenommen, die zwar an dem Ehehindernis der Konfessionsverschiedenheit festhält, aber den Eheabschluss durch kirchlichen Dispens erlaubt. Die Regelungen, die nach dem Konzil für den gemeinsamen Zutritt zur Kommunion erlassen wurden, wollen der besonderen Situation gerecht werden, in der Angehörige und Familien konfessionsverschiedener Herkunft leben. Das Zweite Vatikanische Konzil wendet sich hier von einem strikten Verbot der Kommunionteilnahme für Christen anderer Kirchen ab, spricht sich aber auch nicht für eine volle Freizügigkeit aus. Eine im ökumenischen Dialog heute oft verhandelte offene Kommuniongemeinschaft empfiehlt die katholische Kirche hingegen nicht.

2 Das Zweite Vatikanische Konzil und das Ökumenismusdekret von 1964

Bald nach dem Ende des Zweiten Vatikanischen Konzils begannen innerhalb der katholischen Kirche Diskussionen um die im Ökumenismusdekret von 1964 erstmals genannten Prinzipien für die gottesdienstliche Praxis zwischen den getrennten Christen. *Unitatis redintegratio* hat hier neue Maßstäbe gesetzt. Schrieb der CIC von 1917 als Regel das ausdrückliche Verbot der Teilhabe von Nichtkatholiken

---

[2] Vgl. hierzu die Definition von H. Heinemann, Die konfessionsverschiedene Ehe, in: J. Listl, H. Müller, H. Schmitz (Hg.), Handbuch des katholischen Kirchenrechts, Regensburg 1983, 796–808, besonders 796.

an katholischen Gottesdiensten vor, ebenso das Verbot der Teilhabe von Katholiken an gottesdienstlichen Handlungen von Nichtkatholiken[3], konnte nun eine begrenzte Öffnung praktiziert werden. Das Verbot gemeinsamer gottesdienstlicher Handlungen unter den getrennten Christen hatte das Heilige Offizium anlässlich der Gründung des Ökumenischen Rates der Kirche 1948 nochmals eingeschärft,[4] doch nur ein Jahr später erlaubte die vom selben Dikasterium veröffentlichte Instruktion *De motione oecumenica*[5] das gemeinsame Gebet unter den getrennten Christen: Obwohl in allen ökumenischen Versammlungen die gegenseitige Teilnahme am Gottesdienst vermieden werden muss, untersagte das Heilige Offizium das gemeinsame Beten des Vaterunsers erstmals nicht mehr.

Im Blick auf die von der katholischen Kirche getrennten Orthodoxen galt zwar schon immer eine großzügigere Praxis, doch dehnte das Ökumenismusdekret diese Vorgabe nunmehr auch auf die getrennten Kirchen und kirchlichen Gemeinschaften im Westen aus. Zwar blieb in der Beurteilung der gottesdienstlichen Praxis die Unterscheidung zwischen Ost- und Westkirchen bestehen, doch die Grundprinzipien wurden für beide gleichermaßen festgelegt. Die daraus gewonnenen Grundregeln entfaltete nach dem Konzil das 1967 vom Sekretariat für die Einheit der Christen veröffentlichte „Ökumenische Direktorium“, das Richtlinien zur Durchführung der Konzilsbeschlüsse über die ökumenische Aufgabe enthält. Die gottesdienstliche Gemeinschaft „mit den anderen getrennten Brüdern“ wurde darin grundsätzlich neu geregelt.[6] Das Sekretariat für die Einheit der Christen sah sich allerdings schon ein Jahr später gezwungen, eine Verlautbarung zu dessen missbräuchlicher Anwendung zu veröffentlichen. Nachdem die Missbräuche nicht aufhörten, veröffentlichte das Sekretariat 1972 eine Instruktion über die Zulassung zur Kommunion in besonderen Fällen mit dem Titel *In quibus re-*

---

[3] Vgl. cc. 731 § 2; 1258 CIC/1917.

[4] Mit dem Monitum *Cum compertum* vom 5. Juni 1948 wird an das Verbot gemischter Zusammenkünfte erinnert (vgl. c. 1325 § 3 CIC/1917).

[5] Unter dem Titel „Ecclesia Catholica“, den Einleitungsworten, veröffentlicht in: HerKorr 4 (1949/1950) 318–320.

[6] Vgl. Sekretariat für die Einheit der Christen, Ökumenisches Direktorium. Richtlinien zur Durchführung der Konzilsbeschlüsse über die ökumenische Aufgabe. Erster Teil (NKD 7), Trier 1967, Nr. 55.

rum circumstantiis.[7] Dazu erlies die Deutsche Bischofskonferenz eine Erklärung, wie die Instruktion in Deutschland anzuwenden ist. Darin sprach sie erstmals von einem geistlichen Bedürfnis, von einem Verlangen nichtkatholischer Christen nach der Kommunion. Noch einmal ein Jahr später gab das Sekretariat für die Einheit der Christen eine erläuternde Erklärung heraus, um die Verbreitung ungenauer Interpretationen zu vermeiden. Mit dem Erlass des CIC von 1983 wurde die kirchenrechtliche Gesetzgebung universalkirchlich geregelt. Bald danach nahmen viele nationale Bischofskonferenzen partikularrechtliche Umsetzungen des neuen Canon 844 vor.[8] Mit dem Ende der neunziger Jahre des 20. Jahrhunderts befasste sich auch die Deutsche Bischofskonferenz mit der Thematik.

Das Dekret über den Ökumenismus *Unitatis redintegratio* stellt als Grundprinzipien für die Gottesdienstgemeinschaft mit Nichtkatholiken fest:

> „Man darf jedoch die Gemeinschaft beim Gottesdienst (communicatio in sacris) nicht als ein allgemein und ohne Unterscheidung gültiges Mittel zur Wiederherstellung der Einheit der Christen ansehen. Hier sind hauptsächlich zwei Prinzipien maßgebend: die Bezeugung der Einheit der Kirche und die Teilnahme an den Mitteln der Gnade. Die Bezeugung der Einheit verbietet in den meisten Fällen die Gottesdienstgemeinschaft, die Sorge um die Gnade empfiehlt sie indessen in manchen Fällen. Wie man sich hier konkret zu verhalten hat, soll unter Berücksichtigung aller Umstände der Zeit, des Ortes und der Personen die örtliche bischöfliche Autorität in klugem Ermessen entscheiden, soweit nicht etwas anderes von der Bischofskonferenz nach Maßgabe ihrer eigenen Statuten oder vom Heiligen Stuhl bestimmt ist." (UR 8)

---

[7] Vgl. Sekretariat für die Einheit der Christen, Instruktion für besondere Fälle einer Zulassung zur Kommunion anderer Christen zur eucharistischen Kommunion in der katholischen Kirche. Erklärung zu einigen Auslegungen der Instruktion vom 1. Juni 1972. Von den deutschen Bischöfen approbierte Übersetzung (NKD 41), Trier 1975.

[8] Vgl. M. Wijlens, Sharing the Eucharist. A theological evaluation of the post conciliar legislation, Lanham 2000; C. Schmitt, Kommunion trotz Trennung. Universalrechtliche Vorgaben zur Eucharistiezulassung evangelischer Christen und ihre partikularrechtliche Umsetzung (MKCIC.B 49), Essen 2007.

Das Ökumenismusdekret löst das durch die lehramtliche Gesetzgebung im konfessionellen Zeitalter ausgesprochene Verbot von Gottesdienstgemeinschaft mit Nichtkatholiken zunächst durch eine Differenzierung in der Bestimmung von sakramentaler Gemeinschaft. Im Rückgriff auf die seit Beginn des 20. Jahrhunderts auch unter Katholiken allmählich populär gewordenen Gebetsgemeinschaften mit Nichtkatholiken für die Einheit der Kirche unterscheidet das Dekret zwischen dem geistlichen Ökumenismus (*oecumenismus spiritualis*), den es uneingeschränkt empfiehlt und zur Seele der ökumenischen Bewegung erklärt, und der eigentlichen Gottesdienstgemeinschaft, der *communicatio in sacris.*[9] Dahinter steht folgende Erwägung des Konzils: Volle Kirchengemeinschaft schließt die Gemeinschaft im sakramentalen Leben ein. Für diese vollständige Form der kirchlichen Gemeinschaft (*plena communio*) hat sich der Begriff der Eucharistiegemeinschaft durchgesetzt. Er beschreibt das Verhältnis einer vollen Partizipation am sakramentalen Leben der Kirchen, die untereinander in Kirchengemeinschaft stehen. Kirchengemeinschaft und Eucharistiegemeinschaft sind danach Wechselbegriffe und erläutern sich gegenseitig. Doch auch wenn diese vollkommene Form der Gemeinschaft noch nicht vollzogen ist, kann man von einer gewissen Gemeinschaft ausgehen, die trotz der Trennung in „wahren Sakramenten" (UR 15) – in der Taufe oder sogar in der Eucharistie und im Priestertum – begründet ist. Im Zusammenhang mit der Beschreibung des Verhältnisses zu den von Rom getrennten orthodoxen Kirchen führt das Konzil offiziell den Terminus „gewisse Gottesdienstgemeinschaft" (*quaedam communicatio in sacris*)[10] an. Im Rahmen dieses ekklesiologischen Konzeptes spricht man daher von Zulassung, Zutritt zu oder besser gar von der Teilhabe nichtkatholischer Christen an den Sakramenten (der Buße, der Eucharistie und der Krankensalbung). Die Klärung der Streitfrage, wer Zutritt hat, hängt aber von der Bewertung des ekklesialen Status

---

[9] Vgl. G. Voss, Gemeinschaft im geistlichen Tun, in: HÖ III/2 (1987) 216–265.

[10] „Da nun diese Kirchen trotz ihrer Trennung wahre Sakramente besitzen, vor allem aber in der Kraft der apostolischen Sukzession das Priestertum und die Eucharistie [*vi successionis apostolicae, Sacerdotium et Eucharistiam*], wodurch sie in ganz enger Verwandtschaft bis heute mit uns verbunden sind, so ist eine gewisse Gottesdienstgemeinschaft unter gegebenen geeigneten Umständen mit Billigung der kirchlichen Autorität nicht nur möglich, sondern auch ratsam." (UR 15)

der jeweiligen Kirche ab, welcher der betreffende Christ selbst angehört und mit der die katholische Kirche in unvollkommener Gemeinschaft steht. Legt man diese Ausführungen im Kontext des skizzierten ekklesiologischen Gesamtzusammenhangs aus, so erkennt man folgenden Grundsatz: Die Anerkennung des ekklesialen Status der getrennten Kirchen folgt dem Grad der Verwirklichung der sakramentalen Grunddimension der Kirche. Je höher der Grad an Übereinstimmung im Verständnis dieser sakramentalen Gesamtsicht ist – gemeint ist „die ursprüngliche und vollständige Wirklichkeit (substantia) des eucharistischen Mysteriums“ (UR 22) –, umso vollkommener ist die Gestalt der Gottesdienstgemeinschaft. Hier erscheint schließlich in Abhängigkeit vom Kirchenverständnis ein gestuftes Konzept von Gottesdienstgemeinschaft. Dieses Konzept steht im Hintergrund der Unterscheidung von *communicatio in spiritualibus* und *communicatio in sacris*, der eigentlichen sakramentalen Gemeinschaft.

3 Ökumenisches Direktorium (1967/1993)

Nur wenige Jahre nach dem Ende des Zweiten Vatikanischen Konzils erließ das Sekretariat zur Förderung der Einheit der Christen mit dem „Ökumenischen Direktorium“ sogenannte Durchführungsbestimmungen für den Ökumenismus, mit denen insbesondere Regelungen für den Umgang mit der ökumenischen Thematik in den Diözesen verbunden sind.[11] Hierbei ging es um eine Übersetzung der für die ganze Kirche geltenden Regelungen in die Praxis. Dazu zählten die Errichtung ökumenischer Kommissionen in den Diözesen, die Frage der Gültigkeit der in den getrennten Kirchen und kirchlichen Gemeinschaften gespendeten Taufen und schließlich die Frage des geistlichen Ökumenismus. Diese *communicatio in spiritualibus* umfasst die zwischen den getrennten Christen gemeinsam verrichteten Gebete und die *communicatio in sacris* im eigentlichen Sinne, die eine engere, meist sakramentale Gottesdienstgemeinschaft meint. Letztere umfasst die Gemeinschaft im sakramentalen Leben, besonders in der Eucharistie, wobei unterschieden wird zwischen der Ge-

---

[11] Vgl. Sekretariat für die Einheit der Christen, Ökumenisches Direktorium (s. Anm. 6).

meinschaft mit den Orientalen und den übrigen getrennten Kirchen und kirchlichen Gemeinschaften im Westen. Nach der Promulgation des neuen Codex Iuris Canonici von 1983 wurde das „Ökumenische Direktorium“ unter dem Titel „Direktorium zur Ausführung der Prinzipien und Normen über den Ökumenismus“[12] 1993 in überarbeiteter und erweiterter Form herausgegeben. Danach ergeben sich für die ökumenische Praxis in Gebet und Gottesdienst folgende Regelungen:

(1.) Weil zwischen der katholischen Kirche und den orientalischen Kirchen, die nicht in voller Gemeinschaft miteinander stehen, dennoch eine sehr enge Gemeinschaft im Bereich des Glaubens besteht und zwar aufgrund der Gemeinschaft in den Sakramenten der Eucharistie und des Priestertums in Verbindung mit der apostolischen Sukzession, ist ein ekklesiologisches und sakramentales Fundament geschaffen, das eine begrenzte sakramentale Gemeinschaft ermöglicht. Diese wird in zweifacher Richtung ausgesprochen:

(1.1.) „Wenn die Notwendigkeit es erfordert oder ein wirklicher geistlicher Nutzen dazu rät und vorausgesetzt, dass jede Gefahr des Irrtums oder des Indifferentismus vermieden wird, ist es jedem Katholiken, dem es physisch oder moralisch unmöglich ist, einen katholischen Spender aufzusuchen, erlaubt, die Sakramente der Buße, der Eucharistie und der Krankensalbung von einem nichtkatholischen Spender einer Ostkirche zu empfangen.“[13]

(1.2.) „Die katholischen Spender können erlaubt die Sakramente der Buße, der Eucharistie und der Krankensalbung Mitgliedern der orientalischen Kirchen spenden, wenn diese von sich aus darum bitten und in rechter Weise disponiert sind. Auch in diesen Fällen muss die Ordnung der orientalischen Kirchen für ihre eigenen Gläubigen beachtet und jeder Anschein von Proselytismus vermieden werden.“[14]

(2.) Das „Ökumenische Direktorium“ sieht auch eine Gemeinschaft im sakramentalen Leben mit den Christen anderer Kirchen

---

[12] Vgl. Päpstlicher Rat zur Förderung der Einheit der Christen, Direktorium zur Ausführung der Prinzipien und Normen über den Ökumenismus vom 25. März 1993 (VApS 110), Bonn 1993.

[13] Ebd. Nr. 123.

[14] Ebd. Nr. 125. Im Hintergrund stehen die Regelungen für die Gottesdienstgemeinschaft mit den mit Rom verbundenen orientalischen Kirchen, den sogenannten unierten Kirchen, im Dekret über die katholischen Ostkirchen *Orientalium ecclesiarum* (vgl. besonders OE 27).

und kirchlicher Gemeinschaften gegeben. Diese Gemeinschaft sieht die katholische Kirche in der Taufe begründet, wodurch die Mitglieder anderer Kirchen und kirchlichen Gemeinschafen „in einer wirklichen, wenn auch nicht vollkommenen Gemeinschaft mit der katholischen Kirche" stehen. Die katholische Kirche erkennt an, „dass unter gewissen Umständen, in Ausnahmefällen und unter gewissen Bedingungen der Zutritt zu diesen Sakramenten [sc. Eucharistie, Buße und Krankensalbung; Verf.] Christen anderer Kirchen und kirchlicher Gemeinschaften gewährt oder sogar empfohlen werden kann"[15]. Diese Form der eingeschränkten sakramentalen Gemeinschaft wird allerdings nur in einer Richtung entfaltet, und zwar für die nichtkatholischen Gläubigen, nicht für katholische Gläubige. Ihnen bleibt der Zugang zu den Sakramenten der nichtkatholischen Kirchen verwehrt.

Die katholische Kirche legt für die Erlaubnis des Hinzutritts zu den genannten Sakramenten zwei grundlegende Bedingungen fest:

> „Wenn Todesgefahr besteht, können katholische Spender diese Sakramente unter den Bedingungen, die unten (Nr. 131) aufgezählt werden, spenden. In anderen Fällen wird streng empfohlen, dass der Diözesanbischof allgemeine Normen aufstellt, die dienlich sind, um zu beurteilen, welche Situationen als ernste und dringende Notwendigkeiten zu bewerten und ob die unten (Nr. 131) genannten Bedingungen als gegeben anzusehen sind."[16]

Als wesentliche Bedingung einer dringenden Notwendigkeit wird hier Todesgefahr genannt. Zweitens kommen auch subjektive Bedingungen ins Spiel: Einem nichtkatholischen „Gläubigen ist es nicht möglich, einen Spender der eigenen Kirche oder kirchlichen Gemeinschaft aufzusuchen, er erbittet von sich aus diese Sakramente, er bekundet den katholischen Glauben bezüglich dieser Sakramente und ist in rechter Weise vorbereitet."[17]

Diese Regelungen werden so in den c. 844 CIC/1983 aufgenommen und bestimmen seither die Praxis der Kommuniongemeinschaft mit nichtkatholischen Christen in der katholischen Kirche.

---

[15] Wörtliche Zitate aus: Päpstlicher Rat zur Förderung der Einheit der Christen, Direktorium (s. Anm. 12), Nr. 129.

[16] Ebd. Nr. 130.

[17] Ebd. Nr. 131.

Wenige Jahre später (2003) führte Papst Johannes Paul II. (1978–2005) in seiner Enzyklika *Ecclesia de Eucharistia* dazu eigens aus, wobei er das schwere geistliche Bedürfnis („gravis necessitas spiritualis") noch einmal eigens erläuternd einführt:

> „Wenn die volle Gemeinschaft fehlt, ist die Konzelebration in keinem Fall statthaft. Dies gilt nicht für die Spendung der Eucharistie *unter besonderen Umständen und an einzelne Personen*, die zu Kirchen oder kirchlichen Gemeinschaften gehören, die nicht in der vollen Gemeinschaft mit der katholischen Kirche stehen. In diesem Fall geht es nämlich darum, einem schwerwiegenden geistlichen Bedürfnis einzelner Gläubiger im Hinblick auf das ewige Heil entgegenzukommen, nicht aber um die Praxis einer *Interkommunion*, die nicht möglich ist, solange die sichtbaren Bande der kirchlichen Gemeinschaft nicht vollständig geknüpft sind. In diesem Sinn hat sich das Zweite Vatikanische Konzil geäußert, indem es die Praxis bestimmte, die gegenüber den orientalischen Christen einzuhalten ist, die in gutem Glauben von der katholischen Kirche getrennt leben, spontan um den Empfang der Eucharistie aus der Hand eines katholischen Amtsträgers bitten und in rechter Weise darauf vorbereitet sind. Diese Verhaltensweise ist von beiden Gesetzbüchern bestätigt worden, die mit den entsprechenden Anpassungen auch den Fall der anderen nicht orientalischen Christen berücksichtigen, die nicht in voller Gemeinschaft mit der katholischen Kirche stehen."[18]

Damit ist die Praxis einer begrenzten Kommuniongemeinschaft mit Nichtkatholiken auch durch die päpstliche Verkündigung selbst angenommen worden. Gerade Papst Johannes Paul II. gehörte zu den Päpsten, die auch in der persönlichen gottesdienstlichen Begegnung mit evangelischen Christen diese Praxis häufig übten, wie von nicht wenigen evangelischen Teilnehmern berichtet wurde. Papst Johannes Paul II. führte damit, die bisherige Gesetzgebung bestätigend, als grundlegendes Prinzip die *gravis necessitas spiritualis* hinzu.

---

[18] Johannes Paul II., Enzyklika Ecclesia de Eucharistia vom 17. April 2003 (VApS 159), Bonn 2003, Nr. 45.

4 Die Würzburger Synode (1971–1975)

Wenige Jahre nach dem Ende des Zweiten Vatikanischen Konzils, bereits zu Beginn der Siebzigerjahre, begann in den katholischen Ortskirchen eine umfassende Diskussion über die Rezeption der Anliegen, Entscheidungen und Texte dieses Konzils. Diesem Anliegen diente auch die „Gemeinsame Synode der Bistümer in der Bundesrepublik Deutschland", kurz Würzburger Synode genannt. Sie fand vom Januar 1971 bis November 1975 statt, umfasste acht mehrtägige Vollversammlungen mit insgesamt 300 Mitgliedern und führte am Ende zu 18 Beschlusstexten. Unter ihnen finden sich zwei Beschlüsse mit ausgesprochen ökumenischem Inhalt.

Der Beschluss „Ökumene"[19] fasste theologische Überlegungen, pastorale Anregungen, Voten und Empfehlungen im Blick auf die Ökumene am Ort zusammen. Darunter findet sich das uns interessierende Kapitel über die konfessionsverschiedenen Ehen.[20] Hier wird erstmals die konfessionsverschiedene, oder wie sie später genannt wird, konfessionsverbindende Ehe, in den Mittelpunkt der pastoraltheologischen Aufmerksamkeit gerückt. Die Verschiedenheit der christlichen, konfessionellen Bekenntnisse wird hier nicht mehr als ein zu bedauerndes, sondern als ein die betreffende Ehe befruchtendes Faktum bezeichnet. Die ökumenische Bedeutung, die von ihr ausgehen kann, ebenso die Belastungen, die von der Glaubensspaltung herrühren, werden gleichzeitig in den Blick genommen. Insbesondere wird die Seelsorge für die konfessionsverschiedenen Ehen und Familien wahrgenommen und gestärkt.

Von besonderem Interesse für die konfessionsverschiedenen Ehen ist allerdings der Beschluss „Gottesdienst"[21]. Er enthält ein eigenes Kapitel zu den ökumenischen Gottesdiensten.[22] Hinsichtlich der Teilnahme nichtkatholischer Christen wird ausgeführt, was bereits

---

[19] Vgl. Pastorale Zusammenarbeit der Kirchen im Dienst an der christlichen Einheit, in: Gemeinsame Synode der Bistümer in der Bundesrepublik Deutschland. Beschlüsse der Vollversammlung. Offizielle Gesamtausgabe I, Freiburg i. Br. 1976, 765–806.

[20] Vgl. ebd. 791–799.

[21] Vgl. Gottesdienst, in: Gemeinsame Synode der Bistümer in der Bundesrepublik Deutschland. Beschlüsse der Vollversammlung. Offizielle Gesamtausgabe I, Freiburg i. Br. 1976, 187–225.

[22] Vgl. ebd. 212–216.

bis 1972 in Dokumenten des Päpstlichen Einheitsrates hierzu gesagt worden war, vor allem im „Ökumenischen Direktorium" von 1967. Allerdings wird die „Sorge um die Glaubensgemeinschaft der Familie in der konfessionsverschiedenen Ehe"[23] als besonderes Anliegen hervorgehoben und eigens hinzugefügt. Dieses Argument spielt von nun an eine besondere Rolle in der Begründung für eine begrenzte Kommuniongemeinschaft mit evangelischen Christen. Als neues Argument wird allerdings auch die umgekehrte Frage eingeführt, ob nicht auch ein Katholik am Abendmahl der reformatorischen Kirchen teilnehmen kann. So heißt es:

> „Es kann jedoch nicht ausgeschlossen werden, dass ein katholischer Christ – seinem persönlichen Gewissensspruch folgend – in seiner besonderen Lage Gründe zu erkennen glaubt, die ihm seine Teilnahme am evangelischen Abendmahl innerlich notwendig erscheinen lassen."[24]

Diese Frage hatten die vatikanischen Stellungnahmen stets klar verneint; sie lag außerhalb ihres Blickfeldes.[25]

Wenn auch die Teilnahme am evangelischen Abendmahl für Katholiken verboten ist, weil es keine volle Kirchengemeinschaft mit der katholischen Kirche gibt, so war die Praxis einer, wenn auch passiven Teilhabe aufgrund der ökumenischen Annäherungen der letzten Jahrzehnte durchaus üblich geworden. Das gilt in besonderer Weise für die katholischen Partner in konfessionsverschiedenen Ehen und Familien. Die Lage, in der sich ein katholischer Christ befindet, kann man sicher als besondere ökumenische Herausforderung bezeichnen, weil er sich durch die Beheimatung in seiner eigenen Kirche wie durch die religiöse Gemeinschaft in der Ehe nicht selten vor schwierige Entscheidungen gestellt sieht. Das spezifische ökumenische Problem ist aber mit der Frage angesprochen, wie das evangelische Abendmahl von katholischer Seite aus lehramtlich zu bewerten ist. Davon hängt die Zustimmung der katholischen Kirche für die Teilhabe eines Katholiken am evangelischen Abendmahl ab.

---

[23] Ebd. 215.

[24] Ebd. 216.

[25] Vgl. M. Kaiser, Ökumenische Gottesdienstgemeinschaft, in: J. Listl, H. Müller, H. Schmitz (Hg.), Handbuch des katholischen Kirchenrechts, Regensburg 1983, 641–647, hier: 647.

Das Zweite Vatikanische Konzil war hier noch sehr zurückhaltend. Erst der ökumenische Dialog in den letzten Jahrzehnten hat zu einer gewissen Klärung beigetragen, auch wenn es nicht zu einer evangelisch-katholischen Vereinbarung über den Gottesdienstbesuch und die wechselseitige Teilhabe an den Sakramenten gekommen ist. In dieser Hinsicht ist das Votum der Würzburger Synode besonders mutig und vorgreifend, wenn es unter Berücksichtigung der begrenzten Teilhabe von evangelischen Christen an der Eucharistie eine wechselseitige Praxis, allerdings in einem sehr begrenzten Rahmen, nicht mehr ausschließen will. Mit diesem Votum trug die Würzburger Synode zu einer Aufhebung der asymmetrischen Gottesdienstgemeinschaft zwischen Katholiken und Protestanten bei. Eine römische Antwort ist freilich bis heute ausgeblieben.

5 Eine geistliche Handregel für die kirchliche Praxis – die Bemühungen der Deutschen Bischofskonferenz seit den Achtzigerjahren

Die deutsche Bischofskonferenz und insbesondere deren Ökumenekommission haben sich seit der Neuregelung der Gottesdienstpraxis mit den getrennten Christen Mitte der Achtzigerjahre durch das neue Gesetzbuch der Kirche immer wieder mit der Thematik der Kommuniongemeinschaft befasst. Dabei stand die besondere Situation der konfessionsverschiedenen Ehen und Familien in Deutschland im Vordergrund. Die Frühjahrsvollversammlung der Deutschen Bischofskonferenz befasste sich vom 22. bis 25. Februar 1999 mit dem Thema „Eucharistie und Kirche“ und beschloss, eine Erklärung zu diesem Thema herauszubringen. Mit der Durchführung wurde die Ökumenekommission in Zusammenarbeit mit der Glaubenskommission und der Pastoralkommission beauftragt. In der Folgezeit unternahm die Ökumenekommission mehrere Anläufe, eine Erklärung für die Deutsche Bischofskonferenz zum Thema „Kirche und Eucharistie“ vorzubereiten und in diesem Zusammenhang auch die Möglichkeit ausnahmsweiser Zulassung nichtkatholischer Christen zur Eucharistie zu erwägen. Zwischenzeitlich gab es interne Hinweise des Apostolischen Nuntius, dass ein Dokument der Glaubenskongregation zum Thema „Kirche und Eucharistie“ erscheinen werde. Die Beratungen der Ökumenekommission führten zu einem Entwurf, der im Laufe des Jahres 2004 in der Vollversammlung behandelt wurde. Eine einvernehmliche Entscheidung konnte unter den Erzbischöfen und Bischöfen jedoch nicht getroffen werden. So blieb dieser Entwurf der Ökumenekommission in der Schublade liegen.

2016 nahm die Ökumenekommission der Deutschen Bischofskonferenz die Initiative zur Klärung der liegengebliebenen Frage wieder auf, die schließlich zur „Orientierungshilfe" deutscher Bischöfe führt.[26] Anfang März 2017 befasste sich die Vollversammlung der deutschen Bischöfe mit einer Vorform des Textes. Eine große Mehrheit votierte dafür, das Anliegen weiter zu verfolgen. Freilich sollten verschiedene Einwände berücksichtigt werden. Deshalb wurde entschieden, die Glaubenskommission subsidiär einzubeziehen, um in einer Gruppe von Beraterinnen und Beratern der Glaubenskommission wie der Ökumenekommission eine neue Fassung zu erstellen. Sie sollte das Anliegen noch klarer ausdrücken, Bedenken berücksichtigen, die von einzelnen Bischöfen geäußert worden waren, und die theologische Basis genauer darstellen. Diese Neufassung wurde von der Ökumenekommission Mitte Januar 2018 gutgeheißen und von der Bischofskonferenz bei der Frühjahrsvollversammlung (19.–22. Februar) 2018 mit mehr als Zweidrittelmehrheit als pastorale „Handreichung" angenommen. Freilich konnten sich nicht alle deutschen Bischöfe auf diesen Text verständigen. Rückfragen, die von einigen deutschen Bischöfen an römische Dikasterien gerichtet wurden, und im Wesentlichen die Frage betrafen, ob die Deutsche Bischofskonferenz überhaupt das Recht habe, eine solche Handreichung zu verabschieden, führten zu verschiedenen Gesprächen mit der Glaubenskongregation und dem Päpstlichen Rat zur Förderung der Einheit der Christen im Laufe des Jahres 2018, und letztlich zur Entscheidung der Glaubenskongregation, dass die Handreichung nicht reif sei zur Veröffentlichung. Papst Franziskus stellte im Juni 2018 klar, dass der Text eine Orientierungshilfe und

---

[26] Der Text der deutschen Bischöfe „Orientierungshilfe: Mit Christus gehen – Der Einheit auf der Spur. Konfessionsverbindende Ehen und gemeinsame Teilnahme an der Eucharistie (20. Februar 2018)" ist dokumentiert in: T. Söding, W. Thönissen (Hg.), Eucharistie – Kirche – Ökumene. Aspekte und Hintergründe des Kommunionstreits (QD 298), Freiburg i. Br. 2019, 13–40; vgl. zum Text und zur Vorgeschichte W. Thönissen, T. Söding, Ein Gespräch führen. Kurze Einführung in die „Orientierungshilfe", in: ebd. 41–61.

keine Veröffentlichung der Deutschen Bischöfe darstelle. Nur als solcher könne er veröffentlicht werden.

Die Orientierungshilfe ist keine Handreichung im rechtlichen Sinne der Deutschen Bischofskonferenz, aber eine Argumentationshilfe für die seelsorgerliche Praxis konfessionsverbindender Ehen. Die Orientierungshilfe greift auf die Entscheidungen der katholischen Kirche der vergangenen Jahrzehnte zurück und bezieht sie schließlich auf die Gewissensentscheidung einzelner nichtkatholischer Christen. Entscheidend ist die Erkenntnis, dass als berechtigender Grund zum Hinzutritt der Glaube an das Sakrament der Eucharistie gewertet wird.

> „Alle, die in einer konfessionsverbindenden Ehe nach einer reiflichen Prüfung in einem geistlichen Gespräch mit dem Pfarrer oder einer mit der Seelsorge beauftragten Person zu dem Gewissensurteil gelangt sind, den Glauben der katholischen Kirche zu bejahen, eine ‚schwere geistliche Notlage' beenden und die Sehnsucht nach der Eucharistie stillen zu müssen, dürfen zum Tisch des Herrn hinzutreten, um die Kommunion zu empfangen."[27]

Der Rekurs auf die Gewissensentscheidung und die Bekundung des katholischen Glaubens bezüglich der Eucharistie bilden die beiden grundlegenden theologischen Pfeiler der Orientierungshilfe bei der Beurteilung der Frage, ob ein nichtkatholischer Christ innerhalb der katholischen Eucharistiefeier die Kommunion empfangen darf. Im Hintergrund stand die Bewertung der Frage, ob die konfessionsverschiedene Ehe den Tatbestand einer „necessitas urgens" („dringenden Notwendigkeit") erfüllt. Die Beantwortung dieser Frage bleibt schließlich offen.

6 „Gemeinsam am Tisch des Herrn" – neue theologische Klärungsversuche

Der Ökumenische Arbeitskreis evangelischer und katholischer Theologen gab im Frühsommer des Jahres 2019 ein Votum zur Thematik der Abendmahls-/Eucharistiegemeinschaft unter dem Titel „Gemeinsam am Tisch des Herrn"[28] heraus. Der Ökumenische Ar-

---

[27] Orientierungshilfe (s. Anm. 26), 34.

[28] Gemeinsam am Tisch des Herrn. Ein Votum des Ökumenischen Arbeitskreises

beitskreis sieht sich in der Tradition des seit 1946 arbeitenden ökumenischen Gremiums, das auf katholischer Seite vom damaligen Paderborner Erzbischof Lorenz Jaeger (1892–1975) gegründet worden war, heute dazu in der Lage, aufgrund der erzielten ökumenischen Ergebnisse der Vergangenheit in der Frage der Eucharistie bzw. des Abendmahls ein Votum im Blick auf die wechselweise Teilhabe am Abendmahl bzw. der Eucharistie abzugeben. Hierzu legt der Ökumenische Arbeitskreis eine umfangreiche Begründung vor. Diese bezieht sich zunächst auf das gemeinsame Zeugnis, dann auf eine ausführliche biblisch-theologische Grundlegung und schließlich auf eine ausführliche Auseinandersetzung mit den Differenzen, die sich seit dem 16. Jahrhundert in Fragen des Eucharistieverständnisses eingestellt hatten. Schließlich erfolgt eine ausführliche Begründung für eine begrenzte Abendmahls- bzw. Eucharistiegemeinschaft.

Viele Faktoren haben dazu beigetragen, dass es zu einer Überwindung der klassischen Kontroversen in der Frage der Eucharistie bzw. des Abendmahls gekommen ist. Die erreichten ökumenischen Konvergenzen verdanken sich der Bereitschaft, der Exegese der biblischen Schriften verstärkt Gehör zu schenken. Eines der entscheidenden und zentralen Hindernisse für eine Abendmahls- bzw. Eucharistiegemeinschaft erscheint dem Votum des Ökumenischen Arbeitskreises allerdings die Frage nach dem Verständnis des Amtes und der apostolischen Nachfolge im Amt zu sein. Die kritischen Einwände gegen die Transsubstantiationslehre wie den Opfercharakter der Messe betreffen das Verständnis der Eucharistie und die rechte Verwaltung der Sakramente, dennoch aber ist zu berücksichtigen, dass mit all diesen Fragen auch die Apostolizität im Amtsverständnis berührt ist. Gemeinsam kann heute festgestellt werden, dass der apostolische Ursprung des an die Ordination gebundenen Amtes gemeinsame Überzeugung ist. Das an die Ordination gebundene geordnete Amt gehört zum Sein der Kirche. Es verdankt sich nicht einer Delegation des Gemeindewillens, sondern göttlicher Sendung und Einsetzung. Die Ordination, die durch Handauflegen und Gebet geschieht, ist eine Ordinationshandlung, die sich zwar nicht alleine auf die neutestamentliche Überzeugung zurückführen lässt, aber überzeugende Gründe für sich in Anspruch nehmen kann.

---

evangelischer und katholischer Theologen. Hg. von D. Sattler und V. Leppin (DiKi 17), Freiburg i. Br. 2020.

Auch in der Verbindung von Ordination und Bischofsamt lassen sich Verständigungen erzielen. Dennoch bleibt von katholischer Seite aus die Frage der Beurteilung des Amtes zu berücksichtigen. Trotz dieser Differenzen lassen sich gemeinsame Überzeugungen festhalten. Im Blick auf die apostolische Sukzession ist heute nach allgemeiner Auffassung zwischen einem materialen Aspekt (Gehalt) und einem formalen Aspekt (Gestalt) zu unterscheiden; nach katholischem Verständnis ist für die Gestalt des Amtes eine Sukzession der Person, also eine Nachfolge durch amtlich berufene Menschen notwendig, das stehe aber nicht im Gegensatz zum reformatorischen Verständnis der Sukzession als Nachfolge in Treue zum Wort des Evangeliums, wenn das im Kanon der Heiligen Schrift bewahrte apostolische Erbe als Grundlage und kritisches Korrektiv für die Ausübung des Dienstes bestimmend ist.

Aus diesen gewonnenen ökumenischen Konvergenzen zieht das Votum des Ökumenischen Arbeitskreises Konsequenzen für die Praxis: Für eine Abendmahlsgemeinschaft ist nicht nur eine gegenseitige Anerkennung der Ämter erforderlich, sondern auch eine Verständigung über die Frage, wie der Zusammenhang zwischen Abendmahl/Eucharistie und Kirchengemeinschaft zu verstehen ist.[29] Wenngleich eine Klärung dieser Frage in den ökumenischen Dialogen noch nicht erreicht wurde, bestehen doch schon jetzt grundlegende amtstheologische Übereinstimmungen. Inwieweit reichen diese aus, die Praxis einer wechselseitigen Teilnahme an Abendmahl/Eucharistie theologisch zu begründen? Das Votum plädiert für eine gleichberechtigte, wechselseitige, allerdings auch eingeschränkte Praxis der Kommuniongemeinschaft, wie sie ansatzweise bereits im Votum der Würzburger Synode von 1975 eingefordert worden ist. Damit geht das Votum über die Orientierungshilfe der deutschen Bischöfe klar hinaus und begründet mit der wechselseitigen Teilhabe an Abendmahl und Eucharistie eine neue Praxis in evangelisch-katholischen Beziehungen. Das Votum zieht ausdrücklich den Schluss, dass kein hinreichender Grund mehr besteht, das Abendmahl bzw. die Eucharistie nicht gemeinsam zu feiern.

Das Votum des Ökumenischen Arbeitskreises hat seit seiner Veröffentlichung im Oktober 2019 nicht wenig Kritik erfahren. Bekannt

---

[29] Vgl. ebd. 76.

geworden ist vor allen Dingen die Reaktion aus Rom. Die „Lehrmäßigen Anmerkungen" der Glaubenskongregation haben die Ausführungen und die Schlussfolgerungen des Votums einer eingehenden Kritik unterzogen.[30] Richtig ist sicher zu sagen, dass heute geprüft werden muss, inwieweit die erzielten ökumenischen Übereinstimmungen in der Amtsfrage hinreichend sind für eine Begründung einer wechselseitigen Teilhabe an Eucharistie und Abendmahl. Die zentrale Frage besteht darin, ob die in der Taufe gefeierte Zugehörigkeit zum Leib Christi als hinreichender Grund anzusehen ist, gemeinsam das Abendmahl zu feiern. Ist die Grundverständigung über die Taufe nicht stärker als die Unterschiede im Verständnis von Amt und Kirche? Wenn diese Frage mit Ja zu beantworten ist, gibt es keine Gründe mehr gegen eine Verweigerung der Abendmahls-/Eucharistiegemeinschaft. Das ist aber eine nicht lehramtlich festgestellte katholische Position. Insoweit bildet das Votum des Ökumenischen Arbeitskreises die dargestellten beschriebenen theologischen Unterschiede im Amtsverständnis in der Begründung für eine wechselseitige Einladung zu Abendmahl und Eucharistie nicht wirklich ab. Selbst wenn die kontroverstheologischen Differenzen im Amtsverständnis richtig ausgelotet sind, kann die Wirklichkeit der amtstheologischen Praxis in evangelischen Landeskirchen in Deutschland nicht ausgeblendet werden, kritisiert der Präsident des Päpstlichen Rates zur Förderung der Einheit der Christen, Kurt Kardinal Koch (*1950). Solange in einigen evangelischen Landeskirchen nicht-ordinierte, allerdings beauftragte Prädikanten das Abendmahl feiern können, wird gerade die Ordination nicht als Kriterium der Abendmahlsgemeinschaft festgehalten. Das Votum sei an dieser Stelle inkonsequent.[31] Deshalb kann es als ein Diskussionspapier verstanden werden, die Begründung einer wechselseitigen Praxis von Abendmahls-/Eucharistiegemeinschaft vermag es dagegen nicht theologisch schlüssig zu begründen.

---

[30] Vgl. Lehrmäßige Anmerkungen zum Dokument *Gemeinsam am Tisch des Herrn* (GTH) des Ökumenischen Arbeitskreises katholischer und evangelischer Theologen (*Jäger*[sic]-*Stählin-Kreis*), in: https://www.dbk.de/fileadmin/redaktion/diverse_downloads/dossiers_2020/2020-09-18_Kard.-Ladaria_Lettera_Anlage-Vorsitzender-DBK.PDF (Zugriff: 18.6.2021)

[31] Vgl. K. Koch, Offener Brief an Professor Volker Leppin als Antwort auf sein Interview in katholisch.de vom 3. Februar 2021 (9. Februar 2021), in: https://www.katholisch.de/artikel/28660-kardinal-koch-an-oeak-kein-konsens-zum-gemeinsamen-abendmahl (Zugriff: 18.6.2021).

7 Fazit

Die hier im Einzelnen aufgeführten Regelungen nach dem Zweiten Vatikanischen Konzil fallen nach Maßgabe des Ökumenismusdekretes unter die praktische Verwirklichung des Ökumenismus und stellen die bis zum II. Vatikanum geltende Regelung – nämlich die des Verbots der Teilhabe an der Eucharistie – auf eine neue Basis. Die neue Sicht des Konzils erlaubt die ökumenische Praxis der für den einzelnen Gläubigen geltenden Regelung, freilich in bestimmten Abstufungen und in Bezug zur ekklesialen Anerkennung der Kirche oder kirchlichen Gemeinschaft, der die jeweils einzelnen von der katholischen Kirche getrennten Christen angehören. Die konziliare Ekklesiologie stellt gegenüber der bis zum Konzil geltenden Regelung deshalb einen enormen Fortschritt im Bemühen um die praktische und seelsorgerliche Bewältigung der bestehenden Trennungen unter der Christenheit dar. Hinsichtlich der ökumenischen und seelsorgerlichen Praxis sind allerdings auch weitere Regelungen im Rahmen der Ekklesiologie des Zweiten Vatikanischen Konzils prinzipiell möglich. Das „Ökumenische Direktorium" von 1993 spricht nicht nur von Gewährung des Zutritts, sondern auch von einer Empfehlung. Hier ist freilich das Kirchenrecht bei der Normierung gefragt. Dieses sieht ausdrücklich vor, dass der Diözesanbischof bzw. die Bischofskonferenz allgemeine Bestimmungen erlassen können (vgl. c. 844 § 5 CIC/1983). Insbesondere stellt sich die Frage, ob nichtkatholische, in konfessionsverschiedener Ehe lebende Partner nicht dann zur Eucharistie zugelassen werden können, wenn begründeterweise eine ernste und dringende Notwendigkeit dazu rät. Diese könnte gegeben sein, wenn die prinzipiell verweigerte Teilhabe an der Eucharistie das christliche Glaubens- und Eheleben in schwere Bedrängnis bringen würde.[32] Verschiedene Bischofskonferenzen anderer Länder haben die ihnen vom Kirchenrecht zugewiesene Kompetenz für weitere Regelungen bereits in Anspruch genommen. Hier spielt das Votum der Würzburger Synode der deutschen Bistümer von 1975 eine herausragende Rolle. Es plädiert nachdrücklich für

---

[32] Vgl. W. Thönissen, Gravis spiritualis necessitas. Die Karriere eines neuscholastischen Gnadenmotivs in der Ökumene, in: Söding, Thönissen (Hg.), Eucharistie – Kirche – Ökumene (s. Anm. 26), 313–332.

das Argument der *gravis necessitas spiritualis* im Blick auf konfessionsverschiedene Ehen.

Dieser Überblick zeigt vor allen Dingen die Bereitschaft der katholischen Kirche auf, nach dem Wegfall des prinzipiellen Verbots der Gottesdienstgemeinschaft mit Christen anderer Kirchen diese Praxis neu zu regeln. Gegenüber der orthodoxen und orientalischen Christenheit verfährt die katholische Kirche dabei wesentlich offener, obwohl gerade diese Kirchen ihren eigenen Gläubigen die Teilnahme an den Sakramenten der Eucharistie, der Buße und der Krankensalbung nicht erlauben – mit einer Ausnahme: der syrisch-orthodoxen Kirche von Antiochien[33] –, anders als gegenüber den westlichen Kirchen und kirchlichen Gemeinschaften. Aber auch hier gilt die Maxime: Niemand wird prinzipiell von den genannten Sakramenten ausgeschlossen, wenn auch Einschränkungen schärfer gehandhabt werden. Diese betreffen die Anwendung des Notfalls *gravis necessitas spiritualis* über die Todesgefahr hinaus. Gerade im Blick auf die konfessionsverbindenden Ehen hat sich vor allem in den katholischen Ortskirchen eine großzügigere Praxis durchgesetzt als in der kirchlichen Gesetzgebung festgeschrieben oder vorgesehen ist, auch wenn das kirchliche Gesetzbuch den Bischöfen oder den Bischofskonferenzen eine normative Gestaltungskraft hierbei zubilligt. Die katholische Kirche macht freilich das Zugeständnis zur wechselseitigen Gottesdienstgemeinschaft von Fortschritten in der ökumenischen Verständigung abhängig. Dennoch ist ebenso klar, dass von den mit dem Zweiten Vatikanischen Konzil eingeführten Prinzipien her ein hohes Potential praktischer Regelungen in den Ortskirchen ermöglicht wird. Die katholische Kirche hält allerdings an dem Grundprinzip fest, dass die Hinzutretenden den Glauben an das Sakrament der Eucharistie teilen. Dieses Prinzip gilt allerdings auch im umgekehrten Fall, wenn ein Katholik am evangelischen Abendmahl teilnehmen will. Hier muss er im Gewissen prüfen, ob der für die Teilnahme implizierte Glaube an das Sakrament auch in diesem Fall vorausgesetzt ist. Das ist dann keine geringe Frage an die Bedeutung und Wirkung des ökumenischen Dialogs. Wenn sich auch das Gewissen Einzelner nicht eigenmächtig über bestehende

---

[33] Vgl. Erklärung von Papst Johannes Paul II. und dem syrisch-orthodoxen Patriarchen von Antiochien und dem Ganzen Osten, Ignatius Zakka I. Iwas, zu gegenseitigen pastoralen Hilfen vom 23. Juni 1984, in: DwÜ 2, 571–574.

Differenzen im Verständnis der Eucharistie hinwegsetzen kann, bleibt es der innere Ort des Urteils über die Situation in „gravis necessitas spiritualis", in der sich die betreffenden Christen jeweils befinden.

Die Bewertung der Frage nach dem Zutritt zur Eucharistie für nichtkatholische Christen ist allerdings nicht nur eine pastoraltheologische oder seelsorgerlich sensible Frage, sondern eine ekklesiologische. Der Komplex der Frage nach der Gottesdienstgemeinschaft ist in die vom II. Vatikanum erneuerte und approbierte Ekklesiologie eingebunden und von ihr nicht zu lösen. Daraus erwächst insgesamt die Einsicht in ein Stufenmodell von Kirchengemeinschaft, das faktisch bereits in Geltung ist. Maßstab der Bewertung ist der Grad der sakramentalen Verwirklichung von Kirche, wie sie in der programmatischen Skizze des Ökumenismusdekretes (vgl. UR 22) – im Blick auf die Orthodoxie – bereits aufscheint.

Haben wir noch Zukunft?

Bildungstheoretische Zweifel an der Leichtfertigkeit der Gegenwart

Volker Ladenthin

Unsere Gegenwart hat – so schien's – alles im Griff, selbst die Zukunft. Sie kann alles mit Zahlen belegen, planen, prognostizieren und meint, selbst für die Erklärung menschlichen Handelns Ursache und Wirkung zu kennen: Was soll da noch passieren? Alles ist erklärbar – und damit dann auch vorhersagbar. Eine solche Zukunft aber wäre nichts als die verlängerte Gegenwart. Alternativlos.

1 Gegenwart ohne Zukunft

Manch postmoderne Philosophie sekundiert dieser Tendenz: Die Systeme zur Welterklärung würden nicht besser, sie wechselten nur einander ab und blieben gleichweit voneinander entfernt – so die Konsequenz, die sich aus einigen Philosophien der Postmoderne ergibt: Jacques Derrida (1930–2004) sah Wissenssysteme daher als Supplemente.[1] Jean-François Lyotard (1924–1998) wollte zeigen, dass der Diskurs, mit dem die Regeln für Wahrheitsdiskurse zu bestimmen wären, selbst einer Regel bedürfte[2] – so dass Relativismen nur durch weitere Relativismen zu bestimmen wären. Und Michel Foucault (1926–1984) füllte die von Immanuel Kant (1724–1804) aufgewiesene transzendentale Differenz, nach der Methoden den Gegenstand nie ganz erfassen würden, durch ein offensichtlich anthropologisch fundiertes Machtstreben.[3] So wäre jedes Wissen nur

---

[1] Vgl. J. Derrida, Grammatologie. Übersetzt von H.-J. Rheinberger und H. Zischler, Frankfurt a. M. 2003.

[2] Vgl. J.-F. Lyotard, Der Widerstreit. Übersetzt von J. Vogl. Mit einer Bibliografie zum Gesamtwerk Lyotards von R. Clausjürgens, München 1987.

[3] Vgl. M. Foucault, Die Ordnung der Dinge. Aus dem Französischen von U. Köppen, Frankfurt a. M. [12]1994.

als Ausdruck von Macht zu verstehen, die selbst nicht wieder vernünftig begründbar wäre.

Trotz ihrer Unterschiedlichkeit haben diese postmodernen Modelle eines gemeinsam: Sie negieren den Fortschritt im Hinblick auf Wahrheit. Gleichgültig, was die Menschen[4] denken würden, es würden ebensolche Irrtürmer sein wie jene der Vergangenheit. Wozu dann Zukunft?[5]

Eine Welt ohne Zukunft – und eine Welt ohne Ziel. Denn wenn die Zukunft als eine Zeit fehlt, in der es besser werden kann, fehlt jedes Ziel des Handelns. Wir lebten nur im Jetzt – so, wie es schon vielerorts ist: Wir denken bis zur nächsten Wahl, bis zum Ende des Zeitvertrags. Wir leben in befristeten Verhältnissen ohne Perspektive. Bis in den Arbeitsalltag hinein hat sich die postmoderne Plan- und Zukunftslosigkeit gesenkt.

2 Kann man Zukunft prognostizieren, antizipieren oder planen?

Kann es sein, dass wir das Wichtigste vergessen? Die Zukunft nämlich. So lässt sich meine Fragestellung umschreiben. Dabei könnte es scheinen, dass diese Frage überflüssig sei, weil doch inzwischen so viel geplant wird, so viele Utopien bereitstehen und selbst die Zukunft erforscht wird. Wie jedoch wird die Zukunft erforscht?

2.1 Zukunftsforschung als Lösungsangebot

> „[Die] Aufgabe der klassischen Zukunftsforschung ist […], Orientierungs- und Entscheidungshilfen für Management, Politik, Verwaltung, Wissenschaft oder Militär bereitzustellen, wobei sich das Umfeld zunehmend auf wirtschaftliche Organisationen

---

[4] Der Text verwendet durchgehend generische Genera (*der* Mensch, *die* Person, *das* Subjekt), die vom natürlichen Geschlecht abstrahieren. Geschlechtsspezifische Aussagen sind als solche gekennzeichnet.

[5] Vgl. zusammenfassend V. Ladenthin, Postmoderne und Katholische Schulen, in: Engagement. Zeitschrift für Erziehung und Schule 28 (2010) Heft 4, 277–295 (unter Mitarbeit von Daniel Becker); veränderter Abdruck unter dem Titel „Konfessionelle Schulen in der Postmoderne – und danach“, in: V. Ladenthin, Wozu religiöse Bildung heute? Sieben Versuche, an der Endlichkeit zu zweifeln, Würzburg 2014, 107–144.

> ausgedehnt hat. […] In der Zukunftsforschung geht es um die mittel- und langfristigen Auswirkungen von Veränderungsbewegungen in einem größeren, ganzheitlichen Rahmen. [Sie] beschäftigt sich […] mit der Fortschreibung in ‚mögliche Zukünfte' in einem Zeitraum von 10 bis 25 Jahren."[6]

Wir sehen hier nun plötzlich eine große Bescheidenheit: Es sollen gar keine Vorhersagen gemacht, sondern lediglich „Hilfen" angeboten werden. Es wird nicht von *der* Zukunft, sondern von den „Zukünft*en*" gesprochen: Der Plural entlastet von Geltungsansprüchen. Zudem wird gar nicht die Zukunft vorhergesagt, sondern „*mögliche* Zukünfte". Schaffen *Möglichkeiten* neue Planungssicherheit? Und schließlich wird ein Zeitraum von zehn bis 25 Jahren angegeben. Damit aber ist solche Zukunftsforschung z. B. für den Bildungssektor kaum hilfreich. Lernen auf eine *Möglichkeit* hin – das motiviert wenig.

2.2 Ein Beispiel: die Digitalisierung als Zukunftsprojekt?

Am Beispiel der augenblicklich politisch geförderten Digitalisierung kann man den Zukunftsfehlschluss gut illustrieren: Es wird oft beklagt, dass die Schulen keine zukunftsweisenden Techniken benutzten, also keine *digitale Medien.* Sie würden der aktuellen Entwicklung hinterherhinken. Nun wird in der Schule für den (späteren) Eintritt in die Berufswelt gelernt. Der wird bei heutigen Grundschülern frühestens in zehn oder sogar erst in zwanzig Jahren erfolgen. Also muss doch gefragt werden: Was vom derzeit aktuellen digitalen Entwicklungsstand ist so bedeutsam, dass der *heutige* Erwerb von Fähigkeiten für den Umgang mit dem derzeitigen Entwicklungsstand *auch in 20 Jahren noch* Bedeutung hat? Nach dieser Analyse muss das, was sich (möglicherweise) lebensweltlich auf lange Sicht bewähren wird, didaktisch-methodisch reflektiert und in die hochkomplexen, zumeist spiralförmig organisierten schulartenspezifischen Lehrpläne integriert werden: Nicht alles passt zu jedem Zeitpunkt zu der sozial-kognitiv-psychischen Entwicklung der Schüler, wie sie die Lernpsychologie beschreibt. Es muss geprüft werden, ob die Fächer (Mathematik, Physik, Sprachen) das für den Digitalisie-

---

[6] zukunftsInstitut, Zukunftsforschung, in: https://www.zukunftsinstitut.de/artikel/zukunftsforschung (Zugriff: 7.3.2021).

rungsprozess notwendige bzw. vorauszusetzende Wissen und Können schon bereitgestellt haben konnten. Auch setzt jede Implementierung eines neuen Lerngegenstandes voraus, dass ein bisher bewährter Lerngegenstand aus dem Curriculum entfernt wird. Nur: Welcher? Latein und Religion als wenig zukunftsweisende Fächer? Man kann zudem Lehrpläne nicht im Vier-Jahresrhythmus ändern. Denn jede Änderung im Lehrplan hat für die Schulabschlussprüfungen (auch rechtliche) Bedeutung: Geprüft werden kann nur, was gelehrt wurde. Wer z. B. heute in der Klasse 7 der weiterführenden Schulen den Umgang mit einem bestimmten IT-Programm lehrt, muss sicherstellen, dass dieser Lehrstoff (und damit das aktuelle IT-Programm) auch in fünf oder sechs Jahren für das Abitur relevant ist. Umgekehrt gilt diese Regel auch: Heutige Abschlussprüfungen können nur testen, was vor fünf bis zehn Jahren auch tatsächlich gelehrt wurde (also im Lehrplan stand). Wo aber stand die Technik vor zehn Jahren?

Da immer nur bewährte, d. h. ältere digitale Techniken im Unterricht thematisiert werden *können*, bedeutet dies, dass für heutige Grundschüler bei ihrem Eintritt ins Berufsleben in frühestens 15 Jahren eine Differenz von ca. 20 bis 25 Jahren zwischen der Generierung des Lernstoffs und der aktuellen Anwendung besteht, die *prinzipiell* nicht zu überwinden ist. Nur bei berufsnaher Ausbildung in berufsbildenden Schulen kann in gegenwärtige Techniken eingeführt werden.

Vergleicht man nun diesen Zeitraum mit jenem, den die Zukunftsforscher selbst angeben, zeigt sich, dass lediglich der Zeitraum erforscht wird, der für Schüler nicht mehr relevant sein wird. Wenn man die schulische Digitalisierung als Einübung in die digitale Technik konzipiert, ist sie rückwärtsgewandt. Die Schule lehrte dann eine schnell veraltende Technik. Man bereitete die nachwachsende Generation nicht auf die Zukunft vor, sondern fertigte sie mit vergänglicher Gegenwart ab.

2.3 Utopien und Prognosen

Oft wurde gefordert, die Bildung der nächsten Generation an technischen oder sozialen Utopien auszurichten: an der technisch beherrschten Welt, an der starken und homogenen Nation, am Sozialismus, an der antiautoritären, an der repressionsfreien Kommunikationsgesellschaft. Aber all diese Utopien opfern die Gegenwart einer Generation einer normativ festgelegten Zukunft.

Die nüchternen Wissensformen hingegen setzen auf *Prognosen.* Sie versuchen auszurechnen, welche Epochalprobleme in der Zukunft zu lösen sind – und wie die Jugend zur Lösung dieser Probleme geschult werden muss. Aber selbst die berühmteste Prognose, die 1970 im Auftrag des Club of Rome durchgeführte Untersuchung „Grenzen des Wachstums“[7], hat sich nur teilweise bestätigt. Das damals prognostizierte Ende der Ölvorräte hat zu erneuerter Suche geführt und mehr Ölvorkommen aufgespürt, als bis dahin verbraucht worden waren. Man kannte zudem nicht die Bedeutung von PC, Internet usw. Grund für das Versagen von Prognosen ist das *prognostische Paradox*: Jede Prognose kann daran scheitern, dass man sie ernst nimmt und das meidet, was sie prognostiziert hat, gerade *weil* sie es prognostiziert hat. Manches trifft ein, manches nicht. Das ist aber bei Wahrsagern auch so.

2.4 Formale Bildungstheorien als Lösung des Zukunftsparadoxes

Die Organisation für wirtschaftliche Zusammenarbeit und Entwicklung (OECD) votiert seit nunmehr 50 Jahren für eine Lösung, von der sie bis heute der Auffassung ist, sie sei weitgehend unbekannt: die Idee der formalen Bildung.[8] Nicht kulturelle Inhalte sollten gelehrt, sondern formale Kompetenzen sollten in den Schulen erworben werden. Denn inhaltslose Kompetenzen würden den Wandel der Zeiten überstehen. Die allgemeinste Formulierung heißt seit 1972 „Lernen des Lernens“.[9] Damit schien das Paradox gelöst, dass die nachfolgende Generation an gegenwärtigen Inhalten die Bewältigung der Zukunftsaufgaben lernen sollte:

---

[7] Vgl. D. Meadows u. a., Die Grenzen des Wachstums. Bericht des Club of Rome zur Lage der Menschheit, Stuttgart 1972.

[8] Vgl. die erste PISA-Studie (PISA steht für „Programme for International Student Assessment“) in Deutschland, deren Diagnosen und Empfehlungen (formale Qualifikationen) erstaunlicherweise völlig jenen gleichen, die 25 Jahre später als evidenzbasiert und neu charakterisiert wurden: K. Hüfner, Bildungswesen: mangelhaft. BRD-Bildungspolitik im OECD-Länderexamen, Frankfurt a. M. 1973.

[9] Vgl. S. Leitner, So lernt man lernen. Der Weg zum Erfolg, Freiburg – Basel – Wien 1972.

> „Wenn wir unseren Kindern nur unser eigenes Wissen vermitteln, werden sie vielleicht genug wissen, um in unsere Fußstapfen zu treten. Wenn wir ihnen aber beibringen, wie man lernt, können sie alles erreichen.“[10]

Ein wenig nachdenklich hätte die Psychologen der OECD der Einwand machen können, dass der Satz „Das Lernen lernen“ voraussetzt, dass man bereits lernen *kann,* wenn man das Lernen *lernen* will. Dann aber braucht man es nicht mehr zu lernen. Und in der Tat, wenn man in die Umsetzungen der alten wie aktuellen Konzepte schaut, wird auch nicht *das Lernen* gelehrt, sondern es werden Lerntechniken gelehrt: Zettelkasten, unterstreichen, andere befragen, recherchieren, Mindmaps, Selbstmotivation, Prozessplanung. Der Lernvorgang wird gar nicht als *Erkenntnisvorgang im Hinblick auf Geltung* thematisiert. Der Geltungsanspruch aber ist überhaupt der einzige Anspruch, warum man etwas lernen muss. Eine kritische Geschichte der formalen Bildungstheorie könnte die Argumente einsammeln, die lange schon gegen diese Scheinlösung vorgebracht wurden – beginnend mit den sokratischen Argumenten gegen die Sophisten, endend mit Wolfgang Klafkis (1927–2016) brillanter Gegenwartsanalyse, die dann zu seiner kategorialen Bildungstheorie[11] führte. Die entscheidenden Argumente lauteten:

- Aus formalen Denkoperationen lassen sich keine kulturellen Inhalte ableiten (Einbrecher und Schlüsseldienst haben die gleichen formalen Kompetenzen).
- Formale Fähigkeiten sind nicht transferierbar.

Jener Lernpsychologe, auf den sich (fälschlicherweise) in Deutschland alle Kompetenztheorien beziehen, hat das auch ausdrücklich betont: Der Direktor des Max-Planck-Instituts für psychologische Forschung Franz E. Weinert (1930–2001) hat die These, dass Schüler in der Lage sind, die in *einer* Domäne erworbenen Kompetenzen auf

---

[10] A. Schleicher, Vorwort, in: PISA 2018 Ergebnisse (Band I). Was Schülerinnen und Schüler wissen und können, in: https://www.oecd-ilibrary.org/docserver/1da50379-de.pdf?expires=1622318874&id=id&accname=guest&checksum=E841126BCB1F23A19F61BE21A7DA995C (Zugriff: 7.3.2021).

[11] Vgl. W. Klafki, Das pädagogische Problem des Elementaren und die Theorie der kategorialen Bildung, Weinheim – Basel 1959.

andere Domänen zu übertragen, als empirisch widerlegt bezeichnet. Verstehe man unter dem Schlagwort *Lernen Lernen* etwa,

> „dass durch beliebige vorausgehende Lern- und/oder Denkvorgänge nachfolgende Lernprozesse in signifikanter Weise begünstigt oder gefördert werden, *so kann diese Erwartung als falsifiziert gelten,* denn die funktionalen Wirkungen der unterstellten kognitiven Transfermechanismen sind marginal."[12]

Zudem stellt sich auch bei formalen Bildungstheorien die Frage: Wie kommen die Kompetenztheorien zu ihren Unterrichtsinhalten? Ein Vorschlag bestand darin, die Inhalte aus Kompetenzanalysen derjenigen abzuleiten, die im Beruf erfolgreich sind: Was muss ein Mechatroniker können, um ein erfolgreicher Mechatroniker zu werden?[13] Die naheliegende Frage lautet: *An welchem Zeitpunkt* kann sich zeigen, dass eine Kompetenz erfolgreich war? Der Erfolg kann sich doch nur in Bezug auf die Vergangenheit zeigen. Denn die Zukunft steht für die Evaluation noch nicht zur Verfügung. Kompetenzorientierte Lehre lehrt also, *was sich in der Vergangenheit bewährt hat.* Ein an gegenwärtigen Kompetenzen orientierter Kompetenzlehrplan ist demnach strukturell rückwärtsgewandt: Die Kompetenztheorie erklärt die Vergangenheit zum Bildungsziel, nicht die Gestaltung der Zukunft. Denn *zukünftig* notwendige Kompetenzen *können* wissenschaftlich nicht valide aus *gegenwärtiger* Berufspraxis abgeleitet werden.

Es gibt weitere ungelöste Probleme der Kompetenz-Konzeption: Ist *Erfolg* das oberste Ziel eines gelingenden Lebens – oder vielleicht nicht eher *Sinn?* Und was ist der *Maßstab* für Erfolg? Ist es *Erfolg,* Grenzen mit FRONTEX gegen Flüchtlinge abzusichern oder Flüchtlinge mit SEA-Watch, dem von der evangelischen Kirche gekauften Flüchtlingsschiff, aus Seenot zu retten? Was ist die Ethik des Erfolgs – und wo lernt die nachfolgende Generation sie? Wer definiert eine „erfolgreiche Gesellschaft"? Ist eine Gesellschaft der sinnvollen Koope-

---

[12] F. E. Weinert, Lernen des Lernens, in: Arbeitsstab Forum Bildung [...] (Hg.), Erster Kongress des Forum Bildung am 14. und 15. Juli 2000 in Berlin (Materialien des Forum Bildung 3), [Bonn 2001], 96–100, hier: 96.

[13] Vgl. das analysierte Konzept in V. Ladenthin, Zur Begründung von Lernzielen in Konzepten der Kompetenzorientierung, in: Grundlagen der Weiterbildung Praxishilfen (GdW-Ph). Aktualisierungslieferung Nr. 191 November 2020, 1–16.

ration von wertbezogenen Diskursen „erfolgreich“ – oder eine Gesellschaft des Wettbewerbs und der Beschränkung auf instrumentelle Vernunft? Darüber gibt es unterschiedliche Ansichten, deren Bewertung von der Kompetenztheorie gar nicht angesprochen wird. Was hier so forsch als Lösung daherkommt, ist in Wirklichkeit das Problem. Wenn Andreas Schleicher, Direktor des Direktorats bei der OECD und damit verantwortlich für die PISA-Studien, urteilt, er „habe in China wirklich guten Unterricht gesehen“[14], so stellt sich die Frage, gut worauf bezogen? Bedeutet „gut“ für einen nicht sehr demokratiefreundlichen Staat (Hongkong), der Nationalitätenpolitik (Tibet, Uiguren) und soziale Kontrolle als politisches Ziel eines Staatssozialismus formuliert, das gleiche wie „gut“ in einer Demokratie? Formale Ausbildung dient allen Herren, auch denjenigen, die Demokratie und Menschrechte ablehnen. Erziehung im Unterricht, in den deutschen Schulgesetzen verankert, kommt in den Kompetenzkonzepten nicht vor.

Und dann ist noch eine nur scheinbar triviale Frage zu bedenken: Wann misst man, ob eine Person „erfolgreich“ gebildet wurde? Am Ende der Schulzeit? Oder besser erst am Lebensende? So hatte es die antike Tragödie empfohlen: „Drum blicke man bei jedem, der da sterblich, auf den Tag, der zuletzt erscheint, und preise selig keinen, eh er denn durchgedrungen bis zum Ziel des Lebens, nie von Leid berührt.“[15]

2.5 Zukunft als Verantwortung

Wilhelm von Humboldt (1767–1835) ging in seiner Bestimmung dieses Messzeitpunktes indessen noch weiter: Für ihn besteht Bildung darin,

> „dem Begriff der Menschheit in unsrer Person, sowohl während der Zeit unsres Lebens, als auch noch über dasselbe hinaus, durch die Spuren des lebendigen Wirkens, die wir zurücklassen, einen so grossen Inhalt, als möglich zu verschaffen“.[16]

---

[14] A. Schleicher, „Die besten Lehrer sollten an die schwierigsten Schulen gehen“ (Die Zeit, 3.12.2013), in: https://www.zeit.de/gesellschaft/schule/2013-12/pi sa-studie-schleicher/komplettansicht (Zugriff: 7.3.2021).

[15] Sophokles, König Ödipus. Hg. und übertragen von W. Schadewaldt, Frankfurt a. M. 1978, 70.

[16] W. v. Humboldt, Theorie der Bildung des Menschen. Bruchstück, in: ders.,

Maßstab für die Qualität von Bildung ist demnach nicht nur der berufliche oder soziale Erfolg, auch nicht nur die eigene Zufriedenheit, sondern zusätzlich ein merkwürdiges „als ob“: sowohl während der Zeit unseres Lebens, als auch noch *über dasselbe hinaus.* Das Handeln soll so begründet werden, *als ob* wir ewig lebten.

Unsere Verantwortung erlischt nicht mit unserer beruflichen Tätigkeit und dem Eintritt ins Rentenalter. Sie erlischt auch nicht mit unserem Tod. Sondern sie bleibt ewig bestehen. Die Menschheit bildet eine zeitlose Einheit. Die grauenhaften Taten in der Geschichte sind doch nicht gerechtfertigt, nur weil sie vergangen sind. Die Täter werden bis in alle Ewigkeit vor dem Gerichtshof der Sittlichkeit stehen. Wir haben Verantwortung über unser Leben hinaus – was jene Mütter und Väter auch *intuitiv* wissen, die sich für die Bildung ihrer Kinder einsetzen: Sie sorgen damit *über die eigene Lebenszeit hinaus* für ihre Kinder. Das ist das Modell im Kleinen, das die Struktur von Bildung erkennen lässt: Ein Bewusstsein von Verantwortung zu entwickeln, die über die eigene Lebenszeit hinaus bestehen bleibt. Nicht der berufliche Erfolg ist *letzter* Maßstab für Bildung, sondern die Fähigkeit, Verantwortung über ihren eigenen Erfolg hinaus zu übernehmen. Bildung heißt demnach, Verantwortung für das Gelernte übernehmen zu können. Verantwortung aber ist eine Kategorie der Zukunft.

3 Wie können wir die Zukunft gestalten?

Wie können wir die nachfolgende Generation befähigen, jetzt und in Zukunft verantwortungsvoll handeln zu können? Dazu ist zu klären, was unter Zukunft zu verstehen ist. Das mag schlicht gefragt sein, aber wer jene Textstelle aus den *Bekenntnissen* des Augustinus (354–430) erinnert, wird sich nicht mit schlichten Antworten begnügen können:

> „Ginge nichts vorüber, so gäbe es keine Vergangenheit, käme nichts heran, so gäbe es keine Zukunft, bestände nichts, so gäbe es keine Gegenwart. Wie kann man aber sagen, daß jene zwei Zeiten, Vergangenheit und Zukunft, sind, wenn die Vergangenheit

---

Werke in fünf Bänden. Hg. von A. Flitner und K. Giel. Band I, Darmstadt ^{3}1980, 234–240, hier: 235.

> nicht mehr und die Zukunft noch nicht ist? Wäre dagegen die Gegenwart beständig gegenwärtig, ohne sich je in die Vergangenheit zu verlieren, dann wäre sie keine Zeit mehr, sondern Ewigkeit."[17]

Wann genau wird die Gegenwart zur Geschichte? Doch in dem Moment, in dem wir sie nicht mehr ändern können, also im Jetzt. Und die Zukunft beginnt nicht erst in fünf, zehn oder 25 Jahren, sondern im nächsten Moment, und wird zugleich wieder Gegenwart und ist dann schon Vergangenheit.

Es ist daher vielleicht klüger, Zukunft nicht nur als Kategorie der Zeit zu verstehen, sondern als einen Denkvorgang. Zukunft entsteht, wenn wir das Handeln begründen. Die Vergangenheit nämlich kann man nur *verstehen,* die Gegenwart nur *leben* – allein die Zukunft ist Folge von *Begründungen.* Diese drei Denkformen (verstehen, handeln, begründen) sind nicht ineinander zu überführen. Wenn wir zu *verstehen* suchen, entsteht bedeutungsvolle Vergangenheit; wenn wir handeln, sind wir Gegenwart. Wenn wir begründen, schaffen wir Zukunft. Die Zukunft kommt daher nicht auf uns zu, sondern wir gestalten sie. Allein aus diesem kleinen Grundsatz folgt, dass wir Kinder nicht „Fit für die Zukunft" machen können – die wir zu diesem Zweck nämlich vorhersagen können müssten. Vielmehr müssen wir unsere Kinder dazu befähigen, die Zukunft gestalten zu können. Immer dann, wenn unsere Kinder lernen, Handlungen zu begründen, befähigen wir sie, die Zukunft zu gestalten.

Nicht Anpassung an eine vage prognostizierte Zukunft darf mithin Bildungsziel sein, sondern es muss die Fähigkeit sein, *Zukunft zu gestalten,* also Begründungen zu finden. Diese Begründungen können sich auf Sachverhalte und auf das (zwischenmenschliche) Handeln beziehen – also auf Erkenntnis und Verantwortung. Verabschieden wir uns zuerst von der falschen Zukunftsrhetorik „Fit machen für die Zukunft", denn es ist unklar, welche Zukunft gemeint ist. Die Zukunft ist nicht etwas, was kommt, sondern etwas, was wir gestalten müssen. Kennzeichen der Zukunft ist die Unvorhersagbarkeit. Man kann das Freiheit nennen. Wir wissen nicht, was unsere Kinder dereinst denken wer-

---

[17] Des heiligen Kirchenvaters Aurelius Augustinus Bekenntnisse. Aus dem Lateinischen übersetzt von A. Hofmann (BKV[2] 1. Reihe, Band 18; Augustinus Band VII), München 1914, 282 (XI,14).

den oder denken wollen. Sie sind frei, denn nur dann können sie auch verantwortungsvoll handeln. Bildung heißt, den Umgang mit Zukunft, also mit Freiheit zu lernen. Man kann Freiheit nicht prognostizieren. Denn dann wäre sie keine Freiheit mehr. Erst die Freiheit ermöglicht es überhaupt, Verantwortung zu übernehmen und so das Leben sinnvoll zu gestalten.

3.1 Wissenschaftsorientierung

Wenn die Corona-Krise eines auch gelehrt hat, dann doch, dass eine *wissenschaftlich* aufgeklärte Bevölkerung die anstehenden Probleme am besten bewältigen könnte. Dass eine Bundesregierung allen Ernstes ihren Bürgern zu kostbarerer Sendezeit Händewaschen und Abstandhalten erklären und anempfehlen musste, indiziert, dass in der Politik der Verdacht besteht, dass es der Bevölkerung selbst an schlichten biologischen Elementarkenntnissen mangelt. Traute die Politik dem von ihr gestalteten Bildungssystem so wenig zu, dass sie meinte, hygienische Banalitäten in infantiler Sprache („AHA-Regel") empfehlen zu müssen? Eine wissenschaftlich aufgeklärte Bevölkerung hätte von sich aus ergriffen, was nun als Maßnahmen gegen einen Teil der Bevölkerung mit Strafen, Ordnungsämtern und Polizeieinsatz durchgesetzt werden muss. Haben die allgemeinbildenden Schulen das, was ihre Aufgabe wäre, für Teile der Bevölkerung gar nicht mehr abgeleistet: wissenschaftsfundierte Aufklärung?

Wer Employability, also Erfolg auf dem Arbeitsmarkt, zum obersten Bildungsziel von Schulen erklärt, darf sich allerdings auch nicht wundern, dass die szientifischen Grundlagen unserer Kultur gar nicht mehr gelehrt werden und den meisten Menschen nicht bekannt sind. Wer die Auffassung vertritt, die Einübung arbeitsmarktgängiger Kompetenzen sei die *Schlüsselqualifikation* für die Zukunft, kann, wie sich zeigte, nicht einmal das Vertrauen haben, dass eine herausfordernde Gegenwart damit zu bewältigen wäre.

Das heißt ganz konkret: Wenn Unterricht nicht lehrt und Prüfungen nicht abtesten, dass Schüler das Gelernte *begründen können,* dann verlieren die Schulen die Kategorie Zukunft. Kompetenzen lassen sich in Multiple-Choice-Tests messen. Es müssen dann von den Prüflingen keine Begründungen mehr formuliert werden, sondern nur die richtigen Antworten sind anzukreuzen. Wenn das Gelernte nur noch angewandt, nicht aber mehr in eigenen Worten begründet werden muss, wird dem künftigen Schulwissen genau das entzogen, was die Moderne hervorgebracht hat: das Begründen. Dann verliert die neue Generation exakt jene Fähigkeit, mit der überhaupt Zukunft geschaffen werden kann, nämlich die Fähigkeit des Begründens.

Der unglaubliche Wohlstand Europas, der vor noch nicht einmal 70 Jahren nicht annähernd vorstellbar war, entstand doch nicht durch Anpassung der damals nachwachsenden Generation an die Bedürfnisse des *damaligen* Arbeitsmarktes. Dann nämlich hätte sich nichts verändert. Der unglaubliche Reichtum Europas, der für so viele Bewohner anderer Kontinente so attraktiv ist, fußt vielmehr auf einem einzigen Grundgedanken: dem der Freiheit, die nach den Begründungen für *alles* Handeln fragt. Es ist die Freiheit, die Welt zu erkennen. Und es ist die Freiheit, das Erkannte zu bewerten. Die Kant'sche Erkenntniskritik hatte gezeigt, dass unsere Erkenntnis nicht der Natur folgt, sondern umkehrt völlig frei darin ist, die Natur auf etwas hin zu befragen, was wir als Menschen wissen wollen.[18] Nicht die Natur gibt vor, was wir erforschen *sollen.* Sondern wir Menschen bestimmen, was wir an der Natur erkennen *wollen.* Damit entsteht die Möglichkeit, dass der Mensch sich nicht mehr servil den Naturgewalten unterwirft, wie einem schrecklichen Zauber, der Magie und dem Aberglauben, sondern nunmehr reflektiert, wie er die Natur zum Wohle der Menschen gestalten und nutzen kann. Nicht Schicksalsglaube und Determinismus sind die Gründe für Europas unfasslichen Wohlstand, sondern die Freiheit der erkennenden und handelnden Menschen. Denn erst die Freiheit ermöglicht sinnbestimmtes Handeln.

Diese Freiheit muss die Schule kultivieren: durch wissenschaftsorientierten Unterricht. Die Schule muss lehren, wie man

- in jedem einzelnen Fach
- mit welchen fachspezifischen Methoden
- welche Erkenntnisse
  - produziert hat,
  - selbst produzieren kann und
  - künftig produzieren könnte.

---

[18] Vgl. I. Kant, Kritik der reinen Vernunft (Werke in zehn Bänden. Hg. von W. Weischedel. Band III), Darmstadt 1983, 23 (B XIII) (= Vorrede zur zweiten Auflage).

Wissenschaftsorientierung meint also gerade nicht, die jeweils neuesten Ergebnisse der Wissenschaften in die Schule zu tragen. Dass das nicht geht, habe ich eingangs zu zeigen versucht. Wissenschaftsorientierung meint vielmehr, Prinzipien und Methoden wissenschaftlichen Erkennens als Prinzipien schulischen Lernens zu nutzen.

Lernen ist ein Erkenntnisprozess. Lernen heißt, etwas erkennen.[19] Dieser Erkenntnisprozess ist in der nach-teleologischen Moderne einzig und allein auf Erkenntnismethoden der Wissenschaften verwiesen. Lernen heißt daher Anwenden von fachspezifischen Methoden der Erkenntnisgewinnung: Wer einen Text verstehen will, muss die Regeln der Hermeneutik anwenden. Wer mathematische Regeln erkennen will, muss mathematische Probleme lösen. Wer naturwissenschaftliche Erkenntnisse gewinnen will, muss Fragen stellen, Experimente ersinnen und Ergebnisse auswerten. Methodisch sorgfältig geplanter Fachunterricht ist der Weg in die Zukunft. *Denn die Kategorie der Zukunft ist der Wissenschaft immanent.*

Die Wissenschaft selbst impliziert auf Grund ihrer Methode das Prinzip Zukunft. Am Beginn des wissenschaftlichen Zeitalters hatte Humboldt dies bereits verstanden und formuliert, dass Bildungsprozesse dem Begriff der Menschheit „durch die Spuren des lebendigen Wirkens, die wir zurücklassen, einen so grossen Inhalt, als möglich zu verschaffen“ hätten: „Diese Aufgabe löst sich allein durch die Verknüpfung unsres Ichs mit der Welt zu der allgemeinsten, regesten und freiesten Wechselwirkung.“[20] Die Wechselwirkung ist „allgemein“, d. h. steht unter universalem (oder schlichter: wissenschaftlichem) Geltungsanspruch. Sie ist „rege“, also aktiv vom Menschen (und damit vom Schüler) zu leisten; sie ist nicht dogmatisch rückwärtsgewandt festgezurrt, sondern dynamisch zukunftsschaffend. Und sie ist „frei“, d. h. auf kein vorgegebenes Telos bezogen. *Wechselwirkung* ist bei Humboldt also nicht als Anpassung, sondern als die methodisch organisierte Selbsttätigkeit unter Geltungsanspruch zu verstehen.

Das für alle Wissenschaften gültige Falsifikationsprinzip besagt bekanntlich, das alle Aussagen (1) hypothetisch sind und (2) nur so lange gelten, wie sie nicht widerlegt sind. „Hypothetisch“ meint:

---

[19] Vgl. als ausführliche Begründung V. Ladenthin, Lernen heißt die Welt denken, in: Engagement. Zeitschrift für Erziehung und Schule 25 (2007) Heft 1, 44–53.

[20] Humboldt, Theorie der Bildung des Menschen (s. Anm. 16), 235f.

Wissenschaftliche Erkenntnisse kommen nur zustande, weil man nach ihnen fragt und zur Beantwortung kontrollierte Methoden einsetzt. Alle wissenschaftlichen Aussagen gelten daher *nur* bedingungsweise: Sie gelten unter der Voraussetzung, dass eine Frage gestellt wurde und eine Methode gewählt wurde, um sie zu beantworten. „Hypothetisch" heißt also nicht, dass die Ergebnisse vage sind. Im Gegenteil: Sie stimmen umso mehr, je mehr sie methodisch begründet wurden. Sie sind gedanklich zwingend, weil sie sich einer konsensualen Methode bedienen. Wird der Konsens über die Methode aufgelöst, ergeben sich ebenso gut begründete Wissenschaftsrevolutionen, die wiederum methodisch begründet sind.

Gerade weil wissenschaftliche Ergebnisse hypothetisch sind, sind sie nachprüfbar: Sie weisen eine klare Fragestellung aus und geben die Methoden an, mit denen sie erhoben wurden. Jeder, der nun künftig so fragt und genau diese Methode anwendet, kommt zu dem gleichen Ergebnis – Messfehler einmal unberücksichtigt gelassen. Mit neuen Methoden gelangt eine Wissenschaft zu neuen Erkenntnissen. Kein Ergebnis ist ein Endzustand, sondern nur Anlass zur Prüfung, Nachprüfung und Weiterentwicklung, bereits in der Schule. Wissenschaftliche Aussagen sind zwar gültig, aber nicht endgültig.

Wissenschaftsorientierter Unterricht führt in jene Grundlagen einer Wissenschaft ein, die es möglich machen, sie weiter zu entwickeln. Wissenschaftsorientierter Unterricht

- entwickelt Fragestellungen,
- sucht nach methodisch zu rechtfertigenden Antworten,
- prüft, wie die Ergebnisse zu bewerten wären
- und reflektiert, was wir noch wissen müssten, um handeln zu können.

Im Prinzip der Wissenschaftlichkeit wurde eine Wissensform gefunden, die es zum ersten Mal in der Menschheitsgeschichte ermöglicht, schon beim Lernen das Prinzip Zukunft einzudenken. Der Schlüssel zur Zukunft ist die Wissenschaftsorientierung des Fachunterrichtes.

3.2 Verantwortung

Unser Verstand ist es, der die Fragen an die Natur frei stellen kann. Die Vernunft lenkt die Freiheit dann in gültige Bahnen. Erkenntnisse *führen* keineswegs zu bestimmten Handlungen. Aus einer wissenschaftlichen Aussage folgt zwingend gar nichts. Aus dem Gravitationsgesetz folgt nicht, dass wir zum Mars fliegen *sollen.* Aus der Beobachtung chemischer Reaktionen folgt nicht, ob wir Düngemittel streuen oder Giftgas produzieren *sollen.* Aus keinem wissenschaftlichen *Können* folgt zwingend ein lebensweltliches *Sollen.* Selbst medizinisches Wissen führt nicht zu Handlungsnormen, wie jene Menschen schmerzlich erfahren, die entscheiden müssen, ob ein Angehöriger an lebensverlängernde Maschinen angeschlossen werden soll oder nicht. Wissenschaft eröffnet lediglich Möglichkeiten, gibt aber keine Normen, wie mit ihnen umzugehen ist. Sie stellt uns vor Herausforderungen: Je mehr Möglichkeiten wir lernen, desto dringlicher wird es, auch zu lernen, wie wir mit diesen Möglichkeiten umgehen. Jede neu gelernte Formel im Physik- oder Chemieunterricht vergrößert die Verantwortung, weil wir nun um eine Handlungsmöglichkeit mehr wissen.

Die Grundfragen der Erziehung in jedem Fachunterricht lauten: Welche Handlungsoptionen eröffnet der gelernte Inhalt? Warum war er bisher bedeutsam? Wie könnte er künftig *bedeutsam* werden? Welcher Umgang mit ihm ist zu verantworten, um die *Würde* des Menschen zu achten? Was ist *sinnvoll,* und was nicht?[21]

3.3 Religion

Von der *Würde des Menschen* habe ich gesprochen, von seiner *Freiheit* und dem *sinnvollen* Handeln – und diese beliebten Begriffe sind schnell gefunden. Aber sie stellen Fragen: Wer hat dem Menschen Würde verliehen? Woher kommt die Freiheit des Menschen? Warum sollen wir sie achten? Und was ist der Zweck aller wissenschaftlichen und lebensweltlichen Zwecke? Was ist der Sinn instrumenteller Vernunft? Was ist Sinn, und wer stiftet ihn? Das Problem dieser Fragen ist, dass sie sich szientifisch nicht beantworten lassen.

- Dass die Menschenwürde tatsächlich antastbar ist, zeigen Geschichte und Gegenwart; ja selbst, dass sich Menschen selbst entwürdigen, können wir tagtäglich beobachten. Menschen-

---

[21] Ich habe dieses Konzept ausführlich dargestellt in V. Ladenthin, Wert Erziehung. Ein Konzept in sechs Perspektiven, Baltmannsweiler 2013; und V. Ladenthin, Mach's gut? – Mach's besser! Eine kleine Ethik für den Alltag, Würzburg 2017.

würde ist kein anthropologisch oder soziologisch zu erweisender *Sachverhalt.*

- Kann man die Freiheit (oder Unfreiheit) beweisen, ohne schon voraussetzen zu müssen, dass dieses Urteil selbst ein freies Urteil ist? Dann würde man als schon vorhanden voraussetzen, was man beweisen (oder gar negieren) will.
- Und schließlich: Wenn man meint, den Sinn menschlichen Tuns selbst bestimmen zu können, setzt man voraus, dass es sinnvoll ist, dies zu tun – ein Zirkelschluss. Übernimmt man indessen Sinnvorgaben anderer, dann lebt man nicht mehr sein eigenes Leben, sondern das Leben desjenigen, der den Sinn bestimmt. Aber welches der vielen Sinnangebote wählen wir aus? Was ist das Kriterium der Auswahl – und wieso ist gerade dieses Kriterium sinnvoll?

Auch die szientifische Kultur kann die Probleme nicht lösen, die alle anderen Kulturen bisher umgetrieben hatte:

- Warum hat der Mensch eine Würde?
- Gibt es Freiheit?
- Und was ist der Sinn allen Handelns?

Wissenschaftlich hat man bisher diese Fragen nicht beantworten können, weil Würde, Freiheit und Sinn die vorauszusetzenden und damit bereits akzeptierten Bedingungen von Wissenschaft sind. Das aber unterläuft die geforderte Voraussetzungslosigkeit von Wissenschaft – das Postulat also, nichts ungeprüft zu lassen und nur das intersubjektiv zu Begründende anzuerkennen.

Nun könnte man einwenden, dass man dann eben darauf verzichtet, nach Antworten auf diese Fragen zu suchen. Das Unangenehme ist nur, dass sich diese Fragen trotzdem stellen. Sie stellen sich, weil sie unserem Denken selbst abgewonnen sind. Vielleicht ist es etwas verwegen, aber ich möchte die These aufstellen, dass es so etwas wie eine theoretische Notwendigkeit des Denkens ist, dass es sich nicht mit sich selbst abfinden kann. Das Denken *kann* sich nicht damit abfinden, dass die Gegenwart schon das Telos unseres Daseins sein soll. Denn es kann die Gegenwart in Frage stellen. Damit unterstellt unser Denken die Möglichkeit von Zukunft, von Unendlichkeit. Zukunft ist eine Kategorie des Denkens, nicht der Zeit. Das würde erklären, warum alle Kulturen, die wir heute kennen, Religion herausgebildet haben. Zukunft und damit Unendlichkeit zu denken ist notwendig, um überhaupt die Endlichkeit in ihrer Bedeutung bedenken zu können – und zwar doppelt zu bedenken: als etwas den Menschen *Begrenzendes* und zugleich *Herausforderndes.*

Unsere Handlungsmöglichkeiten sind durch unsere Endlichkeit *begrenzt.* Wir müssen immer auswählen, was wir zuerst und was wir später erledigen, was wir überhaupt als Aufgabe akzeptieren und angehen, und was wir sein lassen. Dieses Wissen um die Endlichkeit ist damit überhaupt der Grund für die Notwendigkeit von Sittlichkeit. Wenn wir unendlich leben würden, könnten wir alles machen. So aber haben wir nur eine einzige Chance. Wir können nur einmal handeln. Und daher muss alles gleich beim ersten Mal gelingen. *Wir sind, was wir tun* – dieser Gedanke Jean-Paul Sartres[22] (1905–1980) hat eine beängstigende Wucht, weil er uns keinen Ausweg lässt ins gut Gemeinte. Wir sind nichts anderes als das, was wir tun.

Zugleich aber ist die Unendlichkeit eine Stimme, die uns *herausfordert,* unser Handeln in der Endlichkeit unter Ewigkeitsperspektive zu betrachten, also eine Verantwortung auch für jene Zeit zu übernehmen, in der wir nicht mehr existieren.

- Die Religion kann dem Menschen Würde zusprechen, weil der Mensch sich nicht selbst zum Menschen gemacht haben kann. Die Würde wurde ihm irreversibel verliehen.
- Die Religion setzt im Anspruch des gottgefälligen Lebens Freiheit und zugleich Normen voraus, ohne die keine Schuld, keine Verbrechen als solche zu benennen wären.
- Die Religion postuliert schließlich die Existenz eines letzten Sinns.

Religion ist paradox: Dem, der *glaubt,* gibt sie *Gewissheit.* Dem, der sich mit dem Empirischen zu begnügen sucht, sät sie *Zweifel* in die empirische Gewissheit. Es ist nicht schwer einzusehen, dass sich beides bedingt, ohne ineinander überführbar zu sein: Die geglaubte Gewissheit und der Zweifel an der Endgültigkeit unseres Tuns. *Alle Wissenschaft setzt Gewissheiten voraus, die sie mit eigenen Methoden nicht beweisen kann.*

So können wir innerweltlich sinnvoll handeln, wenn wir dem Menschen Würde, Freiheit und Sinn unterstellen. Aber alles innerweltliche Denken wird nicht beweisen können, dass es diesen Sinn

---

[22] Vgl. J.-P. Sartre, Ist der Existentialismus ein Humanismus? Mit einem Nachwort von W. Schmiele, Frankfurt a. M. 1989.

auch gibt – weil jeder Beweis die handlungsleitende Existenz von Würde, Freiheit und Sinn bereits in Anspruch nimmt. Religion bedeutet also, so zu leben „als ob“ – als ob es Würde, Freiheit und Sinn gäbe. Das Überraschende nur ist, dass auch derjenige, der dieses „Als-Ob“ nicht akzeptiert, sich bereits nach diesem „Als-Ob“ richtet, ja, dass seine Ablehnung unter genau dieser Maßgabe erfolgt.

- Jede Negation des Fortschrittsdenkens äußert sich ja nur, weil sie die fortschrittsgläubige Gegenwart *hinter sich* lassen will. Das aber ist selbstwidersprüchlich.
- Jede Negation der Möglichkeit, Geltung zu begründen, vollzieht dies mit Gründen, nimmt also jenes Instrumentarium in Anspruch, das sie ablehnt.
- Jede Negation eines absoluten Wahrheitsanspruchs muss die Negation als (neue) Wahrheit voraussetzen.

Aus diesen Selbstwidersprüchen sich zu lösen, ermutigt die Religion. Sie strahlt eine ungewisse Heilsgewissheit aus. Religion versichert: Es gibt etwas Besseres als das, was ist. Das aber ist der Kern des Zukunftsgedankens. *Denn wir sind unausweichlich, ja absolut beauftragt, uns auf die Suche nach dem Besseren zu begeben.* Religion insistiert allein kraft ihres Prinzips des Zweifelns auf Zukunft. Das Prinzip der Religion ist der Zweifel an der Gegenwart, an der Endlichkeit, der Zweifel daran, dass das, was ist, schon gut und endgültig wäre. Religion ermutigt zum Zweifeln aus der Perspektive des Glaubens an das Bessere. Die Religion ist jenes Prinzip, das uns an der Welt, an der Endlichkeit und an allem, was endgültig sein will, zweifeln lässt. Religion ist der Blick aus der Zukunftsgewissheit in die Gegenwart. Wenn wir Zukunft haben wollen, und nicht nur endlos verlängerte Gegenwart, benötigen wir Religion.

Alle weltlichen Absolutheitsansprüche, Endgültigkeitspostulate, Ewigkeits- und Erlösungsversprechen stehen angesichts der religiösen Zusicherung von Freiheit zur Disposition. In einem Satz: Religion ist Zweifel an jeder Endlichkeit, die sich absolut setzen will. Umgekehrt geht dieser Zweifel von der Gewissheit aus – nämlich der, dass wir zweifeln können. Wir können das Andere denken und müssen daher das Vorhandene bewerten.

4 Religion und Bildung

Nun ermutigt die Religion nicht automatisch zum Zweifel. Sie bedarf dazu der ermutigenden Personen, der räumlich-zeitlichen Gelegenheiten und eines inhaltlichen Konzeptes. Der Religionsunterricht kann ein solches Konzept entwickeln. Er thematisiert, welche Bedeutung der *Zweifel an der Endgültigkeit des Faktischen* für den *Umgang mit dem Faktischen* hat.[23] Deshalb ist Religionsunterricht nicht eine Option wie ein Videokurs oder die Sport-AG. Religion gehört zur Bildung, weil wir ohne das Bewusstsein des Möglichen naiv, verantwortungslos handeln würden. Wir blieben hinter unseren eigenen Denkmöglichkeiten zurück. Es gilt aber auch umgekehrt: Religion kommt ohne Bildung nicht aus – und zwar deshalb, weil wir sonst von ihr nichts verantwortungsvoll wüssten. Wir würden glauben, ohne zu wissen was. Auch dann blieben wir hinter unseren Denkmöglichkeiten zurück.

Religionsunterricht ist weder Gesinnungsunterricht noch geheime Mission: *Religionsunterricht ist restlose Aufklärung über die Bedingungen menschlichen Handelns.* Da bisher noch kein Modell menschlichen Handelns gefunden worden ist, dessen Begründungen ohne Transzendenz auskommen, ist es die Aufgabe des Religionsunterrichts, diese *Transzendenz vernünftig denken zu lehren.*

[23] Ich fasse mich hier thesenhaft kurz, da ich mich andernorts zur religiösen Bildung in Schulen ausführlich geäußert habe; vgl. meine Zusammenstellungen: V. Ladenthin, Wozu religiöse Bildung heute? Sieben Versuche, an der Endlichkeit zu zweifeln, Würzburg 2014; V. Ladenthin, Religiöse Bildung ist interdisziplinär, Bonn 2019.

3. Ausblick

Welche Kirche brauchen die Menschen heute?

Herbert Haslinger

Erlauben Sie mir bitte, mit einem kleinen Einblick in meine Biografie zu beginnen. Schon im Jahr 1970, als neunjähriger Bub, hatte ich eine spezielle Funktion in der Kirche inne: Ich verteilte die Kirchenzeitung des Passauer Bistums an die Abonnenten in unserem Dorf im Bayerischen Wald. Es war quasi meine erste Erwerbstätigkeit in der Kirche. Eines Tages, als ich mir wieder das Zeitungsbündel im Pfarrhof abholte, sagte der Pfarrer zu mir: „Diese Woche gibt es mehr auszutragen." Und er bürdete mir einen großen Packen mit dick gefüllten DIN-A5-Kuverten auf, die ich an jeden Haushalt unseres Dorfes zu verteilen hatte. Erst viele Jahre später, als ich mich im Rahmen meiner Dissertation mit der „Gemeinsamen Synode der Bistümer in der Bundesrepublik Deutschland" (1971–1975) – kurz: Würzburger Synode – beschäftigte, wurde mir bewusst, was ich damals offensichtlich verteilt hatte: Es war die große Umfrage unter allen Katholiken, die im Auftrag der Deutschen Bischofskonferenz im Mai/Juni 1970 zur Vorbereitung dieser Synode durchgeführt und 1972 veröffentlicht worden ist.[1] Heute erfüllt es mich mit ein wenig Stolz, dass ich selber an dem damaligen Prozess der Umsetzung des Zweiten Vatikanischen Konzils (1962–1965) in der deutschen Ortskirche beteiligt war – wenn auch nur mit dem mikroskopisch kleinen Partikelchen der Verteilung von Umfragebögen.

Weshalb erzähle ich Ihnen das? Es folgten in meinem Leben noch viele Funktionen und Arbeitsstellen in der Kirche. Die mehr als fünfzig Jahre zwischen damals und heute habe ich – von zwei Ferienjobs bei der Deutschen Bundespost und in einer Brauerei abgesehen – ausschließlich in kirchlichen Einrichtungen bzw. Tätigkeitsfeldern verbracht: als Ministrant, Schüler in kirchlichen Internaten, Gruppen- und Diözesanleiter eines kirchlichen Jugendverbandes, Priestersemi-

---

[1] Vgl. G. Schmidtchen, Zwischen Kirche und Gesellschaft. Forschungsbericht über die Umfragen zur Gemeinsamen Synode der Bistümer in der Bundesrepublik Deutschland. In Verbindung mit dem Institut für Demoskopie Allensbach, Freiburg i. Br. 1972.

narist, Theologiestudent, Zivildienstleistender in einer Einrichtung des Caritasverbandes, Pfarrgemeinderatsvorsitzender, Firmkatechet meiner Heimatgemeinde, Seminarpräfekt, Wissenschaftlicher Mitarbeiter an einer theologischen Fakultät, Fortbildungsreferent für kirchliche Berufe und schließlich Theologieprofessor an der Theologischen Fakultät Paderborn. Diese fünfzig Jahre meiner Tätigkeiten in der Kirche fallen deckungsgleich zusammen mit dem Zeitraum, den wir mit der diesjährigen „Montagsakademie" in Blick nehmen. Wir wollen damit nicht auf den Beginn der Würzburger Synode vor fünfzig Jahren als einem historischen Ereignis zurückschauen, sondern nach dem Weg der Kirche seither und nach den nun anstehenden Wegen in die Zukunft fragen. Aus meinen Erfahrungen mit der Kirche in diesen fünfzig Jahren versuche ich, einige Überlegungen dazu beizusteuern. Die Fragestellung dieses meines Beitrags „Welche Kirche brauchen die Menschen heute?" ist angeregt durch die Würzburger Synode selbst. Sie formulierte in ihrem programmatischen Beschluss „Unsere Hoffnung", verfasst hauptsächlich von Johann Baptist Metz (1928–2019), die Mahnung: „‚Die Welt' braucht keine Verdoppelung ihrer Hoffnungslosigkeit durch Religion; sie braucht und sucht (wenn überhaupt) das Gegengewicht, die Sprengkraft gelebter Hoffnung."[2] Was also brauchen die Menschen heute von der Kirche und welche Kirche brauchen sie?

1 Eine Kirche, die brauchbar ist

Anhand zweier Zitate wird erkennbar, was mit der Überschrift gemeint ist:

„Die einzelnen Gemeinden behalten ihre eigenen Gremien und ihr pfarrliches Eigenleben. […] Im Pfarrverband sollten die Grunddienste […] bei der einzelnen Pfarrgemeinde bleiben, während besonders die Zielgruppenarbeit (Jugendarbeit,

„Die […] pfarrlichen Neustrukturierungen ermöglichen Synergieeffekte. […] Spezielle Angebote, auch auf dem Gebiet der Erwachsenenbildung, finden in einem größeren pastoralen Raum mehr Resonanz als in einer Kleinpfarrei.

[2] Unsere Hoffnung. Ein Bekenntnis zum Glauben in dieser Zeit, in: Gemeinsame Synode der Bistümer in der Bundesrepublik Deutschland. Beschlüsse der Vollversammlung. Offizielle Gesamtausgabe I, Freiburg i. Br. 1976, 71–111, hier: 101.

Erwachsenenbildung, Katechese, Alten- und Krankenseelsorge u. a.) für alle Pfarreien gemeinsam wahrgenommen wird. Darüber hinaus ergibt sich im Pfarrverband die Möglichkeit zum Austausch der Prediger, zu gemeinsamen Planungen und gegenseitiger Stellvertretung."[3]

Gleichzeitig können in den neuen Pastoralräumen [...] die einzelnen Gemeinden [...] ein Stück weit entlastet werden [... indem] innerhalb eines pastoralen Raums [...] an dem einen Ort die Jugendpastoral, am anderen die Trauerpastoral, am dritten die ‚Exerzitien im Alltag' und am vierten schließlich die Kirchenmusik besonders ausgeprägt sind."[4]

Das linke Zitat stammt aus dem Jahr 1972, nämlich aus dem Beschluss „Dienste und Ämter" der Würzburger Synode. Es beschreibt die Zuordnung von einzelnen Gemeinden und Pfarrverband und weist die prinzipielle Richtung für jene umfassendere Struktur, in welcher mehrere Gemeinden, veranlasst durch den sogenannten „Priestermangel", zusammengefasst werden sollen. Die Würzburger Synode bildete in gewissem Sinne den Startpunkt für die Bildung neuer größerer Pastoralstrukturen der Kirche, die bis heute die Ressourcen in den Diözesen in Beschlag nimmt. Zwischen 1972 und 1974 erarbeitete sie eine Rahmenordnung für die pastoralen Strukturen[5], die unter anderem in ihrem Punkt „III.1.2 Pfarrverband" ein erstes offiziöses, amtliches Regularium für den Zusammenschluss mehrerer Gemeinden zu einem größeren Strukturgebilde enthält – gegenüber den Text- und Papierlawinen der heutigen Strukturkonzepte damals noch wohltuend komprimiert auf eineinhalb Druckseiten.[6] Beim rechten Zitat handelt es sich dagegen um eine Zusammenfassung des aktuellen Diskussionsstands zu den neuen

---

[3] Die pastoralen Dienste in der Gemeinde, in: Gemeinsame Synode der Bistümer in der Bundesrepublik Deutschland. Beschlüsse der Vollversammlung. Offizielle Gesamtausgabe I, Freiburg i. Br. 1976, 581–636, hier: 624.

[4] P. Müller, Haben die Pfarrgemeinden eine Zukunft? Zwischen Beheimatung und Aufbruch, in: Erwachsenenbildung 64 (2018) 52–54, hier: 54.

[5] Vgl. Rahmenordnung für die pastoralen Strukturen und für die Leitung und Verwaltung der Bistümer in der Bundesrepublik Deutschland, in: Gemeinsame Synode der Bistümer in der Bundesrepublik Deutschland. Beschlüsse der Vollversammlung. Offizielle Gesamtausgabe I, Freiburg i. Br. 1976, 679–726.

[6] Vgl. ebd. 696–698.

Pastoralstrukturen aus dem Jahr 2018. Die Lektüre beider Zitate muss verblüffen. In ihnen wird das Identische zur Begründung und Ausgestaltung der neuen Strukturen gesagt: Deren archimedischer Konstruktionspunkt ist die gegebene Gestalt des Weiheamtes; nach Maßgabe der Anzahl der verfügbaren Priester werden Gemeinden zu größeren Struktureinheiten zusammengefasst, in denen ein Priester die Funktion des leitenden Pfarrers inne hat; die bisherigen Gemeinden bleiben erhalten; in ihnen sollen die grundlegenden gemeindlichen Vollzüge stattfinden; auf der Ebene der größeren Struktureinheit sollen dagegen jene pastoralen Angebote angesiedelt sein, die sich an spezielle Gruppen richten; indem solche Aufgaben für alle Gemeinden gemeinsam wahrgenommen werden, komme es zu gegenseitigen Entlastungen. Die inhaltliche Deckungsgleichheit der beiden Zitate zeigt: Einmal abgesehen davon, dass die Struktureinheiten aufgrund der rückläufigen Priesterzahlen immer größer werden und dass viele Diözesen schon zur potenzierten Form der Umstrukturierung übergehen müssen, nämlich zur Zusammenlegung der ursprünglichen Struktureinheiten zu noch größeren Gebilden – recht viel weiter als vor fünfzig Jahren ist man heute bei der sachlichen Lösung des Problems offensichtlich nicht.

Ich halte das für einen veritablen Skandal. Über fünfzig Jahre hinweg beschäftigen sich die deutschen Diözesen mit ihren eigenen Strukturen. Dafür verbrauchen sie Unmengen an Ressourcen – Personal, Arbeitskraft, Zeit und Geld – und bilden in ihren Ordinariaten und Pfarreien einen gigantischen „Wasserkopf" an Sekundärinstitutionen und -funktionen für die Bearbeitung ihrer eigenen Strukturen. Das geht zu Lasten der eigentlichen und primären Aufgabe der Kirche, nämlich der unmittelbaren seelsorglichen Arbeit in den diversen pastoralen Feldern, für die entsprechend wenig Personal, Arbeitskraft, Zeit und Geld zur Verfügung stehen. Paradigmatisches Beispiel für diese Verdrängung der Seelsorgearbeit durch eine autistische Beschäftigung der Kirche mit sich selber mag jene Gemeindereferentin sein, die mir vor ein paar Jahren erzählte, dass sie von ihrer Tätigkeit als Seelsorgerin in einer Gemeinde auf eine neu eingerichtete Stelle im Ordinariat ihrer Diözese gewechselt sei, dass sie sich dort um die Koordination des ehrenamtlichen Engagements in den neuen Pastoralen Räumen kümmern solle, dass beim Antritt der neuen Stelle aber ihre Aufgaben völlig unklar gewesen seien und sie sich erst selber Aufgabenfelder suchen müsse, und dass sie nun vor allem verpflichtende Fortbildungsangebote für das pastorale Personal in Hinblick auf die Begleitung Ehrenamtlicher einführen wolle. Das heißt: Die Gemeindereferentin wurde nicht nur aus der unmittelbaren Seelsorgearbeit abgezogen; um ihre Sekundärfunktion zu rechtfertigen, schafft sie nun auch noch eine zusätzliche Struktur, die einen Teil der Ressourcen des Seelsorgepersonals vor Ort für die kirchenstrukturelle Selbstbeschäftigung absorbiert. All das bringt jedoch, wie gesehen, für die Lösung des Problems, nämlich für die Bildung geeigneter, nachhaltiger pastoraler Strukturen, kaum einen Effekt. Ich sehe darin den Habitus einer Kirche, die sich selber zum Inhalt und zum Zweck geworden ist. Sie verfällt „der immanenten Häresie einer jeden religiösen Institution und aller ihrer konkreten Sozialformen [...] der Selbstverwechslung mit dem, dem sie zu dienen hat“[7].

Menschen brauchen eine Kirche, die sich in ihrer Selbstbezogenheit einer grundlegenden Selbstkorrektur unterzieht; eine Kirche, die Jesu Mahnung für sich selber ernstnimmt: *„Der Sabbat ist für den Menschen da, nicht der Mensch für den Sabbat“* (Mk 2,27). Die Kirche ist für die Menschen da, nicht der Mensch für die Kirche. Sie ist nicht selbst der Zweck, sondern sie ist Mittel, das einem Zweck dienen muss, nämlich den Menschen und ihrem Leben in Würde. Nichts anderes besagt übrigens das Theorem, dass die Kirche als ganze Sakrament ist.[8] Wo immer in Theologie und Kirche der Begriff

---

[7] R. Bucher, Jenseits der Idylle. Wie weiter mit den Gemeinden, in: R. Bucher (Hg.), Die Provokation der Krise. Zwölf Fragen und Antworten zur Lage der Kirche, Würzburg 2004, 106–130, hier: 121.

[8] Vgl. O. Semmelroth, Die Kirche als Ursakrament, Frankfurt a. M. [3]1963; O. Semmelroth, Die Kirche als Sakrament des Heils, in: MySal IV/1 (1972) 309–355; L. Boff, Die Kirche als Sakrament im Horizont der Welterfahrung. Versuch einer Legitimation und einer struktur-funktionalistischen Grundlegung der Kirche im Anschluss an das II. Vatikanische Konzil, Paderborn 1972; W. Beinert, Die Sakramentalität der Kirche im theologischen Gespräch, in: J. Pfammater, F. Furger (Hg.), Theologische Berichte IX: Kirche und Sakrament, Einsiedeln 1980, 13–66; W. Kasper, Die Kirche als universales Sakrament des Heils, in: W. Kasper, Theologie und Kirche, Mainz 1987, 237–254; M. Kehl, Die Kirche. Eine katholische Ekklesiologie, Würzburg 1992, 82–88.93–103; J. Werbick, Kirche. Ein ekklesiologischer Entwurf für Studium und Praxis, Freiburg i. Br. 1994, 407–431; G. Wassilowsky, Universales Heilssakrament Kirche. Karl Rahners Beitrag zur Ekklesiologie des II. Vatikanums (IThS 59), Innsbruck – Wien 2001; R. Siebenrock, „Universales Sakrament des Heils“. Die dogmatische Konstitution

„Sakrament" auftaucht, geht es nicht darum, dass jemand oder etwas „sakralisiert", über die Menschen erhöht wird. Dass die Kirche Sakrament ist, bedeutet: Sie ist Instrument für das Heil der Menschen; sie muss in sich und durch sich das Heilswirken Gottes für die Menschen realisieren; sie muss das Um-der-Menschen-Willen der Menschwerdung Gottes zu ihrem eigenen Wesen machen. Die Kirche muss für den Dienst am Menschen brauchbar sein.

2 Eine Kirche, die Achtung hat vor der Welt und den Menschen

In das kollektive Bewusstsein der Kirche hat sich leider das dualistische Schema der Weltverachtung tief eingeprägt. In bestimmten kirchlichen Kreisen gilt die Welt nach wie vor als Ort der Verderbnis, welcher die Kirche als Hort des rechten und guten Lebens entgegentreten müsse; als Sphäre der moralischen Verfehlung, der gegenüber die Kirche ihre Orientierung an wahren Werten aufbieten müsse. In notorischer Weltdistanziertheit zeigt das Denkschema der frühere Papst Benedikt XVI. (2005–2013), der bei der Bestimmung des Verhältnisses zwischen Kirche und Welt immer wieder zu dem Topos greift, dass die Kirche sich einer „Entweltlichung" unterziehen bzw. die Welt „reinigen" müsse[9] – womit er zu erkennen gibt, dass er die Welt als schmutzige Wirklichkeit erachtet. Viele kirchlich-theologische Kräfte gefallen sich darin, die heutige Welt und die Menschen in ihr mit einer Kanonade der Negativwertungen zu überziehen: Relativismus, Konsumismus, Individualismus, Säkularismus, Libertinismus, Agnostizismus, Indifferentismus, Egoismus usw. lauten die Etiketten. Auch die Würzburger Synode war keineswegs frei von solcher Weltdiffamierung. Sie spricht von der Hoffnung der Christen mit der kontrastierenden Behauptung, dass „sich die Gesellschaft, in der wir leben, immer mehr als eine reine Bedürfnisgesellschaft,

---

„Lumen gentium" des Zweiten Vatikanischen Konzils in einer „ersten Reflexionsstufe", in: ZKTh 137 (2015) 249–265.

[9] Vgl. Papst Benedikt XVI., Enzyklika *Deus caritas est* über die christliche Liebe vom 25. Dezember 2005 (VApS 171), Bonn 2006, 37–40; Sekretariat der Deutschen Bischofskonferenz (Hg.), Apostolische Reise Seiner Heiligkeit Papst Benedikt XVI. nach Berlin, Erfurt und Freiburg 22.–25. September 2011. Predigten, Ansprachen und Grußworte (VApS 189), Vatikan – Bonn 2011, 149f.

als ein Netz von Bedürfnissen und deren Befriedigung"[10] verstehe. Theologen und Kirchenfunktionäre, die in einem gegenüber dem Bevölkerungsdurchschnitt privilegierten, wohlhabenden Status leben und die dabei sehr wohl eigene Bedürfnisse befriedigen, sollten nicht unbedingt mit solchen Steinen in ihrem Glashaus werfen. Die Grenze zum unerträglichen, beißenden Zynismus ist endgültig überschritten, wenn Theologen in ihrem antiweltlichen Furor sich dazu versteigen, die heutige Gesellschaft in Deutschland, von der sie übrigens sehr gut leben, mit einem Nationalsozialismusvergleich zu überziehen, indem sie urteilen:

> „Wir sind Zeugen einer fortschreitenden Erosion der christlichen Überlieferung und einer wachsenden Gleichgültigkeit staatlicher Institutionen gegenüber dem Christentum, Stichwort: Ehe für alle. Das berührt die Fundamente unserer Kultur. Vor allem aber erleben wir heute eine scheinbar unaufhaltsame Verdunstung des Glaubens. [...] Deutschland ist Missionsland geworden, wie schon einmal in der Zeit des Nationalsozialismus [...]."[11]

Es handelt sich nur scheinbar um eine verträglichere Variante der Annahme eines moralischen Gefälles zwischen Kirche und Welt, wenn man sie in die Rede davon kleidet, dass die heutige Welt die Kirche als Instanz der Wertevermittlung nötig habe. Einmal abgesehen davon, dass nach den Aufdeckungen der jüngsten Dekade die Kirche jeden, aber auch jeden Anspruch darauf verloren hat, sich gegenüber Welt und Menschen als die makellose Instanz der Bewahrung ethischer Werte zu gerieren – merkt man denn nicht, welcher Hochmut, welche Hybris, welche Selbstüberhebung aus solchen Aburteilungen der heutigen Welt spricht? Es ist einfach nicht so, dass eindeutig getrennt hier die gute, edle, vorbildliche Kirche stünde und dort die schlechte, verkommene, böse Welt. Unsere heutigen gesellschafts- und kulturtragenden Werte – Menschenwürde, Menschenrechte, Meinungsfreiheit, Gleichheit, Gewaltenteilung, Demokratie – mussten allesamt von den Kräften der profanen Gesellschaft gegen den erbitterten Widerstand kirchlicher Autoritäten zur Geltung gebracht werden. Der Sozialphilosoph Hans Joas (* 1948) hat

---

[10] Unsere Hoffnung (s. Anm. 2), 87.

[11] B. Wald, „Die Schwierigkeit, heute zu glauben" (Interview von Andreas Wiedenhaus), in: Der Dom, Nr. 47, 26. November 2017, 22f., hier: 22.

Recht, wenn er jenen Kirchenleuten, die sich jetzt als die großen Advokaten von Menschenwürde und Menschenrechten gebärden, entgegenhält: „Es sieht ein bisschen nach einem Taschenspielertrick aus, wenn etwas als Errungenschaft der eigenen Tradition beansprucht wird, was von den Vertretern derselben Tradition verdammt wurde, als es entstand.“[12]

Das Zweite Vatikanische Konzil weist der Kirche einen gänzlich anderen Weg. In der Pastoralkonstitution *Gaudium et spes* nimmt es einen fundamentalen Wechsel im Verhältnis zwischen Kirche und Welt vor. Es verabschiedet sich vom Denkmuster einer feindlichen Gegenüberstellung von Kirche und Welt und verortet die Kirche ausdrücklich in der Welt. Das Konzil beschreibt die Welt in positiver, wertschätzender Diktion als den Ort, in dem die Kirche selbst den Raum ihrer Existenz und ihres Wirkens hat. Vom Verhältnis der Kirche zur Welt sagt es unter anderem:

> „[…] so verkennt auch die Kirche nicht, wieviel sie selbst aus der Geschichte und Entwicklung des Menschengeschlechts empfangen hat. Die Erfahrung vergangener Jahrhunderte, der Fortschritt der Wissenschaften, die Schätze, die in den vielfältigen Formen der menschlichen Kultur verborgen sind, durch die die Natur des Menschen selbst vollständiger kund wird und neue Wege zur Wahrheit erschlossen werden, nützen auch der Kirche. […] Die Kirche bekennt sogar, dass sie selbst aus der Gegnerschaft derer, die sich ihr widersetzen oder sie verfolgen, großen Nutzen gezogen hat und ziehen kann“ (GS 44).

Die Kirche des Konzils verzichtet auf einen Monopolanspruch in Sachen Sinndeutung, Orientierungskraft und Wahrheitsbesitz. Sie weiß darum, dass auch andere Kulturen und Gesellschaftsbereiche wertvolle Formen des Lebens und notwendige Gehalte der Wahrheit hervorbringen. Und nicht nur das: Sie bringt diesen Reichtümern der verschiedenen Völker und Kulturen Wertschätzung entgegen und gesteht ein, dass sie selbst auf deren Wahrheiten angewiesen ist. Sie versteht sich als gemeinsam mit anderen in der Welt stehend, geleitet von einem „absolut anti-triumphalistischen und nicht-apologetischen Charakter, mit dem sie sich der Welt von heute vor-

---

[12] H. Joas, Die Sakralität der Person. Eine neue Genealogie der Menschenrechte, Berlin 2011, 17f.

stellt“[13]. Anderen Weltanschauungen, Kulturen und gesellschaftlichen Kräften begegnet sie in der Haltung des Dialogs. Sie will keinen verkappten Monolog, der im „Gespräch“ mit anderen nur das sucht, was die eigenen Vorstellungen bestätigt. Vielmehr verpflichtet sich die Kirche zu einem Dia-log im wirklichen Sinn des Wortes, zu einem Gespräch, bei dem sie bereit ist, die eigene Logik durchkreuzen zu lassen, die Wahrheit einer anderen Wirklichkeitssicht anderer Völker anzuerkennen und sich schließlich dafür einzusetzen, dass deren andere Wahrheit zur Geltung kommt. Solche Wertschätzung der Welt durch die Kirche fände in der heutigen säkularen Welt durchaus positive Resonanz, wie die Rückmeldung des Historikers Lucian Hölscher (* 1948) zeigt:

> „[…] die Kirchen, so scheint es zumindest aus der Außenperspektive des säkularen Beobachters, wissen nicht so recht, was sie an dieser säkularen Gesellschaft haben und wie sie sich zu ihr verhalten sollen: Als Missionsgebiet im alten Sinn eines unbestellten Ackers, der die Saat des Evangeliums aufzunehmen bestimmt ist, lässt sie sich kaum noch gebrauchen; aber als Markt, auf dem die Kirchen ihre ‚frohe Botschaft‘ lediglich als ‚Produkt‘ anpreisen und dadurch ‚Kunden an sich binden‘, wohl auch nicht. Die säkulare Gesellschaft ist, religionssoziologisch betrachtet, ein vielschichtiges Gebilde: Religionsfreunde gehören dazu ebenso wie Gleichgültige und Kirchenfeinde, letztere aber nur noch als kleine Minderheit. Viele säkulare Menschen schätzen die ethischen Orientierungshilfen der Kirchen, allerdings nicht mehr pauschal wie früher, sondern punktuell zum jeweiligen Anlass. Gleichwohl erscheint das Verhältnis der Kirchen zur säkularen Gesellschaft immer noch einseitig, nicht als Dialog mit einem Gegenüber, das auch den Kirchen etwas zu geben hat. Mit ihren selbstgesetzten Normen und Ansprüchen, von den Menschenrechten bis hin zum Schutz der Umwelt, fordert die säkulare Gesellschaft die Kirchen heraus und treibt sie dazu an, ihre Traditionen neu zu über-

---

[13] A. Amoroso Lima, Gesamtblick über die Pastoralkonstitution „Gaudium et Spes“, in: G. Baraúna (Hg.), Die Kirche in der Welt von heute. Untersuchungen und Kommentare zur Pastoralkonstitution „Gaudium et Spes“ des II. Vatikanischen Konzils. Deutsche Bearbeitung von Viktor Schurr, Salzburg 1967, 32–48, hier: 47.

> denken. Auch die säkulare Gesellschaft hält für die Kirchen ‚frohe Botschaften' bereit."[14]

Eine solche Kirche brauchen die Menschen heute: Eine Kirche, die ihnen das Leben in einer individualisierten, pluralisierten Gesellschaft nicht als schuldhafte Bequemlichkeit anlastet, sondern die Respekt hat vor der Leistung, die Menschen heute erbringen müssen, wenn sie ihr Leben Tag für Tag in individueller Stimmigkeit und sozialer Verantwortung führen. Eine Kirche, die Achtung hat vor der Welt und den Menschen. Und wir müssen froh sein, wenn Welt und Menschen unsere Wertschätzung noch als glaubwürdig empfinden.

3 Eine Kirche, deren Gemeinden helfen, Lebenswege zu bewältigen

„Von der versorgten Pfarrei zur für sich selbst sorgenden Gemeinde" – so lautete der Schlachtruf der Gemeindepastoral in den letzten Jahrzehnten, mit dem man sich auf die Würzburger Synode berief. In deren Dokumenten findet sich die Parole so zwar nicht, ihre Richtungsanzeige aber durchaus. Im Beschluss „Dienste und Ämter" etwa heißt es: „Aus einer Gemeinde, die sich pastoral versorgen lässt, muss eine Gemeinde werden, die ihr Leben im gemeinsamen Dienst aller und in unübertragbarer Eigenverantwortung jedes einzelnen gestaltet."[15] Die Stoßrichtung ist klar: Man wollte das Muster der herkömmlichen, obrigkeitlich geführten Pfarrei, deren Gläubige um den klerikalen Pfarrer zentriert waren und durch dessen aufoktroyierte Vollzüge in Unmündigkeit gehalten wurden, überwinden. Angesichts der weit verbreiteten und quasi-dogmatischen Handhabung der gemeindepastoralen Parole der Synode lohnt sich ein genauerer Blick darauf, welcher Grundton damit eigentlich im Gemeindeverständnis angestimmt wurde. Die programmatische Forderung der Selbstsorge der Gemeinde wird im unmittelbar anschließenden Satz erläutert mit der Aufforderung: „Sie muss selbst mitsorgen, junge Menschen für

[14] L. Hölscher, Ist Luther noch relevant? Was die Feiern zum 500. Jahrestag der Reformation gebracht haben – und was nicht, in: Süddeutsche Zeitung, 3. November 2017, 2.

[15] Die pastoralen Dienste in der Gemeinde (s. Anm. 3), 602.

das Priestertum und für alle Formen des pastoralen Dienstes zu gewinnen."[16] An anderer Stelle wird die Erwartung geäußert, dass Jugendliche bereit sind, ihre Fähigkeiten und Zielvorstellungen auf die Erfordernisse der Gemeinde hin zu entfalten.[17] Ehen, Familien und andere Gruppen, in denen Menschen ihr Leben gemeinsam bewältigen, sind – laut Synode – von der Gemeinde deutlich zu unterscheiden, sollten jedoch dem Aufbau lebendiger Gemeinden dienen.[18]

Mit ihrer Gemeindeprogrammatik bewegte sich die Synode gänzlich im Sog der Gemeindekirche-Konzeption[19], zu deren kirchenamtlicher „Ratifizierungsversammlung" sie im Nachhinein geworden ist und deren ideologischen Auswüchsen[20] sie leider über lange Zeit als Legitimierungsinstanz diente.[21] Wie diese transportierte die Synode die Vorstellung, der Aufbau lebendiger, von vielen Aktivitäten erfüllter Gemeinden sei der Zweck kirchlichen Lebens und die Menschen hätten sich dadurch in ihrem Christ-Sein zu bewähren, dass sie durch möglichst umfangreiches Engagement „mitsorgend" etwas zum Gemeindeleben beitragen. Hier zeigt sich die pastorale Sinnverdrehung, die in der nur scheinbar innovativen Logik der Parole steckt: Gemeinde wird gedacht als eine für sich stehende Größe

---

[16] Ebd.

[17] Vgl. Ziele und Aufgaben kirchlicher Jugendarbeit, in: Gemeinsame Synode der Bistümer in der Bundesrepublik Deutschland. Beschlüsse der Vollversammlung. Offizielle Gesamtausgabe I, Freiburg i. Br. 1976, 277–311, hier: 296.

[18] Vgl. Die pastoralen Dienste in der Gemeinde (s. Anm. 3), 605.

[19] Vgl. F. Klostermann, Prinzip Gemeinde. Gemeinde als Prinzip des kirchlichen Lebens und der Pastoraltheologie als der Theologie dieses Lebens, Wien 1965; P. Görges u. a., Wer mitmacht, erlebt Gemeinde. Modell Dortmund-Scharnhorst. Eine Zwischenbilanz, Limburg ^{2}1973; F. Klostermann, Wie wird unsere Pfarrei eine Gemeinde? Für alle Mitarbeiter in der Pfarrgemeinde, Wien 1979.

[20] Vgl. P. Weß, Unser Leitbild: die Gemeindekirche, in: Diak. 6 (1975) 202f.; N. Greinacher, Volks- oder Gemeindekirche?, in: HerKorr 30 (1976) 51–53; P. Weß, Ihr alle seid Geschwister: Gemeinde und Priester, Mainz 1983; P. Weß, Gemeindekirche – Ort des Glaubens. Die Praxis als Fundament und als Konsequenz der Theologie, Graz – Wien – Köln 1989; N. Mette, Gemeindekirche passé? Für Norbert Greinacher zum 70. Geburtstag, in: Diak. 32 (2001) 124–131.

[21] Zur Kritik der Gemeindekirche-Konzeption vgl. H. Schilling, Kritische Thesen zur „Gemeindekirche", in: Diak. 6 (1975) 78–99; K. Lehmann, Chancen und Grenzen der neuen Gemeindetheologie, in: IKaZ 6 (1977) 111–127; H. Haslinger, Lebensort für alle. Gemeinde neu verstehen, Düsseldorf 2005, 84–91.109–116; H. Haslinger, Gemeinde – Kirche am Ort. Impulse des Zweiten Vatikanischen Konzils, Paderborn 2015, 33–65.

neben den anderen Lebensfeldern der Menschen; die Menschen sollten der Gemeinde dienen, indem sie ihre Kräfte in die Gemeinde „einbringen", ja sogar ihre persönliche Entfaltung auf die Erfordernisse der Gemeinde ausrichten. Was hier passiert, ist nichts anderes als die Verdrehung des vom Konzil formulierten diakonischen Kirchenverständnisses[22] in sein Gegenteil: Aus dem selbstlosen Dienst der Kirche für die Menschen wird die selbstfixierte Einforderung des Dienstes der Menschen für die Gemeinde; aus der dienenden Präsenz der Kirche *in* der Welt und *bei* den Menschen wird die selbststabilisierende Profilierung der Gemeinde *neben* den Lebensfeldern der Menschen. Dass sich in Form solcher Zuordnungen mit der Synode wieder das Denkmuster einschleichen konnte, Welt und Kirche seien einander gegenübergestellte Größen und pastorales Handeln habe einen anderen Zweck als das Leben der Menschen in ihren alltäglichen Welten, hat Elmar Klinger (* 1938) zu Recht als „Ursünde der nachkonziliaren Kirche in Deutschland"[23] bezeichnet. Das ergibt den ernüchternden Bescheid: Das Gemeindeverständnis der Synode führte gerade nicht zu einer Emanzipation der Gläubigen aus Vormundschaft und Machtstrukturen, sondern legte die Gemeindemitglieder in neue Fesseln.

Diese Gemeindeprogrammatik ist passé. Solche Gemeinden, deren interne Betriebsamkeit vielfach zu einer religiös verbrämten Vereinsmeierei verkommen ist, brauchen die Menschen heute nicht. Die Gemeinde ist laut II. Vatikanum „Kirche am Ort"; sie soll je an ihrem Ort das verwirklichen, was das Wesen der Kirche ist. Sie soll das dienende, sich verausgabende In-der-Welt- und Bei-den-Menschen-Sein der Kirche einlösen.[24] Welche Gestalt von Gemeinde damit aufgerufen ist, verdichtet sich für mich immer mehr im Bild der Berghütte. Wie eine Berghütte den Wanderern auf ihren Wegen verlässlichen Schutz bietet, so sollen Gemeinden Stationen an den Lebenswegen der Menschen sein,

- die die Menschen verlässlich an ihren Lebenswegen vorfinden,
- an denen sie verlässlich das bekommen, was Menschen von der Kirche erwarten dürfen,

---

[22] Vgl. H. Haslinger, Pastoraltheologie, Paderborn 2015, 321–368.

[23] E. Klinger, Das Volk Gottes auf dem Zweiten Vatikanum. Die Revolution in der Kirche, in: JBTh 7 (1992) 305–319, hier: 316.

[24] Vgl. Haslinger, Gemeinde – Kirche am Ort (s. Anm. 21), 87–152.

- die unterschiedslos allen Menschen zur Verfügung stehen,
- die von einigen Menschen regelmäßig, von anderen nur sporadisch und von wieder anderen nur in Notfällen aufgesucht werden, in denen sich aber niemand dafür rechtfertigen muss,
- in denen man nicht mitarbeiten muss, um anerkannt zu werden,
- für die das Entscheidende nicht das „Leben der Gemeinde“ ist, sondern das Leben der Menschen in ihren alltäglichen Herausforderungen,
- und in denen die Menschen von der Gemeinde immer wieder weg gehen, weil sie ihren eigenen Lebensweg weiter bewältigen müssen.

Die Menschen heute brauchen Gemeinden als verlässliche Stationen, gerade weil ihr alltägliches Leben so viele unwägbare Fluktuationen aufweist. Menschen heute brauchen Gemeinden, die vor Ort durch ihre verlässlichen Hilfen Stabilität bieten, gerade weil die Fluidität des alltäglichen Lebens destabilisierend wirkt. Menschen heute brauchen Gemeinden, die ihnen helfen, ihre alltäglichen Lebenswege zu bewältigen.

4 Eine Kirche, die jungen Menschen Bildung ermöglicht

Mehrere Dokumente der Würzburger Synode widmen sich in unterschiedlicher Weise der Bildung junger Menschen: der Beschluss „Der Religionsunterricht in der Schule“[25], der Beschluss „Ziele und Aufgaben kirchlicher Jugendarbeit“[26] und das Arbeitspapier „Das katechetische Wirken der Kirche“[27]. Als jemand, der in den 1970er/1980er Jahren in der verbandlichen Jugendarbeit tätig war, habe ich die Wirkkraft des synodalen Jugendarbeitsbeschlusses erlebt, insbesondere in Gestalt seiner beiden zentralen Prinzipien: der Gruppe

---

[25] Vgl. Der Religionsunterricht in der Schule, in: Gemeinsame Synode der Bistümer in der Bundesrepublik Deutschland. Beschlüsse der Vollversammlung. Offizielle Gesamtausgabe I, Freiburg i. Br. 1976, 113–152.

[26] Vgl. Ziele und Aufgaben kirchlicher Jugendarbeit (s. Anm. 17).

[27] Vgl. Das katechetische Wirken der Kirche, in: Gemeinsame Synode der Bistümer in der Bundesrepublik Deutschland. Ergänzungsband: Arbeitspapiere der Sachkommissionen. Offizielle Gesamtausgabe II, Freiburg i. Br. 1977, 31–97.

Gleichaltriger[28] und des „personalen Angebots“[29]. In der Zwischenzeit ist viel geschehen. Ab Anfang der 1990er Jahre kam diese kirchliche Jugendarbeit in die Zwickmühle. Die Sozialform der wöchentlich sich treffenden Gruppe verfing bei den Jugendlichen immer weniger. Sowohl die gemeindliche wie auch die verbandliche Jugendarbeit erlebte man gemessen am gängigen Kriterium der Kirchenbindung Jugendlicher als zunehmend erfolglos. Just in dieser Zeit puschte Papst Johannes Paul II. (1978–2005) die sogenannten neuen, meist fundamentalistischen geistlichen Bewegungen und schuf mit den als Großevents inszenierten Weltjugendtagen ein neues Format für die Einbindung Jugendlicher in die Kirche. Seither ergötzt man sich daran, wenn ein paar Hunderttausend Jugendliche einige Tage lang fromme Lieder singen und euphorisiert Päpsten und Bischöfen zujubeln. Ein damaliger Referent im Jugendhaus Düsseldorf erzählte mir, dass sie von Kardinal Joachim Meisner (1933–2017) und ähnlich denkenden Bischöfen unter Druck gesetzt worden sind mit der Vorhaltung, ihre bisherige Jugendpastoral in den Gemeinden und Verbänden sei völlig erfolglos, da sie die Jugendlichen nicht für die Kirche gewinne; sie sollten sich doch die neuen geistlichen Bewegungen mit ihren begeisternden Großveranstaltungen zum Vorbild nehmen. Diese Direktive fand Gehör, wie man angesichts der Eventisierung der Jugendpastoral in den vergangenen zwei Jahrzehnten[30] feststellen muss. Ich erachte es als den

---

[28] Vgl. H. Steinkamp, Jugendarbeit als soziales Lernen. Ziele und Aufgaben kirchlicher Jugendarbeit. Zum Beschluss der Gemeinsamen Synode der Bistümer in der Bundesrepublik Deutschland, München – Mainz 1977; H. Steinkamp, Die Funktion des peer-group-Theorems im Kontext kirchlicher Jugendarbeit, in: RPäB (14/1984) 17–29.

[29] Vgl. H. Heidenreich, Personales Angebot als Kernkonzept praktisch-theologischen Handelns. Zu seiner Rekonstruktion, Rezeption und Interpretation nach dem Würzburger Synodenbeschluss von 1975, Münster 2004.

[30] Vgl. A. Gautier, Spiritualität und Event. Eine empirische Auswertung des ignatianischen Programms zum Weltjugendtag 2005 mit einer theologischen Reflexion, Frankfurt a. M. 2007; A. Hepp, V. Krönert, Medien – Event – Religion. Die Mediatisierung des Religiösen, Wiesbaden 2009; H. Hobelsberger, P. Hüster (Hg.), Event im Trend. Beiträge zu einem verantworteten Umgang mit einer neuen Sozialform in der Jugendpastoral, Düsseldorf 2002; H. Hobelsberger, Religion in der Sozial- und Erlebnisform des Event, in: KatBl 131 (2006) 52–59; H. Jansen, Religiöse Events. Zur Bedeutung des Erlebens in der Jugendpastoral, in: PThI 29 (1/2009) 126–138; C. Scharnberg, Event – Jugend – Pastoral. Eine quantitativ-

größten Sündenfall der Verantwortlichen für Jugendpastoral in den deutschen Diözesen, dass sie diesem episkopalen Druck bzw. ihrer eigenen Versuchung erlegen sind und sich mit wehenden Fahnen auf die Inszenierung von Events als neuer Erlebnisform kirchlicher Jugendpastoral kapriziert haben. Der Suchtmechanismus, der der Sozialtechnik des Events[31] innewohnt, ist natürlich allzu verlockend: Jeder Event befriedigt ein Bedürfnis nach außergewöhnlichem Erlebnis und weckt den Hunger nach dem nächsten noch größeren Erlebnis, der wiederum zur Suche nach dem nächsten, noch besseren Event antreibt. Viele Kirchenfunktionäre sehen darin ein probates Mittel, die Jugendpastoral „erfolgreicher" zu gestalten, sprich: bei den Jugendlichen wieder mehr begeisterte, kritiklose Einbindungs- und Einpassungsbereitschaft zu erreichen. Die Protagonistinnen und Protagonisten einer solchen eventisierten Jugendpastoral übersehen (oder verschweigen) dabei zwei entscheidende Punkte. Erstens: Diese Jugendevent-Veranstaltungen nehmen, was vor allem bei den Weltjugendtagen mit den Päpsten zutage tritt, die Qualität eines Personenkults an, über den man sich bei anderen gesellschaftlichen Gruppierungen empören würde. Wenn etwa wie im Jahr 2005 in Köln der Weltjugendtag – in Anlehnung an Mt 2,2 – unter das Motto gestellt wird „Wir sind gekommen, um IHN anzubeten" und wenn man sich vor Augen hält, wie sehr damals die ganze Veranstaltung auf den neu gewählten Papst Benedikt XVI. hin zentriert war, dann muss man schon staunen, mit welcher Unbedachtheit die verantwortlichen Kräfte dabei zumindest ein Changieren zwischen Christusverehrung und Papstverehrung in Kauf nehmen. Zweitens: Ein Event wird nie zugunsten der Eventteilnehmer, sondern immer zugunsten der Eventanbieter gestaltet. Letztere schaffen sich damit ihren monetären Gewinn in Form von Einnahmen oder ihren sozialen Gewinn in Form von Macht. In einer eventisierten Jugendpastoral unterliegen also Jugendliche einer verdinglichenden Manipulati-

---

empirisch gestützte Theorie des religiösen Jugendevents am Beispiel des Weltjugendtages 2002, Berlin 2010; J. Uhlik, Wandel des pastoralen Stils? Hirtenverständnis und Jugendseelsorge im Zeichen einer „Erlebnisgesellschaft", Münster 2007.

[31] Vgl. W. Gebhardt, R. Hitzler, M. Pfadenhauer (Hg.), Events. Soziologie des Außergewöhnlichen, Opladen 2000; R. Hitzler, Eventisierung. Drei Fallstudien zum marketingstrategischen Massenspaß, Wiesbaden 2011.

on. Sie werden behandelt als Objekte, um Interessen anderer zu befriedigen, und sie werden durch die Attraktivität des Erlebnisses über diese Fremdbestimmung hinweggetäuscht. Eine Kirche, die so mit ihnen umgeht, brauchen junge Menschen heute nicht.

Welche Kirche junge Menschen brauchen, kann ich an einer Beobachtung in Zusammenhang mit dem besagten Weltjugendtag in Köln veranschaulichen. Bei einer Jugendpastoraltagung in dessen Vorfeld berichtete eine Seelsorgerin von einem Jungen in ihrer Gemeinde, der den Übertritt von der Hauptschule in eine andere Schule nicht geschafft hat und der aufgrund dieser Enttäuschung psychische Probleme bekam und zu stottern anfing. Sie sagte dann weiter:

> „Ich weiß genau, dass dieser stotternde Junge mich jetzt bräuchte; aber ich habe Dienstanweisung von meinem Vorgesetzten, dass wir jetzt unsere gesamte Arbeitskraft in die Vorbereitung des Weltjugendtages investieren müssen und nicht für einzelne Personen aufwenden sollen."

Die Begebenheit spricht für sich. Ziemlich einfach lässt sich daraus eine Antwort auf die hier anstehende Frage ableiten: Junge Menschen heute brauchen eine Kirche, der das gelingende, erfüllte Leben dieses einen Jungen mehr wert ist als der frenetische Jubel hunderttausender euphorisierter Weltjugendtagsjugendlicher.

Die Kirche ist in vielfältiger Weise in Bereichen der Bildung junger Menschen tätig: Religionsunterricht, Jugendarbeit, Kindertagesstätten, Katechese, Kinderfrühförderung bis hin zur Trägerschaft eigener Schulen. Und sie leistet darin Stattliches. Kirchliche Funktionsträger müssen sich aber auch über Folgendes klar sein: Wo immer sie sich in solche Felder hineinbegeben und in Beziehung treten zu jungen Menschen, übernehmen sie Verantwortung für diese Menschen. Sie deklarieren für sich den Anspruch, dass sie in diesen Feldern als Träger von Bildung fungieren; und sie bekommen dafür von der Gesellschaft den Handlungsrahmen zur Verfügung gestellt; vor allem aber bringen ihnen die jungen Menschen wie auch deren Eltern einen riesigen Vorschuss an Vertrauen entgegen. Dann muss aber die Kirche in diesen Feldern auch wirklich ihrer Verantwortung gerecht werden. Sie muss sich für die Bildung der jungen Menschen verausgaben. Es zeugt deshalb von Verantwortungslosigkeit, wenn – wie ich es vor vielen Jahren hier in Paderborn erleben musste – eine Person mit leitender Funktion in der Priesterausbildung erklärt:

„Ach wissen Sie, beim Religionsunterricht geht es ja eigentlich gar nicht um den Unterricht; es geht darum, dass wir die Schüler in die Seelsorgestunde bekommen und dort für die Gemeinde gewinnen können." Deutlicher könnte man den Vertrag zwischen Staat und Kirche hinsichtlich der Bestimmung des Religionsunterrichts an öffentlichen Schulen nicht verletzen; und die staatlichen Instanzen müssten kirchliche Kräfte, die so agieren, aus dem Bereich der öffentlichen Schulen entfernen. Bildung heißt immer: Bildung einer mündigen, eigenständigen, eigenwilligen, individuellen, kreativen, kritisch denkenden Persönlichkeit – und nicht Vereinnahmung der Menschen für die Interessen anderer Personen oder Institutionen. Deshalb: Wir brauchen heute eine Kirche, die jungen Menschen Bildung ermöglicht.

5 Eine Kirche, die Frauen als gleichberechtigte Personen achtet

Die machtförmige Unterordnung der Frauen gegenüber Männern in der Kirche nimmt ihre offensichtlichste und gravierendste Form an mit dem bis heute anhaltenden kategorischen Ausschluss der Frauen vom kirchlichen Weiheamt, der in der Theologie immer wieder prononciert befürwortet[32], aber mittlerweile von den überwiegenden Stimmen und mit zunehmender Deutlichkeit in Frage gestellt wird[33]. Bei der Würzburger Synode stand speziell die Zulassung von Frauen zum sakramentalen Weiheamt noch nicht auf der (offiziellen) Tagesordnung, wohl aber die Frage nach – wenn schon nicht gleichberechtigter, so doch umfangreicherer – Teilhabe von Frauen an Funktionen und Ämtern der Kirche. Implizit ging es um die Rolle der

---

[32] Vgl. exemplarisch H. U. von Balthasar, Theodramatik. Band II: Die Personen des Spiels. Teil 2: Die Personen in Christus, Einsiedeln ^{2}1998, 260–330; M. Hauke, Das Weihesakrament für die Frau – eine Forderung der Zeit? Zehn Jahre nach der päpstlichen Erklärung „Ordinatio sacerdotalis", Siegburg 2004.

[33] Stellvertretend für eine Literaturflut vgl. S. Demel, Frauen und kirchliches Amt. Grundlagen – Grenzen – Möglichkeiten, Freiburg i. Br. 2012; M. Eckholt u. a. (Hg.), Frauen in kirchlichen Ämtern. Reformbewegungen in der Ökumene, Freiburg i. Br. – Göttingen 2018; W. Groß (Hg.), Frauenordination. Stand der Diskussion in der katholischen Kirche, München 1996; J. Rahner, Das Amt weiter denken, in: ThPQ 167 (2019) 194–204.

Frauen in der Kirche etwa beim Streit um die Laienpredigt[34], manifestiert einerseits im diesbezüglichen Synodenbeschluss[35], andererseits in den darauf bezogenen Dokumenten der vatikanischen Kongregation für den Klerus sowie der Deutschen Bischofskonferenz[36]. Das Ergebnis bestand darin, dass es angesichts der pastoralen Notlage in Deutschland unter bestimmten Bedingungen und in außerordentlichen Fällen den Bischöfen ermöglicht wurde, Laien mit dem Dienst der Predigt zu beauftragen. Damit setzte die Synode ohne Zweifel einen wichtigen Impuls. Dass das Bewusstsein in weiten Kirchenkreisen damals aber noch weit entfernt von und erratisch verschlossen gegenüber dem Anliegen einer wirklichen *Gleichberechtigung der Frauen* in der Kirche war, zeigt ein anderer, zur gleichen Zeit virulenter Sachverhalt. In der ersten Hälfte der 1970er Jahre übernahmen zunehmend auch Mädchen die Aufgabe des Messdienstes und gehörten in dieser Rolle bald zum gewohnten Erscheinungsbild der Gemeinden. Dennoch schärfte noch im Jahr 1980 Papst Johannes Paul II. in der Instruktion *Inaestimabile donum* ein: „Frauen sind jedoch nicht die Funktionen eines Akolythen (Messdiener) gestattet."[37] Erst 1994 (!) erlaubte die vatikanische Kongregation für den Gottesdienst und die Sakramentenordnung den Bischöfen, in ihren Diözesen zeitlich begrenzt Mädchen als Ministrantinnen zuzulassen[38] – eine Bestimmung, die Anfang des Jahres

---

[34] Vgl. R. Zerfaß, Der Streit um die Laienpredigt. Eine pastoralgeschichtliche Untersuchung zum Verständnis des Predigtamtes und zu seiner Entwicklung im 12. und 13. Jahrhundert, Freiburg i. Br. 1974; E. Berning, R. Zerfaß, Die Beteiligung der Laien an der Verkündigung, in: D. Emeis, B. Sauermost (Hg.), Synode – Ende oder Anfang, Düsseldorf 1976, 84–92.

[35] Vgl. Die Beteiligung der Laien an der Verkündigung, in: Gemeinsame Synode der Bistümer in der Bundesrepublik Deutschland. Beschlüsse der Vollversammlung. Offizielle Gesamtausgabe I, Freiburg i. Br. 1976, 153–178.

[36] Vgl. Dokumente zum Inkrafttreten des Synodenbeschlusses „Die Beteiligung der Laien an der Verkündigung", in: Gemeinsame Synode der Bistümer in der Bundesrepublik Deutschland. Beschlüsse der Vollversammlung. Offizielle Gesamtausgabe I, Freiburg i. Br. 1976, 179–185.

[37] Papst Johannes Paul II., Instruktion *Inaestimabile donum* über einige Normen zur Feier und Verehrung des Geheimnisses der heiligsten Eucharistie (VApS 16), Bonn 1980, 8.

[38] Vgl. Kongregation für den Gottesdienst und die Sakramentenordnung, Litterae ad Praesides Conferentiarum Episcoporum de servitio liturgico laicorum (15. März 1994), in: AAS 86 (1994) 541–542.

2021 (!!) von Papst Franziskus in eine dauerhafte Regelung umgewandelt wurde[39]. Die Diktion der Erlaubnis von 1994 verrät den frauenabwertenden Geist, von dem sie nach wie vor geleitet war. In ihr heißt es:

> „Der Heilige Stuhl respektiert, was einige Bischöfe aufgrund eigentümlicher örtlicher Gegebenheiten unter Wahrung von can. 230 § 2 angeordnet haben, aber zugleich ruft er ebenso in Erinnerung, dass es äußerst angebracht ist, an der glänzenden Tradition festzuhalten, den Dienst am Altar aus der Gruppe der Jungen zu besetzen. Denn bekanntlich wirkt dies dahingehend, dass erfreulich priesterliche Berufungen geweckt werden. Deshalb wird es immer Verpflichtung bleiben, dass die Gruppen der ministrierenden Jungen fortgeführt und gefördert werden."[40]

Die vatikanischen Behörden und Papst Johannes Paul II. konnten sich zu dem Zugeständnis, Mädchen als Ministrantinnen zu akzeptieren, also offensichtlich nur durchringen unter der Bedingung, dass dies als örtlich bedingte Notlösung deklariert wird und die männlichen Ministranten als die eigentlich „richtigen", willkommenen Träger dieses Dienstes firmieren. Angesichts dessen muss man annehmen, dass bei der von der Würzburger Synode bewirkten Zulassung von Laien zum Predigtdienst ein großer Teil der kirchenamtlichen Verantwortungsträger wohl unausgesprochen und selbstverständlich an Männer und gewiss nicht an Frauen gedacht hat.

Der aktuell geltende lehramtliche Stand in der Frage der Zulassung von Frauen zum Weiheamt wird bestimmt durch das Apostolische Schreiben *Ordinatio sacerdotalis* von Papst Johannes Paul II. aus dem Jahr 1994.[41] Frauen können in der römisch-katholischen Kirche nicht Diakonin, nicht Priesterin, nicht Bischöfin, nicht Päpstin werden – nicht etwa, weil sie dafür fachlich zu inkompetent, physisch zu schwach, psychisch zu labil, geistig zu dumm, moralisch zu

---

[39] Papst Franziskus, Apostolisches Schreiben in Form eines „Motu proprio" *Spiritus domini* vom 10. Januar 2021, in: https://www.vatican.va/content/francesco/en/motu_proprio/documents/papa-francesco-motu-proprio-20210110_spiritus-domini.html (Zugriff: 20.6.2021).

[40] Ebd. Nr. 2 [Übersetzung Verf.].

[41] Vgl. Papst Johannes Paul II., Apostolisches Schreiben über die nur Männern vorbehaltene Priesterweihe vom 22. Mai 1994 (VApS 117), Bonn 1994.

schuldbehaftet oder sozial zu randständig wären, sondern schlicht deshalb, weil sie *Frauen* sind; genauer gesagt: weil sie – so die lehramtliche Position – *als Frauen* Christus nicht repräsentieren können.

Ich kann an dieser Stelle den Problemkomplex natürlich nicht annähernd behandeln. Die Quintessenz meiner Überzeugung kann ich aber schon kundtun: Daran, ob die Kirche hinsichtlich des Zugangs von Frauen zum Weiheamt eine fundamentale Änderung vornimmt, wird sich entscheiden, ob die Kirche den Anschluss an das ethische Bewusstsein der Gesellschaft wie auch an das Selbstverständnis der Menschen heute noch findet oder ob sie weiter und endgültig in den Status einer exotischen Sekte abgleitet. Im Zuge meiner Arbeit an der Thematik konnte ich feststellen: Je länger man sich mit den gegen die Frauenordination vorgebrachten Argumenten beschäftigt, als umso brüchiger erweisen sie sich. Aus meiner Sicht machen mehrere theologische Gründe die Zulassung von Frauen zum Weiheamt in allen seinen Stufen notwendig – gerade auch jenes theologische Motiv, das an vorderster Stelle angeführt wird, um den Ausschluss der Frauen vom Weiheamt zu begründen, nämlich die Identifizierung des Weiheamtes als Sakrament und der darin enthaltene Gedanke der Vergegenwärtigung Christi.

Die katholische Kirche versteht die Weihe als Sakrament. Das erregt oft Argwohn oder Ablehnung, weil man darin eine ungebührliche sakralisierende Überhöhung der Träger des Weiheamtes befürchtet. Und natürlich haben sich unzählige Weiheamtsträger über Jahrhunderte hinweg in ihrem Amt so geriert, dass sich der Eindruck ihrer Selbstsakralisierung ins Bewusstsein der Gläubigen tief eingefressen hat – und viele von ihnen tun es bis heute noch. Damit haben sie aber die Sakramentalität ihres Amtes gründlich missverstanden. Das Amt gibt es gerade deshalb, weil die Kirche in ihm eine bestimmte *Funktion* „veramtlicht“, also verbindlich und auf Dauer einrichtet. Und die Kirche stattet diese amtliche Funktion mit dem Charakter des *Sakraments* aus, weil sie das heilend-befreiende Wirken Jesu Christi für die Menschen vergegenwärtigen soll. Die sakramentale Weihe erfolgt gerade auf eine Aufgabe, eine Funktion hin. „Solcherart In-Dienst-genommen-Sein und Sich-in-Dienst-genommen-Wissen begründet den spezifisch amtlichen Auftrag in der Kirche.“[42] Das Wei-

---

[42] G. Bausenhart, Das Amt in der Kirche. Eine not-wendende Neubestimmung, Freiburg i. Br. 1999, 329.

heamt ist ein „Priestertum des Dienstes". Sein Wesen besteht in seiner Funktion, das Wirken Jesu Christi erfahrbar werden zu lassen. So verstanden kann man sagen: Das Weiheamt repräsentiert Jesus Christus. Gerade wegen dieser theologischen Bestimmung steht es aber nicht für sich. Das Amt soll das heilend-befreiende Wirken Jesu Christi zeichenhaft vergegenwärtigen und so für die Menschen real erfahrbar machen. Das amtliche Priestertum der Kirche hat keinen Selbstwert in sich. Es ist den Menschen des Volkes Gottes zugeordnet, insofern es in deren Dienst steht und zu deren Heil eingesetzt ist.[43] Dass die Kirche das Weiheamt als Sakrament versteht, erhebt also dessen Träger nicht über die Menschen, sondern stellt sie „mit Haut und Haaren", mit allen ihren Fähigkeiten und Möglichkeiten in den radikalen, uneingeschränkten, für keinen anderen Zweck hintergehbaren Dienst an den Menschen und zwar an allen Menschen. „Amt ist Dienst und nichts sonst."[44] Aus diesem Grund ist am Gedanken der Sakramentalität des Weiheamtes festzuhalten. Dann aber muss die Gestalt des Weiheamts auch das Wesen eines Sakraments einlösen und der eigentümlichen Struktur eines Sakraments entsprechen. Ein Sakrament ist seinem Wesen nach ein Vollzug, in dem die Heilszuwendung Gottes in Jesus Christus für die Menschen in einer bestimmten Situation ihres Lebens symbolhaft erfahrbar wird. Die eigentümliche Struktur eines Sakraments besteht darin, dass in seinem symbolhaften Geschehen zwei Wirklichkeiten, eine göttliche und eine irdische, nämlich die gnadenhafte Zuwendung Gottes und eine Wirklichkeit im Leben des Menschen, zusammenfallen, eben zu einem „Sym-bol" werden. Die eine Wirklichkeit, die gnadenhafte Zuwendung Gottes, wird durch das Erleben der anderen Wirklichkeit, der irdischen, erfahren. Die traditionelle Sakramentenlehre drückt dies in der Unterscheidung zwischen „innerer Gnade" und „äußerem Zeichen" aus. Zu jedem Sakrament gehört also notwendig eine irdische Wirklichkeit aus dem Erfahrungsbereich des Menschen. Bei der Kindertaufe ist es das Leben dieses zur Welt gekommenen Menschen und die liebevolle Zuwendung der Eltern zu ihm. Beim Sterbesakrament ist es die Hinfälligkeit des eigenen Lebens, die Konfrontation mit dem Tod und auch der Ab-

[43] Vgl. O. H. Pesch, Das Zweite Vatikanische Konzil (1962–1965). Vorgeschichte – Verlauf – Ergebnisse – Nachgeschichte, Würzburg 1993, 180–182.

[44] G. Greshake, Priester sein in dieser Zeit. Theologie – Pastorale Praxis – Spiritualität, Würzburg 2005, 105.

schied von lieben Menschen. Für die Identifizierung der irdischen Wirklichkeit beim sakramentalen Weiheamt muss man sich vielleicht nochmals bewusst machen, welche gnadenhafte Zuwendung Gottes hier eigentlich gemeint ist. Es ist das heilend-befreiende Wirken Jesu Christi, also die Zusage von Heil an die Menschen. Dass dieses vergegenwärtigt wird, darin besteht, wie bei jedem Sakrament, das Wesen des Weihesakraments. Zwar ist der Träger des Amtes gemäß der traditionellen Terminologie der „Empfänger" des Sakraments der Weihe. Aber im Weihesakrament bekommt der Amtsträger das Heil Gottes *nicht für sich* zugesagt; er wird – nochmals – für das Heil der Menschen in Dienst genommen. Es sind die Menschen, denen die Heilszusage gilt. Sie sollen anhand des sinnlich wahrnehmbaren Wirkens des Amtsträgers die Heilszusage Gottes symbolhaft erfahren. Die Person und das Handeln des Amtsträgers bilden also die besagte irdische Wirklichkeit, die als Zeichen verweisen soll auf die gnadenhafte Zuwendung Gottes. Gemäß dieser Struktur des Sakraments konnte ein Thomas von Aquin (1225–1274) in seiner Zeit sagen: Das Defizit der Frau bestehe darin, dass ihr – im Gegensatz zum Grad der Erhabenheit („gradus eminentiae") des Mannes – aufgrund ihrer Natur der Status der Unterordnung („status subiectionis") eigne, so dass sie nicht über die sakramentale Fähigkeit verfüge, Christus als den erhabenen Herrn darzustellen, d. h. das Heilswirken Jesu Christi zu symbolisieren; das könne nur der Mann aufgrund seines Grades der Erhabenheit.[45] Genau dieses, die Komplementarität der Erhabenheit des Mannes und der Unterordnung der Frau, war die vertraute und auch weithin akzeptierte Wirklichkeit der Menschen in ihrem Leben zu damaliger Zeit. Heute haben wir hingegen eine andere Wirklichkeit. Die Gleichrangigkeit und Gleichwertigkeit von Frau und Mann durchzieht unser Bewusstsein – mindestens so stark, dass wir es als Unrecht empfinden, wenn diese Prinzipien verletzt werden. Die Aussage, dass nur ein Mann Christus repräsentieren könne, und die daraus abgeleitete Maßgabe, nur Männer zum Weiheamt zuzulassen, sind für die Menschen heute aufgrund *ihrer Wirklichkeit heute* nicht nachvollziehbar. Die Norm des den Männern vorbehaltenen Weiheamtes hält verkrampft an einer Wirklichkeit fest, die nicht mehr die Wirklichkeit der Menschen heute ist. Und sie zerstört gerade dadurch das Wesen

---

[45] Vgl. STh Suppl. q. 39, a. 1.

des Weiheamts *als Sakrament.* Denn bei einem Sakrament ist die irdische Wirklichkeit nicht das Wesentliche, sondern das Mittel für das Wesentliche. Das Mittel muss aber geeignet sein, die irdische Wirklichkeit muss stimmen, um das Wesentliche, die Heilszuwendung Gottes darstellen zu können. Das Wesen des Weiheamts besteht nicht im Mann-Sein seines Trägers, sondern in der Symbolisierung des heilend-befreienden Wirkens Jesu Christi. Ein Weiheamt, das der Hälfte der Menschen, den Frauen, den Status der Unterordnung zuweist, können die Menschen heute nicht als Symbol der Heilszuwendung Gottes erfahren. In Sonderheit Frauen empfinden ihren Ausschluss vom Weiheamt nicht als heilsam, sondern als verletzend. Das Weiheamt wird auf diese Weise nicht zum Symbol, sondern zum Diabol. Deshalb ist die vollkommen gleichberechtigte Zulassung von Frauen zum Weiheamt heute ein theologisches Gebot, ein Erfordernis, das sich gerade aus der Bestimmung des Weiheamts als Sakrament ergibt. Die Menschen heute brauchen eine Kirche, die Frauen als gleichwertige Personen achtet.

An dieser Stelle gebietet sich ein kurzes Eingehen auf einen Seitenzweig der Thematik. Papst Johannes Paul II. hat 1994 in seinem Schreiben *Ordinatio sacerdotalis* der Zulassung von Frauen zum Weiheamt eine kategorische Absage erteilt und zugleich erklärt, dass sich alle Gläubigen endgültig an diese Entscheidung zu halten hätten[46]. Die Gegner der Frauenordination beschränken sich mittlerweile weitgehend darauf, auf diesen endgültigen Entscheid des Papstes und das Verbot der weiteren Diskussion zu verweisen. Ich möchte zu überlegen geben, ob das die richtige Weise des Umgangs mit einem Problem in Theologie und Kirche sein kann. Es gilt etwas zu bedenken, worauf schon vor über 500 Jahren der Renaissance-Philosoph Pico della Mirandola (1463–1494) in seiner Rede *De hominis dignitate* („Über die Würde des Menschen“) hingewiesen hat. In einem fiktiven Dialog lässt er Gott zum Menschen sagen:

> „Wir haben dir keinen bestimmten Wohnsitz noch ein eigenes Gesicht, noch irgendeine besondere Gabe verliehen, o Adam, damit du jeden beliebigen Wohnsitz, jedes beliebige Gesicht und alle Gaben, die du dir sicher wünschst, auch nach deinem Willen

---

[46] Vgl. Papst Johannes Paul II., Apostolisches Schreiben über die nur Männern vorbehaltene Priesterweihe (s. Anm. 41), Nr. 4.

> und nach deiner eigenen Meinung haben und besitzen mögest. [...] Du bist durch keinerlei unüberwindliche Schranken gehemmt, sondern du sollst nach deinem eigenen freien Willen, in dessen Hand ich dein Geschick gelegt habe, sogar jene Natur dir selbst vorherbestimmen. [...] Es steht dir frei, in die Unterwelt des Viehes zu entarten. Es steht dir ebenso frei, in die höhere Welt des Göttlichen dich durch den Entschluss deines eigenen Geistes zu erheben."[47]

Indem Gott den Menschen so geschaffen hat, dass er nicht in seinem Denken und Handeln festgelegt ist, sondern durch den Gebrauch des eigenen Geistes sich nach eigenem Willen und nach eigener Meinung frei entwickeln kann, hat er ihn zu seinem Ebenbild gemacht. Der freie Gebrauch des freien Geistes hebt den Menschen aus allen anderen Geschöpfen hervor; der freie Gebrauch des freien Geistes begründet die Würde des Menschen. Daraus ergibt sich der Umkehrschluss: Wer Menschen verbietet oder sie daran hindert, durch Gebrauch ihres Geistes sich zu Sachverhalten eine eigenständige Meinung zu bilden, diese offen zu äußern und darüber mit anderen in einen freien Austausch zu treten, verletzt die Würde des Menschen. Menschen heute brauchen eine Kirche, die solche Machtausübung unterlässt.

6 Eine Kirche, die Seelsorge leistet

Die wortreichen Beteuerungen, dass sich der christliche Glaube, respektive die für diesen Glauben stehende Kirche als Hoffnung für die Menschen zu erweisen habe, können nicht darüber hinweg täuschen: Die Praxisfelder der Kirche, in denen die Sorge um die Menschen ihre vornehmlichen Orte hat, die Seelsorge und die Diakonie, fanden *nicht* das besondere Interesse der Würzburger Synode. Einen Beschluss zur Seelsorge gibt es nicht. Und im Beschluss „Dienste und Ämter"[48], in dem die Seelsorge konzeptionell einen genuinen Ort hätte, kommt der Begriff nur in Zusammenhang mit Fragen

---

[47] Pico della Mirandola, De hominis dignitate. Über die Würde des Menschen, Zürich 1988, 10f.

[48] Vgl. Die pastoralen Dienste in der Gemeinde (s. Anm. 3).

der Strukturierung und Koordinierung von Funktionen bzw. Praxisfeldern vor, nicht aber im Sinne der konstitutiven Aufgabe kirchlicher Berufe. Mit dem Thema „christliche Diakonie" war zwar ursprünglich eine eigene Sachkommission betraut, die aber angesichts „der großen Spannweite der Problemfelder"[49] ihre Arbeiten auf die Themen „Jugend" und „Kirche und Arbeiterschaft" bzw. auf die speziell darauf abgestellten Beschlüsse[50] fokussierte und verbleibende Fragen zur Diakonie nur noch in einem weniger geltungskräftigen Arbeitspapier[51] bündelte. Eine systematische Bearbeitung der Diakonie unterblieb.

Damit nahm mit der Würzburger Synode eine bedenkliche Tendenz ihren Anfang, die sich in den Folgejahren bis heute beim pastoralen Personal immer mehr verfestigte. Exemplarisch ablesbar wird sie an einer kurzen Szene, die ich im Jahr 2015 beobachten konnte: Bei einer Tagung zu den neuen Pastoralen Räumen berichteten zwei ältere Damen, bei ihnen habe der leitende Pfarrer dekretiert, dass es aufgrund seiner Arbeitsüberlastung ab sofort bei Todesfällen keine Requien mehr gebe. Die beiden Frauen waren darüber völlig konsterniert – zu Recht. Denn in der Tat muss man fragen: Wer denn sonst, wenn nicht die Kirche, soll Menschen beim Tod eines Angehörigen beistehen; wer denn sonst, wenn nicht die Kirche, soll Menschen beim Tod eines Angehörigen die Möglichkeit geben, diesem Ereignis auch einen religiösen Ausdruck zu verleihen? Die Entscheidung des Pfarrers steht paradigmatisch für den Trend, dass Angehörige der pastoralen Berufsgruppen die Seelsorgetätigkeit in der unmittelbaren Begegnung mit Menschen immer weniger als ihre Aufgabe begreifen. Teils wird die Seelsorger-Rolle verdrängt von den wuchernden Struktur- und Koordinationsarbeiten in den

---

[49] P. Imhof, Einleitung, in: Gemeinsame Synode der Bistümer in der Bundesrepublik Deutschland. Ergänzungsband: Arbeitspapiere der Sachkommissionen. Offizielle Gesamtausgabe II, Freiburg i. Br. 1977, 99–102, hier: 99.

[50] Vgl. Ziele und Aufgaben kirchlicher Jugendarbeit (s. Anm. 17); Kirche und Arbeiterschaft, in: Gemeinsame Synode der Bistümer in der Bundesrepublik Deutschland. Beschlüsse der Vollversammlung. Offizielle Gesamtausgabe I, Freiburg i. Br. 1976, 313–364.

[51] Vgl. Die Not der Gegenwart und der Dienst der Kirche, in: Gemeinsame Synode der Bistümer in der Bundesrepublik Deutschland. Ergänzungsband: Arbeitspapiere der Sachkommissionen. Offizielle Gesamtausgabe II, Freiburg i. Br. 1977, 99–157.

Pastoralen Räumen. Viele Angehörige der pastoralen Berufe dispensieren sich aber auch gerne von der unmittelbaren Seelsorgearbeit, weil sie anstrengend ist oder weil sie zu wenig Prestigegewinn bringt.

Diese Abkehr von der Seelsorger-Rolle wird verschärft dadurch, dass sich Angehörige der pastoralen Berufe einen zur Seelsorge konträren Habitus angewöhnen. Speziell Priester ergehen sich häufig im Jammern darüber, dass sie so überlastet seien, dass die Leute kein Interesse an ihren Angeboten zeigen würden und dass überhaupt sie am meisten unter der derzeitigen Situation zu leiden hätten. Ich glaube, kirchliche Funktionsträger sollen von solchem Gebaren Abstand nehmen – vor allem aus zwei Gründen. Erstens: Dieser Sermon des Selbstmitleids wirkt alles andere als ansprechend und überzeugend. Zweitens: Die Behauptung einer unverhältnismäßig hohen Belastung stimmt einfach nicht. Viele Menschen haben tagtäglich vergleichbare oder noch größere Belastungen zu bewältigen. Priester sollten sich einmal in die Lage einer schlecht bezahlten Krankenschwester in einer Klinik versetzen, die zuhause Haushalt und Kinder zu versorgen hat; sie muss solche Klage über Arbeitsüberlastung als Hohn empfinden. Zu viele kirchliche Funktionsträger gehen, imprägniert von Larmoyanz, auf die Menschen mit einer unüberwindlichen Wand aus Argwohn, Vorbehalten, Negativwertungen, Defizitdiagnosen und Schuldzuschreibungen zu. Sie hegen eine tiefsitzende misanthropische Grundhaltung. Es mangelt ihnen an einer Grundsympathie für die Menschen. Etwas umgangssprachlicher formuliert: Man spürt in ihrem Reden und Verhalten, dass sie die Menschen nicht wirklich gern haben.

Die Richtungsanzeige kommt auch hier aus dem realen Leben. Nach dem rechtsradikalen Anschlag, bei dem ein 18-Jähriger Deutsch-Iraner am 22. Juli 2016 am Olympia-Einkaufszentrum in München neun Menschen tötete, fand sich in einem Bericht der Süddeutschen Zeitung die lapidare Aussage: „Und Seelsorger wurden gebraucht." Der Begriff „Seelsorge" bzw. „Seelsorger" ist einem profanen, deutschlandweit verbreiteten Medium offensichtlich so vertraut, dass es ihn selbstverständlich verwenden kann. Der Begriff ist der Allgemeinheit der Gesellschaft verständlich. Zudem handelt es sich für die Menschen um einen Begriff, mit dem sie Gutes, Notwendiges verbinden. Sie sind froh darüber, dass es in einer solchen Situation Seelsorge gibt. Das sollte uns in Theologie und Kirche zu denken geben. Wir dürfen diesen Begriff der Seelsorge und vor allem den Beruf der Seelsorge nicht fahrlässig aufgeben. Die Menschen heute brauchen eine Kirche, die Seelsorge leistet.

Freilich bedarf es dann bei Seelsorgern einer Grundhaltung, die sich deutlich von dem gerade beschriebenen Habitus unterscheidet. Der Dominikanerpater Wolfgang Stickler (* 1949) wies mich vor einigen Jahren auf etwas Interessantes hin: Der russische Clown Oleg Popow (1930–2016) hat es sich zur Angewohnheit gemacht, bei jedem Auftritt, bevor er die Bühne betrat, hinter dem Vorhang innezuhalten und zu sagen: „Ich habe euch alle lieb!“ Wohlgemerkt, er sagte das nicht *vor* dem Vorhang auf der Bühne, um sich bei den Zuschauern einzuschmeicheln. Er sagte es hinter dem Vorhang, für die Zuschauer unsichtbar und nicht hörbar. Er sagte es zu sich selber, um sich klar zu machen, in welcher Haltung er nun diesen Menschen begegnen muss. Wie der Clown Popow müssen Seelsorger die Menschen gern haben. Dabei sollten sie aber – auch darauf wies P. Stickler hin – bedenken: „Die Leute können die Haltung, in der wir ihnen begegnen, durch den Vorhang riechen.“ Die Leute spüren, in welcher Haltung Seelsorger ihnen begegnen; ob die Zuwendung echt gemeint oder nur aufgesetzt ist.

7 Eine Kirche, die in Sachen Sexualität Reue zeugt

Wohl in keinen anderen Lebensbereich haben die Amtsträger der Kirche über Jahrhunderte hinweg mit derart rigorosen Direktiven steuernd eingegriffen wie in die Sphäre der menschlichen Sexualität. Der Habitus jener Instanz, die für das sexuelle Leben der Menschen normative Orientierung vorgeben könne, macht sich durchaus auch noch in den einschlägigen Texten der Würzburger Synode bemerkbar: im Beschluss „Ehe und Familie“[52] und im Arbeitspapier zur Sexualität[53]. Nun erweisen sich heute beide Papiere nicht nur in der

[52] Vgl. Christlich gelebte Ehe und Familie, in: Gemeinsame Synode der Bistümer in der Bundesrepublik Deutschland. Beschlüsse der Vollversammlung. Offizielle Gesamtausgabe I, Freiburg i. Br. 1976, 411–457.

[53] Vgl. Sinn und Gestaltung menschlicher Sexualität, in: Gemeinsame Synode der Bistümer in der Bundesrepublik Deutschland. Ergänzungsband: Arbeitspapiere der Sachkommissionen. Offizielle Gesamtausgabe II, Freiburg i. Br. 1977, 159–185.

Sache als „ziemlich irrelevant", aufruhend „auf einer Grundlage, die nicht mehr existiert und selbst damals, sieben Jahre nach *Humanae vitae,* schon reichlich brüchig war"[54]. Vielmehr hat sich das Koordinatensystem, in dem sich die Kirche überhaupt zur Sexualität der Menschen in ein konstruktives Verhältnis setzen könnte, auf geradezu grundstürzende Weise aufgelöst. Damit ist in keiner Weise verneint, dass die Menschen auch und gerade heute in einem so diffizilen Lebensbereich wie ihrer Sexualität dringend Orientierung bräuchten. Und natürlich würde ich gerne zum positiven Gegenbild greifen und sagen: Die Menschen heute brauchen eine Kirche, die endlich zu einem bejahenden Verhältnis zur Sexualität findet und Menschen bei der Ausbildung einer erfüllenden, glückenden Sexualität hilft. Allein, in mir festigt sich immer mehr die Überzeugung, dass die Menschen diese Orientierung in Sachen Sexualität von der Kirche überhaupt nicht mehr erwarten und dass die Kirche diese Orientierung schlichtweg auch nicht mehr geben kann. Das hat nicht nur, aber zuvörderst mit dem unüberschaubaren Skandalkomplex des sexuellen Missbrauchs durch Kleriker zu tun.[55] Was er bedeutet, muss ich hier nicht näher darlegen. In einem Urteil dürfte Einigkeit bestehen: Eine solche Kirche brauchen die Menschen heute nicht. Und warum die Menschen in einer solchen Kirche nicht mehr eine Orientierungsinstanz für ihre Sexualität erkennen können, ja, unter der Maßgabe ihrer Verantwortung für sich und für ihre Kinder nicht mehr erkennen *dürfen,* erhellt aus einem exemplarischen, freilich für die Konstitution der Kirche bezeichnenden Vorgang.

Im April 2019 publizierte der emeritierte Papst Benedikt XVI. eine Stellungnahme zum „Skandal des sexuellen Missbrauchs"[56]. Da-

---

[54] R. Bucher, Ziemlich irrelevant – spätestens heute. Eine pastoraltheologische Lektüre des Synodenbeschlusses „Ehe und Familie", in: R. Feiter, R. Hartmann, J. Schmiedl (Hg.), Die Würzburger Synode. Die Texte neu gelesen, Freiburg i. Br. 2013, 164–188, hier: 166.

[55] Auch hier sei angesichts der Unmenge an Literatur pars pro toto verwiesen auf die – nach den Standorten der beteiligten Forschungseinrichtungen Mannheim, Heidelberg und Gießen – so genannte „MHG-Studie": H. Dreßing u. a., Sexueller Missbrauch an Minderjährigen durch katholische Priester, Diakone und männliche Ordensangehörige im Bereich der Deutschen Bischofskonferenz, Mannheim – Heidelberg – Gießen 2018.

[56] Vgl. Papst em. Benedikt XVI., Die Kirche und der Skandal des sexuellen Missbrauchs, in: https://de.catholicnewsagency.com/story/die-kirche-und-der-skandal-

rin findet sich der bekannte befremdende Vorwurf, die „68er"-Revolution sei mit ihrer sexuellen Libertinage schuld daran, dass der sexuelle Missbrauch auch in den Klerus eingesickert sei.[57] In seinem Beitrag geht Benedikt XVI. mit keinem Wort auf die Folgen für die Opfer, ihre geschädigten Biographien, ihre tiefen Verletzungen oder ihren Hilfebedarf ein. Als gravierende Auswirkungen benennt er nur Probleme bei der Ausbildung des Priesternachwuchses, die vermeintlich durch die sexuelle Freizügigkeit ausgelöst worden seien, und eine Schädigung des Glaubens.[58] Seine Stellungnahme wirkt über weiteste Strecken wie eine einzige Schuldzuweisung an die heutige, vermeintlich säkularisierte, gottlos gewordene und kirchenfeindliche Gesellschaft sowie an die darin lebenden Menschen. Die Forderungen einer grundlegenden Reform der Kirche weist er zurück mit der Aussage: „Die Idee einer von uns selbst besser gemachten Kirche ist in Wirklichkeit ein Vorschlag des Teufels, mit dem er uns vom lebendigen Gott abbringen will durch eine lügnerische Logik."[59] Allein an einer Stelle spricht der emeritierte Papst von den Opfern: Im Rahmen seiner Klage über die von ihm festgestellte Geringschätzung der Eucharistie führt er das Beispiel einer jungen Frau an, die mehrmals von einem Priester sexuell misshandelt worden ist. Bemerkenswert ist der Grund für seine Erwähnung dieses Falls. Weil besagter Priester seine Missbrauchstaten immer mit den Wandlungsworten einleitete: „Das ist mein Leib, der für dich hingegeben wird", dient ihm der Fall als Beleg für seine Diagnose mangelnden Eucharistiebewusstseins und als Veranschaulichung für seine anschließende Forderung: „Und wir müssen alles tun, um das Geschenk der heiligen Eucharistie vor Missbrauch zu schützen."[60] Von einem Schutz der Menschen vor Missbrauch ist im gesamten Text nicht die Rede.

Eine solche Rede löst bei mir Fassungslosigkeit aus. Wenn eine misshandelte Person mit ihrer Leiderfahrung als bloßer Aufhänger für die eigene Klage über einen „Missbrauch der Eucharistie" be-

---

des-sexuellen-missbrauchs-von-papst-benedikt-xvi-4498 (Zugriff: 14.06.2021); auch publiziert in: KlBl 99 (2019) 75–81.

[57] Vgl. ebd. Punkt I.

[58] Vgl. ebd. Punkt II.

[59] Ebd. Punkt III.3.

[60] Ebd. Punkt III.2.

nutzt wird, geschieht, wenngleich auf ganz andere Weise, eine erneute Verletzung ihrer Würde, ein erneuter Missbrauch. Eine Kirche, deren oberster Repräsentant so redet und in der eine solche Rede weder Widerspruch noch Korrektur erfährt, kann von den Menschen heute nicht mehr als Orientierungsinstanz für ihre Sexualität wahrgenommen werden. Die institutionelle Kirche hat für lange, für sehr lange Zeit den Anspruch darauf verloren, über das sexuelle Leben der Menschen Bewertungen anzustellen und dafür Normen vorzugeben. Das ist die „Erbschuld", die die Kirche nach dem Missbrauchsskandal zu tragen hat. Die Vertreter des kirchlichen Lehramts waren in der Vergangenheit nicht zimperlich, wenn es darum ging, jemandem, der von der „Wahrheit der Kirche" abgewichen ist, ein Bußschweigen aufzuerlegen. Ich glaube, es ist an der Zeit, dass sich die Institutionen und amtlichen Vertreter der Kirche in Sachen Sexualleben der Menschen selber ein Bußschweigen als Zeichen ihrer Reue auferlegen.

Autorinnen und Autoren

Rainer Bucher, Dr. theol., Professor für Pastoraltheologie und Vorstand des Instituts für Pastoraltheologie und Pastoralpsychologie an der Fakultät Katholische Theologie der Universität Graz.

Stephan Goertz, Dr. theol., Professor für Moraltheologie an der Katholisch-Theologischen Fakultät der Johannes Gutenberg-Universität Mainz.

Herbert Haslinger, Dr. theol., Professor für Pastoraltheologie, Homiletik, Religionspädagogik und Katechetik an der Theologischen Fakultät Paderborn.

Bernd Irlenborn, Dr. phil., Dr. theol., Professor für Geschichte der Philosophie und Theologische Propädeutik an der Theologischen Fakultät Paderborn.

Christoph Jacobs, Dr. theol., Lic. phil., Professor für Pastoralpsychologie und Pastoralsoziologie an der Theologischen Fakultät Paderborn.

Judith Könemann, Dr. theol., Professorin für Praktische Theologie mit der genaueren Denomination „Religionspädagogik, Bildungs- und Genderforschung" und Leiterin der Arbeitsstelle Theologische Genderforschung an der Katholisch-Theologischen Fakultät der Westfälischen Wilhelms-Universität Münster.

Stefan Kopp, Dr. theol., Professor für Liturgiewissenschaft und Sprecher des Graduiertenkollegs „Kirche-Sein in Zeiten der Veränderung" an der Theologischen Fakultät Paderborn.

Ansgar Kreutzer, Dr. theol., Professor für Systematische Theologie am Institut für Katholische Theologie der Justus-Liebig-Universität Gießen.

Volker Ladenthin, Dr. phil., bis 2019 Professor für Historische und Systematische Erziehungswissenschaft an der Universität Bonn.

Kathrin Oel, M.Sc.psych., Wissenschaftliche Mitarbeiterin am Lehrstuhl für Pastoralpsychologie und Pastoralsoziologie der Theologischen Fakultät Paderborn.

Andrea Qualbrink, Dr. theol., Referentin für Strategie und Entwicklung im Bischöflichen Generalvikariat des Bistums Essen.

Peter Schallenberg, Dr. theol., Professor für Moraltheologie an der Theologischen Fakultät Paderborn.

Thomas Schüller, Dr. theol., Lic. iur. can., Professor für Kirchenrecht und Direktor des Instituts für Kanonisches Recht (IKR) an der Westfälischen Wilhelms-Universität Münster.

Wolfgang Thönissen, Dr. theol., Mag. phil., Professor für Ökumenische Theologie an der Theologischen Fakultät Paderborn und Leitender Direktor des Johann-Adam-Möhler-Instituts für Ökumenik.

Günter Wilhelms, Dr. theol., Professor für Christliche Gesellschaftslehre an der Theologischen Fakultät Paderborn.

Weitere Bände der Reihe
Kirche in Zeiten der Veränderung

Stefan Kopp (Hg.)
Von Zukunftsbildern und Reformplänen
Kirchliches Change Management
zwischen Anspruch und Wirklichkeit
Kirche in Zeiten der Veränderung 1
2020, 367 Seiten
ISBN 978-3-451-38691-6

Stefan Kopp (Hg.)
Macht und Ohnmacht in der Kirche
Wege aus der Krise
Kirche in Zeiten der Veränderung 2
2020, 256 Seiten
ISBN 978-3-451-38752-4

Maximilian Gigl
Sakralbauten
Bedeutung und Funktion in säkularer Gesellschaft
Kirche in Zeiten der Veränderung 3
2020, 602 Seiten
ISBN 978-3-451-38823-1

Stefan Kopp/Marius Schwemmer/Joachim Werz (Hg.)
Mehr als nur eine Dienerin der Liturgie
Zur Aufgabe der Kirchenmusik heute
Kirche in Zeiten der Veränderung 4
2020, 280 Seiten
ISBN 978-3-451-38824-8

Stefan Kopp/Benjamin Krysmann (Hg.)
Online zu Gott?!
Liturgische Ausdrucksformen und
Erfahrungen im Medienzeitalter
Kirche in Zeiten der Veränderung 5
2020, 240 Seiten
ISBN 978-3-451-38825-5

Benjamin Dahlke/Bernd Irlenborn (Hg.)
Zwischen Subjektivität und Offenbarung
Gegenwärtige Ansätze systematischer Theologie
Kirche in Zeiten der Veränderung 6
2021, 256 Seiten
ISBN 978-3-451-38826-2

Stefan Kopp/Stefan Wahle (Hg.)
Nicht wie Außenstehende und stumme Zuschauer
Liturgie – Identität – Partizipation
Kirche in Zeiten der Veränderung 7
2021, 408 Seiten
ISBN 978-3-451-38827-9

Christiane Koch/Hans Hobelsberger/Thomas Droege (Hg.)
Mehr als Leitbilder
Ansprüche an eine christliche Unternehmenskultur
Kirche in Zeiten der Veränderung 8
2021, 264 Seiten
ISBN 978-3-451-38828-6